“城市轨道交通控制专业”教材编写委员会

高职高专“十二五”规划教材
——城市轨道交通控制专业

区间闭塞设备维护

穆中华　主编
刘喜菊　主审

化学工业出版社
·北京·

本书采用项目引领、任务驱动的编写方式，系统阐述了64D半自动闭塞设备、ZPW-2000A移频自动闭塞设备、ZPW-2000一体化轨道电路以及改变运行方向电路设备的工作原理、检修维护、故障处理等内容，贴近现场实际，更加符合项目化教学需求。

本书可作为高等职业教育轨道信号专业教材，也可作为铁路现场工程技术人员和信号维修人员的培训教材或参考书。

图书在版编目（CIP）数据

区间闭塞设备维护/穆中华主编．—北京：化学工业出版社，2013.8（2024.9重印）
高职高专“十二五”规划教材——城市轨道交通控制专业
ISBN 978-7-122-17984-5

Ⅰ.①区…　Ⅱ.①穆…　Ⅲ.①区间闭塞-信号设备-维修-高等职业教育-教材　Ⅳ.①U284.41

中国版本图书馆CIP数据核字（2013）第164311号

责任编辑：张建茹　潘新文　　文字编辑：刘　青
责任校对：宋　玮　　装帧设计：尹琳琳

出版发行：化学工业出版社（北京市东城区青年湖南街13号　邮政编码100011）
印　　装：北京盛通数码印刷有限公司
787mm×1092mm　1/16　印张15¾　插页2　字数395千字　2024年9月北京第1版第9次印刷

购书咨询：010-64518888　　售后服务：010-64518899
网　　址：http://www.cip.com.cn
凡购买本书，如有缺损质量问题，本社销售中心负责调换。

定　　价：49.00元　

序

“城市轨道交通控制专业”是伴随城市快速发展、交通运输运能需求快速增长而发展起来的新兴专业，是城轨交通运输调度指挥系统核心设备运营维护的关键岗位。城市轨道交通控制系统是城轨交通系统运输调度指挥的灵魂，其全自动行车调度指挥控制模式，向传统的以轨道电路作为信息传输媒介的列车运行控制系统提出了新的挑战。随着3C技术（即：控制技术（Control）、通信技术（Communication）和计算机技术（Computer））的飞跃发展，城轨交通控制专业岗位内涵和从业标准也随着技术和装备的升级不断发生变化，对岗位能力的需求向集信号控制、通信、计算机网络于一体的复合人才转化。

本套教材以职业岗位能力为依据，形成以城市轨道交通控制专业为核心、由铁道通信信号、铁道通信技术、电子信息工程技术等专业组成的专业群，搭建了专业群课程技术平台并形成各专业课程体系，教材开发全过程体现了校企合作，由铁路及城市轨道交通等运维企业、产品制造及系统集成企业、全国铁道行业教学指导委员会铁道通信信号专业教学指导委员会和部分相关院校合作完成。

本套教材在内容上，以检修过程型、操作程序型、故障检测型、工艺型项目为主体，紧密结合职业技能鉴定标准，涵盖现场的检修作业流程、常见故障处理；在形式上，以实际岗位工作项目为编写单元，设置包括学习提示、工艺（操作或检修）流程、工艺（操作或检修）标准、课堂组织、自我评价、非专业能力拓展等内容，强调教学过程的设计；在场景设计上，要求课堂环境模拟现场的岗位情境、模拟具体工作过程，方便学生自我学习、自我训练、自我评价，实现“做中学”（learning by doing），融“学习过程”与“工作过程”为一体。

本套教材兼顾国铁与地铁领域信号设备制式等方面的不同需求，求同存异。整体采用模块化结构，使用时，可有针对性地灵活选择所需要的模块，并结合各自的优势和特色，使教学内容和形式不断丰富和完善，共同为“城市轨道交通控制专业”的发展作出更大贡献。

“城市轨道交通控制专业”教材编委会
2013年7月

前言

本教材密切结合铁路现场实际，选择中国铁路既有线、高速铁路区间闭塞的主流制式，按照闭塞设备的发展顺序，从低级模式到高级模式进行排列。主要内容包括目前仍大量使用的 64D 半自动闭塞设备，重点介绍 ZPW-2000A 移频自动闭塞设备、高铁 ZPW-2000 一体化轨道电路以及改变运行方向电路设备。

为满足项目化教学需要，将每个教学项目分解成若干个工作任务，工作任务按照从简单到复杂的顺序排列。先通过操作练习学会使用，再学习设备原理，然后进行设备检修，最后学习故障处理。每个项目中编写了项目导引、学习目标、任务实施以及考核标准，明确了学生学习的目标以及最后考核的内容及标准，同时突破了以前重理论轻实践的考核方式，注重动手能力的考核。

另外本教材配有高质量的教学课件，不仅可以用于专业教学，同时也方便企业职工和学生自学，教材还同步配备 4000 道测试练习题库，可用于应知应会知识考核和巩固学习效果。

本教材为城市轨道交通控制专业及专业群建设国家骨干院校建设项目中央财政重点支持专业建设项目之一，项目标号 11-18-04。

本教材由郑州铁路职业技术学院穆中华主编，并编写了项目三。郑州铁路局新乡电务段周栓林编写了项目一的任务一和任务二，广州铁路职业技术学院郑乐藩编写了项目二的任务一和任务二，天津铁道职业技术学院兰天明编写了项目二的任务三和任务四，郑州铁路职业技术学院曹丽新编写了项目四，郑州铁路职业技术学院李春莹编写了项目一的任务三、任务四和任务五，项目二的任务五。郑州铁路局郑州电务段高级工程师刘喜菊主审。

本书在编写过程中，参考了大量专家及学者的研究成果；郑州铁路局洛阳电务段许慧荣提供了技术支持，在此一并表示最诚挚的谢意。

由于编者水平有限，书中难免有疏漏和不足之处，恳请读者批评指正。

编者

2013 年 **6** 月

目录

目录

课程整体设计

1. 课程内容设计

通过对全路区间技术装备调研分析，明确区间闭塞主流设备为ZPW-2000A移频自动闭塞设备。随着高铁的发展进程，ZPW-2000一体化轨道电路的运用也在不断增加，作为双向自动闭塞的配套设备改变运行方向电路也是必不可少的设备。64D半自动闭塞虽然不是区间闭塞的主流设备，但是目前在铁路支线、地方铁路、企业专用线等仍有大量运用。

64D半自动闭塞、ZPW-2000A移频自动闭塞、ZPW-2000一体化轨道电路、改变运行方向电路四种闭塞设备由铁路局电务段现场信号车间负责设备维护。要求信号工懂得设备原理、技术标准，会操作使用、设备维护，能够处理常见设备故障。因此将64D半自动闭塞、既有线ZPW-2000A移频自动闭塞、高铁ZPW-2000A移频自动闭塞、改变运行方向电路四种常见区间闭塞设备的维护作为本课程教学项目。教学内容及目标如下。

序号	教学单元(项目)	学时	教学主要内容	学习目标
1	项目一　64D半自动闭塞设备维护(24学时)	4	任务一　64D半自动闭塞操作	①会按照半自动闭塞操作规程正常办理闭塞，并能模拟列车运行使闭塞机复原； ②会按照半自动闭塞操作规程取消复原闭塞和事故复原闭塞
		6	任务二　64D半自动闭塞电路识读	①跑通64D半自动闭塞电路图，熟记继电器的励磁和复原时机； ②跑通与联锁设备的结合电路
		4	任务三　64D半自动闭塞电路动作程序分析	①能够背画正常办理时继电器动作程序； ②能够背画取消办理时继电器动作程序； ③能够背画事故复原时继电器动作程序
		4	任务四　64D半自动闭塞设备检修	①会按照作业标准检修控制台操作表示设备； ②会按照作业标准检修半自动闭塞组合，并牢记继电器位置； ③会测试半自动闭塞技术参数
		6	任务五　64D半自动闭塞常见故障处理	能够按照故障处理程序，结合控制台表示灯和继电器状态，在15min内找出开路故障点
2	项目二　ZPW-2000A移频自动闭塞设备维护(28学时)	4	任务一　自动闭塞认识	①会画三显示、四显示自动闭塞基本原理图； ②会布置移频自动闭塞的载频频率，熟记低频频率及其含义
		8	任务二　ZPW-2000A无绝缘轨道电路认知	①会背画ZPW-2000A无绝缘轨道电路原理图； ②理解主轨、小轨含义，会画轨道电路示意图； ③理解电气隔离原理； ④掌握轨道电路各部件作用、基本原理，认识底座端子板
		4	任务三　ZPW-2000A移频自动闭塞设备检修	①牢记移频架、综合架、继电器架布置，并能够熟练读出设备、端子名称； ②会按照作业标准检修室内外设备； ③按照技术标准，会使用移频表，进行移频自动闭塞参数测试

续表

序号	教学单元(项目)	学时	教学主要内容	学习目标
2	项目二 ZPW-2000A移频自动闭塞设备维护(28学时)	6	任务四 ZPW-2000A移频自动闭塞电路识读	①会跑通闭塞分区电路； ②会跑通发送编码电路和通过信号机点灯电路； ③会跑通冗余电路； ④会跑通站联电路； ⑤会跑通报警电路； ⑥会跑通结合电路
		6	任务五 ZPW-2000A移频自动闭塞常见故障处理	能够按照故障处理程序，在20min内找出开路故障点。
3	项目三 ZPW-2000一体化轨道电路维护(12学时)	4	任务一 ZPW-2000一体化轨道电路认知	①会背画一体化轨道电路原理图； ②掌握一体化轨道电路各部件作用、基本原理； ③比较一体化轨道电路与既有线ZPW-2000轨道电路的区别
		4	任务二 ZPW-2000一体化轨道电路检修	①一体化轨道电路技术标准、检修标准； ②电气特性分析判断及调整方法； ③一体化轨道电路室内外设备布置
		4	任务三 ZPW-2000一体化轨道电路故障处理	①一体化轨道电路指示灯的含义； ②故障应急处理的要求
4	项目四 改变运行方向电路设备维护(14学时)	2	任务一 改变运行方向办理	①会按照操作规程使用正常办理改变运行方向； ②会按照操作规程使用辅助办理改变运行方向
		6	任务二 改变运行方向电路识读	①会跑通局部电路； ②会跑通区间监督继电器电路； ③会跑通方向继电器电路； ④会跑通辅助办理电路； ⑤会跑通表示灯电路； ⑥会跑通结合电路
		4	任务三 改变运行方向电路动作程序分析	①能够背画正常改变运行方向时继电器时间特性分析图和继电器动作程序； ②能够背画辅助改变运行方向时继电器时间特性分析图和继电器动作程序
		2	任务四 改变运行方向电路设备检修及故障应急处理	①会按照作业标准检修控制台操作表示设备； ②会按照作业标准检修改变运行方向组合，并牢记继电器位置； ③会测试改变运行方向设备技术参数； ④会应急处理改方电路故障

2. 教学设计

本课程采用“教学做”一体化教学模式，教学过程突出教师引导、学生自主学习，要求学生能够按照现场作业程序，完成区间闭塞设备的操作办理、设备检修，并能够按照现场故障处理程序，进行各种常见故障的应急处理。教学设计总体思路为先学会设备使用方法，然后学习设备原理，再进行设备检修维护，最后练习故障处理。整个教学设计遵循先简单后复杂的认知规律。教学设计及基本教学条件如下。

序号	教学单元(项目)	学时	教学主要内容	教学设计	教学条件
1	项目一 64D半自动闭塞设备维护(24学时)	4	任务一 64D半自动闭塞操作	①教师演示(学生配合)——学生操作(教师指导)； ②分组练习正常办理、取消复原、事故复原，观察记录继电器状态	64D半自动闭塞设备、轨道模拟盘、控制台

续表

序号	教学单元(项目)	学时	教学主要内容	教学设计	教学条件
1	项目一 64D半自动闭塞设备维护(24学时)	6	任务二 64D半自动闭塞电路识读	①认识13个继电器、7个信号脉冲; ②讲解跑电路方法; ③分组练习跑电路; ④总结继电器动作规律	64D半自动闭塞电路图
		4	任务三 64D半自动闭塞电路动作程序分析	分组制作正常办理、取消复原、事故复原时继电器动作程序图。	64D半自动闭塞电路图
		4	任务四 64D半自动闭塞设备检修	①认识半自动闭塞组合; ②学习检修程序,检修标准; ③分组进行设备检修、参数测试	64D半自动闭塞设备、万用表
		6	任务五 64D半自动闭塞常见故障处理	①学习故障处理程序,分析判断方法; ②设置故障,分组练习故障处理	64D半自动闭塞设备、万用表
2	项目二 ZPW-2000A移频自动闭塞设备维护(28学时)	4	任务一 自动闭塞认识	①使用模拟盘,演示自动闭塞; ②制作三显示、四显示自动闭塞基本原理图	自动闭塞模拟盘
		8	任务二 ZPW-2000A无绝缘轨道电路认知	①学画原理图; ②讲解设备作用、原理、底座端子认识	ZPW-2000A无绝缘轨道电路设备
		4	任务三 ZPW-2000A移频自动闭塞设备检修	①认识室内设备; ②讲解检修标准,检修程序; ③讲解移频表使用,分组进行测试检修	ZPW-2000A移频自动闭塞设备、移频表
		6	任务四 ZPW-2000A移频自动闭塞电路识读	①讲解电路的设计原则; ②分组练习跑电路,理解设计原则是如何实现的	ZPW-2000A移频自动闭塞电路图
		6	任务五 ZPW-2000A移频自动闭塞常见故障处理	①讲解故障处理程序,分析判断方法; ②设置故障,分组练习故障处理	ZPW-2000A移频自动闭塞设备、移频表
3	项目三 ZPW-2000一体化轨道电路维护(12学时)	4	任务一 ZPW-2000一体化轨道电路认知	与既有线设备原理比较,找差异	多媒体
		4	任务二 ZPW-2000一体化轨道电路检修	观看高铁设备检修录像,与既有线设备检修比较,找差异	多媒体
		4	任务三 ZPW-2000一体化轨道电路故障处理	选取典型故障案例进行分析	多媒体
4	项目四 改变运行方向电路设备维护(14学时)	2	任务一 改变运行方向办理	①教师演示(学生配合)——学生操作(教师指导); ②分组练习正常改方、辅助改方	改变运行方向设备
		6	任务二 改变运行方向电路识读	①分组练习跑电路; ②总结继电器动作规律,推导继电器平时状态	改变运行方向电路图

续表

序号	教学单元(项目)	学时	教学主要内容	教学设计	教学条件
4	项目四　改变运行方向电路设备维护(14学时)	4	任务三　改变运行方向电路动作程序分析	①讲解继电器时间特性分析图； ②分组制作正常改变运行方向和辅助改变运行方向时继电器时间特性分析图	改变运行方向电路图
		2	任务四　改变运行方向电路设备检修及故障应急处理	①认识改变运行方向组合； ②讲解检修标准、检修程序； ③分组进行设备检修、测试； ④应急处理故障练习	改变运行方向设备

3. 课程教学资源要求

(1) 自主学习平台

本课程同步配有资源库学习平台，包括基本教学资源和拓展资源，基本教学资源主要内容为每个项目任务的教学课件、讲课录像、电子文档，并配有4000道练习题，可以进行在线测试。拓展资源主要内容为企业培训课件、规章与标准、故障案例库、职业技能鉴定题库等。

(2) 实训条件

要求具备64D半自动闭塞、ZPW-2000A移频自动闭塞、四线制改变运行方向实验实训条件，配备万用表、移频表及常用工具，满足一体化教学要求。

(3) 师资要求

具备区间闭塞设备的理论知识，熟悉技规、维规等技术标准，熟悉现场作业程序，具备现场维护经验。

4. 项目应知应会知识及实作技能目标分解

教学内容		应知应会知识	实作技能
项目一　64D半自动闭塞设备维护(24学时)	任务一　64D半自动闭塞操作	①半自动闭塞基本概念、技术要求； ②两站间传送的7种闭塞信号； ③闭塞机的作用、状态； ④继电器的逻辑关系及动作程序； ⑤继电器的励磁时机和复原时机； ⑥半自动闭塞设备检修维护的技术标准	①按照操作规程正常办理、取消复原、事故复原闭塞； ②熟练识读半自动闭塞电路； ③按照作业标准检修闭塞设备； ④按照故障处理程序，在15min内找出开路故障点
	任务二　64D半自动闭塞电路图识读		
	任务三　64D半自动闭塞电路动作程序分析		
	任务四　64D半自动闭塞设备检修		
	任务五　64D半自动闭塞常见故障处理		
项目二　ZPW-2000A移频自动闭塞设备维护(28学时)	任务一　自动闭塞认识	①自动闭塞基本概念、技术要求； ②移频自动闭塞的原理，载频频率、低频频率及其含义； ③移频自动闭塞分区编号、载频配置； ④ZPW-2000A无绝缘轨道电路各部件组成、作用及基本原理； ⑤电气隔离原理； ⑥ZPW-2000A移频自动闭塞设备检修技术标准	①按照作业标准检修室内外设备； ②按照技术标准，使用移频表进行参数测试； ③按照调整表进行轨道电路调整； ④自动闭塞电路图识读； ⑤按照故障处理程序，在20min内找出开路故障点
	任务二　ZPW-2000A无绝缘轨道电路认知		
	任务三　ZPW-2000A移频自动闭塞设备检修		
	任务四　ZPW-2000A移频自动闭塞电路识读		
	任务五　ZPW-2000A移频自动闭塞常见故障处理		

续表

<table>
<tr><th colspan="2">教学内容</th><th>应知应会知识</th><th>实作技能</th></tr>
<tr><td rowspan="3">项目三　ZPW-2000一体化轨道电路维护(12学时)</td><td>任务一　ZPW-2000一体化轨道电路认知</td><td rowspan="3">①一体化轨道电路各部件组成、作用及基本原理；
②一体化轨道电路技术标准、检修标准；
③电气特性分析判断及调整方法；
④一体化轨道电路指示灯的含义；
⑤故障应急处理的要求</td><td rowspan="3">①按照作业标准检修室内外设备；
②按照技术标准，使用移频表进行参数测试；
③典型案例分析</td></tr>
<tr><td>任务二　ZPW-2000一体化轨道电路检修</td></tr>
<tr><td>任务三　ZPW-2000一体化轨道电路故障处理</td></tr>
<tr><td rowspan="4">项目四　改变运行方向电路设备维护(14学时)</td><td>任务一　改变运行方向办理</td><td rowspan="4">①改变运行方向电路作用、技术要求；
②改变运行方向操纵和表示设备作用、状态；
③改变运行方向电路15个继电器作用、状态；
④继电器的逻辑关系及动作程序；
⑤继电器的励磁时机和复原时机；
⑥改变运行方向设备检修维护的技术标准</td><td rowspan="4">①按照操作规程正常办理、辅助办理改变运行方向；
②熟练识读改变运行方向电路；
③按照作业标准检修改变运行方向设备；
④改变运行方向电路故障时的应急处理</td></tr>
<tr><td>任务二　改变运行方向电路识读</td></tr>
<tr><td>任务三　改变运行方向电路动作程序分析</td></tr>
<tr><td>任务四　改变运行方向电路设备检修及故障应急处理</td></tr>
</table>

5. 课程考核方案设计

考核内容包括应知应会知识、实作技能、平时成绩和作业课业四部分。应知应会知识涵盖本课程所涉及工作领域及岗位的基本原理、作业标准、技术和工艺标准等；实作技能包括基本操作技能、图纸识读技能、故障处理技能等；作业包括书面作业、行为作业、PPT等。

(1) 应知应会知识考核（30分）

应知应会知识考核题型为选择题和判断题，出题原则为必须掌握的基本概念和检修维护标准，难易适中，题量较大。考试时间60min，试题分值100分，占总成绩的30%。

分段式教学周结束时，具备上机考试条件的，采用上机考试方式；不具备上机考试条件的，采用闭卷考试方式。

(2) 实作技能考核（40分）

实作技能考核项目依据项目化教学内容确定，包括基本操作技能、图纸识读技能、故障处理技能等，按照企业岗位技能要求，制定时间标准和操作标准。

① 基本操作技能（10分） 基本操作技能包括设备操作和检修测试，共有7个考核项目，采用抽签方式，在7个项目中随机抽取1项作为考核内容。考核时限为10min，在规定时间内完成教师提出的操作内容和回答口试问题，并笔试完毕。

考核内容及要求见下表。

<table>
<tr><th colspan="2">考核内容</th><th>考核要求</th></tr>
<tr><td rowspan="4">设备操作</td><td>①正常办理半自动闭塞</td><td rowspan="7">①采用抽签方式，随机抽取1项作为考核内容；
②考核时限10min；
③考核方式采用口试、笔试加操作</td></tr>
<tr><td>②取消复原、事故复原半自动闭塞</td></tr>
<tr><td>③正常办理改方</td></tr>
<tr><td>④辅助办理改方</td></tr>
<tr><td rowspan="3">检修测试</td><td>①半自动闭塞检修测试</td></tr>
<tr><td>②ZPW-2000A轨道电路测试</td></tr>
<tr><td>③ZPW-2000A轨道电路调整</td></tr>
</table>

② 图纸识读技能（15分） 图纸识读技能共有5个考核项目，采用抽签方式，在5个项目中随机抽取1项作为考核内容。考核内容及要求见下表。

考核内容	考核要求
①64D半自动闭塞电路识读	①采用抽签方式，随机抽取1项作为考核内容； ②考核时限10min； ③考核方式采用口试和笔试
②改方电路识读	
③闭塞分区电路识读	
④冗余电路识读	
⑤站联电路识读	

③ 故障处理技能（15分） 故障处理技能共有2个考核项目，采用抽签方式，在2个项目中随机抽取1项作为考核内容。考核内容及要求见下表。

考核内容	考核要求
①64D半自动闭塞故障处理	①采用抽签方式，随机抽取1项作为考核内容； ②设置1个开路故障点，限定15min处理故障； ③考核方式采用笔试和实作。
②ZPW-2000A移频自动闭塞故障处理	

(3) 平时成绩（15分）

平时成绩包括考勤（5分）和课堂表现（10分）。

分段式教学时间比较集中，项目进行较快，因此对请假旷课规定比较严格。请假一节课扣1分，扣完5分为止。旷课一次扣5分，扣完5分为止，超过学校规定，不允许参加考试。

课堂表现根据学生课堂学习态度、问题回答情况，由教师酌情给出分数。迟到、早退、上课睡觉、不认真听讲均属于学习态度不好，发现1次扣1分，扣完10分为止。课堂提问分为良好、一般和不好，不好1次扣1分，扣完10分为止，良好和一般作为教师提问记录，以便能均衡提问到每个学生。

(4) 作业、课业考核（15分）

作业、课业考核包括作业5分和课业10分。

按照时间节点，完成任课教师布置的作业。要求使用统一的作业本书写。任课教师根据作业情况酌情给出分数。

按照时间节点，完成任课教师布置的课业。课业的考核标准由课程建设小组制定，应规定课业内容、质量、上交时间以及提交形式等要求。

作业课业内容及要求见下表。

考核内容		考核要求
作业 5分	①背画半自动闭塞各过程继电器动作程序	①使用统一的作业本书写； ②按照任课教师要求，随堂或课下完成作业； ③作业应按时上交，超过规定时间，每天扣1分； ④无故不交作业的，作业课业15分扣完； ⑤作业成绩由任课教师酌情打分
	②背画既有线ZPW-2000A无绝缘轨道电路原理图	
	③背画高铁ZPW-2000A无绝缘轨道电路原理图	
	④画出正常改方和辅助改方时继电器的时间特性分析图	
	⑤推导正常运行时接车站、发车站继电器的状态	
课业 10分	①提炼64D常见故障分析判断方法，举出3个典型故障案例进行分析，写出总结报告	①采用抽签方式，随机抽取2项作为课业内容； ②按照任课教师要求，在规定时间节点完成课业； ③无故不交课业的，作业课业15分扣完； ④评分标准见附表6
	②提炼既有线ZPW-2000A移频自动闭塞常见故障分析判断方法，举出2个典型故障案例进行分析，写出总结报告	
	③比较高铁与既有线ZPW-2000A移频自动闭塞异同，写出总结报告	
	④总结改方电路故障时的应急处理办法，写出总结报告	

项目一
64D半自动闭塞设备维护

项目导引 ▶▶▶

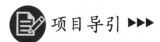

半自动闭塞是列车在区间运行的一种闭塞方式，目前主要用于铁路支线、地方铁路及专用线。64D 半自动闭塞电路曾被称为最严密的电路，通过本项目的学习，将亲身感受它的安全性和严密性，并具备维护它的基本能力。

任务一 ●●● 64D 半自动闭塞操作

学习目标 ▶▶▶

① 会按照半自动闭塞操作规程正常办理闭塞，并能模拟列车运行使闭塞机复原；
② 会按照半自动闭塞操作规程取消复原闭塞和事故复原闭塞。

相关知识 ▶▶▶

一、半自动闭塞基本概念

半自动闭塞是用人工来办理闭塞及开放出站信号机，而由出发列车自动关闭出站信号机并实现区间闭塞的一种闭塞方式。

继电半自动闭塞是以继电电路的逻辑关系来完成两站间闭塞作用的闭塞方式。我国单线铁路采用 64D 型继电半自动闭塞。

图 1-1-1 是单线继电半自动闭塞示意图。在一个区间的相邻两站设一对半自动闭塞机(BB)，并经两站间的闭塞电话线连接起来，通过两站半自动闭塞机的相互控制，保证一个区间同时只有一列列车运行。

(一) 半自动闭塞机的作用

① 甲站要向乙站发车，必须区间空闲并得到乙站同意后，才能开放出站信号机。

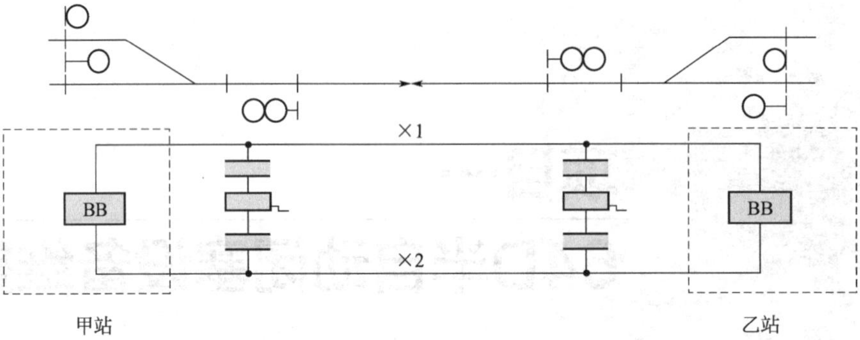

图 1-1-1　单线继电半自动闭塞示意图

② 列车从甲站出发后，区间闭塞，两站都不能向该区间发车。

③ 列车到达乙站，车站值班员确认列车整列到达，办理到达复原后，区间才能解除闭塞。

(二) 64D 型继电半自动闭塞的特点

① 发车站和接车站值班员按照“请求—同意”方式共同办理闭塞，大大提高了设备的可靠性。

② 采用三个不同极性的脉冲构成允许发车信号，而且请求发车信号检查了接车站闭塞机和外线的良好状态，从而提高了闭塞设备的安全性。

③ 在办理闭塞后、开放进站或出站信号机前，允许进行站内调车、变更进路和取消闭塞，因而提高了车站作业效率，适应中国铁路运输的需要。

④ 闭塞电路设计严密，办理手续简便，表示方式清楚。闭塞外线可与既有的闭塞电话线共用；使用的继电器和元件类型少；功率低，可以用于无交流电源区段；能与各种车站信号设备相结合。

64D 型继电半自动闭塞适应中国单线铁路站间距离短、列车成对运行的特点，得到了迅速的发展，在保证行车安全、提高运输效率、改善劳动条件等方面发挥了显著的作用，取得了突出的技术和经济效果。

二、站间传送的闭塞信号

在继电半自动闭塞区段，出站信号机显示的绿色信号是列车向区间运行的凭证，所以对出站信号机必须实行严密的控制。在单线区段，为确保“一个区间同时只允许一列列车运行”的原则，首先应排除区间两端的出站信号机同时开放的可能性，当区间内已有一列列车运行时，两站的出站信号机应不能开放。

因此，为了保证行车安全，64D 型单线继电半自动电路按下列原则进行设计。

(1) 为了防护外界电流的干扰，采用“+、−、+”三个不同极性的直流脉冲组合构成允许发车信号。即发车站要发车时，先向接车站发送一个正极性脉冲的请求发车信号；随后由接车站自动发回一个负极性脉冲的回执信号；并且要求收到接车站发来的一个正极性脉冲的同意接车信号之后，发车站的出站信号机才能开放。

(2) 列车自发车站出发，进入发车站轨道电路区段时，使发车站的闭塞机闭塞，并自动向接车站发送一个正极性脉冲的列车出发通知信号。这个信号断开接车站的复原继电器电路，保证在列车未到达接车站之前，任何外界电流干扰或发车站错误办理，既不能构成发车站允许发车条件，也不能构成接车站闭塞机的复原条件，从而保证了列车在区间运行的安全。

（3）只有列车到达，并出清接车站轨道电路区段，车站值班员确认列车完整到达，并发送负极性脉冲的到达复原信号之后，才能使两站闭塞机复原，区间才能解除闭塞。

（4）闭塞机的开通和闭塞等控制电路，是以闭路式原理构成的，并采用安全型继电器，因此当发生瞬间停电或断线故障时，均能满足"故障—安全"要求。

根据单线继电半自动闭塞电路构成原理的要求，并考虑到当发车站办理请求发车后的取消复原，以及当闭塞设备发生故障时的事故复原，两站间应该传送以下7种闭塞信号。

① 请求发车信号"+"。

② 自动回执信号"—"。

③ 同意接车信号"+"。

④ 出发通知信号"+"。

⑤ 到达复原信号"—"。

⑥ 取消复原信号"—"。

⑦ 事故复原信号"—"。

在64D型单线继电半自动闭塞中，用正极性脉冲作为办理闭塞用的信号，用负极性脉冲作为闭塞机的复原信号。为了提高安全性，在请求发车和同意接车两个正极性信号之间，又增加一个负极性的自动回执信号。因此，构成允许发车条件，必须具有"+、—、+"3个直流脉冲的组合；而接发一列列车，应在线路上顺序传送"+、—、+、+、—"5个直流脉冲的组合。所以，如果外来单一极性脉冲或多个不同顺序的脉冲干扰，既不能构成允许发车条件，也不能完成一次列车的接发车过程。单线继电半自动闭塞两站间传送的闭塞信号如图1-1-2所示。

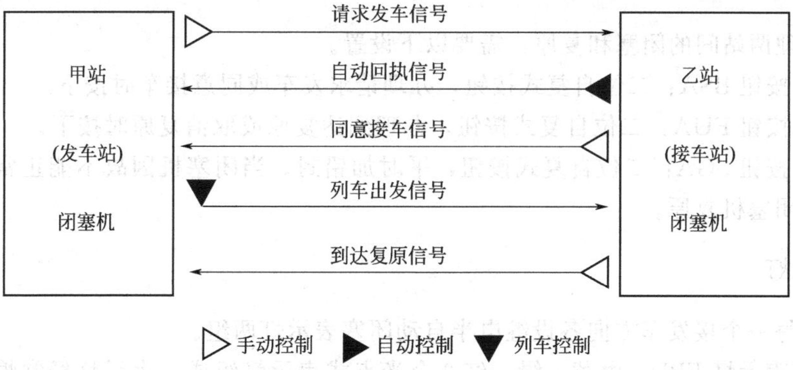

图1-1-2 两站间传送的闭塞信号

三、闭塞设备认识

64D型继电半自动闭塞设备由半自动闭塞机、半自动闭塞用的轨道电路、操纵和表示设备以及闭塞电源、闭塞外线等部分组成。此外，在控制电路中还包括了车站的进、出站信号机的控制条件，为了实现闭塞设备之间的相互联系与控制，在相邻两车站上属于同一区间的两台闭塞机之间，用两条外线连接。

（一）操作和表示设备

64D型半自动闭塞操纵和表示设备有按钮、表示灯、电铃和计数器等。这些设备安装在控制台上，如图 1-1-3 所示。

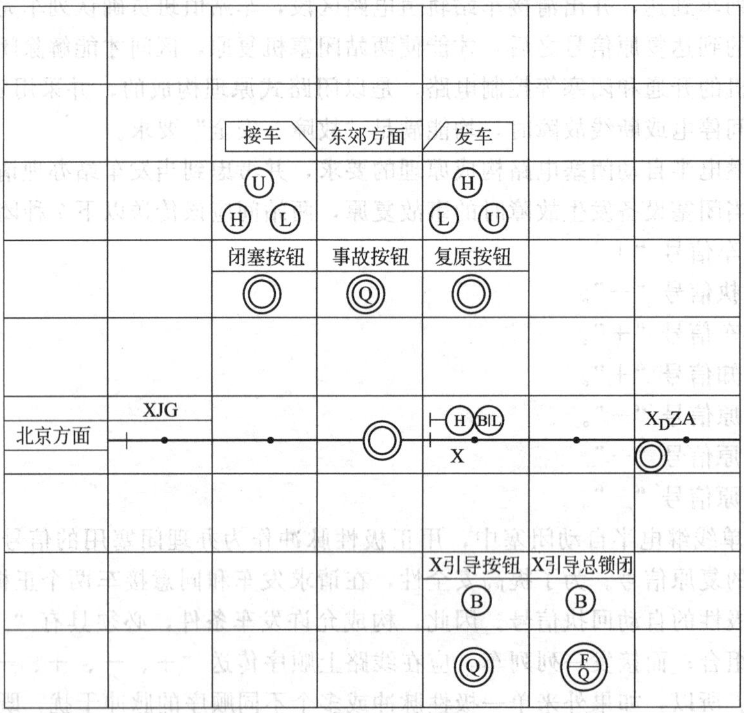

图 1-1-3　64D 型半自动闭塞车站控制台面板图（局部）

1. 按钮

为了办理两站间的闭塞和复原，需要以下设置。

① 闭塞按钮 BSA：二位自复式按钮，办理请求发车或同意接车时按下。

② 复原按钮 FUA：二位自复式按钮，办理到达复原或取消复原时按下。

③ 事故按钮 SGA：二位自复式按钮，平时加铅封。当闭塞机因故不能正常复原时，破封按下，使闭塞机复原。

2. 表示灯

车站的每一个接发车方向各设继电半自动闭塞表示灯两组。

① 发车表示灯 FBD：由黄、绿、红 3 个光点式表示灯组成。表示灯经常熄灭，黄灯点亮表示本站请求发车，绿灯点亮表示对方站同意发车，红灯点亮表示发车闭塞。

② 接车表示灯 JBD：由黄、绿、红 3 个光点式表示灯组成。表示灯经常熄灭，黄灯点亮表示对方站请求接车，绿灯点亮表示本站同意接车，红灯点亮表示接车闭塞。

当接车、发车表示灯同时点亮红灯时，表示列车到达。

每组 3 个表示灯用箭头围在一起，箭头表示列车的运行方向。表示灯的排列顺序为，从箭头方向起为黄、绿、红。若车站为计算机联锁采用显示器时，在屏幕上分别用黄、绿、红箭头作为半自动闭塞联系信号，接车方向箭头指向本站，发车方向箭头指向对方站。

3. 电铃 DL

电铃是闭塞机的音响信号，在闭塞电路中采用直流 24V 电铃，它装在控制台里。

当对方站办理请求发车、同意接车或列车从对方站出发时，本站电铃鸣响；当对方站办理取消复原或到达复原时，本站电铃也鸣响。此外，如果接车站轨道电路发生故障，当列车自发车站出发后，接车站电铃一直鸣响（但此时因电路中串联一个电阻，音量较小），以提醒接车站及时修复轨道电路，准备接车。

为了区别运行方向，车站两端的闭塞电铃可调成不同的音响（可以调整电铃上的螺丝，或在电路中适当串联一个电阻）。

4. 计数器 JSQ

计数器用来记录车站值班员办理事故复原的次数。每按下一次 SGA，JSQ 自动转换一个数字。因为事故复原是在闭塞设备发生故障时的一种特殊复原方法，当使用事故按钮使闭塞机复原时，行车安全完全由车站值班员人为保证，因此必须严加控制。使用时要登记，用后要及时加封，而且计数器自动记录使用的次数。

（二）半自动闭塞用轨道电路

64D 型继电半自动闭塞，在每个车站两端进站信号机的内方需装设一段不小于 25m 的轨道电路。如图 1-1-4 中，1DG 即为半自动闭塞用轨道电路。其作用，一是监督列车的出发，使发车站闭塞机闭塞；二是监督列车的到达，然后由接车站值班员办理到达复原。

由于这两个作用（尤其是第一个作用）的重要性，即轨道电路的动作直接影响行车安全，所以要求轨道电路不仅能稳定可靠地工作，而且要能满足故障—安全的要求。

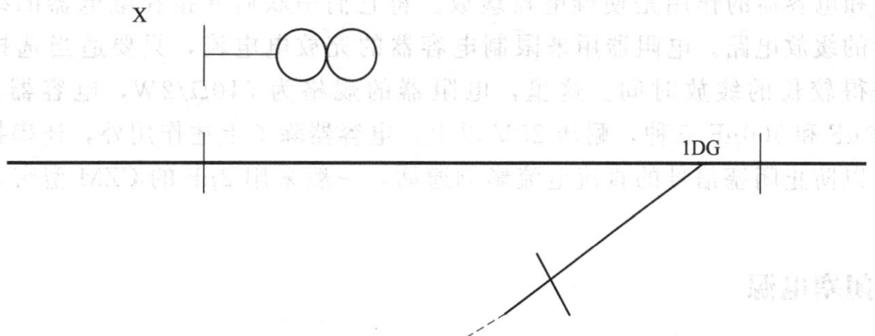

图 1-1-4　半自动闭塞用轨道电路

（三）闭塞机

闭塞机是闭塞设备的核心，它由继电器和电阻器、电容器等元器件组成。在电气集中联锁车站，采用组合式，即将插入式继电器和电阻器、电容器安装在组合架上。

1. 继电器

64D 型继电半自动闭塞机每台有 13 个继电器，它们构成继电电路，完成闭塞作用。这些继电器的名称和作用如下。

① 正线路继电器 ZXJ，接收正极性的闭塞信号。

② 负线路继电器 FXJ，接收负极性的闭塞信号。

③ 正电继电器 ZDJ，发送正极性的闭塞信号。

④ 负电继电器 FDJ，发送负极性的闭塞信号。

⑤ 闭塞继电器 BSJ，监督和表示闭塞机的状态。闭塞机在定位状态时吸起，表示区间空闲；作为发车站，列车占用进站信号机内方第一个轨道电路时落下；作为接车站，发出同意接车信号后落下。闭塞继电器落下，表示区间闭塞。

⑥ 选择继电器 XZJ，选择并区分自动回执和复原信号；在办理发车时，监督出站信号机是否开放。

⑦ 准备开通继电器 ZKJ，记录对方站发来的自动回执信号。

⑧ 开通继电器 KTJ，记录接车站发来的同意接车信号，并控制出站信号机的开放。

⑨ 复原继电器 FUJ，接收复原信号，使闭塞机复原。

⑩ 回执到达继电器 HDJ，和 TJJ 一起构成自动回执电路发送回执信号以及记录列车到达。

⑪ 同意接车继电器 TJJ，记录对方站发来的请求发车信号并使闭塞机转入接车状态，以及与 HDJ 一起构成自动回执电路。

⑫ 通知出发继电器 TCJ，记录对方站发来的列车出发通知信号。

⑬ 轨道继电器 GDJ，是现场轨道继电器的复示继电器。

这 13 个继电器中，除了 ZXJ 和 FXJ 采用偏极继电器（JPXC-1000 型）外，其余均为直流无极继电器（JWXC-1700 型）。

2. 电阻器和电容器

电阻器和电容器的作用是使继电器缓放。将它们串联后并接在继电器的线圈上，即构成继电器的缓放电路。电阻器用来限制电容器的充放电电流，只要适当选择它们的数值，便可获得较长的缓放时间。这里，电阻器的规格为 510Ω/2W，电容器为 CDM 型 100μF、200μF 和 500μF 三种，耐压 25V 以上。电容器除了上述作用外，还串接在闭塞电话电路中，以防止闭塞信号的直流电流影响通话，一般采用 2μF 的 CZM 型密封纸介质电容器。

(四) 闭塞电源

闭塞电源应连续不间断地供电，且应保证继电器的端电压不低于工作值的 120%，以保证闭塞机的可靠动作。64D 型继电半自动闭塞采用直流 24V 电源，可用交流电源整流供电。

继电半自动闭塞的电源分为线路电源和局部电源，前者用于向邻站发送闭塞信号，后者供本站闭塞电路用。当站间距离较长，外线环线电阻超过 250Ω 时，允许适当提高线路电源电压。

一个车站两端的闭塞机电源应分别设置，为的是若一端的电源发生故障，不影响另一端。半自动闭塞设备的供电视所在车站联锁设备供电的不同而不同。半自动闭塞的局部电源可以和电气集中继电器控制电源合用。凡是电源屏中设置半自动闭塞线路电源的，可直接引用。若电源屏中未设半自动闭塞线路电源，则必须在半自动闭塞组合中设一台整流器。原使用 ZG-130/0.1 型整流器专供线路电源，ZG-130/0.1 型整流器的交流输入电压为 220V 或 110V，输出功率为 10W，直流输出电压有 50V、80V、130V 三种，可根据需要选用。后研制了专用的 ZG1-42/0.5 型整流器，包括变压器、桥式整流器和电容器三部分，额定容量 21W，输入电压为交流 220V，额定输出电流为 0.5A，直流输出电压有 24V、28V、32V、36V、42V 五挡。

(五) 闭塞机外线

继电半自动闭塞的外线原是与站间闭塞电话线共用的。为了防止外界电源对闭塞机的干扰，提高闭塞电话的通话质量，应采用两根外线。当采用电缆作为闭塞外线时，应将闭塞机外线和闭塞电话外线分开。

原闭塞外线为架空明线时，一般采用4.0mm镀锌铁线，其环线电阻每公里为22Ω。当采用电缆线路时，由于电缆芯线线径只有0.9mm或0.6mm，其环线电阻每公里为57Ω或128Ω，若在线路电源电压一定的条件下，则闭塞机的控制距离将要缩短。

闭塞外线的任一处发生断线、接地、混线、混电以及外电干扰故障时，均不应使闭塞机发生危险侧故障。

由于通信传输手段的现代化，光纤传输和无线传输越来越普遍，于是出现了将闭塞信号通过编码，由光缆或无线进行传输，以代替电缆传输。

操作办理 ▶▶▶

一、正常办理

(一) 办理步骤

所谓正常办理是指两站间列车的正常运行及闭塞机处于正常状态时的办理方法，共有5个步骤。设甲站为发车站，乙站为接车站，办理步骤如下。

1. 甲站请求发车

甲站要向乙站发车，甲站值班员应先检查控制台上的接车、发车表示灯处于灭灯状态，并确认区间空闲后，通过闭塞电话与乙站联系，然后按下闭塞按钮，向乙站发送请求发车信号。此时，乙站电铃鸣响。当甲站值班员松开闭塞按钮后，乙站自动向甲站发送自动回执信号，使甲站发车表示灯亮黄灯，同时电铃鸣响。当发完自动回执信号后，乙站接车表示灯也亮黄灯。这说明甲站办理请求发车的手续已完成。

2. 乙站同意甲站发车

乙站如果同意甲站发车，乙站值班员在确认接车表示灯后，按下闭塞按钮，向甲站发送同意接车信号。此时，乙站接车表示灯黄灯熄灭，绿灯点亮，甲站发车表示灯黄灯也熄灭，改亮绿灯，同时电铃鸣响。

至此，两站间完成了一次列车占用区间的办理闭塞手续。闭塞机处于“区间开通”状态，表示乙站同意甲站发车，甲站至乙站方向区间开通，甲站出站信号机可以开放。

3. 列车从甲站出发

甲站值班员看到发车表示灯点绿灯，即可办理发车进路，开放出站信号机。当出发列车驶入出站信号机内方，出站信号机自动关闭。当列车驶入进站信号机内方第一个轨道区段时，甲站发车表示灯变为点红灯，并自动向乙站发送出发通知信号，使乙站接车表示灯也变为点红灯，同时电铃鸣响。

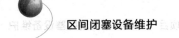

至此，双方站的闭塞机均处于“区间闭塞”状态，表明该区间内有一列列车在运行，此时双方站的出站信号机均不能再次开放。

4. 列车到达乙站

乙站值班员在同意接车后，应准备好列车进路。当接车表示灯由绿变红及电铃鸣响后（说明列车已从邻站开出），应根据列车在区间运行时分的长短，及时建立接车进路，开放进站信号机，准备接车。当列车到达乙站，进入乙站进站信号机内方第一个轨道区段时，乙站的发车表示灯和接车表示灯都亮红灯，表示列车到达。此时，乙站进站信号机自动关闭。

5. 到达复原

列车全部进入乙站股道后，接车进路解锁。乙站值班员在确认列车完整到达后，按下复原按钮，办理到达复原。此时乙站接车、发车表示灯的红灯均熄灭，同时向甲站发送到达复原信号，使甲站的发车表示灯红灯熄灭，电铃鸣响。

至此，两站闭塞机均恢复定位状态。两站间正常办理闭塞步骤、闭塞机状态示意图如图1-1-5所示。

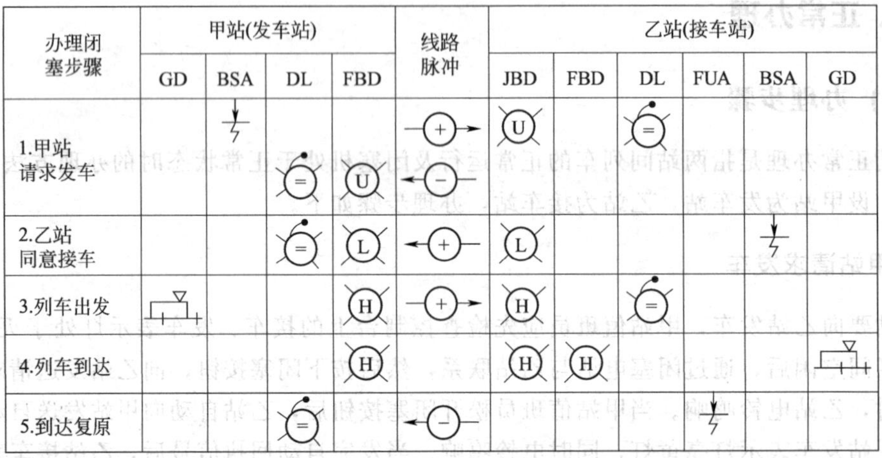
办理闭塞步骤
甲站(发车站)
GD
BSA
DL
FBD
线路脉冲
乙站(接车站)
JBD
FBD
DL
FUA
BSA
GD
1.甲站请求发车
2.乙站同意接车
3.列车出发
4.列车到达
5.到达复原

图 1-1-5　正常办理闭塞步骤与闭塞机状态示意图

（二）操作练习

1. 实训目的

通过正常办理闭塞手续，模拟列车运行操作练习，使学生熟练掌握办理闭塞、接发列车的步骤，同时通过观察控制台表示灯的变化和继电器的动作情况，进一步熟悉闭塞设备，为下一步识读电路和分析动作程序做好准备。

2. 实训内容

根据学生情况，可进行分组练习，建议6人分为一组。发车站、接车站控制台各设1人，负责办理接发车手续；轨道模拟盘处设1人，负责模拟列车运行；继电器架发车站、接车站闭塞机各设1人，负责观察继电器状态变化；另外1人为总指挥，指挥小组成员按步骤完成操作练习，并记录表示灯和继电器变化情况。

3. 实训步骤

（1）发车站办理发车请求

① 发车站值班员在办理发车请求前，应先检查控制台上的接车、发车表示灯处于灭灯状态，并确认区间空闲。

小组总指挥应通知本小组成员检查发车站、接车站办理前的表示灯和继电器状态（办理前只需记录处于吸起状态的继电器），并将观察结果填入表 1-1-1。

表 1-1-1　办理前闭塞设备状态记录表

办理手续		表示灯	继电器
办理前	发车站		
	接车站		

② 发车站按下闭塞按钮，向接车站发送请求发车信号。此时，接车站电铃鸣响。当发车站值班员松开闭塞按钮后，接车站自动向发车站发送自动回执信号，使发车站发车表示灯亮黄灯，同时电铃鸣响。当发完自动回执信号后，接车站接车表示灯也亮黄灯，说明甲站办理请求发车的手续已完成。

小组总指挥应通知发车站控制台值班员按压闭塞按钮，其他成员观察发车站、接车站请求发车后控制台表示灯、电铃和继电器状态的变化（只需记录状态发生变化的继电器，并注明状态如何变化），并将观察结果填入表 1-1-2。

表 1-1-2　发车站请求发车后闭塞设备状态记录表

办理手续		表示灯	电铃	继电器
发车站按下 BSA	发车站			
	接车站			

（2）接车站同意接车　接车站如果同意发车站发车，接车站值班员在确认接车表示灯后，按下闭塞按钮，向发车站发送同意接车信号。此时，接车站接车表示灯黄灯熄灭，绿灯点亮，发车站发车表示灯黄灯也熄灭，改亮绿灯，同时电铃鸣响。

小组总指挥应通知接车站控制台值班员按压闭塞按钮，其他成员观察发车站、接车站同意接车后控制台表示灯、电铃和继电器状态的变化（只需记录状态发生变化的继电器，并注明状态如何变化），并将观察结果填入表 1-1-3。

表 1-1-3　接车站同意接车后闭塞设备状态记录表

办理手续		表示灯	电铃	继电器
接车站按下 BSA	发车站			
	接车站			

（3）发车站发车

① 发车站值班员看到发车表示灯点绿灯，即可办理发车进路，开放出站信号机。

小组总指挥应通知发车站控制台值班员办理发车进路，开放出站信号，其他成员观察发车站出站信号开放后两站控制台表示灯、电铃和继电器状态的变化（只需记录状态发生变化的继电器，并注明状态如何变化），并将观察结果填入表 1-1-4。

表 1-1-4 发车站开放出站信号后闭塞设备状态记录表

办理手续		表示灯	电铃	继电器
发车站出站信号机开放	发车站			
	接车站			

② 当出发列车驶入出站信号机内方，出站信号机自动关闭。当列车驶入进站信号机内方第一个轨道区段时，甲站发车表示灯变为点红灯，并自动向乙站发送出发通知信号，使乙站接车表示灯也变点红灯，同时电铃鸣响。

小组总指挥应通知模拟列车运行人员依次占用轨道电路，其他成员观察出站信号机自动关闭时和列车压入进站内方第一个轨道区段时两站控制台表示灯、电铃和继电器状态的变化（只需记录状态发生变化的继电器，并注明状态如何变化），并将观察结果填入表 1-1-5。

表 1-1-5 列车出发后闭塞设备状态记录表

办理手续		表示灯	电铃	继电器
发车站出站信号机关闭	发车站			
	接车站			
压入发车站进站内方第一个轨道区段	发车站			
	接车站			

(4) 列车到达接车站

① 接车站值班员在同意接车后，应准备好列车进路。当接车表示灯由绿变红及电铃鸣响后（说明列车已从邻站开出），应根据列车在区间运行时分的长短，及时建立接车进路，开放进站信号机，准备接车。

② 当列车到达接车站，进入接车站进站信号机内方第一个轨道区段时，接车站的发车表示灯和接车表示灯都亮红灯，表示列车到达。此时，接车站进站信号机自动关闭。

小组总指挥应通知模拟列车运行人员依次占用轨道电路，其他成员观察接车站进站信号机开放、列车压入接近区段和压入进站内方第一个轨道区段时两站控制台表示灯、电铃和继电器状态的变化（只需记录状态发生变化的继电器，并注明状态如何变化），并将观察结果填入表 1-1-6。

表 1-1-6 列车到达接车站闭塞设备状态记录表

办理手续		表示灯	电铃	继电器
接车站进站信号机开放	发车站			
	接车站			
压入接车站接近区段	发车站			
	接车站			
压入接车站进站内方第一个轨道区段	发车站			
	接车站			

(5) 到达复原 列车全部进入接车站股道后，接车进路解锁。接车站值班员在确认列车完整到达后，按下复原按钮，办理到达复原。此时接车站接车、发车表示灯的红灯均熄灭，同时向发车站发送到达复原信号，使发车站的发车表示灯红灯熄灭，电铃鸣响。

小组总指挥应通知模拟列车运行人员依次占用轨道电路，待列车完全进入股道后，接车站控制台值班员按压 FUA，其他成员观察两站控制台表示灯、电铃和继电器状态的变化（只需记录状态发生变化的继电器，并注明状态如何变化），并将观察结果填入表 1-1-7。

表 1-1-7　列车到达后闭塞设备状态记录表

办理手续		表示灯	电铃	继电器
接车站按下 FUA	发车站			
	接车站			

4. 实训总结

小组讨论，分析正常办理闭塞设备状态记录表内容，撰写实训报告一份。

二、取消复原

（一）取消复原的三种情况

取消复原是指办理闭塞手续后，列车因故不能发车时，采用的取消闭塞的方法。取消复原有以下三种情况。

① 发车站请求发车，收到接车站的自动回执信号后取消复原。这时发车站的发车表示灯和接车站的接车表示灯均亮黄灯，如果接车站不同意对方站发车，或发车站需取消发车时，经双方联系后可由发车站值班员按下复原按钮办理取消复原。

② 发车站收到对方站同意接车信号，但其出站信号尚未开放前取消复原。这时发车站的发车表示灯和接车站的接车表示灯均亮绿灯，如需取消闭塞，也须经两站值班员联系后，由发车站值班员按下复原按钮，办理取消复原。

③ 在电气集中联锁车站，发车站开放出站信号，但列车尚未出发之前取消复原。这时若要取消复原，须经两站值班员电话联系后，确认列车尚未出发，发车站值班员先办理发车进路的取消或人工解锁（视列车接近情况）。在出站信号机关闭，发车进路解锁后，按下复原按钮，办理取消复原。

以上三种情况的取消复原，执行者均为发车站值班员，如由接车站值班员办理取消复原则是无法实现的。

（二）操作练习

1. 实训目的

通过办理三种情况下的取消复原手续，使学生熟练掌握取消复原的办理方法，同时鼓励学生思考接车站不能取消复原的原因，提高下一步识读电路和分析动作程序的兴趣。

2. 实训内容

根据学生情况，可进行分组练习，建议 4 人分为一组。1 人负责发车站操作，1 人负责接车站操作，2 人负责观察两站继电器状态。

① 发车站请求发车，收到接车站的自动回执信号后取消复原。发车站值班员按下 BSA 请求发车，观察并记录两站控制台表示灯、电铃和继电器变化。

发车站按下 FUA 进行取消复原后，观察并记录两站控制台表示灯、电铃和继电器变化。

将观察结果记入表 1-1-8。

表 1-1-8　收到自动回执时取消复原闭塞设备状态记录表

办理手续		表示灯	电铃	继电器
发车站请求发车，收到自动回执信号	发车站			
	接车站			
发车站按下复原按钮	发车站			
	接车站			

② 发车站收到对方站的同意接车信号后，但其出站信号机尚未开放以前取消复原。发车站值班员按下 BSA 请求发车，接车站值班员按下 BSA 同意接车后，观察并记录两站控制台表示灯、电铃和继电器变化。

发车站按下 FUA 进行取消复原后，观察并记录两站控制台表示灯、电铃和继电器变化。

将观察结果记入表 1-1-9。

表 1-1-9　接车站同意接车时取消复原闭塞设备状态记录表

办理手续		表示灯	电铃	继电器
接车站同意接车	发车站			
	接车站			
发车站按下复原按钮	发车站			
	接车站			

③ 在电气集中联锁的车站，发车站开放出站信号机后，列车尚未出发之前取消复原。发车站值班员按下 BSA 请求发车，接车站值班员按下 BSA 同意接车，发车站值班员开放出站信号后，观察并记录两站控制台表示灯、电铃和继电器变化。

发车站值班员欲取消复原，必须先关闭信号，待进路解锁后才能取消复原，观察并记录两站控制台表示灯、电铃和继电器变化。

发车站值班员按下 FUA 进行取消复原后，观察并记录两站控制台表示灯、电铃和继电器变化。

将观察结果记入表 1-1-10。

表 1-1-10　开放出站信号机后取消复原闭塞设备状态记录表

办理手续		表示灯	电铃	继电器
发车站开放出站信号	发车站			
	接车站			
发车站关闭信号、进路解锁	发车站			
	接车站			
发车站按下复原按钮	发车站			
	接车站			

3. 实训总结

小组讨论，分析取消复原时闭塞设备状态记录表内容，撰写实训报告一份。进行试验时，前两种情况可以尝试由接车站办理取消复原手续，第三种情况可以尝试不关闭信号取消复原，思考取消复原时，为什么要求发车站值班员操作。

三、事故复原

（一）办理步骤

使用事故按钮使闭塞机复原的方法，叫事故复原。事故复原是在闭塞机不能正常复原时所采用的一种特殊复原方法。由于事故复原不检查任何条件，行车安全全靠人为保证，车站值班员必须共同确认区间没有被占用（列车没有出发、区间没有车运行、列车整列到达），双方出站信号机均关闭，并应在“行车设备检查登记簿”中登记，然后由发生故障一方车站值班员打开铅封，按下事故按钮使闭塞机复原。

在下列情况下，允许使用事故按钮办理事故复原。

① 闭塞电源断电后重新恢复供电时。

② 列车到达接车站，因轨道电路故障不能办理到达复原时。

③ 列车由区间返回原发车站时。

加封的事故按钮，破封后不准连续使用。装有计数器的事故按钮，破封后可以继续使用。无论装不装计数器，每办理一次事故复原，车站值班员都应在“行车设备检查登记簿”中登记，并在交接班时登记计数器上的数字，以便明确责任。事故按钮使用后，应及时加封。

（二）操作练习

1. 实训目的

通过对事故复原的操作练习，使学生掌握事故复原的使用时机和登销记手续，会使用SGA进行事故复原。

2. 实训内容

根据学生情况，可进行分组练习，建议6人分为一组。发车站、接车站控制台各设1人，负责办理控制台操作手续；故障设置设1人，负责模拟列车运行和模拟故障；继电器架发车站、接车站闭塞机各设1人，负责观察继电器状态变化；另外1人为总指挥，指挥小组成员按步骤完成操作练习，并记录表示灯和继电器变化情况。

① 闭塞电源断电后重新恢复供电时。总指挥命令发车站（或接车站）模拟闭塞电源停电再重新恢复供电，两站值班员共同确认区间占用和控制台信号开放情况，由故障站值班员登记破封并按下SGA事故复原，观察并记录两站控制台表示灯、电铃和继电器变化。

将观察结果记入表1-1-11。

② 列车到达接车站，因轨道电路故障不能办理到达复原时。总指挥命令发车站请求发车，接车站同意接车，发车站开放出站信号，模拟列车运行。接车站模拟轨道电路故障，开放引导信号接车，列车完全进站后，观察此时两站继电器状态。

表 1-1-11 闭塞电源断电后重新恢复供电时闭塞设备状态记录表

办理手续		表示灯	电铃	继电器
闭塞电源停电恢复后	发车站			
	接车站			
故障站按下事故按钮	发车站			
	接车站			

两站值班员共同确认列车完整到达情况，由接车站值班员登记破封并按下 SGA 事故复原，观察并记录两站控制台表示灯、电铃和继电器变化。

将观察结果记入表 1-1-12。

表 1-1-12 接车站轨道电路故障时闭塞设备状态记录表

办理手续		表示灯	电铃	继电器
列车完整到达,事故复原前	发车站			
	接车站			
接车站按下事故按钮	发车站			
	接车站			

③ 列车由区间返回原发车站时。总指挥命令发车站请求发车，接车站同意接车，发车站开放出站信号，模拟列车运行至区间。观察并记录两站控制台表示灯、电铃和继电器变化。

发车站开放进站信号，列车返回发车站。观察并记录两站控制台表示灯、电铃和继电器变化。

发车站值班员登记破封并按下 SGA 事故复原，接车站值班员在电铃鸣响过程中按下 FUA。观察并记录两站控制台表示灯、电铃和继电器变化。

将观察结果记入表 1-1-13。

表 1-1-13 由区间返回原发车站时闭塞设备状态记录表

办理手续		表示灯	电铃	继电器
列车由发车站运行至区间	发车站			
	接车站			
列车由区间返回发车站	发车站			
	接车站			
发车站按下 SGA,接车站按下 FUA	发车站			
	接车站			

3. 实训总结

小组讨论，分析事故复原时闭塞设备状态记录表内容，撰写实训报告一份。进行试验时，第一种情况可以尝试由非故障站办理事故复原手续，第二种情况可以尝试由发车站办理事故复原手续，第三种情况可以尝试接车站不配合按下 FUA，思考为什么事故复原时要求办理登记破封手续。

考核标准 ▶▶▶

1. 应知应会知识

采用闭卷方式考核。考试内容如下：

① 半自动闭塞基本概念、技术要求。

② 两站间传送的 7 种闭塞信号。

③ 闭塞机设备作用、状态。

2. 基本操作技能

能够按照操作规程正常办理、取消复原、事故复原闭塞，考核时限 5min。考核方式采用笔试加操作，笔试内容为操作注意事项、关键点。评分标准见表 1-1-14。

表 1-1-14　基本操作技能评分表

项目及配分		考核内容及评分标准	扣分因素及扣分	得分
操作技能	操作程序（3 分）	①在“行车设备检查登记簿”中登记、联系		
		②操作前核对、观察设备状态		
		③按照程序操作办理		
		④操作完毕观察设备状态		
		⑤销记		
		程序不对扣 3 分，每漏一项扣 2 分，扣完 3 分为止		
	质量（5 分）	①操作错误，每次扣 2 分		
		②操作过程中，出现异常情况无法排除的扣 2 分		
		③操作在 5min 内完成。每超 30s 扣 1 分，超时 2min 停止考核		
		④每个操作过程结束，继电器状态应清晰明了，口试回答错误，每次扣 2 分		
		质量共计 5 分，上述内容按规定扣分，扣完 5 分为止		
安全及其他（2 分）		①操作错误，造成故障升级，扣 1 分		
		②未按规定着装，扣 1 分		
		安全及其他共计 2 分，上述内容按规定扣分，扣完 2 分为止		
合计				

任务二 ● ● ● 64D 半自动闭塞电路识读

学习目标 ▶▶▶

① 跑通 64D 半自动闭塞电路图，熟记继电器的励磁和复原时机；

② 跑通与联锁设备的结合电路。

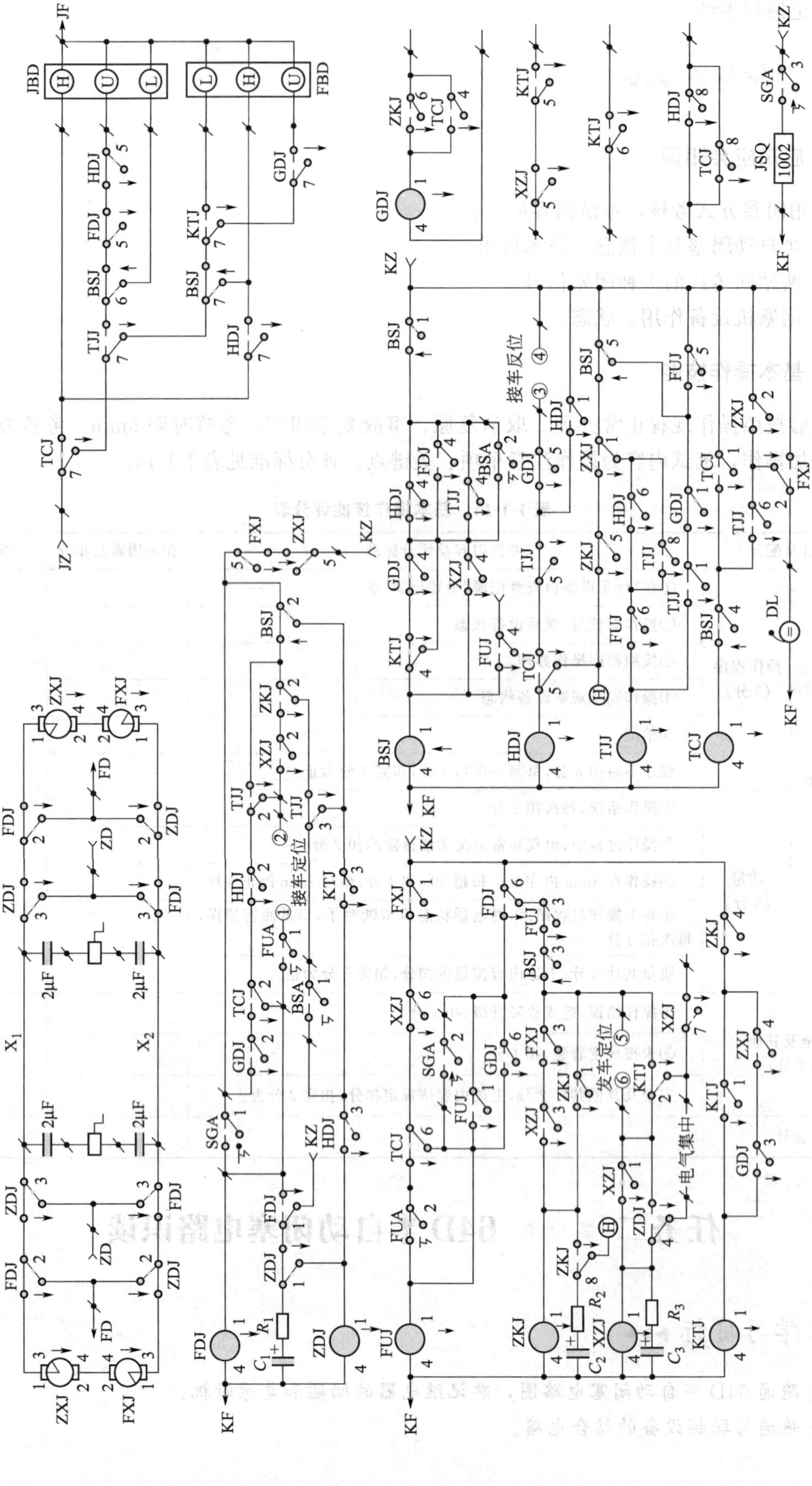

图 1-2-1　64D 型单线继电半自动闭塞电路图

电路识读 ▸▸▸

为使电路简单明了，便于掌握，将 64D 型继电半自动闭塞电路按功能不同设计成独立的单元式电路。它由线路继电器电路、信号发送器电路、发车接收器电路、接车接收器电路、闭塞继电器电路、复原继电器电路、轨道继电器电路和表示灯电路 8 个单元电路组成，如图 1-2-1 所示。

一、线路继电器电路识读

线路继电器电路如图 1-2-2 所示。

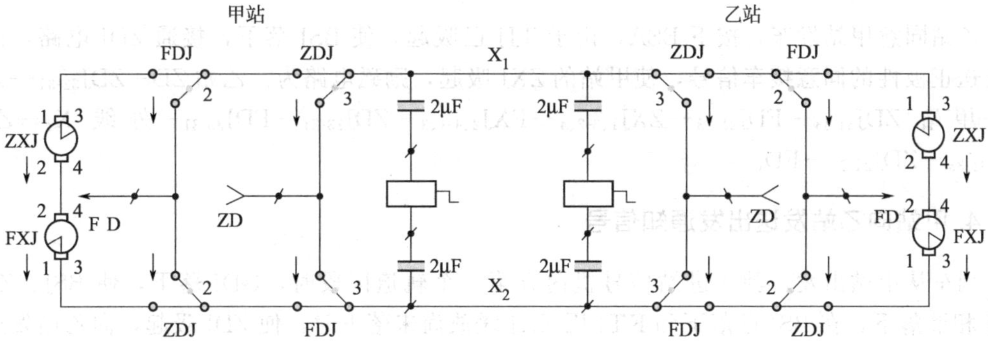

图 1-2-2　线路继电器电路图

(一) 作用及组成

线路继电器电路的作用是发送和接收闭塞信号。它由正线路继电器 ZXJ 和负线路继电器 FXJ 组成。每个闭塞区间两端的线路继电器是对称的，每端串联两个线路继电器，ZXJ 接收正极性的闭塞信号，FXJ 接收负极性的闭塞信号。

线路继电器采用偏极继电器，为降低继电器的工作电压，线路继电器两个线圈并联使用。

(二) 电路的安全措施

为了向线路发送正负两种极性的闭塞信号，在线路继电器电路中接有两组 ZDJ 的接点和两组 FDJ 的接点。ZDJ 吸起时向线路上发送正极性的闭塞信号，FDJ 吸起时向线路上发送负极性的闭塞信号。由于 ZDJ 和 FDJ 的两组接点是互相照查的，所以两个继电器同时吸起时，不会向线路上发送任何闭塞信号。

为防护外线混电，电路由 ZDJ 和 FDJ 的双断接点通断电源，因此当一条外线混电时，不会引起线路继电器的错误动作。

闭塞电话与线路继电器电路共用一对外线。为防止直流闭塞信号进入电话机，在闭塞电话电路中串联两个 2μF 的电容器。

(三) 电路原理

1. 甲站请求向乙站发车

甲站请求向乙站发车，按下 BSA，使 ZDJ 吸起，向乙站送正极性的请求发车信号，使乙站 ZXJ 吸起，励磁电路为：甲站 ZD—$ZDJ_{32\text{-}31}$—外线 X_1—乙站 $ZDJ_{31\text{-}33}$—$FDJ_{21\text{-}23}$—$ZXJ_{1、3\text{-}2、4}$—$FXJ_{2、4\text{-}1、3}$—$ZDJ_{23\text{-}21}$—$FDJ_{33\text{-}31}$—外线 X_2—甲站 $FDJ_{31\text{-}33}$—$ZDJ_{21\text{-}22}$—FD。

2. 乙站向甲站发送自动回执信号

乙站 ZXJ 吸起后，使 HDJ 吸起。甲站松开 BSA，乙站 ZXJ 落下，使 TJJ 吸起，TJJ 吸起后，与正在缓放中的 HDJ 共同接通 FDJ 电路，FDJ 吸起后向甲站发送负极性的自动回执信号，使甲站的 FXJ 吸起，励磁电路为：乙站 ZD—$FDJ_{32\text{-}31}$—外线 X_2—甲站 $FDJ_{31\text{-}33}$—$ZDJ_{21\text{-}23}$—$FXJ_{1、3\text{-}2、4}$—$ZXJ_{2、4\text{-}1、3}$—$FDJ_{23\text{-}21}$—$ZDJ_{33\text{-}31}$—外线 X_1—乙站 $ZDJ_{33\text{-}31}$—$FDJ_{21\text{-}22}$—FD。

3. 乙站同意甲站发车

乙站同意甲站发车，按下 BSA，由于 TJJ 已吸起，使 BSJ 落下，接通 ZDJ 电路，向甲站发送正极性的同意接车信号，使甲站的 ZXJ 吸起，励磁电路为：乙站 ZD—$ZDJ_{32\text{-}31}$—外线 X_1—甲站 $ZDJ_{31\text{-}33}$—$FDJ_{21\text{-}23}$—$ZXJ_{1、3\text{-}2、4}$—$FXJ_{2、4\text{-}1、3}$—$ZDJ_{23\text{-}21}$—$FDJ_{33\text{-}31}$—外线 X_2—乙站 $FDJ_{31\text{-}33}$—$ZDJ_{21\text{-}22}$—FD。

4. 甲站向乙站发送出发通知信号

列车从甲站出发，驶入进站信号机内方第一个轨道区段时，GDJ 落下，使 BSJ、ZKJ、KTJ 相继落下，在 BSJ 已落下和 KTJ 因 ZKJ 缓放尚未落下时，使 ZDJ 吸起，向乙站发送正极性的出发通知信号，使乙站 ZXJ 吸起，励磁电路同请求发车时的 ZXJ 励磁电路。

5. 乙站办理到达复原

列车到达乙站，乙站在确认整列到达后办理到达复原，按下 FUA，使 FDJ 吸起，向甲站发送负极性的到达复原信号，使甲站 FXJ 吸起，其励磁电路与接收自动回执信号时相同。

6. 取消复原

取消复原时，甲站按下 FUA 后，使 FDJ 吸起，向乙站发送负极性的取消复原信号，使乙站的 FXJ 吸起，励磁电路为：甲站 ZD—$FDJ_{32\text{-}31}$—外线 X_2—乙站 $FDJ_{31\text{-}33}$—$ZDJ_{21\text{-}23}$—$FXJ_{1、3\text{-}2、4}$—$ZXJ_{2、4\text{-}1、3}$—$FDJ_{23\text{-}21}$—$ZDJ_{33\text{-}31}$—外线 X_1—甲站 $ZDJ_{31\text{-}33}$—$FDJ_{21\text{-}22}$—FD。

为了引起车站值班员的注意，在收到对方站发来的各种闭塞信号时电铃都鸣响，为此用 $ZXJ_{21\text{-}22}$ 或 $FXJ_{21\text{-}22}$ 接通电铃电路，如图 1-2-3 所示。

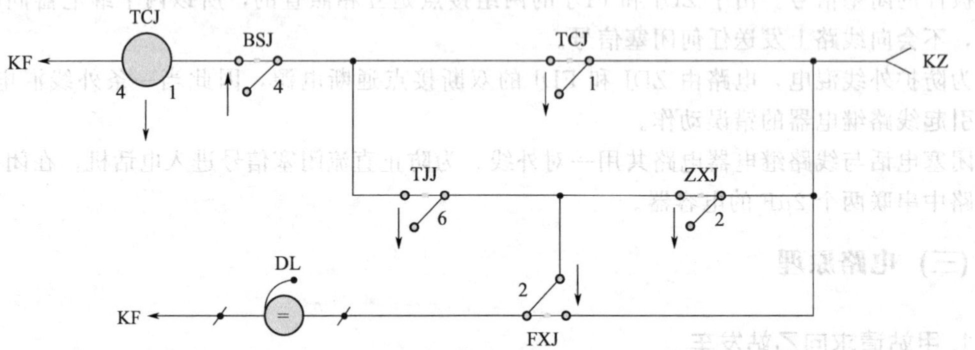

图 1-2-3　闭塞电铃电路

二、信号发送器电路识读

(一) 作用及组成

信号发送器电路如图 1-2-4 所示。

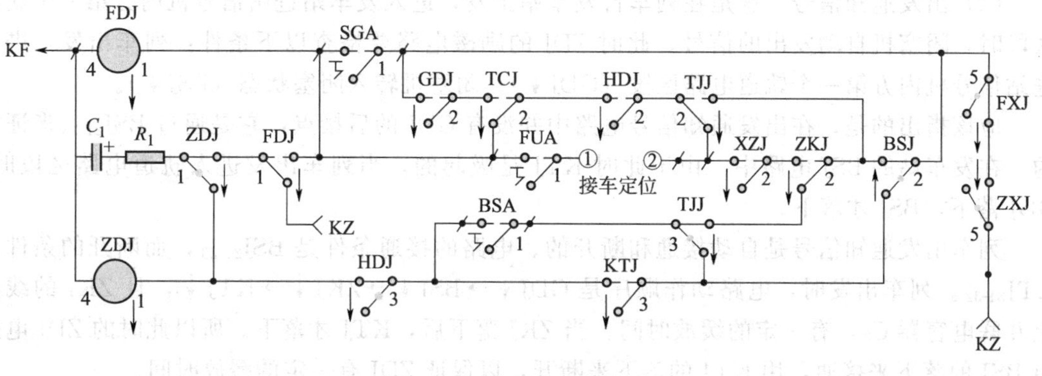

图 1-2-4 信号发送器电路

信号发送器的作用是发送闭塞信号。它由正电继电器 ZDJ 和负电继电器 FDJ 组成。ZDJ 吸起向闭塞外线发送正极性的闭塞信号，FDJ 吸起向闭塞外线发送负极性的闭塞信号。

(二) 电路原理

1. ZDJ 电路

ZDJ 吸起向闭塞外线发送请求发车信号、同意接车信号和出发通知信号 3 种正极性的闭塞信号。

(1) 请求发车信号　这是闭塞机在定位状态时才能发出的信号，此时 ZDJ 的励磁电路要检查的条件是：区间空闲，闭塞机在定位状态（BSJ↑）；双方站未请求发车（HDJ↓）；本站闭塞机未转到接车状态（TJJ↓）；本站闭塞机也未转到准备开通状态（ZKJ↓）。

请求发车信号的控制条件是 BSA，当本站值班员按下闭塞按钮时，经过 $BSAI_{11\text{-}12}$ 接通 ZDJ 励磁电路，ZDJ 吸起后向闭塞外线发送正极性的请求发车信号。

因为 BSA 是自复式按钮，所以当车站值班员松开 BSA 后，即断开 ZDJ 电路。

为了保证 64D 电路的可靠动作，要求发送的闭塞信号有足够的时间长度，故 ZDJ 和 FDJ 电路共用由电阻 R_1（510Ω，2W）和电容器 C_1（500μF）构成的阻容缓放电路。电容器 C_1 平时经过 $ZDJ_{11\text{-}13}$ 和 $FDJ_{11\text{-}13}$ 处于充电状态。当 ZDJ 吸起时，经过 $ZDJ_{11\text{-}12}$ 使 C_1、R_1 并联在 ZDJ 的线圈上。而当 FDJ 吸起时，经过 $ZDJ_{11\text{-}13}$ 和 $FDJ_{11\text{-}12}$ 使 C_1、R_1 并联在 FDJ 的线圈上。当 ZDJ 或 FDJ 断电时，C_1 向 ZDJ 或 FDJ 的线圈放电，使其缓放，其缓放时间应不小于 1.6s。

因 C_1 采用经常充电的方式，所以 ZDJ 和 FDJ 只缓放不缓吸，缓放时间稳定，保证闭塞信号长度满足技术要求。

$ZXJ_{51\text{-}53}$ 和 $FXJ_{51\text{-}53}$ 接在信号发送器的总电路中，其作用是作为接车站时，闭塞机接收完对方站发来的闭塞信号之后，才能使 ZDJ 或 FDJ 吸起，以防止接车站车站值班员抢先办理闭塞时使电路无法动作。

（2）同意接车信号　这是在收到对方站的请求发车信号、本站闭塞机转为接车状态后才能发送的信号，此时 ZDJ 的励磁电路要检查以下条件：闭塞机转为接车状态（TJJ↑）；车站值班员同意接车，按下 BSA（$BSA_{11\text{-}12}$）；闭塞机转为闭塞状态（BSJ↓）。

$HDJ_{31\text{-}33}$是综合电路时并入的，它保证在发送回执信号时断开 ZDJ 的励磁电路，以保证自动回执信号的脉冲长度。当 HDJ 落下时，证实自动回执信号已发完。

（3）出发通知信号　这是在列车自发车站出发，进入发车站进站信号机内方第一个轨道区段时，闭塞机自动发出的信号，此时 ZDJ 的励磁电路要检查以下条件：列车出发，进入进站信号机内方第一个轨道电路区段（GDJ↓）；闭塞机转入闭塞状态（BSJ↓）。

应该指出的是，在出发通知信号电路中并没有 GDJ 的后接点，它是通过$BSJ_{21\text{-}23}$来证明的。在发车站的 BSJ 电路中，由于此时 KTJ 是吸起的，当列车出发进入轨道电路区段时，GDJ 落下，BSJ 才落下。

列车出发通知信号是自动接通和断开的。电路的接通条件是$BSJ_{21\text{-}23}$，而断开的条件是$KTJ_{31\text{-}32}$。列车出发时，电路动作顺序是 GDJ↓→BSJ↓→ZKJ↓→KTJ↓，且 ZKJ 的线圈上并联电容器 C_2，有一定的缓放时间，当 ZKJ 落下后，KTJ 才落下。所以此时的 ZDJ 电路由 BSJ 的落下来接通，用 KTJ 的落下来断开，以保证 ZDJ 有一定的缓放时间。

2. FDJ 电路

FDJ 吸起向闭塞外线发送自动回执信号、到达复原信号、取消复原信号和事故复原信号 4 种负极性的闭塞信号。

（1）自动回执信号　这是接车站收到请求发车信号之后，自动向发车站发送的证实信号，此时 FDJ 的励磁电路要检查的条件是：本站闭塞机在定位状态（BSJ↑）；收到请求发车信号（HDJ↑）；本站闭塞机已转为接车状态（TJJ↑）。

TCJ 第二组接点用来区分是自动回执电路还是到达复原电路。当 TCJ 落下，FDJ 吸起时，向闭塞外线发送的是自动回执信号；当 TCJ 吸起，FDJ 吸起时，向闭塞外线发送的是到达复原信号。这样，可使自动回执电路和到达复原电路合用一组 HDJ 的前接点。

$TJJ_{21\text{-}22}$和$HDJ_{21\text{-}22}$在电路中起着自动接通和断开自动回执电路的作用。用$TJJ_{21\text{-}22}$接通 FDJ 电路，开始发送自动回执信号。HDJ 经过一段时间的缓放后落下，用$HDJ_{21\text{-}22}$断开 FDJ 电路，终止发送自动回执信号。

自动回执信号的脉冲长度近似等于 HDJ 和 FDJ 缓放时间之和，起控制作用的是 HDJ 缓放时间的长短。FDJ 吸起后经$FDJ_{11\text{-}12}$接通 C_1 放电电路，使 FDJ 有足够的缓放时间。

（2）到达复原信号　这是在列车完整到达接车站后，由接车站值班员办理到达复原时发送的信号，此时 FDJ 的励磁电路要检查的条件是：收到出发通知信号（TCJ↑）；列车到达本站（HDJ↑）；列车出清接车站接车进路第一个轨道电路区段（GDJ↓）。

“接车定位条件”是结合车站联锁设备情况，用能证实接车进路解锁的继电器接点来接通；本站值班员办理到达复原，按下 FUA。

$TJJ_{21\text{-}23}$接点是为了进一步证实列车已从对方站出发而加入的。TCJ 第二组接点和 TJJ 第二组接点是区分电路用的，加入这两个条件后，自动回执电路和到达复原电路可共用一组$HDJ_{21\text{-}22}$接点。

（3）取消复原信号　这是在本站请求发车之后和列车未出发之前由车站值班员办理取消闭塞时发送的信号，此时 FDJ 的励磁电路要检查的条件是：本站办理请求发车并收到自动回执信号（BSJ↑和 ZKJ↑）；出站信号机未开放（XZJ↑）；本站值班员办理取消复原按下

FUA（$FUA_{11\text{-}12}$）。

为了防止列车出发后，进入发车轨道电路之前，行驶在电路无法检查的“危险区段”（存在于非集中联锁车站）上时错误地取消闭塞，造成列车在没有闭塞的情况下进入区间，FDJ 为取消复原而励磁的电路里要检查 XZJ 前接点。

“接车定位条件”不是本电路的必要条件，是合并电路时加入的。

（4）事故复原信号　这是当闭塞机发生故障不能正常复原，而办理事故复原时发送的信号。因为故障情况可能随时发生，所以在事故复原电路中，除 ZXJ 和 FXJ 后接点外，不检查任何条件，只要车站值班员按下事故按钮（$SGA_{11\text{-}12}$），即可构成 FDJ 的励磁电路。

松开 SGA，FDJ 落下。

三、发车接收器电路识读

（一）作用及组成

发车接收器电路的作用是记录发车站闭塞机状态。它由选择继电器 XZJ、准备开通继电器 ZKJ 和开通继电器 KTJ 组成。

（二）电路原理

1. XZJ 电路

XZJ 电路有两个作用：一是区分自动回执信号和复原（到达复原、取消复原、事故复原）信号；二是请求发车后检查出站信号机是否开放。XZJ 电路如图 1-2-5 所示。

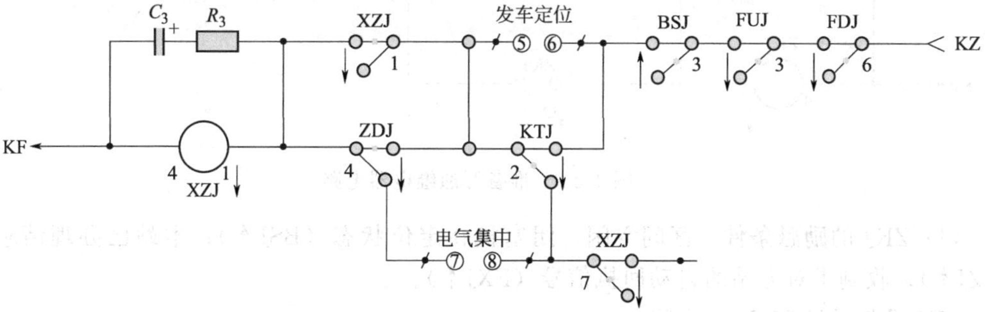

图 1-2-5　选择继电器电路

（1）XZJ 接点的应用　自动回执信号和复原信号都是从对方站发来的负极性脉冲，为了区分这两种代表不同意义的负极性信号，在 ZKJ 和 FUJ 电路中分别检查 $XZJ_{31\text{-}32}$ 和 $XZJ_{61\text{-}63}$。XZJ 吸起时，通过 $XZJ_{31\text{-}32}$ 证明接收的是自动回执信号；而 XZJ 落下时，通过 $XZJ_{61\text{-}63}$ 证明接收的是复原信号。

（2）XZJ 的励磁条件　XZJ 是当办理请求发车时经过 $ZDJ_{42\text{-}41}$ 吸起的，然后经 $XZJ_{11\text{-}12}$ 自闭。

（3）XZJ 的失磁条件　XZJ 一直保持到同意接车信号 KTJ 吸起和车站值班员开放出站信号机后才落下。开放出站信号机前 XZJ 吸起，允许调车和取消闭塞；出站信号机开放后，XZJ 落下，则不允许调车和取消闭塞。这样，在出站信号机开放前后，闭塞机状态就有了一个变化。

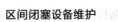

当本站办理取消复原时，用 $FDJ_{61\text{-}63}$ 断开 XZJ 电路；当对方站办理事故复原时，用 $FUJ_{31\text{-}33}$ 断开 XZJ 电路。

当一个区间两端的车站值班员同时办理请求发车，按下 BSA 时，两站的 XZJ 都能吸起并自闭，但是由于两个正极性的闭塞信号在外线相顶，双方都收不到自动回执信号。在这种情况下，如某站再次办理请求发车，接车站在发送自动回执信号时 FDJ 吸起，用其第 6 组后接点断开 XZJ 的自闭电路，使 XZJ 落下。

若在因故障收不到对方站发来的自动回执信号情况下办理事故复原时，也是用 $FDJ_{61\text{-}63}$ 断开 XZJ 自闭电路的。

电路中的 $BSJ_{31\text{-}32}$ 是与 ZKJ 共用的，它表明只有闭塞机在定位状态（BSJ 吸起）时，才能办理请求发车，XZJ 才能吸起。

（4）XZJ 的缓放作用　XZJ 要有一定的缓放时间，是因为在办理取消复原时，$FDJ_{61\text{-}63}$ 接点一断开，XZJ 就落下，这样 $XZJ_{21\text{-}22}$ 将切断 FDJ 的励磁电路。为使 FDJ 可靠吸起，XZJ 应缓放。为此 XZJ 的线圈上并联 C_3、R_3 缓放电路，C_3 为 100μF，R_3 为 510Ω。

2. ZKJ 电路

ZKJ 电路如图 1-2-6 所示，其作用是接收自动回执信号。当收到自动回执信号时，ZKJ 吸起并自闭，将闭塞机转至准备开通状态。

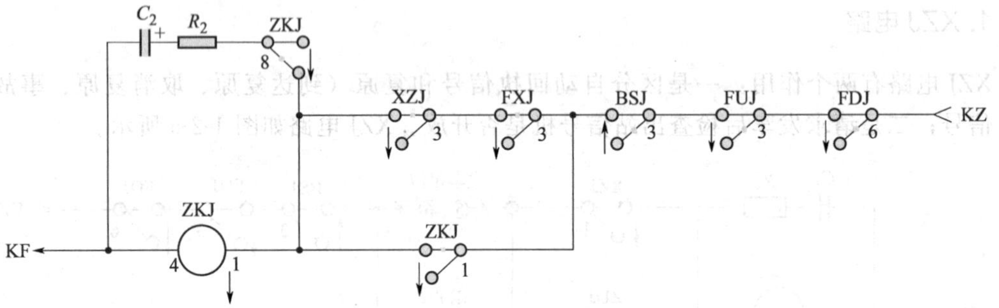

图 1-2-6　准备开通继电器电路

（1）ZKJ 的励磁条件　区间空闲，闭塞机在定位状态（BSJ↑）；本站已办理请求发车（XZJ↑）；收到了对方站的自动回执信号（FXJ↑）。

ZKJ 吸起后经 $ZKJ_{11\text{-}12}$ 自闭。

（2）ZKJ 的失磁条件　列车出发压入进站内方第一个轨道电路，区间闭塞时，由 $BSJ_{31\text{-}32}$ 断开其自闭电路；或本站办理取消复原时，用 $FDJ_{61\text{-}63}$ 断开其自闭电路。

在办理取消复原时，用的是 FDJ 的后接点，而不用 FUJ 的后接点来断开 ZKJ 的自闭电路。这是因为在请求发车后办理取消复原时，FDJ 吸起后即向对方站发送取消复原信号，本站的 FUJ 要经过 $FDJ_{61\text{-}62}$ 才能吸起。如果本站的 FUJ 电路因故障不能吸起，则若用 FUJ 后接点时即不会使 ZKJ 落下，这就发生对方站闭塞机复原，本站闭塞机仍保留着发车条件的故障，这不符合“故障—安全”原则。而用 $FDJ_{61\text{-}63}$ 断开 ZKJ 的自闭电路，就防止了上述故障，保证在办理取消复原时双方闭塞机工作的一致性。

（3）ZKJ 的缓放作用　ZKJ 要求有一定的缓放时间（不小于 0.32s），以保证办理取消复原时使 FDJ 可靠吸起，这和 XZJ 的缓放要求是相似的。ZKJ 的缓放还有另一个作用，即当列车出发时，因 BSJ 先落下，ZKJ 缓放，使 KTJ 也缓放，这样才能通过 $BSJ_{21\text{-}23}$ 和

KTJ_{31-32}构成 ZDJ 的励磁电路，从而能可靠发送列车出发通知信号，并使之有足够的长度。

3. KTJ 电路

KTJ 电路的作用是接收对方站发来的同意接车信号，并将闭塞机转到开通状态。其电路如图 1-2-7 所示。

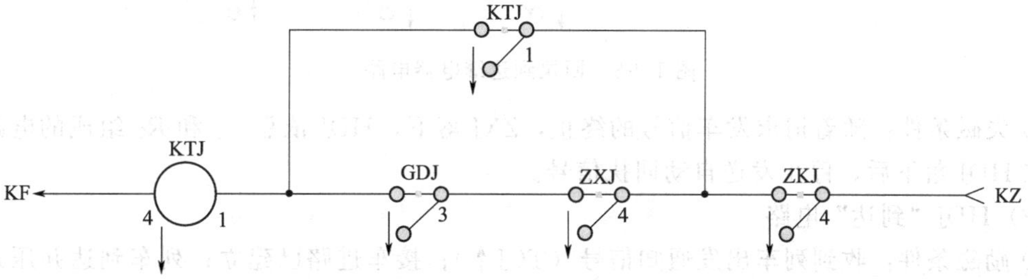

图 1-2-7　开通继电器电路

（1）KTJ 的励磁条件　闭塞机收到自动回执信号（ZKJ↑）；闭塞机收到同意接车信号（ZXJ↑）；半自动闭塞用轨道电路良好（GDJ↑）。

KTJ 吸起后经 KTJ_{11-12}自闭。

（2）KTJ 的失磁条件　当 ZKJ_{41-42}断开时，KTJ 落下。

在发车接收器电路中，XZJ、ZKJ 和 KTJ 按办理闭塞的顺序依次动作，保证了两站间在区间空闲、电路动作正常的情况下，必须往返三次不同极性的闭塞信号时，发车站闭塞机才能表示“区间开通”，从而提高了发车接收器电路的抗干扰能力。

四、接车接收器电路识读

(一) 作用及组成

接车接收器电路的作用是记录接车站闭塞机的状态。它由回执到达继电器 HDJ、同意接车继电器 TJJ 和通知出发继电器 TCJ 组成。

(二) 电路原理

1. HDJ 电路

HDJ 电路如图 1-2-8 所示。它有两个作用：一是接收对方站发来的请求发车信号，与 TJJ 一起构成自动回执信号电路；二是记录列车到达。因为这两个作用不是同时完成的，所以可由一个继电器来兼用，而设计成两组电路，用 TCJ 第 5 组接点来区分这两组电路。在收到列车出发通知信号之前，因 TCJ 落下，此时 HDJ 吸起作为发送回执信号之用；而在收到列车出发通知信号之后，因 TCJ 吸起，此时 HDJ 吸起作为记录列车到达之用。

（1）HDJ“自动回执”电路

① 励磁条件：区间空闲（BSJ↑）；收到对方站的请求发车信号（ZXJ↑）。

励磁电路中的 ZKJ_{51-53}是为了区别请求发车信号和同意接车信号用的，因为两者都使 ZXJ 吸起，这样当发车站闭塞机转到准备开通状态之后，再收到同意接车信号时，由于 ZKJ_{51-53}断开，所以不会错误构成 HDJ 电路。

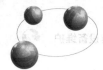

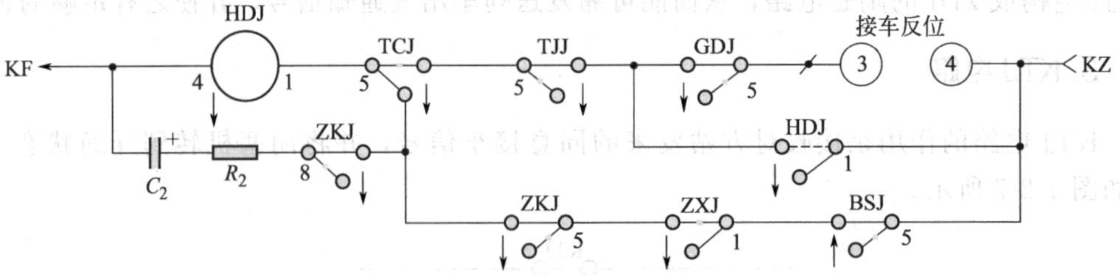

图 1-2-8 回执到达继电器电路

② 失磁条件：随着请求发车信号的终止，ZXJ 落下，HDJ 依靠 C_2 和 R_2 组成的电路缓放。在 HDJ 落下后，停止发送自动回执信号。

(2) HDJ“到达”电路

① 励磁条件：收到列车出发通知信号（TCJ↑）；接车进路已建立；列车到达并压入进站信号机内方第一个轨道电路区段（GDJ↓）。

HDJ 吸起后自闭。

② 失磁条件：在办理到达复原时，TCJ 落下后断开 HDJ 自闭电路，HDJ 落下。

③ 电路分析：在 HDJ 的“到达”电路中加入了 $TJJ_{51\text{-}53}$ 接点的作用是，因为 GDJ 在 TCJ 吸起后才能吸起，如果在 HDJ 的“到达”电路中没有 $TJJ_{51\text{-}53}$ 接点，那么在列车出发前，接车站过早地开放进站信号机，则在 TCJ 吸起后 GDJ 尚未吸起之前，会使 HDJ 错误吸起，造成列车虚假到达的故障。加入 $TJJ_{51\text{-}53}$ 后，它们的动作顺序是 TCJ↑→GDJ↑→TJJ↓。由于 TCJ 吸起后 GDJ 尚未吸起时 TJJ 处于吸起状态，即防止了上述错误。

电路中接有“接车反位条件”，是为了在进站信号机未开放前，可以利用正线进行调车作业，此时 HDJ 不会吸起。

④ HDJ 的缓放作用：对 HDJ 要求有一定的缓放时间（不小于 0.6s），因为在接收请求发车信号时，HDJ 经 $ZXJ_{11\text{-}12}$ 而吸起，当请求发车信号终了 ZXJ 落下时，则断开了 HDJ 的励磁电路，但是要用 $ZXJ_{11\text{-}13}$ 和 $HDJ_{61\text{-}62}$ 构成 TJJ 的励磁电路，而用 $TJJ_{21\text{-}22}$ 和 $HDJ_{21\text{-}22}$ 构成 FDJ 的励磁电路发送自动回执信号，因此为了使 TJJ 可靠吸起，并可靠地发送自动回执信号，要求 HDJ 缓放。它是通过在 HDJ 的线圈上并联 C_2（200μF）、R_2（510Ω）而实现的。C_2、R_2 是与 ZKJ 共用的，用 ZKJ 的第 8 组接点来区分。

2. TJJ 电路

TJJ 电路如图 1-2-9 所示。其作用是接收请求发车信号，TJJ 吸起后将闭塞机转为接车状态，并为发送同意接车信号做好准备。

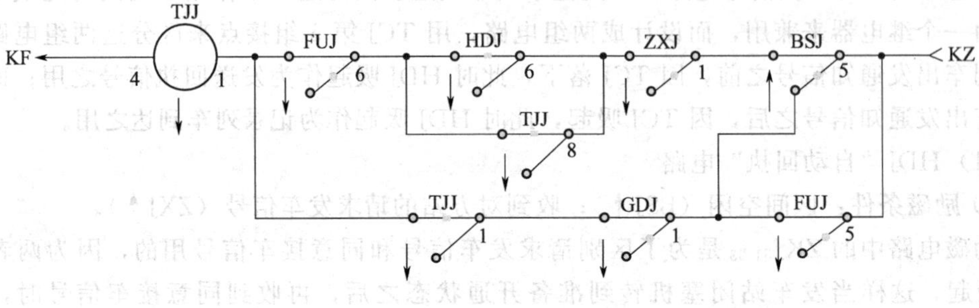

图 1-2-9 同意接车继电器电路

TJJ的励磁条件是：闭塞机在定位状态（BSJ↑）；收到请求发车信号（HDJ↑）；请求发车信号终了（ZXJ↓）。

吸起后经TJJ_{81-82}、TJJ_{11-12}自闭。

TJJ的失磁条件是收到对方站的列车出发通知信号，用GDJ_{11-13}（TCJ↑→GDJ↑）断开其自闭电路。收到对方站的取消复原信号，用FUJ_{61-63}断开其自闭电路。

在TJJ电路中，加入FUJ_{61-63}接点，是防止在办理到达复原时，因BSJ吸起后，HDJ落下前（BSJ先吸起，HDJ后落下），使TJJ错误吸起。

在TJJ的自闭电路中，加入FUJ_{51-53}接点的作用是，在发车站办理请求发车以后（FBD亮黄灯时），办理取消复原时，用以切断TJJ的自闭电路。加入BSJ_{51-53}接点的作用是，在接车站办理同意接车后（JBD亮绿灯时），发车站办理取消复原时，使接车站的FBD不闪红灯。因此时接车站的FUJ先吸起，在BSJ尚未吸起的瞬间TJJ会落下，使FBD闪红灯。若加入BSJ_{51-53}接点后，在上述情况下，TJJ就不会落下，当BSJ吸起后，才断开TJJ的自闭电路，从而避免了FBD闪红灯的现象。

在TJJ的电路中，TJJ_{81-82}接点的作用是，防止TJJ的自闭电路断线后，由于车站值班员错误办理闭塞而使两站闭塞机错误复原。当发车站办理请求发车收到自动回执信号后，FBD亮黄灯，由于接车站的TJJ自闭电路断线而不能自闭，所以在发完自动回执信号后，TJJ落下，JBD无显示。如果接车站此时办理请求发车，XZJ吸起自闭，其请求发车信号送到发车站后变成了同意接车信号，使发车站的FBD亮绿灯。发车站办理发车进路开放出站信号机，列车出发进入发车站进站信号机内方第一个轨道电路区段时，FBD亮红灯，并向接车站发送列车出发通知信号。由于接车站的仍处在吸起状态，所以使列车出发通知信号变成请求发车信号，并向发车站送出自动回执信号，而接车站的TJJ吸起后不再自闭而又落下。由于发车站的BSJ在列车出发时已落下，此时在收到自动回执信号后，因FUJ的吸起又使其吸起，FBD红灯熄灭，闭塞机复原。如果发车站值班员继续错误办理请求发车，接车站在发送自动回执信号时，因FDJ的吸起切断了XZJ的自闭电路使其落下，而TJJ吸起后因不能自闭又落下，此时接车站的闭塞机复原，发车站的FBD亮黄灯。若发车站值班员再次错误办理取消闭塞，则造成列车在区间运行时两站闭塞机均恢复定位，这决不能允许。为此，在TJJ励磁电路中的HDJ_{61-62}接点上并联TJJ_{81-82}，构成另一条自闭电路。这样，如果TJJ的自闭电路断线，则TJJ会经过BSJ_{51-52}、ZXJ_{11-13}、TJJ_{81-82}和FUJ_{61-63}而保持自闭。当接车站值班员办理同意接车时，由于BSJ的落下而使TJJ也落下，使故障导向安全。

3. TCJ电路

TCJ电路如图1-2-10所示。

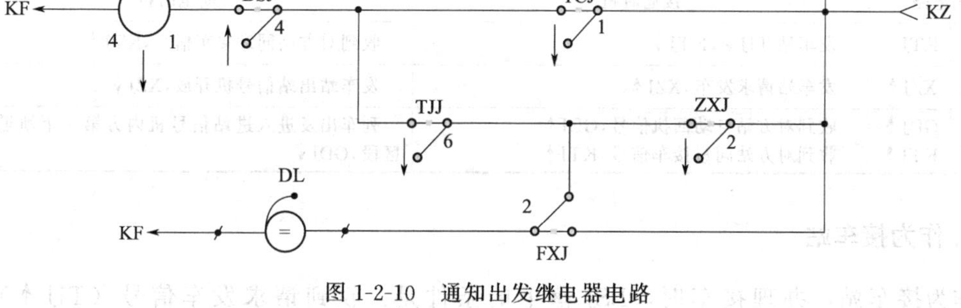

图1-2-10　通知出发继电器电路

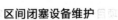

其作用是接收列车出发的通知信号，励磁条件是：闭塞机在接车闭塞状态（BSJ↓、TJJ↑）；收到出发通知信号（ZXJ↑）；吸起后经 TCJ_{11-12} 自闭。当闭塞机复原时，用 BSJ_{41-43} 断开其自闭电路。

在收到列车出发通知信号后，如果接车站轨道电路发生故障，TCJ 吸起后 GDJ 未吸起，则 TJJ 不会落下。此时经过 TCJ_{11-12}、TJJ_{62-61}、FXJ_{23-21} 接通电铃电路，使电铃连续鸣响，发出报警，以便在列车到达之前及时修复轨道电路。

五、闭塞继电器电路识读

(一) 作用

闭塞继电器 BSJ 电路的作用是反映区间的闭塞状态。BSJ 吸起时，表示区间空闲，闭塞机在定位状态；BSJ 落下时，表示区间闭塞，闭塞机在闭塞状态。

(二) 电路原理

BSJ 电路如图 1-2-11 所示。BSJ 平时处于吸起并经过 BSJ_{11-12}、TJJ_{41-43}、KTJ_{41-43} 自闭。

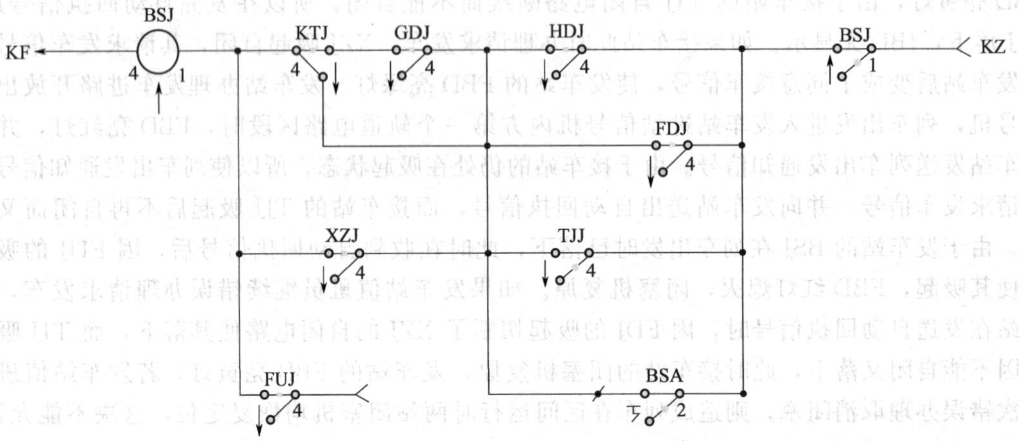

图 1-2-11　闭塞继电器电路

1. 作为发车站

作为发车站，在办理闭塞过程中，由 XZJ↑、KTJ↑、GDJ↑依次沟通两条自闭电路，自闭电路的接通和断电时机如表 1-2-1。

表 1-2-1　作为发车站时，BSJ 的接通时机和断电时机

自闭电路		接通时机	断电时机
平时	KTJ↓	发车站 TJJ↓,KTJ↓	收到对方站同意接车信号,KTJ↑
第一条	XZJ↑	发车站请求发车,XZJ↑	发车站出站信号机开放,XZJ↓
第二条	GDJ↑ KTJ↑	收到对方站自动回执信号,GDJ↑ 收到对方站同意接车信号,KTJ↑	列车出发进入进站信号机内方第一个轨道电路区段,GDJ↓

2. 作为接车站

作为接车站，办理接车时，BSJ 落下的条件是：收到请求发车信号（TJJ↑），由

TJJ_{41-43}断开一条自闭电路；车站值班员同意接车按下 BSA，由 BSA_{21-23}断开另一条自闭电路。

3. 安全措施

(1) 防止操作失误　在办理接车时，为了防止车站值班员过早按下 BSA 影响自动回执信号的发送，将 FDJ_{41-42}和 HDJ_{41-42}接点并联在 BSA_{21-23}接点上，从而保证了在发送自动回执信号期间，即使车站值班员过早按下 BSA，也不会使 BSJ 落下，不影响发送自动回执信号。

(2) XZJ↑、KTJ↓和 KTJ↑GDJ↑3 条电路并联的设计　在 BSJ 的自闭电路中，KTJ_{42}与 GDJ_{43}相连，KTJ_{43}与 GDJ_{41}相连，在两接点上再并联 XZJ_{41-42}。这样连接可使 BSJ 在平时未办理闭塞或已办理闭塞出站信号机开放后，其自闭电路均接通。当列车出发进入进站信号机内方第一个轨道电路区段时，才断开 BSJ 自闭电路。当列车运行在无联锁区段（对电锁器联锁车站而言）时，任何一个继电器断线落下，都能达到“故障—安全”要求。如 BSJ 断线，直接使闭塞机闭塞；GDJ 断线，相当于列车出发进入轨道电路区段，也使闭塞机闭塞；ZKJ 断线，使 KTJ 和 GDJ 都落下；KTJ 断线时，即使 BSJ 不落下，出站信号机已关闭，XZJ 早已落下，发车站不能办理取消复原，也不能再办理发车手续，这样就保证了安全。

另外，这种接法避免了发车站在请求发车后（FBD 亮黄灯）办理取消复原时，FBD 闪红的现象。如果 KTJ_{43}与 GDJ_{43}相连，当发车站 ZKJ 吸起后办理取消复原，若 XZJ 缓放时间不足，会使 BSJ 瞬时落下，造成 FBD 闪红灯。

(3) 加入 XZJ_{41-42}接点的作用　在 BSJ 电路中加入 XZJ_{41-42}接点的作用是，在收到同意接车信号但出站信号机未开放之前，进行站内调车作业时列车进入发车轨道电路区段，GDJ 落下，BSJ 仍保持吸起，不影响闭塞机的工作。

当本站或对方站办理复原时，由于 FUJ 吸起，使 BSJ 吸起并自闭。

六、复原继电器电路识读

（一）作用

复原继电器 FUJ 电路的作用是用来使闭塞机复原，其电路如图 1-2-12 所示。

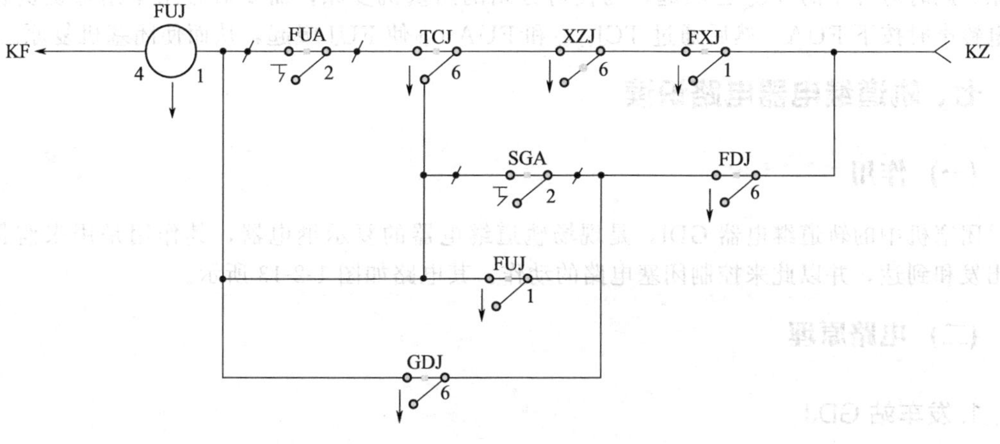

图 1-2-12　复原继电器电路

(二) 电路原理

FUJ 电路的励磁有 4 种情况。

1. 对方站办理复原

对方站办理复原有 3 种情况，一是取消复原时本站为接车站，二是到达复原时本站为发车站，三是对方站办理事故复原。FUJ 的励磁条件为：收到对方站发来的负极性脉冲（FXJ↑）；并证实此负极性脉冲是复原信号而不是自动回执信号（XZJ↓）。

电路中 $TCJ_{61\text{-}63}$ 接点的作用是为了保证接车站收到列车出发通知信号（TCJ↑）后，区间有列车运行时，即使发车站送来复原信号或外线上有负极性脉冲干扰（FXJ↑），也不能使接车站 FUJ 吸起，以保证列车在区间运行的安全。

2. 本站办理复原

在本站办理复原有两种情况，一是到达复原时本站为接车站，二是取消复原时本站为发车站。FUJ 的励磁条件为：

车站值班员按下 FUA，使 FDJ 吸起（$FDJ_{61\text{-}62}$）。办理到达复原时，$GDJ_{61\text{-}62}$ 表示列车出清接车站进站信号机内方第一个轨道电路区段；而在办理取消复原时，$GDJ_{61\text{-}62}$ 表示列车在发车站尚未出发。

吸起后经 $FUJ_{11\text{-}12}$ 自闭。FDJ 落下后使 FUJ 复原。

3. 本站办理事故复原

在本站办理事故复原时，车站值班员按下 SGA，FDJ 吸起后，FUJ 即吸起。

FUJ 吸起后经 $FUJ_{11\text{-}12}$ 自闭，直到 FDJ 落下后 FUJ 才落下。由于 FDJ 有足够的缓放时间，所以车站值班员在办理复原时，只要按下 SGA 即可，不必过长。

4. 为中途折返列车复原用的励磁条件

当路用列车或机外调车需越出进站信号机占用区间时，车站值班员应按照发车手续办理闭塞，然后开放出站信号机。当路用列车或机外调车进入区间后，两站闭塞机都闭塞。待路用列车或调车列车返回到本站时，由本站值班员确认后，按下 SGA 使 FUJ 吸起，办理事故复原。此时对方站的 TCJ 已吸起，为使对方站的闭塞机复原，需要对方站车站值班员在听到电铃声时按下 FUA，然后通过 $TCJ_{61\text{-}62}$ 和 $FUA_{21\text{-}22}$ 使 FUJ 吸起，从而使闭塞机复原。

七、轨道继电器电路识读

(一) 作用

闭塞机中的轨道继电器 GDJ，是现场轨道继电器的复示继电器，其作用是用来监督列车出发和到达，并以此来控制闭塞电路的动作。其电路如图 1-2-13 所示。

(二) 电路原理

1. 发车站 GDJ

对于发车站，在办理请求发车并收到自动回执信号之后，经 $ZKJ_{61\text{-}62}$ 接通电路。GDJ 吸起后，用 $GDJ_{41\text{-}42}$ 为接通 BSJ 的自闭电路准备条件，用 $GDJ_{71\text{-}72}$ 使 FBD 亮黄灯。当列车进入发车站进站信号机内方第一个轨道电路区段时，GDJ 落下，以监督列车出发。

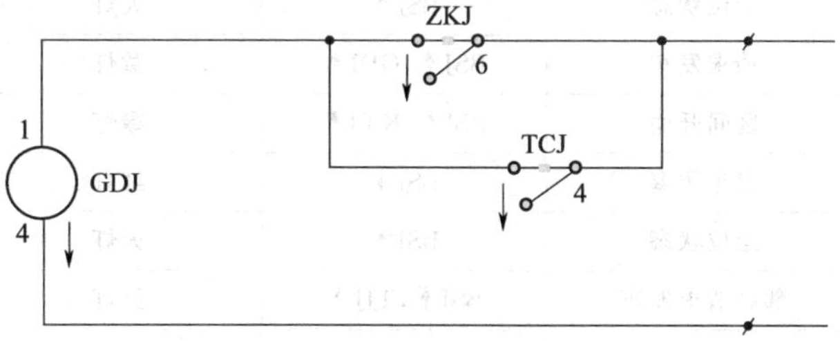

图 1-2-13　轨道继电器电路

2. 接车站 GDJ

对于接车站，在收到列车出发通知信号之后，经 $TCJ_{41\text{-}42}$ 接通电路。此时 GDJ 吸起后，用 $GDJ_{11\text{-}13}$ 断开 TJJ 的自闭电路；在 FDJ 和 FUJ 电路中，用 $GDJ_{21\text{-}22}$ 和 $GDJ_{61\text{-}62}$ 监督列车出清轨道电路区段，以便办理到达复原。当列车进入进站信号机内方第一个轨道电路区段时，GDJ 落下，在 HDJ 电路中，用 $GDJ_{51\text{-}53}$ 监督列车的到达。

八、表示灯电路识读

(一) 作用

表示灯电路用于表示闭塞机的各种状态。发车表示灯 FBD 和接车表示灯 JBD 电路如图 1-2-14 所示。

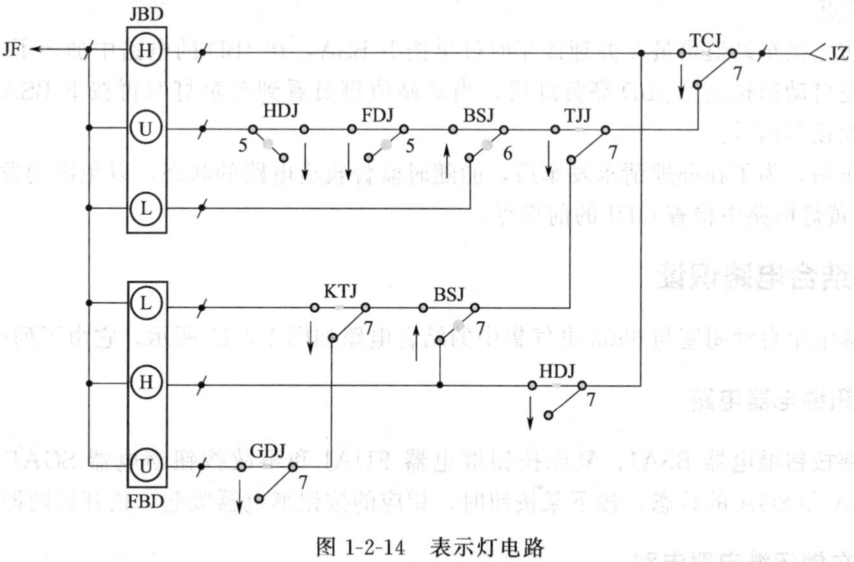

图 1-2-14　表示灯电路

(二) 电路原理

1. 表示灯状态

表 1-2-2 所示为接车站和发车站的表示灯状态。

表 1-2-2　接车站和发车站的表示灯状态

闭塞机状态		继电器状态	FBD 状态	JBD 状态
发车站	定位状态	BSJ↑	灭灯	灭灯
	请求发车	BSJ↑,GDJ↑	黄灯	灭灯
	区间开通	BSJ↑,KTJ↑	绿灯	灭灯
	发车闭塞	BSJ↓	红灯	灭灯
接车站	定位状态	BSJ↑	灭灯	灭灯
	邻站请求发车	BSJ↑,TJJ↑	灭灯	黄灯
	同意接车	BSJ↓,TJJ↑	灭灯	绿灯
	接车闭塞	TCJ↑	灭灯	红灯
	列车到达	TCJ↑,HDJ↑	红灯	红灯

2. 表示灯电路分析

表示灯电路中每个接点的作用如下：

在办理接车时，必须保证 FBD 灭灯，为此在 FBD 的 3 个点灯电路中都检查了 TCJ 和 TJJ 的后接点。当收到发车站的请求发车信号时，和向发车站发送同意接车信号时，用 TJJ 后接点切断 FBD 的点灯电路；当收到发车站的列车出发通知信号时，用 TCJ 后接点切断 FBD 的点灯电路。为了简化表示灯电路，在列车到达时 JBD 和 FBD 都亮红灯，此时经过 $TCJ_{71\text{-}72}$ 和 $HDJ_{71\text{-}72}$ 接通 FBD 的红灯电路。

在接车站，当收到列车出发通知信号时，TCJ 吸起后使 JBD 亮红灯，表示列车已从对方站出发。而在 JBD 亮黄灯或绿灯时，为了证实列车未出发，所以须检查 TCJ 的后接点和 TJJ 的前接点。

为了防止接车站值班员在办理接车时过早按下 BSA，在 JBD 的电路中加入了 $HDJ_{51\text{-}53}$，以保证发完自动回执信号 JBD 亮黄灯后，当车站值班员看到亮黄灯时再按下 BSA，向对方站发送同意接车信号。

在发车站，为了在办理请求发车后，能随时监督轨道电路的状态，以免影响发车，所以在 FBD 的黄灯电路中检查 GDJ 的前接点。

九、结合电路识读

64D 继电半自动闭塞与 6502 电气集中的结合电路如图 1-2-15 所示，它由下列电路组成。

1. 按钮继电器电路

用闭塞按钮继电器 BSAJ、复原按钮继电器 FUAJ 和事故按钮继电器 SGAJ 分别反映 BSA、FUA 和 SGA 的状态。按下某按钮时，相应的按钮继电器吸起，松开后随即落下。

2. 接车锁闭继电器电路

接车锁闭继电器 JSBJ 平时落下，当进站信号机开放后（列车信号复示继电器 LXJF 吸起），列车驶入接近区段（接近轨道复示继电器 JGJF 落下）时，JSBJ 吸起并自闭。自闭电路中，检查了进站信号机内方第一个道岔区段的进路继电器的后接点（如图 1-2-15 中的 1DG/2LJ），排列经由该区段的进路时，进路继电器 2LJ 落下。列车进站驶过该区段后，

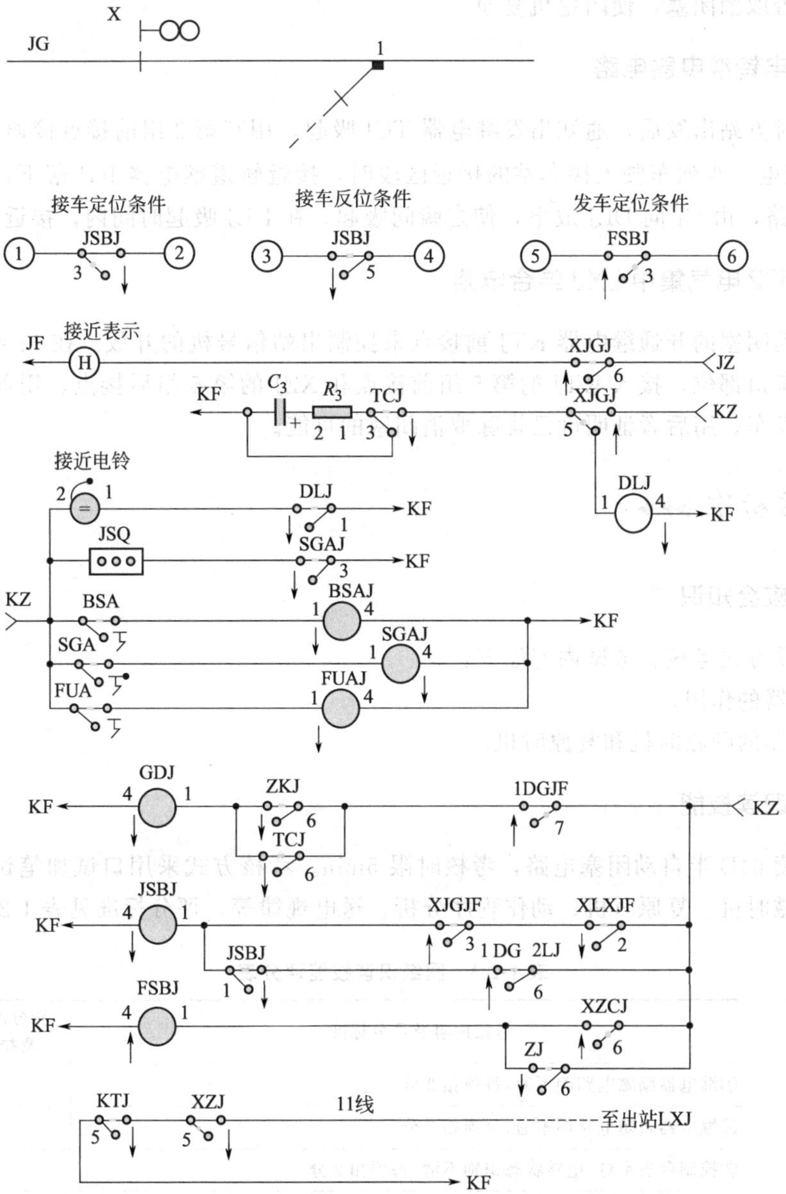

图 1-2-15 64D半自动闭塞与6502电气集中结合电路

2LJ吸起。当列车出清接车进路的第一个道岔区段，待其解锁1DG的2LJ励磁后才断开JSBJ的自闭电路，从而实现对列车的到达进行“两点检查”。这样，任何一段轨道电路故障或错误动作，都不会造成列车的虚假到达。

3. 发车锁闭继电器电路

发车锁闭继电器FSBJ平时处于吸起状态。电路中的ZCJ是发车口部位的照查继电器，排列向1DG的列车、调车进路时ZCJ落下，而在1DG道岔区段解锁后，ZCJ吸起。ZJ是终端继电器，向1DG排列调车进路时吸起，使FSBJ不落下，不致影响行车。当办理发车进路时，用ZCJ和ZJ都落下来说明以该发车口为终端建立并锁闭了发车进路，使FSBJ落下，从而断开发车定位条件。直到发车进路解锁，才能再次构成此条件。此联锁条件的作用是控制闭塞机能否取消闭塞，使闭塞机复原。

4. 接近电铃继电器电路

列车由对方站出发后，通知出发继电器 TCJ 吸起，用其第 3 组前接点接通电容器 C_3 电路，向 C_3 充电。当列车驶入接车站的接近区段时，接近轨道继电器 JGJ 落下，接通电铃继电器 DLJ 电路，由 C_3 向 DLJ 放电，使之瞬间吸起。在 DLJ 吸起时间内，接近电铃鸣响。

5. 与 6502 电气集中 LXJ 结合电路

用半自动闭塞的开通继电器 KTJ 前接点来控制出站信号机的开放。在 11 线网路（LXJ 电路）的发车口部位，接入 KTJ 的第 5 组前接点和 XZJ 的第 5 组后接点，用前者证明闭塞机开通允许发车，用后者证明确已排除取消闭塞的可能。

考核标准 ▶▶▶

1. 应知应会知识

采用闭卷方式考核。考试内容如下：

① 继电器的作用；

② 继电器的励磁时机和复原时机。

2. 电路识读技能

熟练识读 64D 半自动闭塞电路，考核时限 5min。考核方式采用口试加笔试，笔试内容为继电器励磁时机、复原时机、动作程序分析、送电规律等。评分标准见表 1-2-3。

表 1-2-3　图纸识读技能评分表

项目及配分	考核内容及评分标准	扣分因素及扣分	得分
电路识读（4 分）	①继电器励磁电路跑不通，每项扣 2 分		
	②继电器自闭电路跑不通，每项扣 2 分		
	③控制台表示灯、电铃状态识别不清，每项扣 2 分		
	④结合电路识别不清，每项扣 2 分		
	电路识读共计 4 分，上述内容按规定扣分，扣完 4 分为止		
动作程序分析（5 分）	①继电器间逻辑关系不清楚，每项扣 3 分		
	②继电器励磁时机回答错误，每项扣 2 分		
	③继电器复原时机回答错误，每项扣 2 分		
	④继电器状态识别不清，每项扣 2 分		
	动作程序分析共计 5 分，上述内容按规定扣分，扣完 5 分为止		
送电规律（2 分）	①电源性质回答错误，每项扣 1 分		
	②借电方式回答错误，每项扣 1 分		
	③熔断器容量不清，每项扣 2 分		
	送电规律共计 2 分，上述内容按规定扣分，扣完 2 分为止		

续表

项目及配分	考核内容及评分标准	扣分因素及扣分	得分
图物对照（4 分）	①继电器型号识别不清，每项扣 2 分		
	②端子配线识别不清，每项扣 2 分		
	③设备位置不清楚，每项扣 2 分		
	图物对照共计 4 分，上述内容按规定扣分，扣完 4 分为止		
合计			

任务三 ●●● 64D 半自动闭塞电路动作程序分析

学习目标 ▶▶▶

① 能够背画正常办理时继电器动作程序；

② 能够背画取消办理时继电器动作程序；

③ 能够背画事故复原时继电器动作程序。

动作程序分析 ▶▶▶

64D 型继电半自动闭塞机在定位状态时，除 BSJ 吸起外，其他继电器均处于落下状态；两站的发车表示灯 FBD 和接车表示灯 JBD 都熄灭。为了便于叙述，以甲站为发车站，乙站为接车站，按办理闭塞手续的顺序说明电路动作程序。

一、正常办理动作程序分析

（一）甲站请求向乙站发车

单线继电半自动闭塞，由于相邻两站间的区间用一对闭塞机，因此在闭塞电路设计上，既可作为发车站，又可作为接车站使用。当甲站先按下闭塞按钮时，甲站就成为发车站，而乙站则成为接车站；反之亦然。

甲站要向乙站发车，甲站值班员按下 BSA，此时甲站的 ZDJ 吸起。ZDJ 吸起后，一方面使本站的 XZJ 吸起并自闭，给电容器 C_3 充电；另一方面向乙站发送一个正极性脉冲的请求发车信号，使乙站的 ZXJ 吸起。

在乙站，ZXJ 吸起后，一方面接通电铃电路，使电铃鸣响；另一方面使 HDJ 吸起，并给电容器 C_2 充电。

当甲站值班员松开 BSA 后，ZDJ 因电容器 C_1 的放电而缓放落下后，请求发车信号结束，使乙站的 ZXJ 落下，电铃停响，并断开了 HDJ 的励磁电路。在 ZXJ 落下和 HDJ 缓放（因 C_2 放电）的时间里接通了 TJJ 电路，使 TJJ 吸起并自闭。TJJ 吸起后与 HDJ（在缓放）共同接通 FDJ 的励磁电路，FDJ 吸起后向甲站发送一个负极性脉冲的自动回执信号。

在甲站，当收到自动回执信号时 FXJ 吸起。FXJ 吸起后，一方面使电铃鸣响，另一方面经 XZJ 的前接点使 ZKJ 吸起并自闭。ZKJ 吸起后一方面给电容器 C_2 充电，另一方面接通

GDJ 的励磁电路，使 FBD 亮黄灯，表示请求发车。

在乙站，当 HDJ 缓放落下后，一方面断开了 FDJ 的励磁电路，当 FDJ 因电容器 C_1 的放电而缓放落下后，结束自动回执信号；另一方面使 JBD 亮黄灯，表示对方站请求发车。

至此，甲站闭塞机中有 BSJ、XZJ、ZKJ 和 GDJ 吸起，FBD 亮黄灯，表示本站请求发车；乙站闭塞机中有 BSJ 和 TJJ 吸起，JBD 亮黄灯，表示邻站请求发车。

甲站向乙站请求发车的电路动作程序如图 1-3-1 所示。

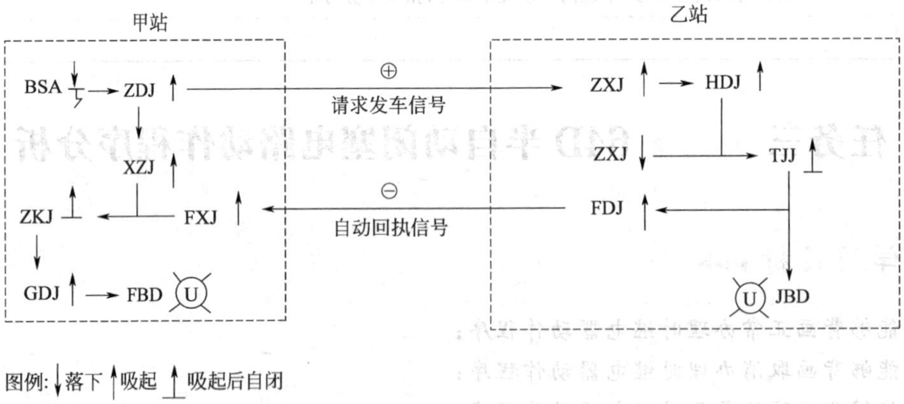

图 1-3-1　甲站向乙站请求发车时的电路动作程序

(二) 乙站同意甲站发车

乙站值班员看到接车表示灯亮黄灯，待电铃停止鸣响后，按下 BSA，表示同意接车。此时，由于乙站的 TJJ 已吸起，所以使 BSJ 落下。BSJ 落下后，一方面使 JBD 亮绿灯，另一方面接通 ZDJ 电路。ZDJ 吸起后，向甲站发送一个正极性脉冲的同意接车信号。

在甲站，当收到同意接车信号后，ZXJ 吸起，一方面接通电铃电路使之鸣响，另一方面接通 KTJ 电路，使 KTJ 吸起并自闭，且接通 FBD 的绿灯电路，使其亮绿灯，表示邻站同意发车。

当乙站值班员松开 BSA 后，ZDJ 经电容器 C_1 放电而缓放落下后，停止发送同意接车信号，使甲站的 ZXJ 落下。

至此，甲站有 BSJ、XZJ、ZKJ、KTJ、GDJ 吸起，FBD 亮绿灯；乙站只有 TJJ 吸起，JBD 亮绿灯，表示从甲站至乙站方向的区间开通。

乙站同意甲站发车的电路动作程序如图 1-3-2 所示。

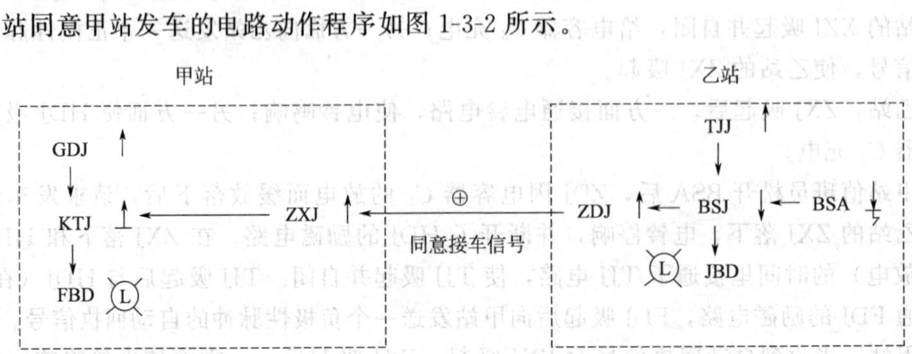

图 1-3-2　乙站同意甲站发车时的电路动作程序

(三) 列车从甲站出发

甲站值班员看到发车表示灯亮绿灯，即可办理发车进路，开放出站信号机，此时 XZJ 落下。当列车出发驶入出站信号机内方，出站信号机自动关闭。当列车驶入进站信号机内方第一个轨道区段时，由于 GDJ 落下，使 BSJ、ZKJ 和 KTJ 相继落下。因为 ZKJ 的缓放（电容器 C_2 放电所致），其落下后才使 KTJ 落下，所以在 BSJ 已落下和 KTJ 尚未落下的时间里，使 ZDJ 吸起，向乙站发送一个正极性脉冲的出发通知信号。

在乙站收到出发通知信号后，使 ZXJ 吸起，并接通 TCJ 励磁电路，使 TCJ 吸起并自闭。TCJ 吸起后又使 GDJ 吸起，准备接车。GDJ 吸起后断开了 TJJ 的自闭电路，使 TJJ 落下。

至此，甲站的全部继电器都落下，FBD 亮红灯；乙站只有 TCJ 和 GDJ 吸起，JBD 亮红灯。表示两站闭塞机转入“区间闭塞”状态，甲站到乙站方向的区间闭塞，并有一列列车占用。

列车从甲站出发的电路动作程序如图 1-3-3 所示。

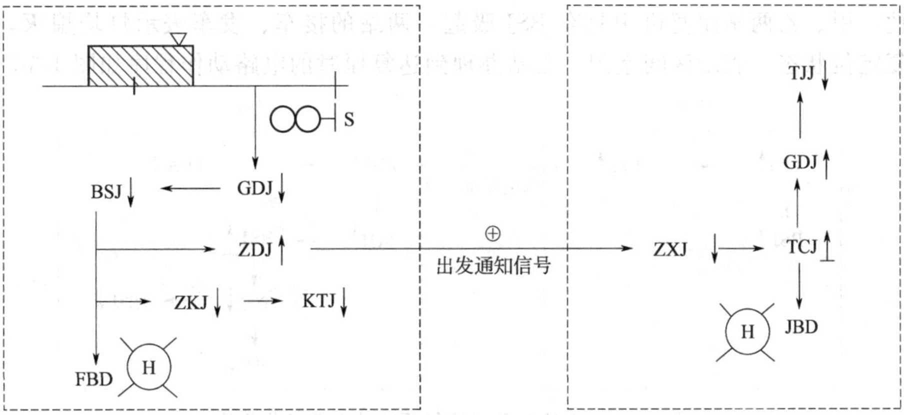

图 1-3-3 列车出发进入甲站轨道电路区段的电路动作程序

(四) 列车到达乙站

乙站值班员看到接车表示灯由绿灯变为红灯，电铃鸣响后，表明列车已由甲站开出，应及时建立接车进路，开放进站信号机，准备接车。当列车到达乙站，进入乙站进站信号机内方第一个轨道区段时，由于 GDJ 落下，使 HDJ 吸起并自闭，发车表示灯 FBD 亮红灯。此时，乙站进站信号机自动关闭。列车出清该轨道区段后，GDJ 重新吸起。

至此，乙站有 TCJ、GDJ 和 HDJ 吸起，JBD 和 FBD 都亮红灯，表示列车到达。甲站闭塞机状态无变化，FBD 仍亮红灯。

列车到达乙站时的动作程序如图 1-3-4 所示。

(五) 到达复原

列车全部进入乙站股道后，接车进路解锁，乙站值班员在确认列车完整到达后，按下 FUA，办理到达复原。此时乙站的 FDJ 吸起，FDJ 吸起后，一方面接通本站的 FUJ 电路，另一方面向甲站发送一个负极性脉冲的到达复原信号。

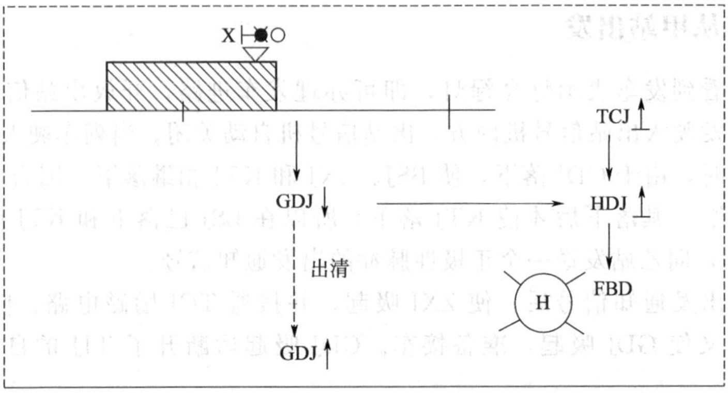

图 1-3-4　列车到达乙站轨道电路区段时的电路动作程序

在乙站，由于 FUJ 吸起，使 BSJ 吸起并自闭。BSJ 吸起后，使 TCJ、GDJ 和 HDJ 相继落下，JBD 和 FBD 的红灯熄灭。

在甲站，当收到到达复原信号时，FXJ 吸起，它一方面接通电铃电路使之鸣响，另一方面使 FUJ 吸起。FUJ 吸起后又使 BSJ 吸起并自闭，FBD 红灯熄灭。

至此，甲、乙两站闭塞机中只有 BSJ 吸起，两站的接车、发车表示灯均熄灭，两站闭塞机恢复定位状态，表示区间空闲。乙站办理到达复原时的电路动作程序如图 1-3-5 所示。

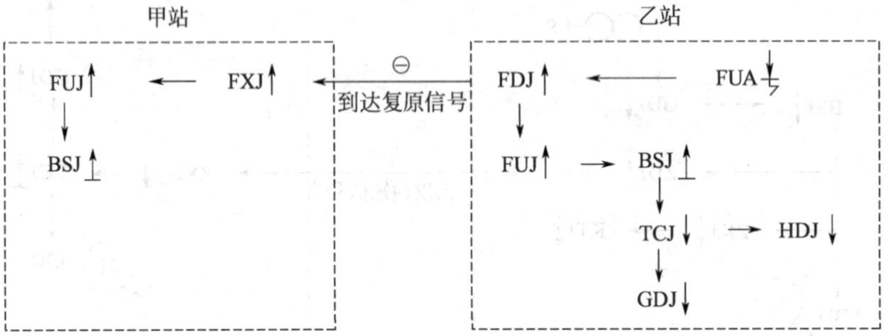

图 1-3-5　乙站办理到达复原时的电路动作程序

二、取消复原动作程序分析

办理取消复原可分为三种情况，它们的电路动作程序如下。

(一) 甲站收到自动回执信号，FBD 亮黄灯之后

当甲站请求发车之后，乙站同意接车之前，FBD 亮黄灯时，如果乙站不同意甲站发车，或甲站需要取消发车时，经双方联系后，可由甲站值班员按下复原按钮办理取消复原。

此时在甲站闭塞机中有 BSJ、XZJ、ZKJ 吸起并自闭，GDJ 也已吸起，FBD 亮黄灯。乙站有 BSJ 和 TJJ 吸起并自闭，JBD 亮黄灯。甲站值班员办理取消复原时的电路动作程序如图 1-3-6 所示。

在甲站，当甲站值班员按下 FUA 后，使 FDJ 吸起，FDJ 吸起后，用它的后接点断开 ZKJ 和 XZJ 的自闭电路；用 ZKJ 的前接点断开 GDJ 电路；用 FDJ 的前接点断开 FBD 的黄灯电路。同时，经 FDJ 前接点，通过外线向乙站发送一个负极性的取消复原信号。

在乙站，当收到负极性的取消复原信号时，FXJ 吸起。FXJ 吸起后使电铃鸣响，同时接通 FUJ 励磁电路，FUJ 吸起后，用 FUJ 的后接点断开 TJJ 的自闭电路；TJJ 落下后，又用

其前接点断开 JBD 的黄灯电路。

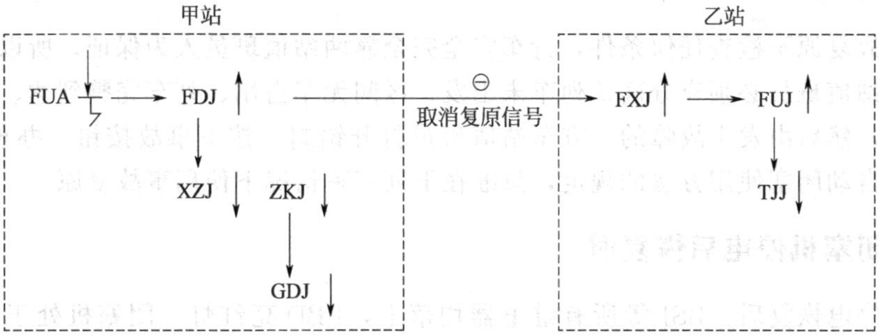

图 1-3-6　甲站 FBD 亮黄灯后办理取消复原时的电路动作程序

至此，两站闭塞机中只有 BSJ 吸起，表示灯都熄灭，闭塞机恢复定位。

(二) 甲站收到同意接车信号，FBD 亮绿灯，尚未开放出站信号机之前

此时，需要取消闭塞，经两站值班员联系后，由甲站值班员按下 FUA，办理取消复原。

在这种情况下，甲站闭塞机中除 BSJ、XZJ、ZKJ 和 GDJ 吸起外，尚有 KTJ 吸起，FBD 亮绿灯。乙站闭塞机中只有 TJJ 吸起，JBD 亮绿灯。此时办理取消复原的电路动作程序如图 1-3-7 所示。

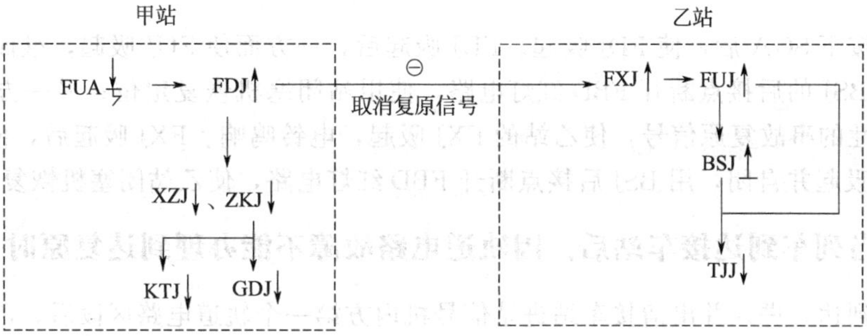

图 1-3-7　甲站 FBD 亮绿灯后办理取消复原时的电路动作程序

当甲站值班员按下 FUA 时，使 FDJ 吸起。FDJ 吸起后，用其后接点断开 ZKJ 和 XZJ 的自闭电路；ZKJ 落下后，用其前接点断开 KTJ 的自闭电路和 GDJ 电路。KTJ 落下后，用其前接点断开 FBD 绿灯电路，FBD 熄灭。

在乙站，当收到取消复原信号时，FXJ 吸起。FXJ 吸起后，使电铃鸣响，同时使 FUJ 吸起。FUJ 吸起后，使 BSJ 吸起并自闭。用 BSJ 的后接点断开 TJJ 的自闭电路和 JBD 的绿灯电路，JBD 熄灭。

至此，两站闭塞机中只有 BSJ 吸起，表示灯都熄灭，闭塞机恢复定位。

(三) 在电气集中联锁车站，甲站开放出站信号机之后，列车尚未出发之前

在这种情况下要取消闭塞时，需经两站值班员电话联系后，确认列车未出发，甲站值班员先人工解锁发车进路，在出站信号机关闭，发车进路解锁后，XZJ 重新吸起；再按下 FUA，办理取消复原。如果未关闭出站信号，解锁发车进路，则 XZJ 不能重新吸起，甲站值班员按下 FUA，本站 FDJ 不能吸起，无法取消复原。

出站信号机关闭，发车进路解锁后，XZJ 重新吸起，其电路动作顺序同前。

三、事故复原动作程序分析

由于事故复原不检查任何条件，行车安全完全靠两站值班员人为保证，所以在办理事故复原时，两站值班员必须充分确认列车未出发、区间无车占用、列车完整到达、双方出站信号机均关闭，然后由发生故障的一方车站值班员打开铅封，按下事故按钮，办理事故复原。根据继电半自动闭塞使用方法的规定，只准在下列三种情况下使用事故复原。

(一) 闭塞机停电后恢复时

闭塞机停电恢复后，BSJ 等所有继电器均落下，FBD 亮红灯，闭塞机处于发车闭塞状态。此时，停电车站（如甲站）的值班员打开铅封，按下 SGA，使闭塞机复原。其电路动作程序如图 1-3-8 所示。

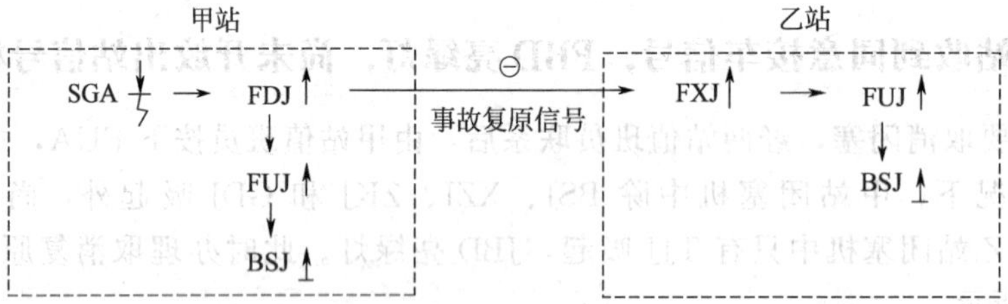

图 1-3-8 停电恢复后办理事故复原时的电路动作程序

当甲站按下 SGA 后，使 FDJ 吸起。FDJ 吸起后，一方面使 FUJ 吸起，继而使 BSJ 吸起并自闭，用 BSJ 的后接点断开 FBD 红灯电路，使甲站闭塞机恢复定位；另一方面向乙站发送一个负极性的事故复原信号，使乙站的 FXJ 吸起，电铃鸣响。FXJ 吸起后，使 FUJ 吸起。继而使 BSJ 吸起并自闭，用 BSJ 后接点断开 FBD 红灯电路，使乙站闭塞机恢复定位。

(二) 当列车到达接车站后，因轨道电路故障不能办理到达复原时

当列车到达，进入并出清接车站进站信号机内方第一个轨道电路区段后，因轨道电路故障，轨道继电器不能再次吸起，若此时接车站值班员按下 FUA，则因 GDJ 的落下，不能使 FDJ 吸起，故 FUJ、BSJ 也不能吸起，闭塞机不能复原。而应经双方车站值班员电话联系，确认列车整列到达，根据列车调度员命令，由接车站值班员登记破封，按下 SGA，办理事故复原，其电路动作程序如图 1-3-9 所示。

图 1-3-9 接车站轨道电路故障办理事故复原时的电路动作程序

(三) 列车由区间返回原发车站时

当列车由区间返回发车站后，发车站闭塞机中的继电器全部处于落下状态，FBD 亮红

灯，接车站闭塞机中的 TCJ 和 GDJ 在吸起状态，JBD 亮红灯，两站闭塞机均处于闭塞状态。此时，发车站值班员登记破封，用事故按钮办理事故复原，使 FDJ 吸起。FDJ 吸起后，一方面使 FUJ 吸起，继而使 BSJ 吸起并自闭，从而断开 FBD 红灯电路，使闭塞机恢复定位；另一方面向接车站发送一个负极性的事故复原信号，使接车站的 FXJ 吸起并接通电铃电路，接车站值班员在电铃鸣响过程中，应按下 FUA，使本站闭塞机中的 FUJ 吸起，继而使 BSJ 吸起并自闭，TCJ 和 GDJ 相继落下，JBD 红灯熄灭，闭塞机恢复定位。路用列车由区间返回原发车站时办理事故复原的电路动作程序如图 1-3-10 所示。

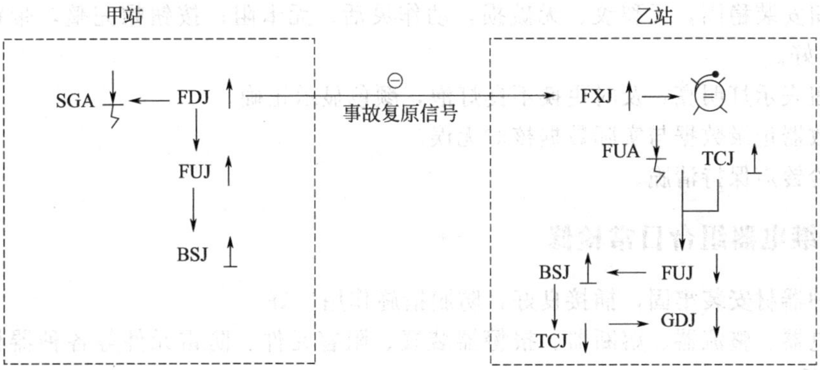

图 1-3-10　路用列车由区间返回原发车站时办理事故复原的电路动作程序

考核标准 ▶▶▶

1. 应知应会知识

采用闭卷方式考核。考试内容为继电器的逻辑关系及动作程序。

2. 电路识读技能

继电器的动作程序涵盖在电路识读技能内，要求熟练掌握继电器间的逻辑关系及动作程序，评分标准见表 1-2-3。

任务四 ●●● 64D 半自动闭塞设备检修

学习目标 ▶▶▶

① 会按照作业标准检修控制台操作表示设备；

② 会按照作业标准检修半自动闭塞组合，并牢记继电器位置；

③ 会测试半自动闭塞技术参数。

设备检修 ▶▶▶

64D 半自动闭塞设备包括控制台操作设备和继电器组合。控制台操作设备指表示灯、按钮、计数器和电铃；继电器组合包括定型组合 B1、B2，组合内有半自动闭塞的 13 个继电器、结合电路用继电器和整流器。

64D半自动闭塞设备检修分为日常检修和集中检修。

一、64D半自动闭塞设备日常检修

(一) 控制台操作设备日常检修

① 控制台门、盖关闭严密，加锁完好，且保持控制台清洁、无灰尘。

② 按钮安装稳固，无裂纹、无破损，动作灵活、无卡阻；按钮帽完整，带铅封的事故按钮加封良好。

③ 按钮表示灯明亮，及时更换不良灯泡，颜色显示正确。

④ 计数器记录数据与实际数据核对无误。

⑤ 电铃铃声保持清脆。

(二) 继电器组合日常检修

① 各种器材安装牢固，插接良好，防脱措施作用良好。

② 继电器、整流器、熔断器、报警器装置、阻容元件、防雷元件等各种器材无过热及其他异常现象。

③ 配线干净、整齐，绑扎良好。

④ 铭牌齐全、正确，字迹清楚。

二、64D半自动闭塞设备集中检修

(一) 控制台操作设备集中检修

① 控制台按钮接点接通、断开与按钮按下、拉出位置关系正确。自复式按钮按压后能自动恢复定位。在受到振动时，接点不得错接和错断。接点清洁、平整，无严重烧损及磨耗。

② 电铃安装牢固，电铃线圈及各部螺丝不松动，铃锤与接极子动作间隙均匀，铃声清脆。

③ 计数器正确计数，不跳码、不漏码，数码字迹清晰。

④ 配线整齐、清洁，无破皮，无接地，焊接良好。

⑤ SGA铅封良好，采用3～5A铅丝保险，并加装ϕ3mm×15mm的套管。

(二) 继电器组合集中检修

① 逐台检查继电器类型是否正确，不超期使用。继电器内部无异物，接点状态良好。

② 熔断器容量与图纸相符，有试验标记，不超期，并接触良好。

③ 配线整齐、清洁，无破皮，无接地，焊接良好，套管不脱落。

④ 整流器输入/输出电压正确。线路电源应使对方站的线路继电器得到不小于其工作值120%的电压。

三、64D半自动闭塞设备测试

(一) 闭塞机外线测试

闭塞机外线指线路继电器电路（图1-2-1）中的X_1、X_2。

闭塞机外线使用架空明线时，一般采用4.0mm镀锌铁线，其环线电阻每公里为22Ω。采用电缆线路时，由于电缆芯线线径只有0.9mm或0.6mm，其环线电阻每公里为57Ω或128Ω。

1. 线路绝缘测试

线路绝缘每半年测试一次，绝缘电阻应不小于1MΩ。

利用维修天窗，经车站值班员同意后，发车站和接车站均甩开 X_1、X_2。使用兆欧表，在发车站或者接车站 X_1、X_2 上分别进行线路绝缘测试。图1-4-1为 X_1 绝缘电阻的测试。

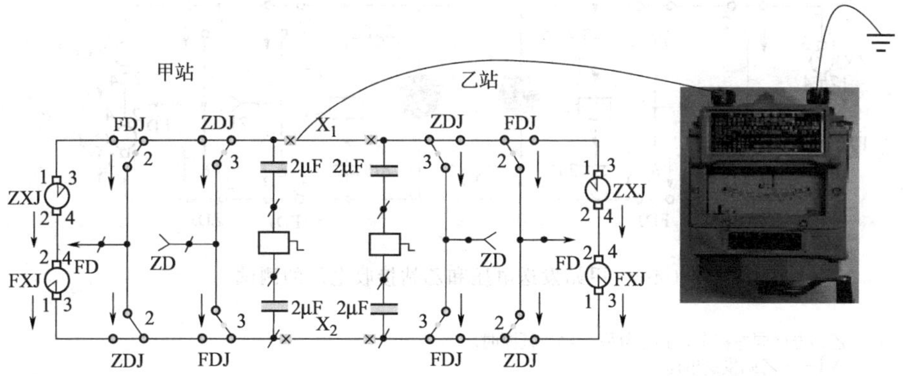

图1-4-1　X_1 绝缘电阻的测试

2. 环阻测试

环阻每半年测试一次。外线采用的材质不同，两站间距离不同，环阻也不尽相同。

利用维修天窗，经车站值班员同意后，发车站和接车站均甩开 X_1、X_2。由发车站短接 X_1、X_2，接车站使用万用表的欧姆挡测试环阻。也可由接车站短接，发车站测试。图1-4-2为 X_1、X_2 环阻的测试。

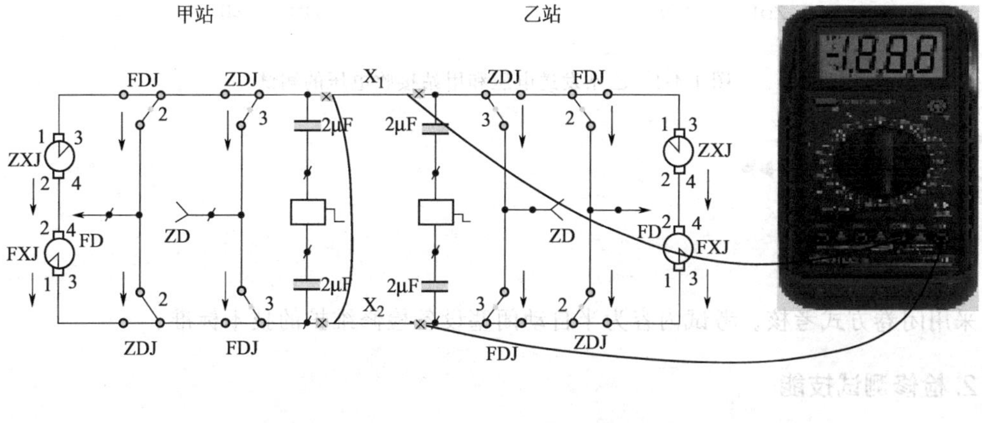

图1-4-2　X_1、X_2 环阻的测试

(二) 发送电压、接收电压测试

发送电压、接收电压每半年测试一次。无论是发车站还是接车站，接收电压应不小于线

路继电器工作值的120%。一般规定为不小于19.2V。

利用维修天窗，经车站值班员同意后，由发车站发送一个闭塞信号（正负脉冲均可）。发车站在 X_1、X_2 上测试发送电压，接车站在 X_1、X_2 上测试接收电压。图 1-4-3 为甲站发送电压和乙站接收电压的测试，图 1-4-4 为乙站发送电压和甲站接收电压的测试。

甲站办理请求发车、列车出发、取消复原、事故复原时：
V1——甲站发送电压
V2——乙站接收电压

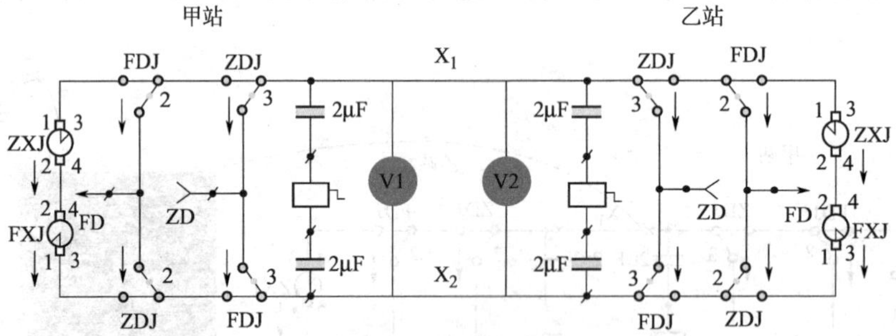

图 1-4-3　甲站发送电压和乙站接收电压的测试

乙站办理同意接车、到达复原、事故复原时：
V1——乙站发送电压
V2——甲站接收电压

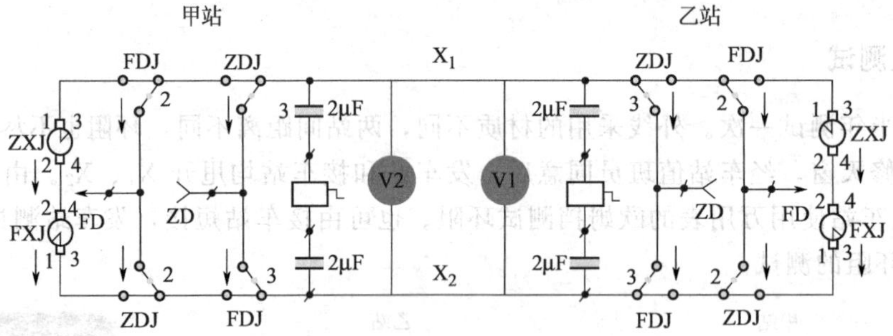

图 1-4-4　乙站发送电压和甲站接收电压的测试

考核标准 ▶▶▶

1. 应知应会知识

采用闭卷方式考核。考试内容为半自动闭塞设备检修维护的技术标准。

2. 检修测试技能

检修测试技能考核的内容为：熟悉设备位置状态，会按照作业程序和标准进行设备检修测试，能够发现设备存在的问题，并进行整改。考核时限5min，考核方式采用笔试加操作，笔试内容为设备检修标准、缺点整改措施等。评分标准见表1-4-1。

表 1-4-1 检修测试技能评分标准

项目及配分		考核内容及评分标准	扣分因素及扣分	得分
操作技能（6分）	操作程序（2分）	①工具、小料准备齐全，检查工具、量具是否良好。必要工具缺一件扣 2 分		
		②在“行车设备检查登记簿”中登记、联系		
		③按照作业程序和标准检修、测试、调整设备		
		④复查试验		
		⑤销记，恢复设备使用		
		程序不对扣 2 分，每漏一项扣 1 分，扣完 2 分为止		
	质量（4分）	①设备位置、状态回答错误，每次扣 2 分		
		②设备检修测试标准回答错误，每次扣 2 分		
		③测试、调整错误，每项扣 2 分		
		④作业在 5min 内完成。每超 30s 扣 1 分，超时 3min 停止考核		
		质量共计 4 分，上述内容按规定扣分，扣完 4 分为止		
工具使用（2分）		①操作方法不对，纠正一次，扣 1 分		
		②损坏设备，扣 2 分		
		③损坏工具、仪表，扣 2 分		
		工具使用共计 2 分，上述内容按规定扣分，扣完 2 分为止		
安全及其他（2分）		①采用不正常手段操作，扣 2 分		
		②未按规定着装，扣 1 分		
		安全及其他共计 2 分，上述内容按规定扣分，扣完 2 分为止		
合计				

任务五 ●●● 64D 半自动闭塞常见故障处理

学习目标 ▶▶▶

① 能够结合控制台表示灯和继电器状态，正确分析、判断故障；

② 能够按照故障处理程序，在 20min 内找出故障点。

故障处理 ▶▶▶

在 64D 半自动闭塞设备的故障处理中，首先要清楚办理闭塞过程控制台表示灯和继电器的状态，通过控制台表示灯显示和继电器动作情况来帮助故障的分析和判断；其次要通过对故障案例的学习和积累处理故障实践经验来提高处理故障的能力。

一、64D 半自动闭塞常见故障分析和判断

(一) 发车站办理请求发车时电路故障分析和判断

1. 发车站请求发车电路故障分析和判断

发车站请求发车，继电器的动作顺序为：发车站按下 BSA→ZDJ↑→XZJ↑，接车站收到请求发车信号，ZXJ↑→HDJ↑→TJJ↑→JBD 黄灯点亮。请求发车过程结束，两站除 BSJ 保持吸起外，发车站 XZJ 吸起，接车站 TJJ 吸起。

发车站请求发车，接车站黄灯不亮。发车站和接车站应分别查看继电器状态，如果发车站 XZJ 吸起，说明本站 ZDJ 曾经吸起过。接车站 TJJ 继电器吸起，说明本站的 ZXJ 和 HDJ 曾经吸起过。由于 ZDJ 吸起时间比较短，测试闭塞外线 X_1、X_2 电压时，两站工作人员应提前做好准备，在办理请求发车手续时同时进行测量。请求发车时发车站电路故障分析和判断流程如图 1-5-1 所示，接车站电路故障分析和判断流程如图 1-5-2 所示。

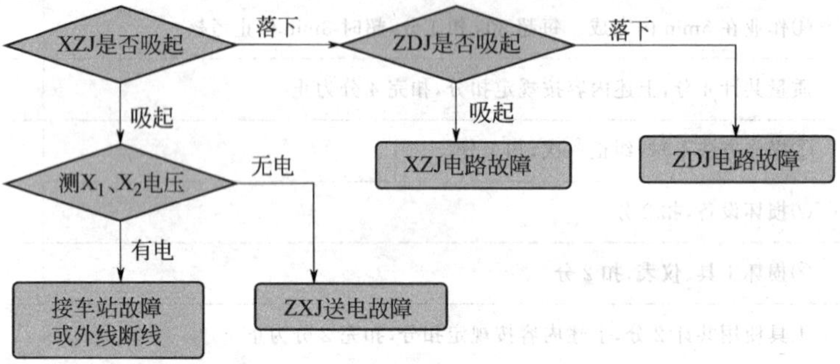

图 1-5-1　请求发车时发车站电路故障分析和判断流程图

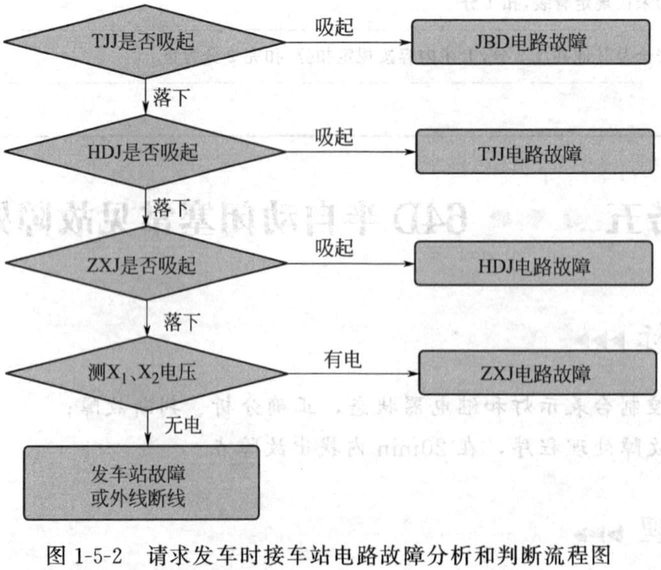

图 1-5-2　请求发车时接车站电路故障分析和判断流程图

2. 接车站自动回执电路故障分析和判断

接车站自动回执，继电器的动作顺序为：接车站 FDJ↑，发车站收到自动回执信号，

FXJ↑→ZKJ↑→GDJ↑→FBD 黄灯点亮。自动回执过程结束，两站除 BSJ 保持吸起外，发车站 XZJ 吸起、ZKJ 吸起、GDJ 吸起，接车站 TJJ 吸起。

发车站请求发车，接车站亮黄灯，发车站黄灯不亮。接车站和发车站应分别查看继电器状态，如果发车站 GDJ 吸起，说明本站 ZKJ 已吸起，本站 FXJ 和接车站 FDJ 曾经吸起过。由于 FDJ 吸起时间比较短，测试闭塞外线 X_1、X_2 电压时，两站工作人员应提前做好准备，在办理请求发车后接车站自动回执时同时进行测量。自动回执时接车站电路故障分析和判断流程如图 1-5-3 所示，自动回执时发车站电路故障分析和判断流程如图 1-5-4 所示。

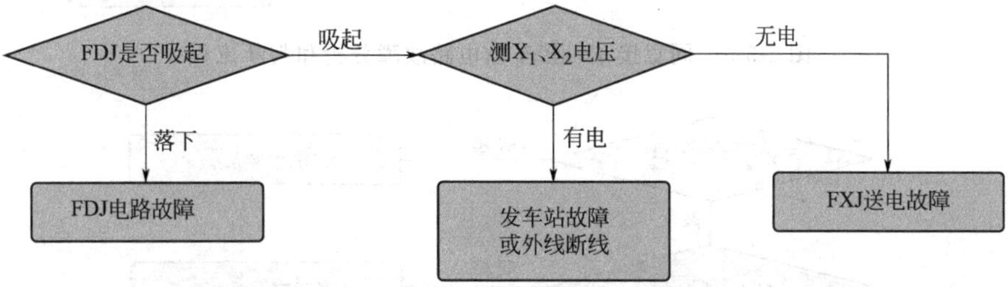

图 1-5-3　自动回执时接车站电路故障分析和判断流程图

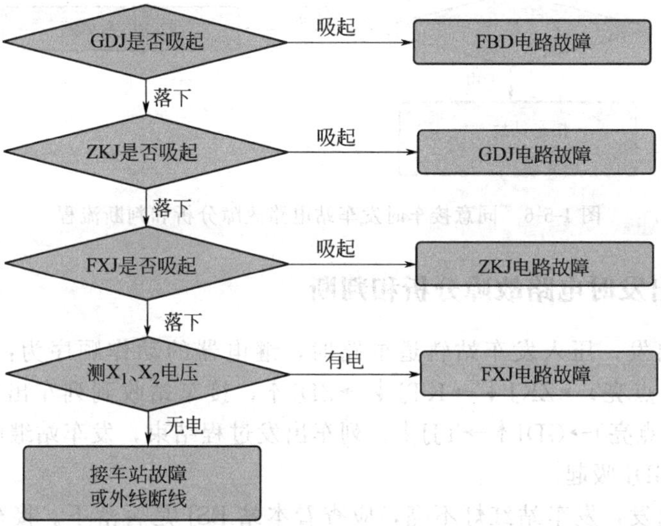

图 1-5-4　自动回执时发车站电路故障分析和判断流程图

(二) 接车站办理同意接车时电路故障分析和判断

接车站同意接车，继电器的动作顺序为：接车站按下 BSA→BSJ↓（JBD 绿灯点亮）→ZDJ↑，发车站收到同意接车信号，ZXJ↑→KTJ↑→FBD 绿灯点亮。请求发车过程结束，接车站 TJJ 吸起，发车站 BSJ 吸起、XZJ 吸起、ZKJ 吸起、GDJ 吸起、KTJ 吸起。

接车站同意接车，接车站绿灯不亮，应查看本站 BSJ 是否落下。发车站绿灯不亮，应查看发车站 KTJ 是否吸起。

两站在传递同意接车信息过程中，由于 ZDJ 吸起时间比较短，测试闭塞外线 X_1、X_2 电压时，两站工作人员应提前做好准备，在接车站办理同意接车时同时进行测量。同意接车时接车站电路故障分析和判断流程如图 1-5-5 所示，发车站电路故障分析和判断流程如图 1-5-6 所示。

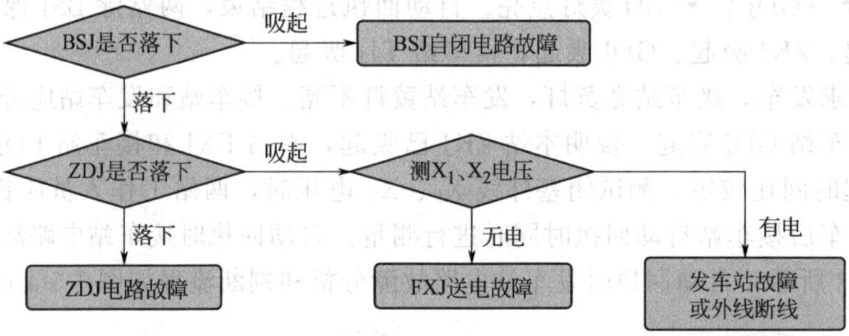

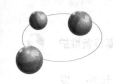

图 1-5-5　同意接车时接车站电路故障分析和判断流程

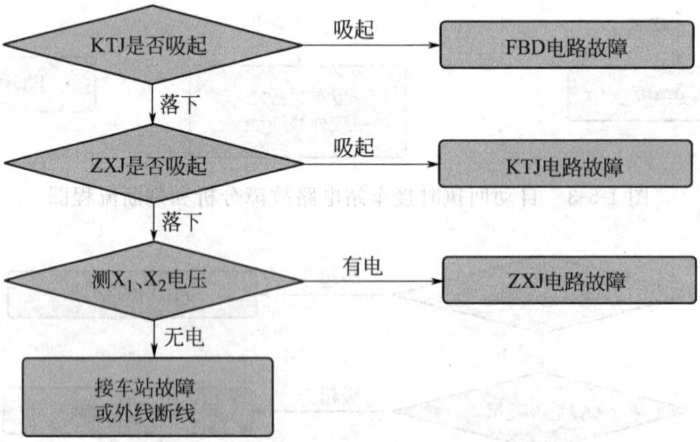

图 1-5-6　同意接车时发车站电路故障分析和判断流程

(三) 列车出发时电路故障分析和判断

发车站列车出发，压入发车站轨道电路时，继电器的动作顺序为：发车站 GDJ↓→BSJ↓（FBD 红灯点亮）→ZKJ↓→KTJ↓→ZDJ↑，接车站收到列车出发信号，ZXJ↑→TCJ↑（JBD 红灯点亮）→GDJ↑→TJJ↓。列车出发过程结束，发车站继电器全部落下，接车站 TCJ 吸起、GDJ 吸起。

发车站列车出发，发车站红灯不亮，应查看本站 BSJ 是否落下。接车站红灯不亮，应查看接车站 TCJ 是否吸起。

两站在传递列车出发信息过程中，由于 ZDJ 吸起时间比较短，测试闭塞外线 X_1、X_2 电压时，两站工作人员应提前做好准备，在发车站列车出发时同时进行测量。列车出发时发车站电路故障分析和判断流程如图 1-5-7 所示，接车站电路故障分析和判断流程如图 1-5-8 所示。

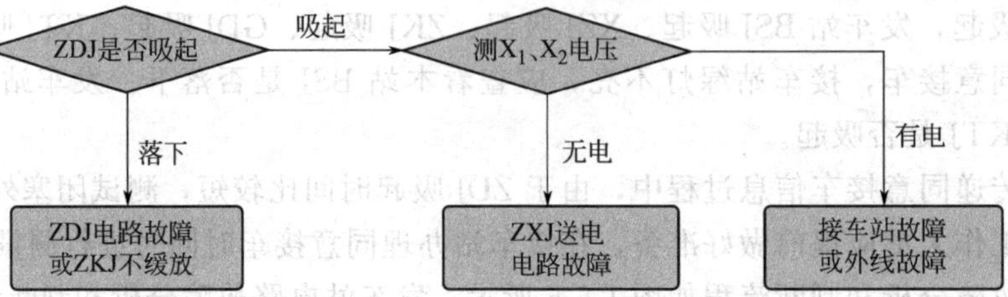

图 1-5-7　列车出发时发车站电路故障分析和判断流程

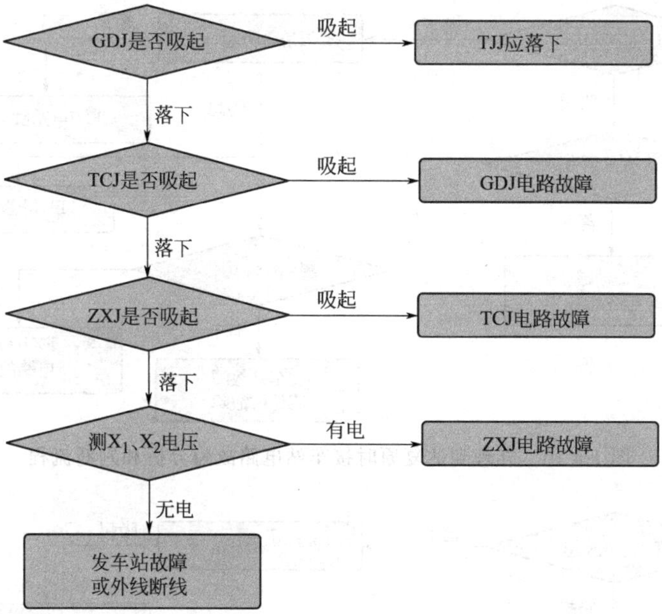

图 1-5-8　列车出发时接车站电路故障分析和判断流程

(四) 列车到达后电路故障分析和判断

列车到达接车站，压入轨道电路时，接车站继电器的动作顺序为：GDJ↓→HDJ↑→FBD 红灯点亮，列车出清轨道电路后 GDJ 重新吸起。FBD 和 JBD 红灯同时点亮，表示列车到达接车站，此时，发车站继电器全部落下，接车站 TCJ 吸起、GDJ 吸起、HDJ 吸起。

列车到达接车站，FBD 红灯不亮，应查看本站 HDJ 是否吸起。列车到达后接车站电路故障分析和判断流程如图 1-5-9 所示。

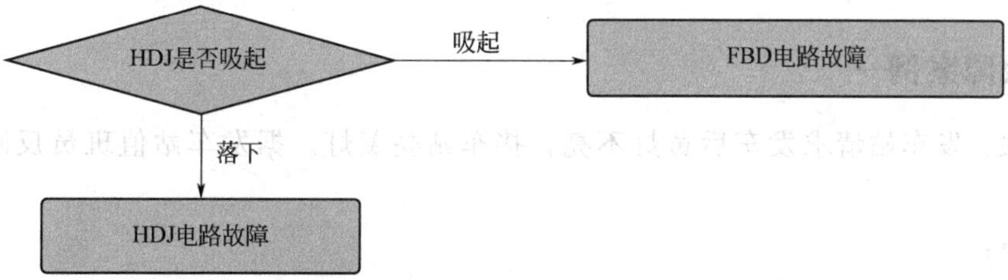

图 1-5-9　列车到达后接车站电路故障分析和判断流程

(五) 办理到达复原时电路故障分析和判断

办理到达复原时，继电器的动作顺序为：接车站按下 FUA→FDJ↑→FUJ↑→BSJ↑→TCJ↓→GDJ↓/HDJ↓，发车站收到到达复原信号，FXJ↑→FUJ↑→BSJ↑。此时，发车站和接车站除 BSJ 吸起外，其他继电器全部落下。

办理到达复原，接车站不能复原，应查看本站 FUJ 是否吸起。发车站不能复原，应查看本站 FUJ 是否吸起。办理到达复原时接车站电路故障分析和判断流程如图 1-5-10 所示，发车站电路故障分析和判断流程如图 1-5-11 所示。

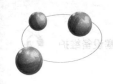

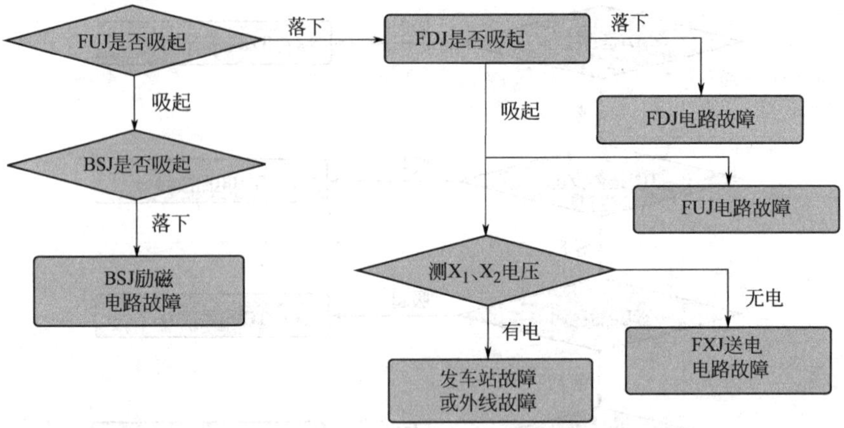

图 1-5-10 办理到达复原时接车站电路故障分析和判断流程

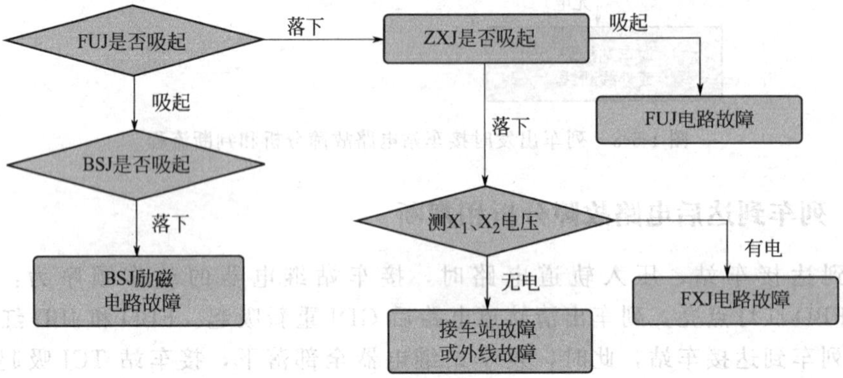

图 1-5-11 办理到达复原时发车站电路故障分析和判断流程

二、64D 半自动闭塞典型故障案例分析

(一) 故障案例一

故障现象：发车站请求发车后黄灯不亮，接车站亮黄灯。据发车站值班员反映，铃声很短。

故障分析：

① 亮发车黄灯 FBD-U 的条件是 GDJ↑。GDJ 不吸起有两个原因，即 ZKJ 不吸起和轨道电路故障。FDJ 不缓放故障继电器动作程序分析如图 1-5-12 所示。

② 根据发车站铃声很短的现象分析，说明接车站送来的自动回执信号太短。一般是 FDJ 不缓放，只靠 HDJ 的缓放维持很短时间后，FDJ 就落下了。因此发车站的 FXJ 吸起时间很短，ZKJ 没有可靠吸起，故发车黄灯不亮。

③ FDJ 不缓放，一般是因为 C_1 失效造成。FDJ 不缓放故障时间特性分析如图 1-5-13 所示。

(二) 故障案例二

故障现象：列车从发车站发出，压入轨道区段后，接车站一直响铃。

故障分析：这种现象一般属于接车站轨道电路故障。

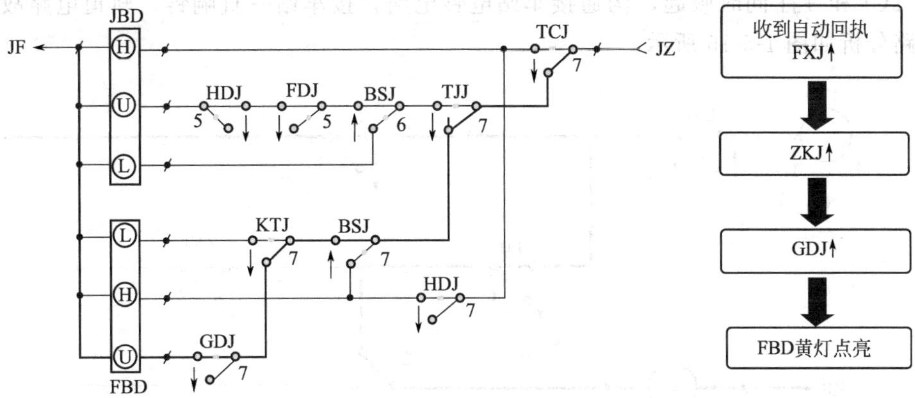

图 1-5-12　FDJ 不缓放故障继电器动作程序分析

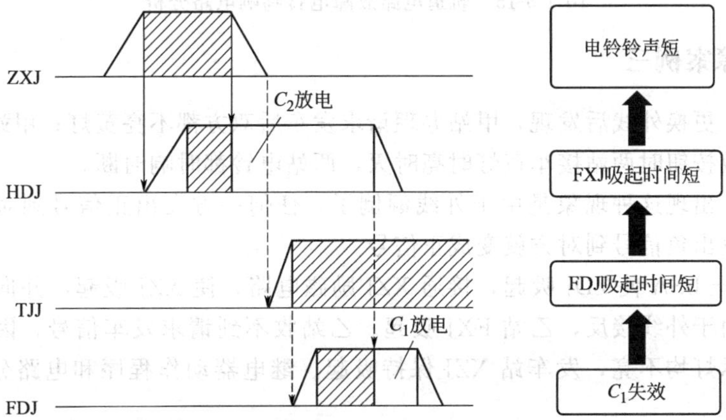

图 1-5-13　FDJ 不缓放故障时间特性分析

① 接车站收到列车出发信号后，TCJ↑→GDJ↑→TJJ↓。如果接车站轨道电路故障，GDJ 不能吸起，TJJ 仍然保持吸起。轨道电路故障继电器动作程序及电路分析如图 1-5-14 所示。

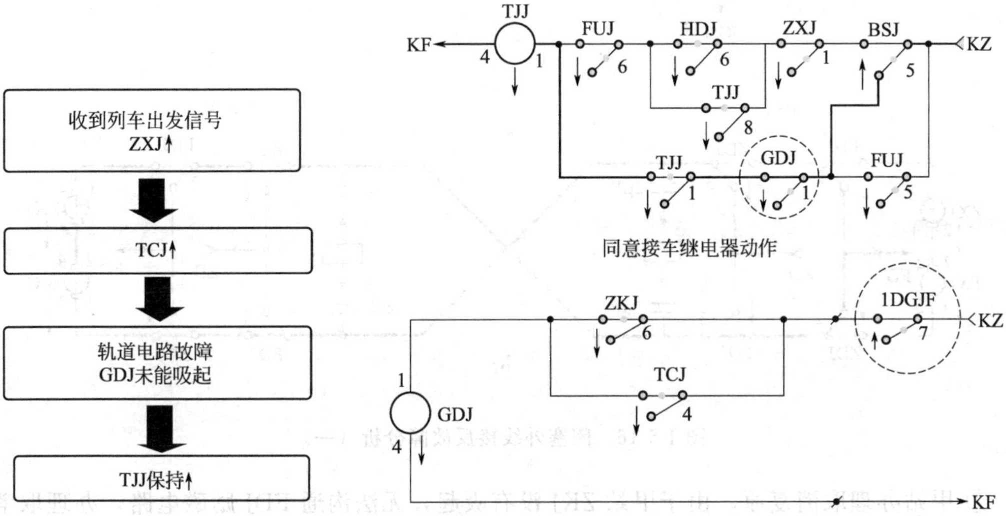

图 1-5-14　轨道电路故障动作程序及电路分析

② TCJ 和 TJJ 同时吸起，沟通接车站电铃电路，接车站一直响铃。轨道电路故障电铃鸣响电路分析如图 1-5-15 所示。

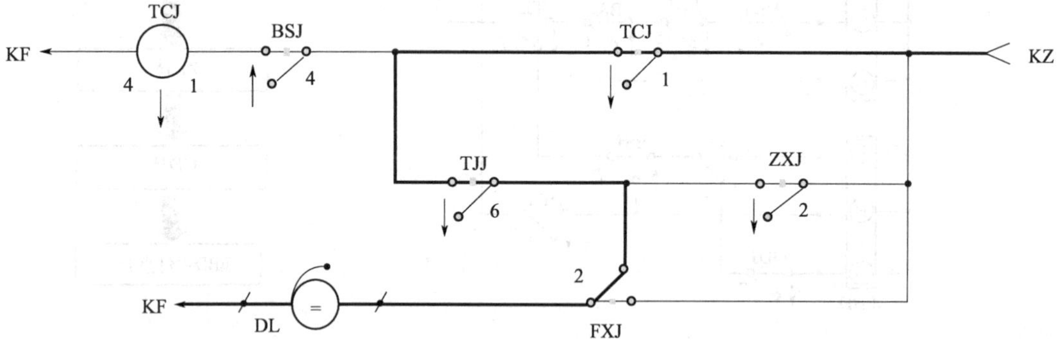

图 1-5-15　轨道电路故障电铃鸣响电路分析

(三) 故障案例三

故障现象：更换外线后发现，甲站办理请求发车后双方都不亮黄灯；甲站又办理取消时无效；按下事故按钮时两站接车黄灯时亮时灭，两站电铃都时响时断。

故障分析：出现这种现象是由于外线颠倒了。任何一方发出正信号到对方就变成负信号，任何一方发出负信号到对方就变成正信号。

① 甲站按压 BSA 使 ZDJ 吸起，接通 XZJ 励磁电路，使 XZJ 吸起，并向乙站发送请求发车正信号。由于外线接反，乙站 FXJ 吸起。乙站收不到请求发车信号，因而不能送回执信号，两站表示灯均不亮，发车站 XZJ 保持吸起。继电器动作程序和电路分析如图 1-5-16 所示。

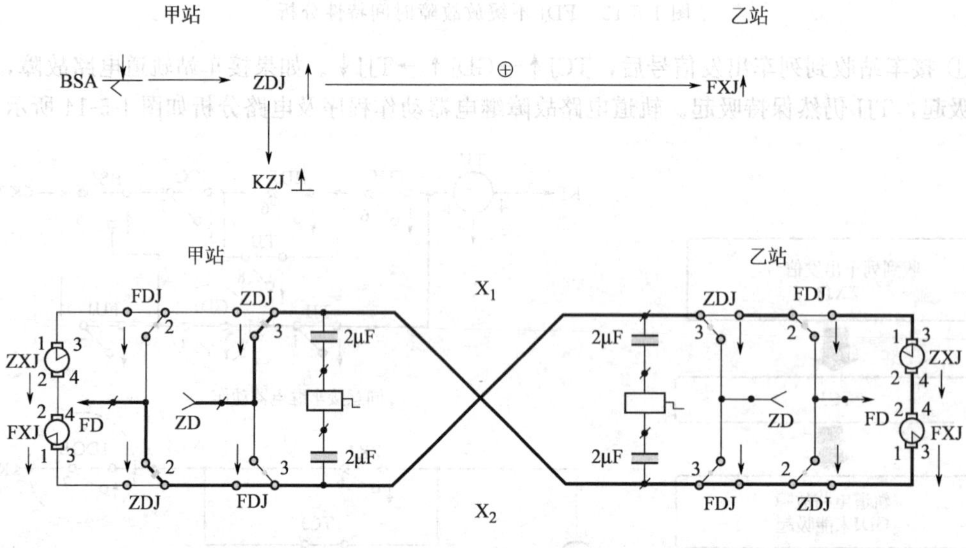

图 1-5-16　闭塞外线接反故障分析（一）

② 甲站办理取消复原，由于甲站 ZKJ 没有吸起，无法沟通 FDJ 励磁电路，办理取消无效。继电器电路分析如图 1-5-17 所示。

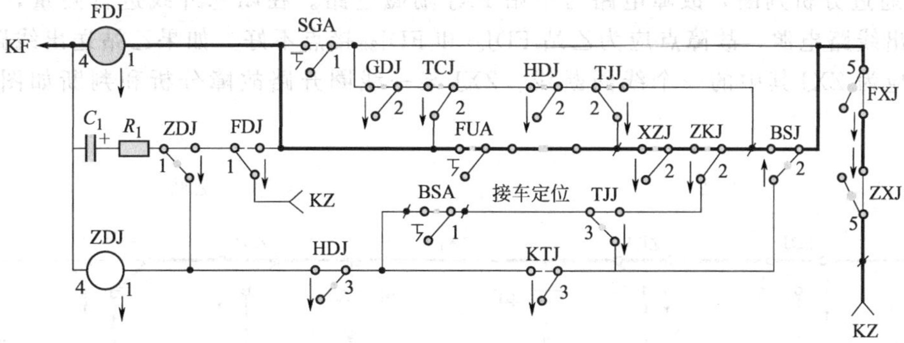

图 1-5-17 闭塞外线接反故障分析（二）

③ 甲站办理事故复原，按下 SGA 后，两站均响铃，亮 JBD-U。其变化过程如下。

• 甲站按下 SGA 后，FDJ 吸起切断 XZJ 励磁电路，使 XZJ 落下，同时向乙站发送事故复原负信号。

• 由于外线接反，实际乙站收到的是请求发车正信号，使 XZJ 吸起。经过 HDJ 和 TJJ 吸起向甲站发送自动回执负信号。

• 同样，由于外线接反，甲站收到的也是正信号，又相当于乙站请求发车，甲站 XZJ 吸起后，HDJ 和 TJJ 相继吸起，并向乙站发送自动回执信号，结果造成来回传送正信号。

• 在循环传递自动回执信号过程中，FDJ 吸起后 JBD 黄灯灭灯，FDJ 落下后 JBD 黄灯点亮，两站轮流亮接车黄灯。由于外线接反，收到负电 ZXJ 吸起，电铃鸣响，两站轮流响铃。在两站设备工作过程中 XZJ 和 TJJ 都保持吸起。

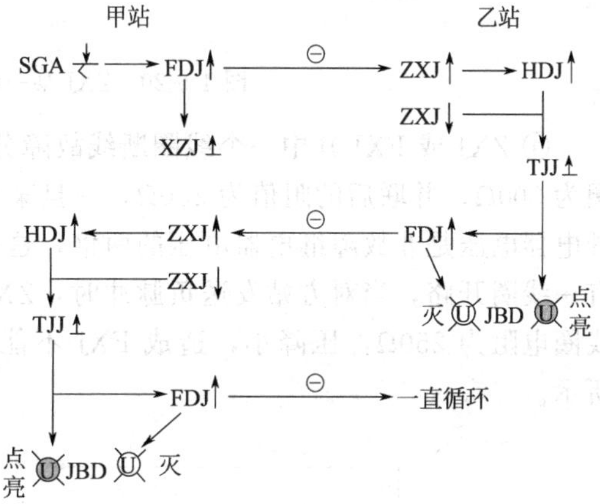

图 1-5-18 闭塞外线接反故障分析（三）

继电器动作程序分析如图 1-5-18 所示。

（四）故障案例四

故障现象：甲站请求发车，乙站 JBD 黄灯点亮，甲站 JBD 黄灯不亮。据甲站值班员反映，电铃不响。乙站作为发车站时，正常办理闭塞设备正常，但是取消复原和事故复原时，甲站均不能复原。

故障分析：

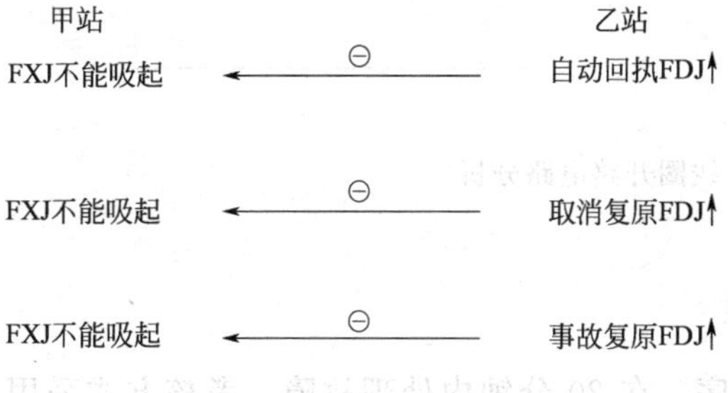

图 1-5-19 ZXJ 某一线圈开路继电器动作分析

① 甲站请求发车，乙站 JBD 黄灯点亮，两站请求发车信号传递正常。甲站电铃不响，说明自动回执信号传递故障。

② 乙站作为发车站时，正常办理闭塞设备正常，但是取消复原和事故复原时，甲站均不能复原。取消复原和事故复原时，都是乙站给甲站送负电信号。ZXJ 某一线圈开路继电器动作分析如图 1-5-19 所示。

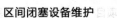

③ 通过分析判断，故障电路为甲站 FXJ 励磁电路。在闭塞外线进行测量，如果乙站未送出线路电源，故障点应为乙站 FDJ_{32} 和 FDJ_{22} 接点不好。如果乙站送出线路电源，故障点应为 ZXJ 其中的一个线圈断线。ZXJ 某一线圈开路故障分析和判断如图 1-5-20 所示。

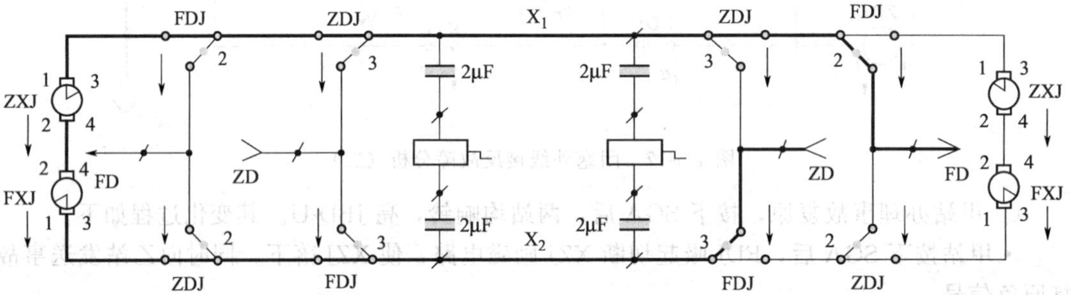

图 1-5-20　ZXJ 某一线圈开路故障分析和判断

④ ZXJ 或 FXJ 其中一个线圈断线故障分析。这两个继电器线圈是并联使用的，每个线圈为 500Ω，并联后的阻值为 250Ω，一旦某个继电器有一个线圈断线，造成分压不均，故障继电器电压是非故障继电器电压的两倍，这就造成非故障继电器不能可靠吸起。例如，ZXJ 有一线圈开路，当对方站发送负脉冲时，ZXJ 此时的线圈电阻为 500Ω，压降大，而 FXJ 的线圈电阻为 250Ω，压降小，造成 FXJ 不能吸起。ZXJ 某一线圈开路电路分析如图 1-5-21 所示。

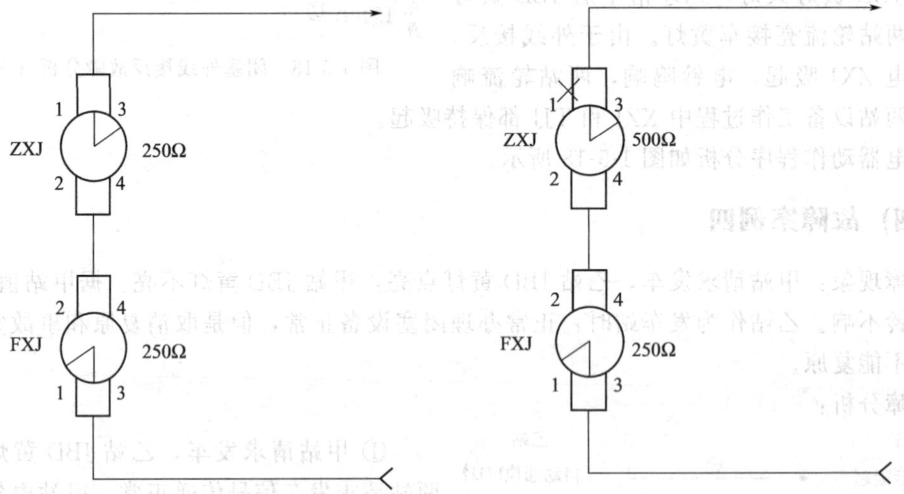

图 1-5-21　ZXJ 某一线圈开路电路分析

考核标准 ▶▶▶

设置 1 个开路故障，能够按照故障处理程序，在 20 分钟内处理故障。考核方式采用笔试加实作，笔试内容为故障分析和判断处理思路。评分标准如表 1-5-1。

表 1-5-1 故障处理评分表

项目及配分		考核内容及评分标准	扣分因素及扣分	得分
故障处理技能（10 分）	故障处理程序（3 分）	①工具、小料准备齐全，检查工具、量具是否良好。必要工具缺一件扣 1 分		
		②在“行车设备检查登记簿”中登记，联系		
		③操作并观察控制台故障现象		
		④观察继电器动作情况		
		⑤测试判断		
		⑥确定故障点		
		⑦复查试验		
		⑧销记，恢复设备使用		
		⑨向电务调度汇报		
		程序不对扣 3 分，每漏一项扣 1 分，扣完 3 分为止		
	故障处理（7 分）	①判断错误，每次扣 2 分		
		②不清楚电路原理(教师提问)，扣 3 分		
		③未排除故障扣 2 分		
		④故障处理思路不清晰扣 3 分		
		⑤故障处理在 20min 内完成。每超 1min 扣 1 分，超时 5min 停止考核		
		故障处理共计 7 分，上述内容按规定扣分，扣完 7 分为止		
工具使用（2 分）		①操作方法不对，纠正一次，扣 1 分		
		②损坏器材，扣 2 分		
		③损坏工具、仪表，扣 2 分		
		工具使用共计 2 分，上述内容按规定扣分，扣完 2 分为止		
安全及其他（3 分）		①采用不正常手段恢复故障，扣 3 分		
		②未按规定着装，扣 1 分		
		安全及其他共计 3 分，上述内容按规定扣分，扣完 3 分为止		
合计				

项目二 ZPW-2000A移频自动闭塞设备维护

项目导引 ▶▶▶

在法国UM71基础上予以改进提高，构成了具有中国自主产权的ZPW-2000A移频自动闭塞。目前广泛应用于铁路干线和部分支线，是区间闭塞的主流制式。通过本项目的学习，将亲身感受新技术的先进性和安全性，并具备维护的基本能力。

任务一 ●●● 自动闭塞认识

学习目标 ▶▶▶

① 会画三显示、四显示自动闭塞基本原理图；

② 会布置移频自动闭塞的载频频率，熟记低频频率及其含义。

相关知识 ▶▶▶

一、自动闭塞的基本概念

自动闭塞是根据列车运行及有关闭塞分区状态，自动变换通过信号机显示而司机凭信号行车的一种先进的行车闭塞方法。自动闭塞是在列车运行过程中自动完成闭塞作用的，不需要人工操纵，故称为自动闭塞。

双线单方向自动闭塞如图2-1-1所示，它将一个区间划分为若干小段，即闭塞分区。在每个闭塞分区的起点装设通过信号机，如图2-1-1中的1、3、5、7和2、4、6、8信号机均为通过信号机，用以防护该闭塞分区。每个闭塞分区内都装设轨道电路，通过轨道电路将列车和通过信号机的显示联系起来，根据列车运行及有关闭塞分区的状态使通过信号机的显示自动变换。

自动闭塞有以下优点。

① 两站间的区间允许续行列车追踪运行，大幅度提高了行车密度，显著地提高区间通

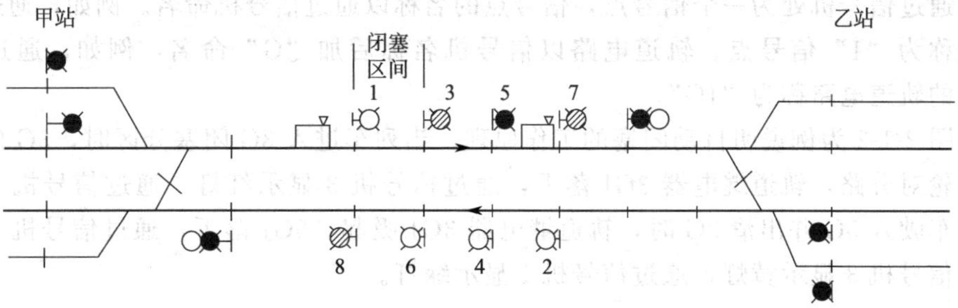

图 2-1-1 双线单方向自动闭塞示意图

过能力。

② 由于不需要办理闭塞手续，简化了办理接发列车的程序，因此既提高了通过能力，又大大减轻了车站值班人员的劳动强度。

③ 通过信号机的显示能直接反映运行前方列车所在位置以及线路状态，确保列车在区间运行的安全。

④ 自动闭塞还能为列车运行超速防护提供连续的速度信息，构成更高层次的列车运行控制系统，保证列车高速运行的安全。

二、自动闭塞基本原理

自动闭塞通过轨道电路自动检查闭塞分区的占用情况，根据轨道电路的占用和空闲状态，通过信号机自动地变换其显示，以指示列车运行。

图 2-1-2 所示为三显示自动闭塞原理图，根据通过信号机的不同显示控制列车运行。三显示自动闭塞通过信号机的显示意义如下。

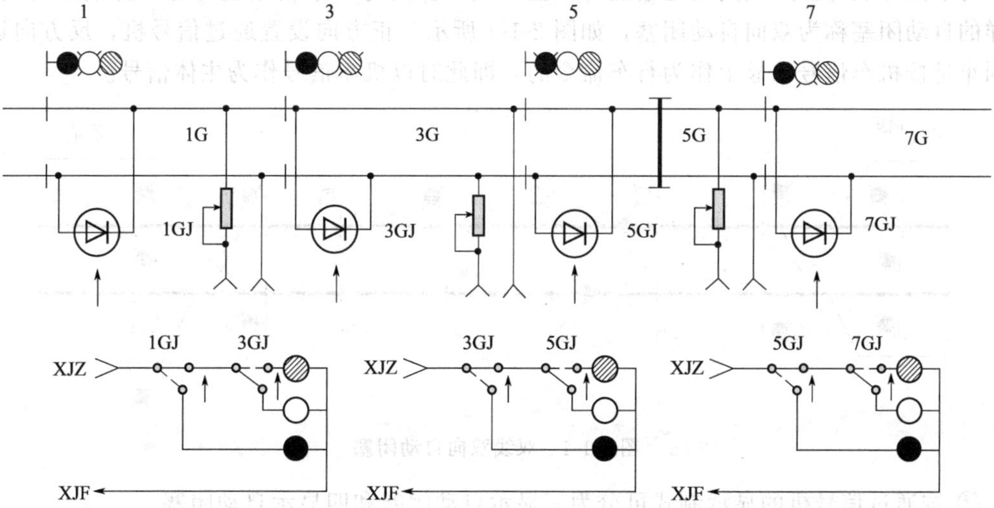

图 2-1-2 三显示自动闭塞基本原理

一个绿色灯光——准许列车按规定速度运行，表示运行前方至少有两个闭塞分区空闲。

一个黄色灯光——要求列车注意运行，表示运行前方只有一个闭塞分区空闲。

一个红色灯光——列车应在该信号机前停车。

通过信号机平时显示绿灯，当列车占用闭塞分区或轨道电路设备故障时，防护该闭塞分区的通过信号机显示红灯——停车信号。

每架通过信号机处为一个信号点，信号点的名称以通过信号机命名。例如，通过信号机“1”处就称为“1”信号点。轨道电路以信号机名称后加“G”命名，例如，通过信号机“1”防护的轨道电路称为“1G”。

现以图 2-1-2 为例说明自动闭塞的工作原理。当列车进入 3G 闭塞分区时，3G 的轨道电路被列车轮对分路，轨道继电器 3GJ 落下，通过信号机 3 显示红灯，通过信号机 1 显示黄灯。当列车驶入 5G 并出清 3G 时，轨道继电器 3GJ 吸起，5GJ 落下，通过信号机 5 显示红灯，通过信号机 3 显示黄灯，通过信号机 1 显示绿灯。

三、自动闭塞分类

① 按行车组织方法可分为单向自动闭塞和双向自动闭塞。

在单线区段，只有一条线路，既要运行上行列车，又要运行下行列车。为了调整双方向列车的运行，在线路的两侧都要装置通过信号机，这种自动闭塞称为单线双向自动闭塞，如图 2-1-3 所示。

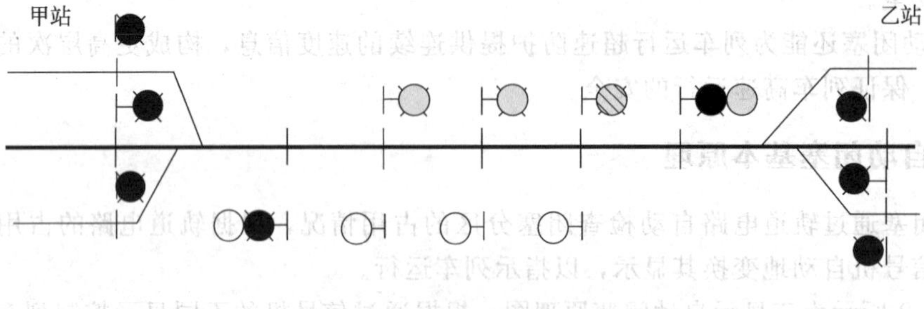

图 2-1-3　单线双向自动闭塞

为了充分发挥铁路线路的运输能力，让双线区段的每一条线路上都能双方向运行列车，这样的自动闭塞称为双向自动闭塞，如图 2-1-4 所示。正方向设置通过信号机，反方向运行的列车是按机车信号的显示作为行车命令的，即此时以机车信号作为主体信号。

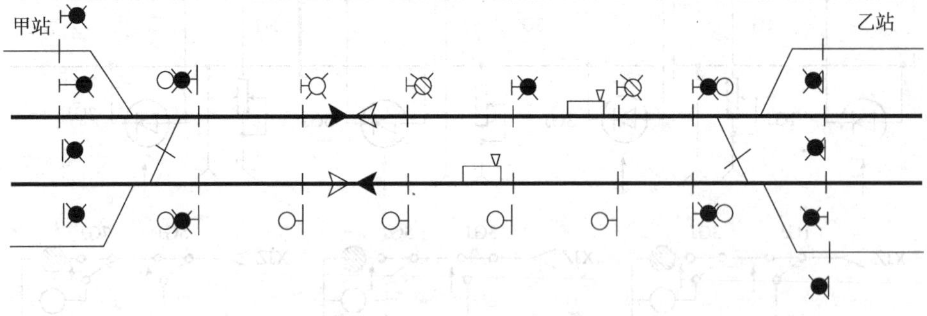

图 2-1-4　双线双向自动闭塞

② 按通过信号机的显示制式可分为三显示自动闭塞和四显示自动闭塞。

三显示自动闭塞的通过信号机具有三种显示，能预告列车运行前方两个闭塞分区的状态。

四显示自动闭塞是在三显示自动闭塞的基础上增加一种绿黄显示，如图 2-1-5 所示。绿黄色灯光显示的意义是，准许列车按规定速度运行，要求注意准备减速，表示运行前方有两个闭塞分区空闲。

③ 按设备放置方式可分为分散安装式自动闭塞和集中安装式自动闭塞。

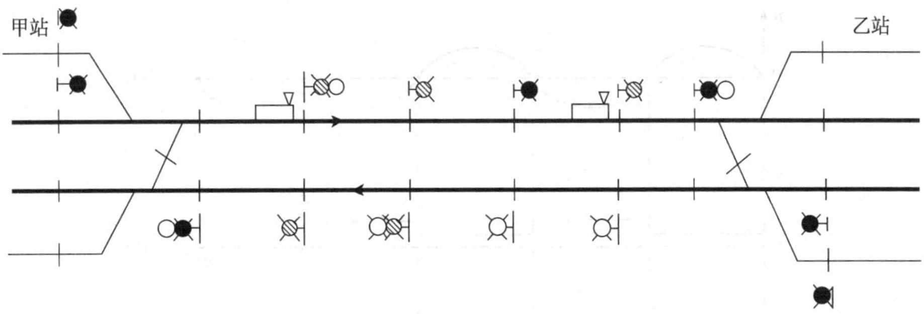

图 2-1-5　四显示自动闭塞

分散安装式自动闭塞的设备都放置在每个信号点处。

集中安装式自动闭塞的设备集中放置在相近的继电器室内，用电缆与通过信号机相联系。

④ 按传递信息的特征可分为交流计数电码自动闭塞、极频自动闭塞和移频自动闭塞等。

交流计数电码自动闭塞以交流计数电码轨道电路为基础，以钢轨作为传输信道传递信息，不同信息的特征靠电码脉冲和间隔构成不同的电码组合来区分。

极性频率脉冲自动闭塞（简称极频自动闭塞）以极性频率脉冲轨道电路为基础，以钢轨作为信道传递信息，不同信息的特征是靠两种不同极性和每个周期内不同数目的脉冲来区分的。

移频自动闭塞以移频轨道电路为基础，用钢轨传递移频信息。它是一种选用频率参数作为信息的制式，利用调制方法把规定的调制信号（低频信息）搬移到载频段并形成振荡，由上下边频构成交替变化的移频波形，其交替变化的速率就是调制信号频率。其信息特征就是不同的调制信号频率。采用不同载频交叉来防护相邻轨道电路绝缘节的破损、上下行邻线的串漏、站内相邻区段的干扰。

⑤ 按是否设置轨道绝缘分为有绝缘自动闭塞和无绝缘自动闭塞。

传统的自动闭塞在闭塞分区分界处均设有钢轨绝缘，以分割各闭塞分区。其缺点为，钢轨绝缘的设置不利于线路的长钢轨、无缝化发展，钢轨绝缘损坏率高，影响了设备的稳定工作，且增加了维修工作量和费用。尤其是电气化区段，牵引电流为了通过钢轨绝缘，必须安装扼流变压器。于是出现了无绝缘自动闭塞，无绝缘自动闭塞以无绝缘轨道电路为基础。无绝缘轨道电路分谐振式和感应式两种，取消了区间线路的钢轨绝缘，满足了铁路无缝化、电气化发展的需要。

四、移频自动闭塞认知

(一) 移频自动闭塞的基本概念

移频自动闭塞是以移频轨道电路为基础的自动闭塞。它选用频率参数作为控制信息，采用频率调制的方法，把低频信号（F_c）搬移到较高频率（载频 f_0）上，以形成振幅不变、频率随低频信号的幅度作周期性变化的调频信号。将此信号用钢轨作为传输信道来控制通过信号机的显示，达到自动指挥列车运行的目的。其移频信号波形如图 2-1-6 所示。

1. 上边频和下边频

从图 2-1-6 中可以看出，调频信号的变化规律是以载频信号 f_0 为中心，作上、下边频

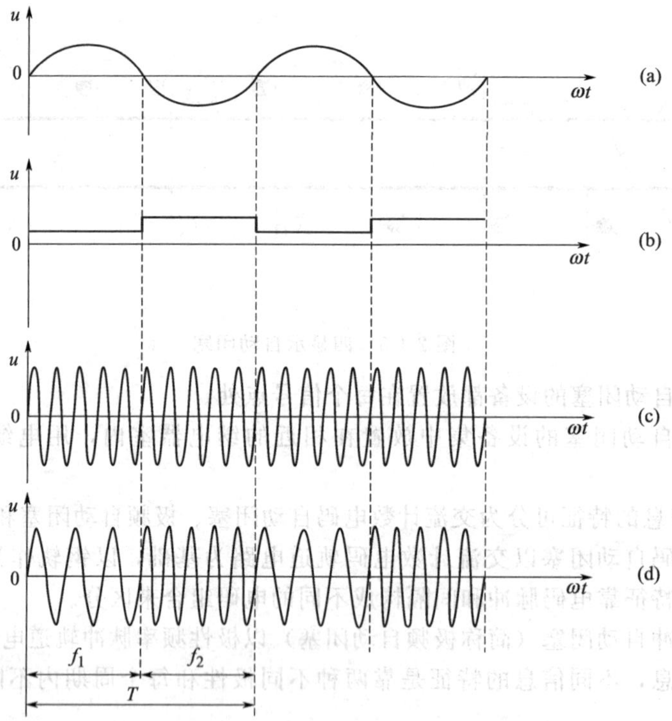

(a) 低频信号　(b) 整形后的低频信号　(c) 载频信号　(d) 调频信号

图 2-1-6　移频信号波形图

偏移。

① 当低频调制信号输出低电位时，载频 f_0 向下偏移 Δf（称为频偏），为 $f_0-\Delta f$，叫做低端载频（或称下边频）。

② 当低频调制信号输出高电位时，载频 f_0 向上偏移 Δf，为 $f_0+\Delta f$，叫做高端载频（或称上边频）。

可见，调频信号是受低频信号的调制而作低端载频 $f_0-\Delta f$ 和高端载频 $f_0+\Delta f$ 的交替变化，两者在单位时间内变化的次数与低频调制信号的频率相同。

2. 移频信号

在轨道电路中传输的信息是低端载频 $f_0-\Delta f$ 和高端载频 $f_0+\Delta f$，载频 f_0 实际上是不存在的。

由于低端载频和高端载频的交替变换接近于突变性的，好似频率的移动，因此称为移频信号。应用这种移频轨道电路的自动闭塞称为移频自动闭塞。

在移频自动闭塞中，低频信号用于控制通过信号机的显示，而载频 f_0（又称中心载频）则为运载低频信号之用，其目的是提高抗干扰能力。

(二) 频率参数选择

1. 干扰源分析

在交流电气化区段，主要是牵引电流工频及其谐波干扰，以及邻线干扰、高频电磁波的辐射干扰。在非电气化区段，一般存在电传动内燃机车牵引电机干扰、邻线干扰、高频电磁波辐射干扰以及供电电网接地时 50Hz 干扰。其中，以交流牵引电流所引起的干扰最为严重。

（1）牵引电流干扰

① 牵引电流产生原因及影响。机车采用晶闸管进行列车无级调速时，将产生大量奇次谐波电流。当正负半波产生非对称失真时，又将产生较大的偶次谐波电流。机车启动、制动以及升降操作时会使牵引电流发生突变，形成连续频谱的牵引电流。

当两根钢轨在平衡条件下时，上述奇次、偶次谐波电流突变的连续频谱电流连同基波电流均不构成对地面及机车接收设备的干扰。当两根钢轨不平衡时，上述干扰就将突现出来。

② 牵引电流分析。表 2-1-1 所列为 SS4 型电力机车各次谐波电流的大小。

表 2-1-1 SS4 型电力机车谐波电流大小

谐波次数 n	频率 /Hz	谐波电流 /A	谐波次数 n	频率 /Hz	谐波电流 /A	谐波次数 n	频率 /Hz	谐波电流 /A
基波	50	97.3	21	1050	0.63	41	2050	0.096
2	100	0.45	22	1100	0.113	42	2100	0.043
3	150	19.88	23	1150	0.56	43	2150	0.076
4	200	0.53	24	1200	0.1	44	2200	0.047
5	250	9.74	25	1250	0.46	45	2250	0.068
6	300	0.41	26	1300	0.086	46	2300	0.050
7	350	5.11	27	1350	0.385	47	2350	0.078
8	400	0.36	28	1400	0.08	48	2400	0.054
9	450	2.76	29	1450	0.346	49	2450	0.087
10	500	0.34	30	1500	0.09	50	2500	0.058
11	550	1.64	31	1550	0.34	51	2550	0.076
12	600	0.34	32	1600	0.094	52	2600	0.07
13	650	0.99	33	1650	0.308	53	2650	0.093
14	700	0.32	34	1700	0.09	54	2700	0.065
15	750	0.74	35	1750	0.249	55	2750	0.104
16	800	0.32	36	1800	0.075	56	2800	0.068
17	850	0.70	37	1850	0.175	57	2850	0.098
18	900	0.27	38	1900	0.050	58	2900	0.057
19	950	0.72	39	1950	0.13	59	2950	0.098
20	1000	0.24	40	2000	0.04	60	3000	0.050

通过对各型电力机车的测试，可见奇次谐波幅值较大，而偶次谐波幅值较小。根据在 100A 不平衡牵引电流条件下基波及各次谐波电流典型分布可知：

• 奇次谐波电流远大于偶次谐波电流。当总电流为 100A 时，基波电流为 97.3A，谐波电流总量为 23.08A，其中，奇次谐波电流总量为 23.04A，偶次谐波电流总量为 1.2A。

• 奇次谐波电流按次数升高逐次下降。3、5、7、9…奇次谐波电流按 19.88A、9.74A、5.11A、2.76A…逐次下降，至 33 次谐波（1650Hz）已下降到 0.308A。

• 偶次谐波电流按次数升高逐次下降。2、4、6、8…偶次谐波电流按 0.45A、0.53A、

0.41A、0.36A…亦呈整体下降趋势，至34次谐波（1700Hz）时，已下降到0.09A。

以上各电流比为：100（总电流）：97.3(基波电流）：23.08(总谐波电流）：23.04(总奇次谐波电流）：1.2(总偶次谐波电流）。

（2）邻线干扰

在双线区段，移频信号既是信号源，又是干扰源。如上行线的移频信号，对于下行线即为干扰，称为邻线干扰。邻线干扰一般来说远小于主信号。但如果有渡线，则存在绝缘破损带来的较大干扰。在同一线路上，还存在绝缘破损的干扰。这两种情况的干扰，都是通过混合或传导方式侵入而形成的干扰，统称为传导干扰。

（3）电磁波的辐射干扰

电磁波的辐射干扰，主要是无线电话引起的，它以辐射或辐射、传导同时存在的传输方式，从设备外壳、输入或输出导线、馈电导线进入设备。

2. 抗干扰的防护措施

对于辐射干扰，采用屏蔽的方法予以防护。对于电气化干扰和邻线干扰。通带（通带宽度为1650～2650Hz）外的干扰，靠滤波器来防护。通带内的干扰依靠选用合适的制式和频率参数，即提高设备本身的抗干扰能力来防护。

① 选择频率参数尽量远离能量较大的干扰频率，使滤波器对于干扰频率具有足够的防卫度。

② 采取措施保证轨道电路的平衡性，严禁接触网铁塔地线及其他地线直接接入钢轨。

③ 使轨道电路接收端输入阻抗在信号频率时阻抗值最大，其他低端和高端频率时阻抗值较小，为此扼流变压器信号线圈采用并接谐振电容的方式。对于机车信号，为降低干扰电压，机车接收线圈的安装位置应尽量远离机车轮对。

3. 频率参数的选择

① 载频和频偏的选择。国产8信息、18信息移频选择的载频为550Hz、650Hz、750Hz、850Hz，法国UM71轨道电路的载频为1700Hz、2000Hz、2300Hz、2600Hz。在1700～2600Hz频段上，牵引电流谐波的强度已经很弱。因此，UM71轨道电路在电气化区段的抗干扰能力要强于国产移频。UM71轨道电路的频偏 Δf 选为11Hz，由于频偏较小，信号能量集中在中心频率附近，远离邻线和邻区段的干扰，同时又便于利用一个谐振槽路进行解调。

ZPW-2000型无绝缘轨道电路在UM71的基础上增加为8种，有利于防止载频的越区传输和电缆芯线的运用。8种载频频率如下。

下行：	1700-1	1701.4Hz
	1700-2	1698.7Hz
	2300-1	2301.4Hz
	2300-2	2298.7Hz
上行：	2000-1	2001.4Hz
	2000-2	1998.7Hz
	2600-1	2601.4Hz
	2600-2	2598.7Hz

② 低频频率的选择。低频频率为10.3～29Hz，每隔1.1Hz一个，呈等差数列，共

18 个。

在低频频率 F_C 已知的情况下，可以求出移频信号在频域中相对能量的分布，根据分析可知：

• 各种低频在载频中心频率上都有很高的相对能量幅值，并随着低频信号频率的增高而增高。从 10.3～29Hz，其中心频率相对能量幅值占总能量幅值由 0.5927 增高至 0.9419。该现象表明，中心频率频点特征可用作各低频判断的共同特征。

• 根据 UM71 轨道电路低频信号最大频率（29Hz）、频偏值（11Hz）以及通频带的选取（±40Hz），表明在±40Hz 范围内，各低频信号均有甚高的总相对能量增值。从 10.3～29Hz，±40Hz 范围内的低频信号总能量相对幅值为 0.99724～0.9981。该现象表明，该频率范围内各低频信号特征可作为各低频判断的有效特征。

• 移频信号能量主要集中在中心频率及两边一次边频分量上，从 10.3～29Hz，相对信号幅值占总能量幅值 0.9395～0.9981。

(三) 闭塞分区编号及载频配置

1. 闭塞分区编号

(1) 方法一　闭塞分区编号按运行方向分为 A、B、C、D 4 部分，以车站为中心，下行接车方向为 A 端，上行发车为 B 端，上行接车方向为 C 端，下行发车为 D 端。编号均以车站为中心由近及远顺序编号，如图 2-1-7 所示。

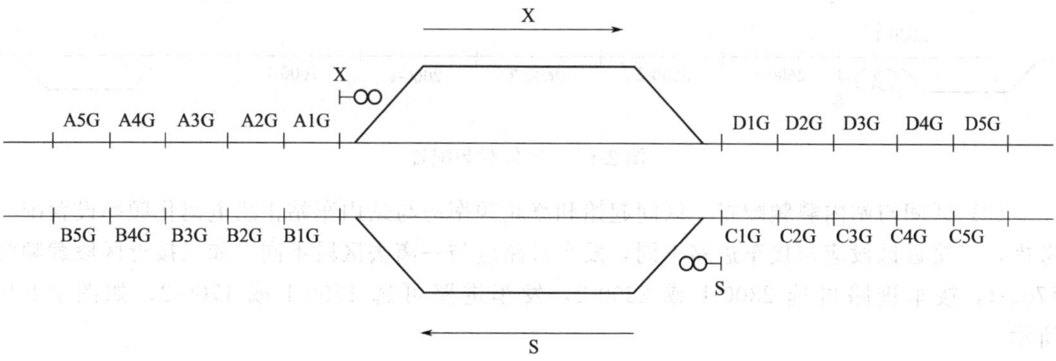

图 2-1-7　闭塞分区编号方法一

如闭塞分区较长，需加设分割点，即由两段轨道电路组成。每段轨道电路各有其发送器和接收器，它们的载频顺序配置。闭塞分区编号用两位数表示，例如 D5G 有分割点，则按运行方向顺序编号为 D5G、$D5G_1$。

(2) 方法二　通过信号机采用其坐标来命名，上行末位使用双号，下行末位使用单号。如坐标为 K881+190 处的通过信号机，上行命名为 8810，下行命名为 8811。闭塞分区的命名使用防护该闭塞分区的通过信号机名称来进行编号，如 8763 信号机防护的闭塞分区编为 8763G。如果该闭塞分区有分割点，则按运行正方向顺序编为 8763BG 和 8763AG。没有通过信号机防护的一离去区段上下行分别命名为 S1LQ 和 X1LQ，如图 2-1-8 所示。

2. 载频配置

(1) 区间载频配置　下行区间：1700Hz、2300Hz（分 1、2 两型），按 1700-1、2300-1、

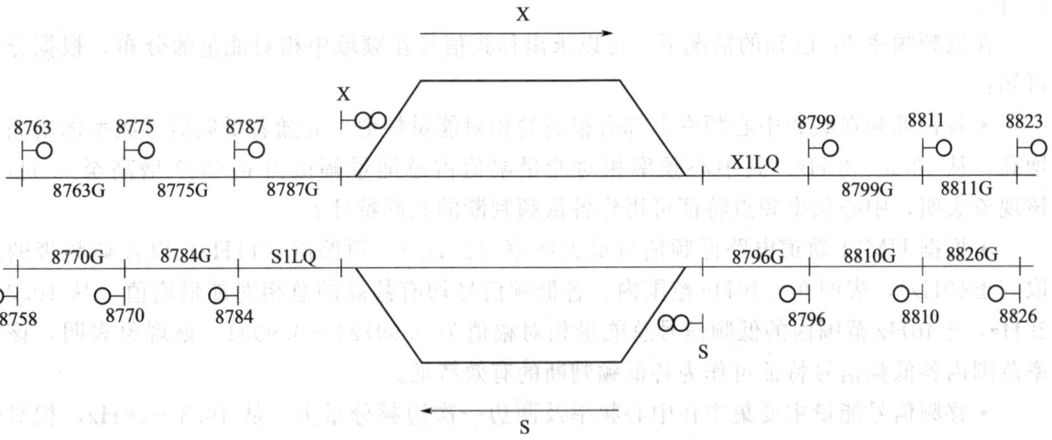

图 2-1-8　闭塞分区编号方法二

1700-2、2300-2、1700-1…顺序设置方式。

上行区间：2000Hz、2600Hz（分 1、2 两型），按 2000-1、2600-1、2000-2、2600-2、2000-1…顺序设置方式。

区间载频配置如图 2-1-9 所示。

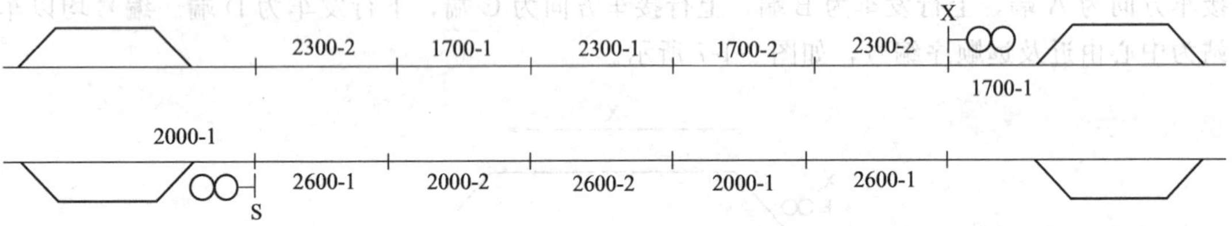

图 2-1-9　区间载频配置

(2) 区间与站内载频配置　区间起始和终止频率应与站内车站正线电码化频率设置统一考虑，三接近区段应与接车进路不同，发车进路应与一离去区段不同。如三接近区段载频为 1700-1，接车进路可选 2300-1 或 2300-2，发车进路可选 1700-1 或 1700-2，如图 2-1-10 所示。

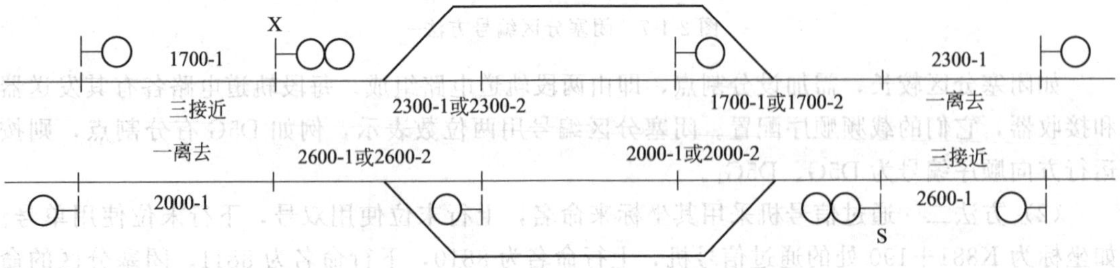

图 2-1-10　区间与站内载频配置

(四) 移频自动闭塞基本原理

移频自动闭塞是以钢轨作为通道，采用移频信号的形式传输低频信号，自动控制区间通过信号机的显示，指示列车运行。

1. 低频信息码

移频自动闭塞传输的低频信号频率为10.3～29Hz，每隔1.1Hz一个，呈等差数列，共18个。低频信息码含义如表2-1-2所示。

表2-1-2　低频信息码含义

编号	频率/Hz	信息码	信息定义	说明
F18	10.3	L3	准许列车按规定速度运行，表示前方5个闭塞分区空闲	列车运行速度≤200km/h自动闭塞区段列车超速防护系统所用
F17	11.4	L	准许列车按规定速度运行	
F16	12.5	L2	准许列车按规定速度运行，表示前方4个闭塞分区空闲	列车运行速度≤200km/h自动闭塞区段列车超速防护系统所用
F15	13.6	LU	准许列车按规定速度注意运行	
F14	14.7	U2	要求列车减速到规定的速度等级越过接近的地面信号机，并预告次一架地面信号机显示两个黄色灯光	
F13	15.8	LU2	要求列车减速到规定的速度等级越过接近的地面信号机，并预告次一架地面信号机显示一个黄色灯光	列车运行速度≤160km/h，列车制动到停车需3个闭塞分区
F12	16.9	U	要求列车减速到规定的速度等级越过接近的地面信号机，并预告次一架地面信号机显示一个红色灯光	
F11	18	UU	要求列车限速运行，表示列车接近的地面信号机开放经道岔侧向位置进路	
F10	19.1	UUS	要求列车限速运行，表示列车接近的地面信号机开放经18号及以上道岔侧向位置进路，且次一架信号机开放经道岔直向或18号及以上道岔侧向位置进路；或表示列车接近设有分歧道岔线路所在的地面信号机开放经18号及以上道岔侧向位置进路	
F9	20.2	U2S	要求列车减速到规定的速度等级越过接近的地面信号机，并预告次一架地面信号机显示一个黄色闪光和一个黄色灯光	
F8	21.3	L5	准许列车按规定速度运行，表示前方7个及以上闭塞分区空闲	200km/h动车组在客运专线上运行所需
F7	22.4	U3	要求列车减速到规定的速度等级越过接近的地面信号机，表示接近的地面信号机显示一个黄色灯光，并预告次一架地面信号机为进站或接车进路信号机且显示一个红色灯光	仅适用于双红灯防护的自动闭塞区段第三接近区段用
F6	23.5	L4	准许列车按规定速度运行，表示前方6个闭塞分区空闲	200km/h动车组在客运专线上运行所需
F5	24.6	HB	表示列车接近的进站或接车进路信号机开放引导信号，或通过信号机显示容许信号	
F4	25.7			频率切换，用于站内闭环电码化
F3	26.8	HU	要求及时采取停车措施	
F2	27.9			反向站间闭塞及站内闭环电码化检测用
F1	29	H	要求列车采取紧急停车措施	仅适用于双红灯防护的自动闭塞区段

2. 移频信息的传输

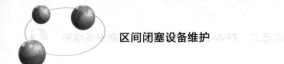

（1）移频信息的传递方向　在移频自动闭塞区段，移频信息的传输是按照运行列车占用闭塞分区的状态，迎着列车的运行方向，自动地向前方闭塞分区传递信息的。移频信息的传递方向如图 2-1-11 所示。

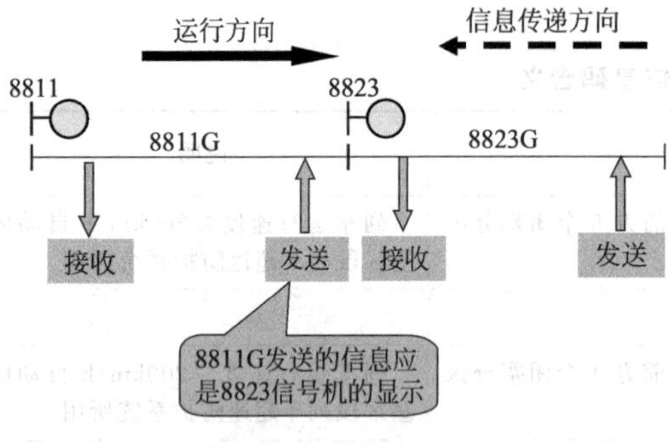

图 2-1-11　移频信息的传递方向

（2）移频信息的传递顺序　列车在移频自动闭塞区段运行时，随着列车的运行自动变换通过信号机显示，闭塞分区发送的移频信息也在不断自动改变。不同运行速度等级的自动闭塞线路，使用的低频信息码不同，移频信息的传递顺序也不尽相同，但是不管是哪种自动闭塞线路，信息码的传递顺序都是由低到高逐渐增加的。下面以列车运行速度小于等于 160km/h，不设双红灯防护的四显示自动闭塞为例，说明区间和站内移频信息的传递顺序。

① 区间移频信息的传递顺序。如图 2-1-12 所示，下行线有两列列车，分别运行在 8811G 和 8763G 两个闭塞分区。此时防护 8811G 和 8763G 的通过信号机 8811 和 8863 均点亮红灯，不允许后续列车进入。8811 通过信号机后方的 8799、8787、8775 信号机则依次点亮黄灯、绿黄灯和绿灯。

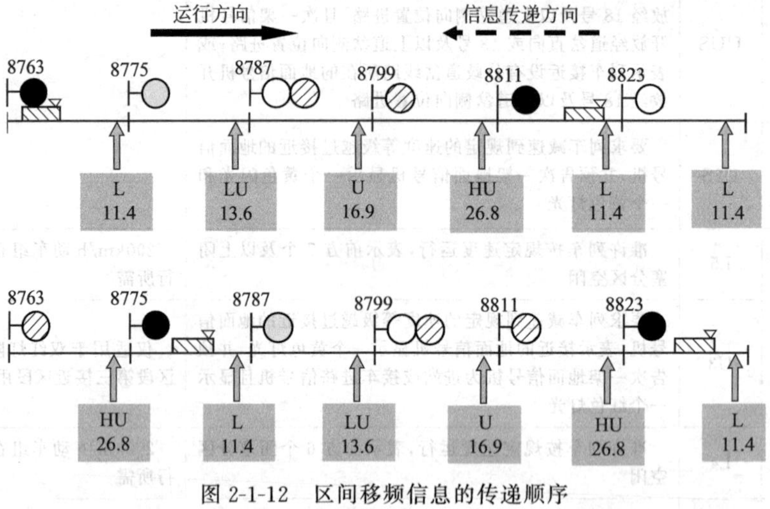

图 2-1-12　区间移频信息的传递顺序

8799G 发送端应发送与前方通过信号机 8811 显示相一致的 HU 码（26.8Hz），此时如果有车进入 8799G，接收到 HU 码（26.8Hz），列车将及时采取停车措施。后续 8787G 和 8775G 的移频信息将顺序增加，分别发送 U 码（16.9Hz）和 LU 码（13.6Hz）。此时 8763G 虽然有车占用，但是列车运行前方有 3 个闭塞分区空闲，应该发送与前方 8775 信号机显示相一致的 L 码（11.4Hz），以便进入的列车能够按照规定速度运行。

如果两列列车继续前行，分别进入 8823G 和 8775G 闭塞分区，通过信号机将自动改变其显示，闭塞分区的发码也将自动改变。这样，就可以根据列车占用闭塞分区的状态，自动改变地面信号机的显示，准确指挥列车的运行，实现自动闭塞。

② 区间和站内移频信息的传递顺序。列车运行至车站，进站信号机和出站信号机依次开放，区间通过信号机的显示也会自动改变。接车进路和发车进路的发码由站内电码化实现。随着列车的运行，移频信息也在不断改变，正线通过列车的移频信息传递顺序如图2-1-13所示。

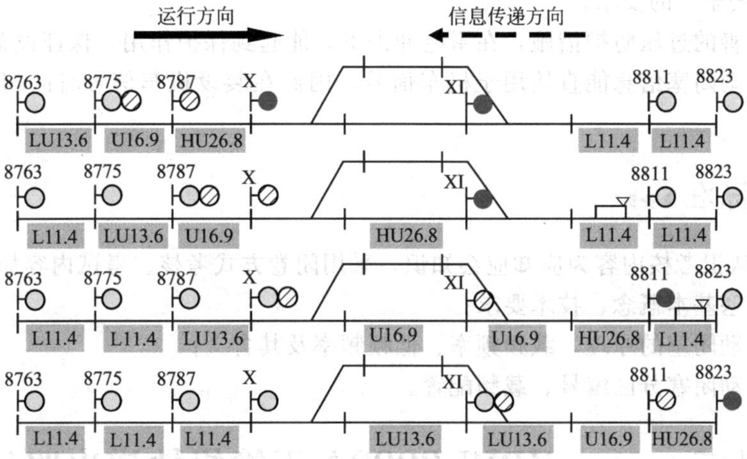

图 2-1-13　正线通过列车的移频信息传递顺序

非通过列车进入车站，进站信号机的显示不同，区间通过信号机的显示虽然不变，但是闭塞分区的发码却不同，给列车提前预示了前方运行条件。非通过列车的移频信息传递顺序如图 2-1-14 所示。

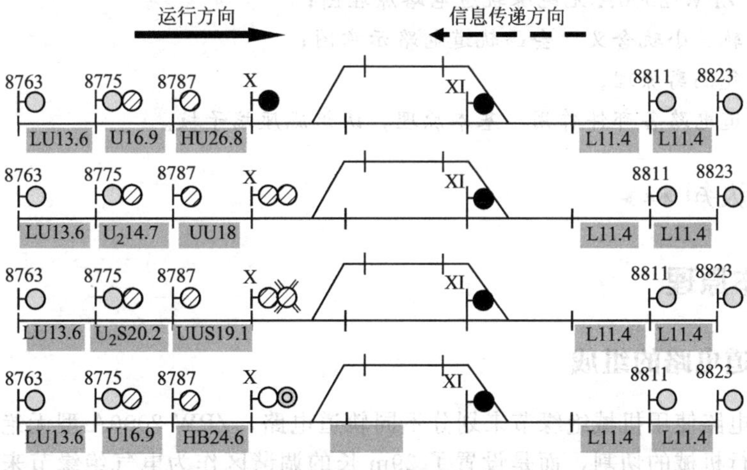

图 2-1-14　非通过列车的移频信息传递顺序

(五) 移频自动闭塞的特点

移频自动闭塞制式具有以下主要特点。

① 抗干扰能力较强，既能适用于非电力牵引区段，又能适用于干扰较大的电力牵引区段。

② 信息量多，除能满足三显示自动闭塞和六显示机车信号外，多信息移频自动闭塞还可满足四显示自动闭塞和列车速度控制系统所需的信息量。

③ 应变时间短，信号显示的应变时间不大于 2s，能满足中国未来高速行车的要求。

④ 安装方式灵活，可分散安装在铁路沿线，也可集中安装在邻近车站继电器室内。

⑤ 当闭塞分区的长度超过移频轨道电路的极限长度时，可采用分割方式延长移频轨道电路的作用距离。移频轨道电路只作一次调整，便于维修。

⑥ 以采用电子组件为主，耗电省、体积小、重量轻。在电子组件发生故障的情况，能满足“故障—安全”的要求。

⑦ 有较完善的过压防护措施，在雷电冲击下，能起到保护作用，保证设备不间断使用。

⑧ 移频自动闭塞信息能直接用于机车信号，因此在装设机车信号时区间无需增加地面设备。

考核标准 ▶▶▶

自动闭塞认识考核内容为应知应会知识，采用闭卷方式考核。考试内容如下：

① 自动闭塞基本概念、技术要求；

② 移频自动闭塞的原理，载频频率、低频频率及其含义；

③ 移频自动闭塞分区编号、载频配置。

任务二 ●●● ZPW-2000A 无绝缘轨道电路认知

学习目标 ▶▶▶

① 会背画 ZPW-2000A 无绝缘轨道电路原理图；

② 理解主轨、小轨含义，会画轨道电路示意图；

③ 理解电气隔离原理；

④ 掌握轨道电路各部件作用、基本原理，认识底座端子板。

设备认知 ▶▶▶

一、基本原理

(一) 轨道电路的组成

普通轨道电路使用机械绝缘节来划分不同轨道电路，ZPW-2000A 型无绝缘轨道电路在钢轨上没有进行机械的切割，而是设置了 29m 长的调谐区作为电气绝缘节来进行隔离。轨道电路的隔离如图 2-2-1 所示。

ZPW-2000A 型无绝缘轨道电路分为主轨道电路和调谐区小轨道电路（以下简称主轨和小轨）两部分，并将小轨道电路视为列车运行前方主轨道电路的所属“延续段”。

图 2-2-2 中，当列车正方向运行时，1G 由主轨和主轨右侧的小轨组成，反方向运行时，1G 由主轨和主轨左侧的小轨组成。

(二) 轨道电路工作原理

ZPW-2000A 无绝缘轨道电路包括发送器、接收器、衰耗器、电缆模拟网络、调谐单

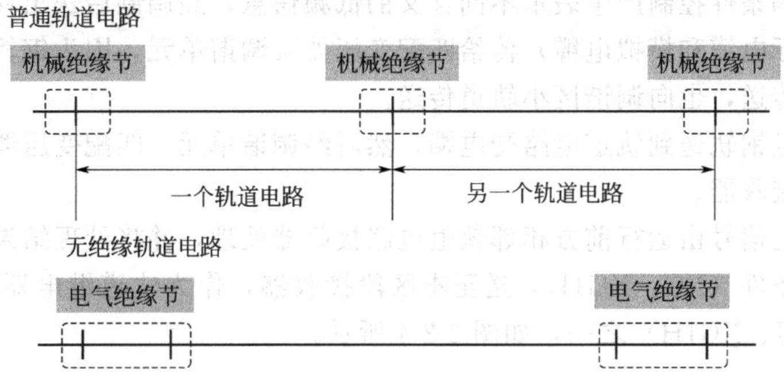

图 2-2-1　轨道电路的隔离

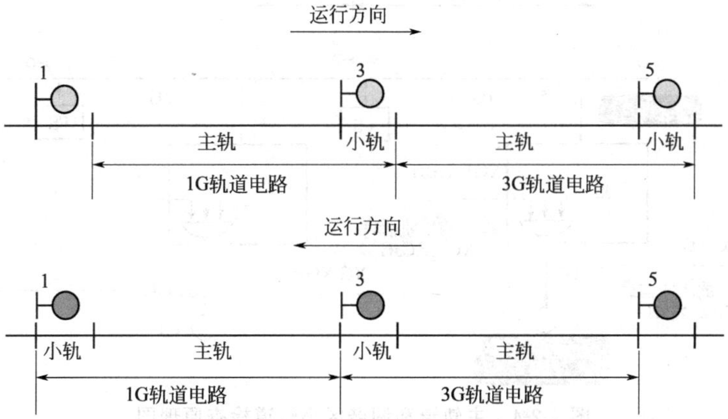

图 2-2-2　无绝缘轨道电路的组成

元、空芯线圈、匹配变压器、补偿电容，如图 2-2-3 所示。

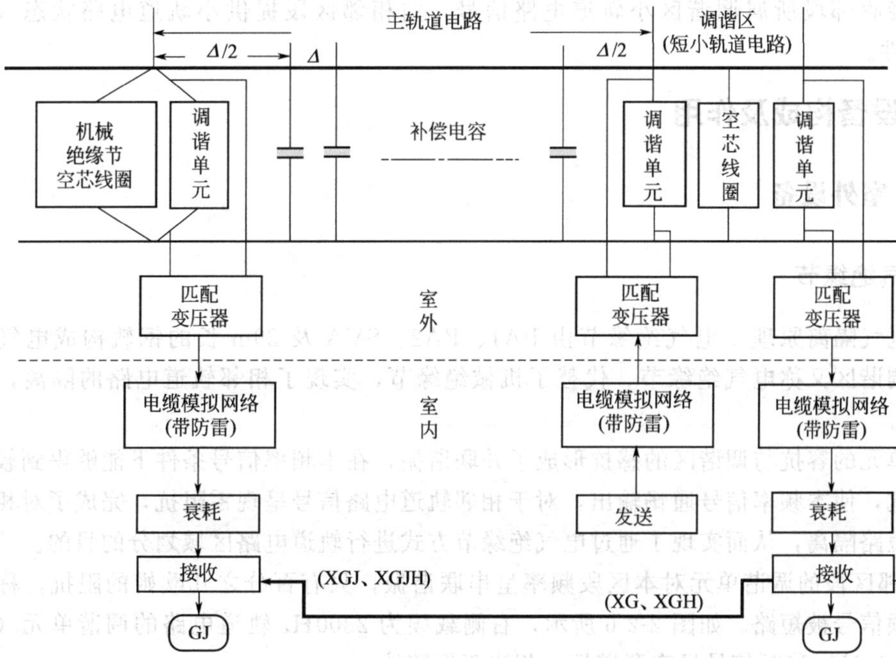

图 2-2-3　ZPW-2000A 无绝缘轨道电路原理图

发送器由编码条件控制产生表示不同含义的低频信息，经调制后送出移频信号，该信号经电缆通道（实际电缆和模拟电缆）传给匹配变压器及调谐单元，因为钢轨是无绝缘的，该信号既向主轨道传送，也向调谐区小轨道传送。

主轨道信号经钢轨送到轨道电路受电端，然后经调谐单元、匹配变压器、电缆通道，将信号传至本区段接收器。

调谐区小轨道信号由运行前方相邻轨道电路接收器处理，并将处理结果形成小轨道电路轨道继电器执行条件（XG、XGH），送至本区段接收器，作为轨道继电器（GJ）励磁的必要检查条件（XGJ、XGJH）之一，如图 2-2-4 所示。

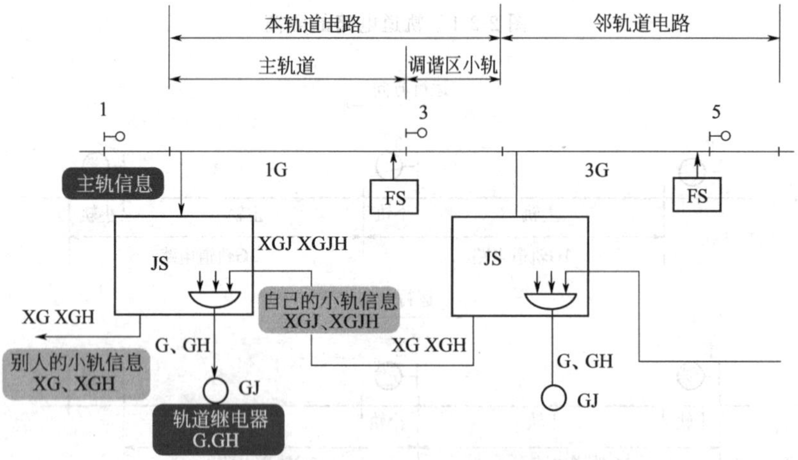

图 2-2-4　主轨道和调谐区小轨道检查原理图

本区段接收器同时接收到主轨道移频信号及小轨道电路继电器执行条件，判决无误后，输出 G、GH，驱动轨道电路继电器吸起，并由此来判断区段的空闲与占用情况。另外接收器还同时接收邻段所属调谐区小轨道电路信号，向相邻区段提供小轨道电路状态（XG、XGH）条件。

二、设备构成及作用

(一) 室外设备

1. 电气绝缘节

（1）电气隔离原理　电气绝缘节由 BA1、BA2、SVA 及 29m 长的钢轨构成电气调谐区。电气调谐区又称电气绝缘节，代替了机械绝缘节，实现了相邻轨道电路的隔离，如图 2-2-5 所示。

调谐单元的容抗与调谐区的感抗形成了并联谐振，在本频率信号条件下能够得到较高阻抗即极阻抗，使本频率信号通畅输出，对于相邻轨道电路信号呈现零阻抗，完成了对相邻区段信号的短路隔离，从而实现了通过电气绝缘节方式进行轨道电路区域划分的目的。

① 相邻区段的调谐单元对本区段频率呈串联谐振，只有百分之几欧姆的阻抗，称为零阻抗，移频信号被短路。如图 2-2-6 所示，右侧载频为 2300Hz 轨道电路的调谐单元（虚框内）对于 1700Hz 移频信号呈串联谐振，相当于短路线。

② 本区段的调谐单元对本区段频率呈容抗，与 29m 钢轨的电感和 SVA 的电感配合产

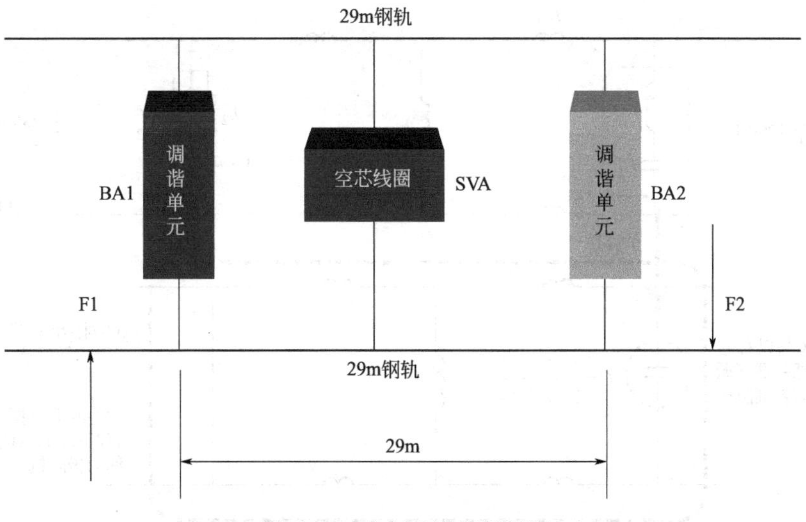

图 2-2-5 电气绝缘节原理图

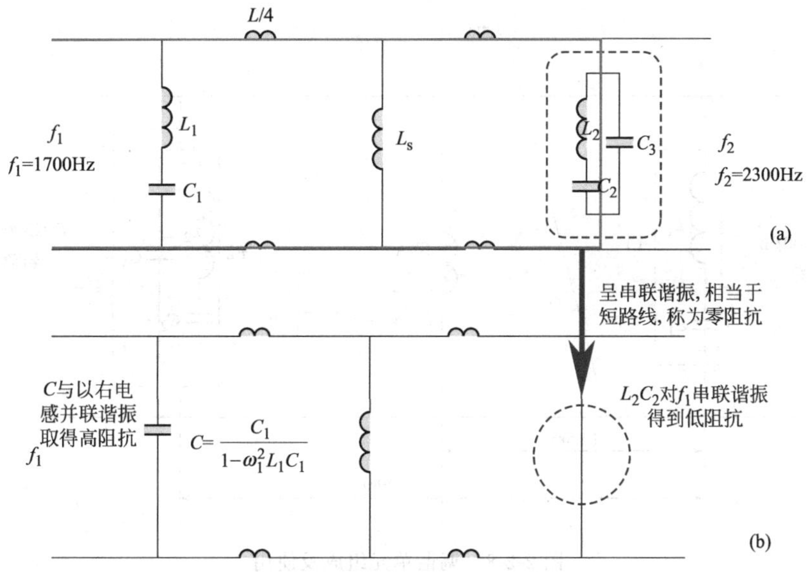

图 2-2-6 对相邻区段频率呈串联谐振

生并联谐振，有 2～2.5Ω 的阻抗，称为极阻抗，移频信号被接收。如图 2-2-7 所示，左侧点虚框内本区段调谐单元对 1700Hz 频率相当于电容，并与粗虚线框内 SVA、29m 钢轨的电感共同呈并联谐振。

(2) 调谐单元 调谐单元 BA 是由电感线圈和电容器组成的二端网络，有 F1 型和 F2 型。F1 型，又称 BA1 型，由 L_1、C_1 两个元件构成，分别用于上、下行频率较低的载频（1700Hz 和 2000Hz）。F2 型，又称 BA2 型，由 L_2、C_2、C_3 三个元件构成，分别用于上、下行频率较高的载频（2300Hz 和 2600Hz），如图 2-2-8 所示。

ZPW-2000 移频轨道电路的调谐区长度为 29m。若调谐区长度选择较长，则 L_1 加大，线圈电阻随之加大，不利于对相邻区段的电气隔离。调谐区长度选择较小，对 F1 而言，使并联谐振阻抗降低，从而加大了 F1 信号在调谐区的衰耗。C_2 选择较小，L_2 较大，不利于相邻区段信号的电气隔离；C_2 选择较大，L_2 较小，虽利于电气隔离，但是 L_2 减小，又使

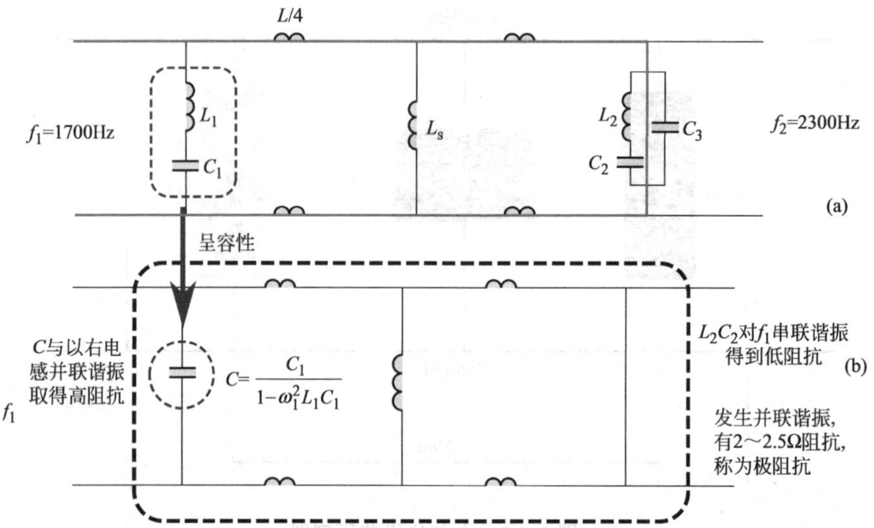

图 2-2-7　对本区段频率呈并联谐振

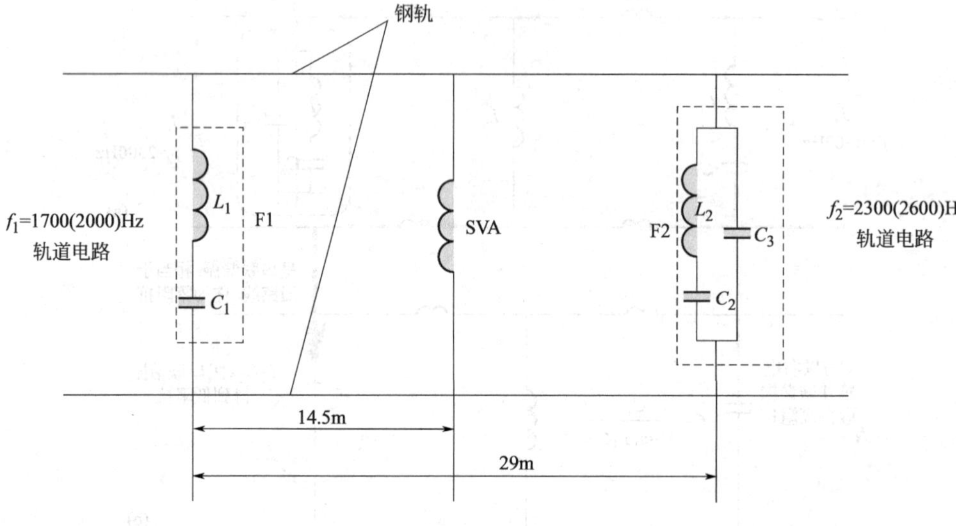

图 2-2-8　调谐单元组成及使用

得对方的并联谐振阻抗降低，增大了信号的衰耗。另外，C_3 容量随着 C_2 增大而增大（C_3 较 C_2 容量大 3 倍左右），体积过大，增加了制造上的困难。故 C_2、L_2、C_3 三个元件要兼顾轨道电路隔离、本区段信号衰耗及元件制造等因素，综合考虑来确定。各种型号调谐单元的电感、电容元件参数不同，见表 2-2-1。

表 2-2-1　调谐单元的电感、电容元件参数

类型	频率/Hz	$L_1(L_2)$/μH	$C_1(C_2)$/μF		C_3/μF	
			$C_1'(C_2')$	$C_1''(C_2'')$	C_3'	C_3''
F1	1700	33.5	124	用 0.47～6.8 调整		
	2000	34.6	81.6	用 0.47～5.1 调整		
F2	2300	88	90.9	用 0.47～5.6 调整	127×2	用 0.47～12 调整
	2600	90	60.4	用 0.47～3.9 调整	101×2	用 0.47～10 调整

调谐单元BA设于一个白色聚酯盒内，盒的尺寸为355mm×270mm×88mm，安装在轨道旁的基础上。为防止热胀冷缩造成元件参数漂移及外力损伤，BA内部器件被塑胶密封。BA与两根钢轨的连接采用3.7m、2m专用钢包铜双头引接线，引接线与钢轨的连接电阻应不大于1mΩ。

调谐单元的外形图片和内部结构图如图2-2-9和图2-2-10所示。

图2-2-9　调谐单元外形图片

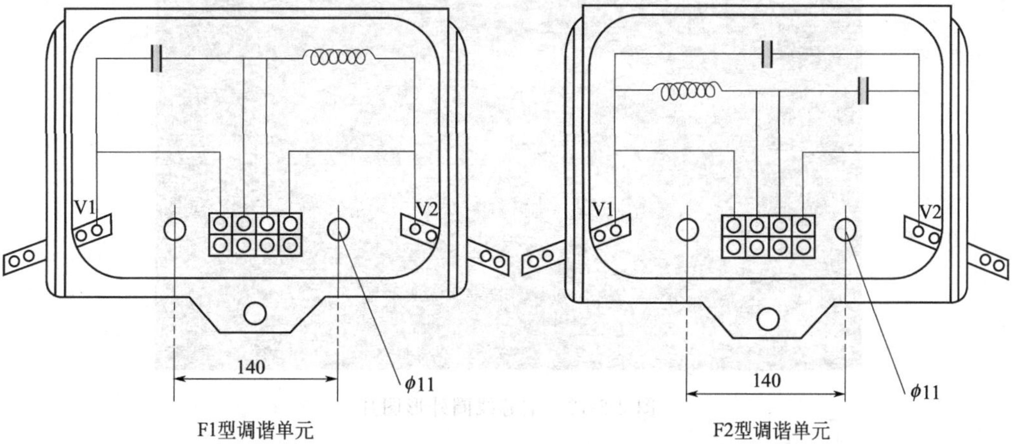

图2-2-10　调谐单元内部结构图

(3) 空芯线圈

① 结构特征及规格型号。空芯线圈SVA由直径1.53mm的19股铜线绕成，无铁芯，带有中间抽头。电感值为33.5μH±1μH。单圈可通过100A电流，全圈可通过200A电流。内部结构如图2-2-11所示。

空芯线圈的盒体采用不饱和聚酯材料，为白色盒体，盒盖上带有滑槽。型号为ZK.XK，外形尺寸为355mm×270mm×86mm，重量为7.05Kg，如图2-2-12所示。

空芯线圈安装在调谐区轨道旁的基础桩上，两端采用钢包铜引接与钢轨连接线。

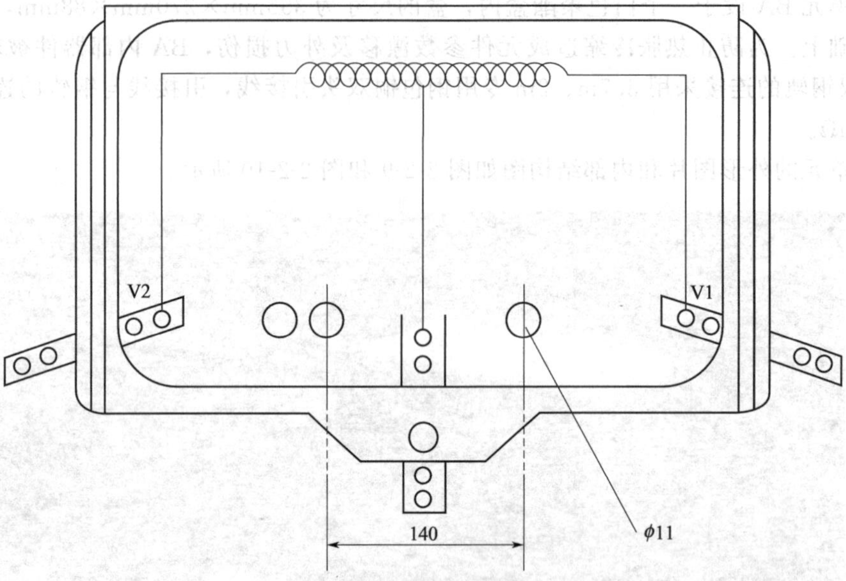

图 2-2-11　空芯线圈内部结构图

图 2-2-12　空芯线圈外形图片

② SVA 的作用

• SVA 主要用来平衡两根钢轨间的不平衡牵引回流。SVA 对钢轨中的 50Hz 牵引回流呈 10.5mΩ 的电抗，可视为一条短路线，两根钢轨间存在的不平衡回流经 SVA 短路后，将不复存在。如图 2-2-13 所示，设 I_1、I_2 有 100A 不平衡电流，由于空芯线圈的短路作用，则 $I_3=I_4=(I_1+I_2)/2=450A$。这就对牵引回流起到平衡作用，减小了工频及其谐波对轨道电路的干扰。

由于空芯线圈没有铁芯，不存在较大电流下磁路饱和的问题，使平衡效果更好。SVA 设在电气调谐区中间，还有以下作用。

• 参与和改善调谐区的工作。在电气调谐区内，SVA 的感抗值（在 1700～2600Hz 范围内，为 0.35～0.54Ω）与 29m 长钢轨的电感值一起参与对本区段频率呈并联谐振，而不是简单的分路电抗。由于 SVA 的存在，为谐振回路提供了一个合适的品质因数 Q 值，保证了调谐区的稳定工作。

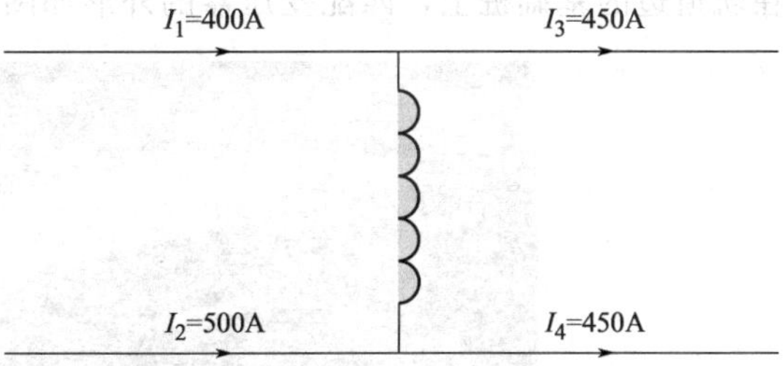

图 2-2-13　牵引回流得到平衡的原理图

• 保证维修安全。在实际使用中，每隔一定距离，上、下行线路间的两个 SVA 中间抽头连在一起并接地，即进行等电位连接，这样，可平衡上、下行线路间的不平衡牵引回流，还可保证维修人员的安全。

等电位连接方式分为简单横向连接和完全横向连接。简单横向连接是两轨道间进行等电位连接时，SVA 中心点通过防雷元件接地，完全横向连接是 SVA 中心点直接接入地线，无横向连接的 SVA 中心点，则经过防雷元件接地，如图 2-2-14 所示。

• 作扼流变压器用。在道岔弯股绝缘两侧各安装一个空芯线圈，将两线圈中间的抽头连接可作为扼流变压器使用，如图 2-2-15 所示。

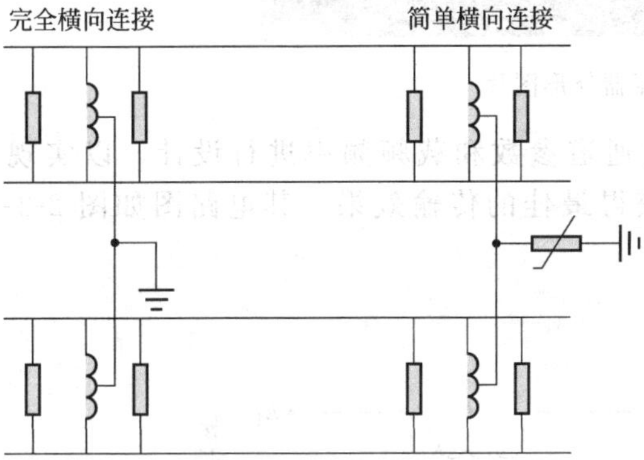

图 2-2-14　等电位连接方式

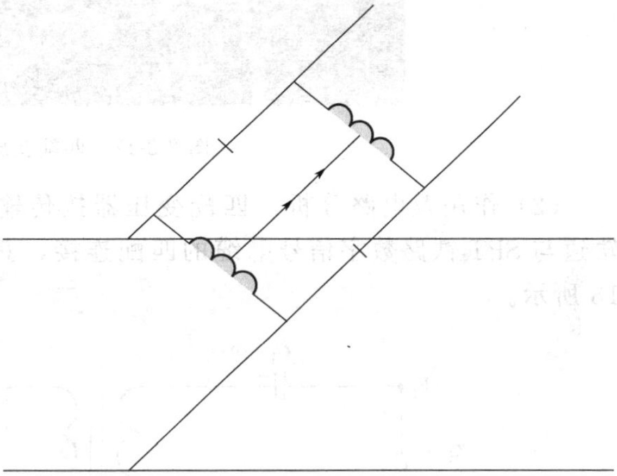
图 2-2-15　空芯线圈做扼流变压器的原理图

③ 机械绝缘节空芯线圈。对于进站和出站口均设有机械绝缘节。为使机械绝缘节轨道电路与电气绝缘节轨道电路有相同的传输参数和传输长度，根据 29m 调谐区 4 种载频的综合阻抗值，设计 SVA′，并将该 SVA′与 BA 并联，即可获得预期效果，如图 2-2-16 所示。

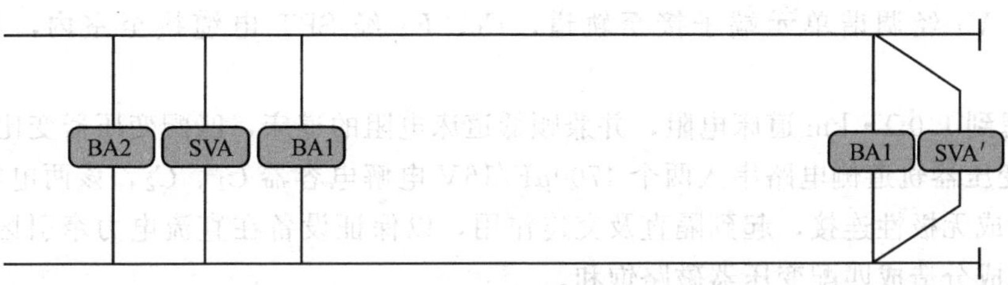

图 2-2-16　机械绝缘节空芯线圈

2. 匹配变压器

(1) 结构特征及规格型号　匹配变压器的盒体采用不饱和聚酯材料，盒盖上带有滑槽。匹配变压器型号为 ZPW. BP1，外形尺寸为 355mm×270mm×86mm，与调谐单元背靠背安装在轨道边的基础桩上，匹配变压器的外形如图 2-2-17 所示。

图 2-2-17 匹配变压器外形图片

（2）作用及电路分析 匹配变压器按传输通道参数和载频频率进行设计，以实现轨道与 SPT 铁路数字信号电缆的匹配连接，获得最佳的传输效果。其电路图如图 2-2-18 所示。

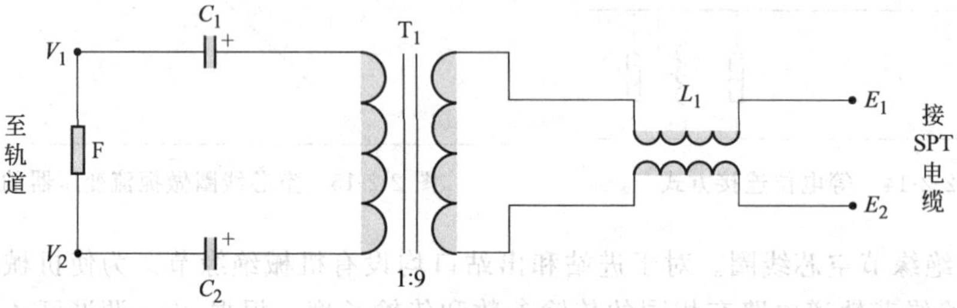

图 2-2-18 匹配变压器电路图

① V_1、V_2 经调谐单元端子接至轨道，E_1、E_2 经 SPT 电缆接至室内，如图 2-2-19 所示。

② 考虑到 1.0Ω · km 道床电阻，并兼顾低道床电阻的道床，匹配变压器变比选为 9 : 1。

③ 在变压器轨道侧电路串入两个 4700μF/16V 电解电容器 C_1、C_2，该两电容按相反极性串接，构成无极性连接，起到隔直及交连作用，以保证设备在直流电力牵引区段运用中，不致因直流成分造成匹配变压器磁路饱和。

④ 电感 L_1(10mH) 用作 SPT 电缆表现出的容性的补偿。在与匹配变压器相对应处轨道被列车分路时，它可作为一个阻抗（1700Hz 时为 106.8Ω）。该电感由设在同一线圈骨架两个槽上的单独线圈组成，以便在两条电缆芯线的每一条芯线上呈现出同样的阻抗。该电感由富有弹性的物质灌封，以防止振动和撞击造成电感损坏，使电感量降低或丧失而引起接收器电平的增高。

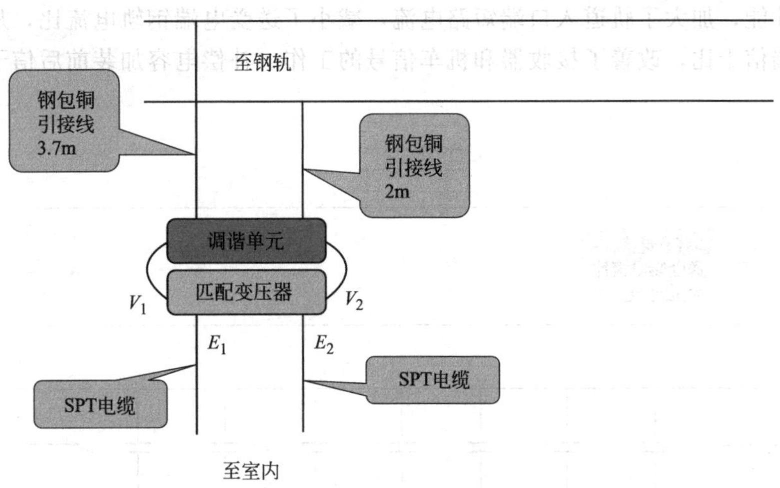

图 2-2-19 匹配变压器连接图

⑤ F 为压敏电阻，是匹配变压器的雷电横向防护元件。该压敏电阻选择～75V 防护等级。

3. 补偿电容

(1) 机构特征及规格型号 电容器采用电缆线焊接在电容器内部，轴向分两头引出，把电缆用环氧树脂灌封。电缆引线的连接方式有两种，一种是两端用焊锡接塞钉，塞钉镀锡；另一种是压接线鼻子，然后用专用销钉与钢轨连接。电容器的外壳材料为黑色ABS塑料。

电容型号为CBG1，补偿电容容量、数量均按通道具体参数及轨道电路传输要求确定。

电容容量：1700Hz 为 55×(1±5%)μF；2000Hz 为 50×(1±5%)μF；2300Hz 为 46×(1±5%)μF；2600Hz 为 40×(1±5%)μF。

(2) 作用

① 保证轨道电路传输距离。钢轨呈现感性，在 1700～2600Hz 有着甚高的感抗值，阻碍了信息的传输。为此，在钢轨上一段距离内加装补偿电容，由于 L 与 C 的补偿，抵消了钢轨电感。使 AB、A′B′、BC、B′C′均呈现阻性，并在 BB′、CC′呈现较高的阻抗和较高的电压，减少了信号衰减，保证了轨道电路的传输距离。等效电路如图 2-2-20 所示。

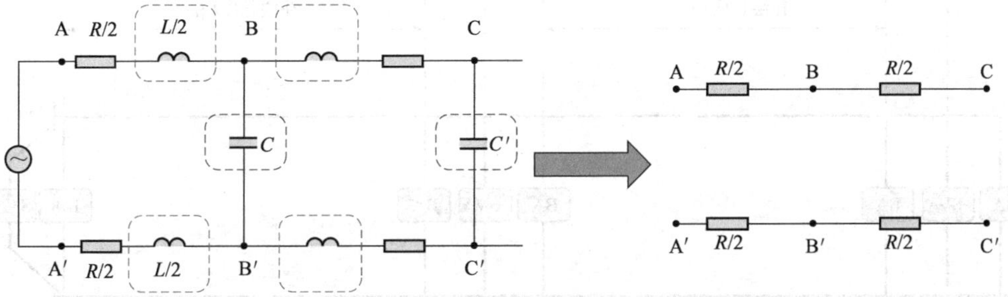

图 2-2-20 L 与 C 补偿抵消钢轨电感的等效电路

② 保证接收端信号有效信干比。由于轨道电路加补偿电容后趋于阻性，改善了轨道电

路信号传输性能，加大了轨道入口端短路电流，减小了送受电端钢轨电流比，从而保证了轨道电路入口端信干比，改善了接收器和机车信号的工作。补偿电容加装前后信干比比较如图 2-2-21 所示。

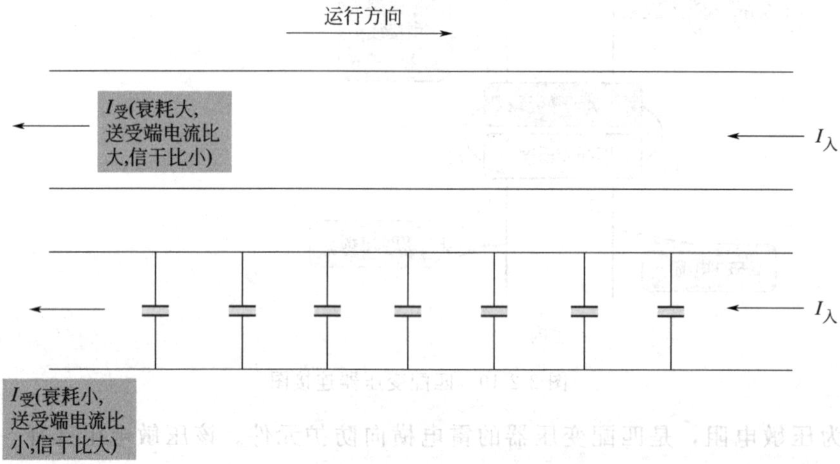

图 2-2-21　补偿电容加装前后信干比比较

③ 实现了对断轨状态的检查。

④ 保证了钢轨同侧两端接地条件下，轨道电路分路及断轨检查性能。

当电容断线故障时，由于补偿作用的消失，钢轨感性的作用，使信号在钢轨上产生较大的衰减，从而降低了接收端电压，使系统导向安全。

(3) 补偿电容器的设置方式　补偿电容设置密度加大，有利于改善列车分路，减少轨道电路中列车分路电流的波动范围，有利于延长轨道电路传输长度，但过密设置又增加了成本，带来维修的不便，要适当考虑。补偿电容的设置方式在区间采用“等间距法”。

① 先确定本区段轨道电路补偿长度 $L_补$。$L_补$ 为无绝缘轨道电路两端调谐单元间的距离。轨道电路的长度 L 为电气绝缘节中空芯线圈中心到另一电气绝缘节中空芯线圈中心的距离，或者从机械绝缘节到电气绝缘节中空芯线圈的距离。

如果两端均为电气绝缘节，则 $L_补=L-29\text{m}$；如果一端为电气绝缘节，另一端为机械绝缘节，则 $L_补=L-14.5\text{m}$，如图 2-2-22 所示。

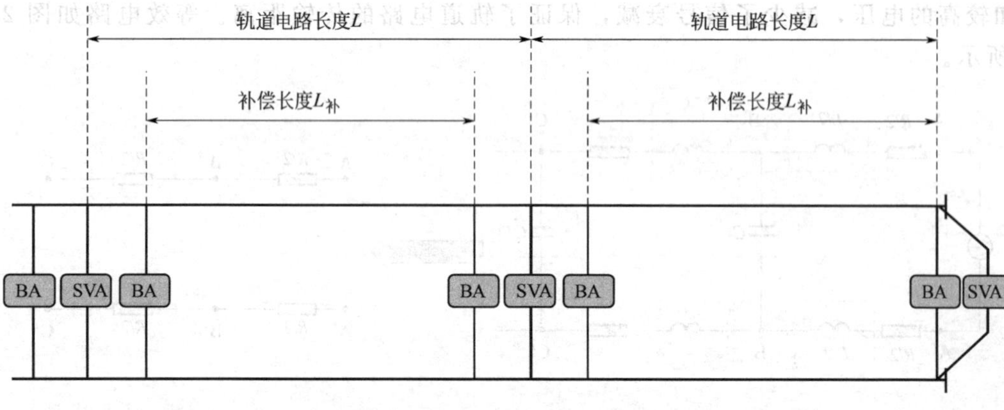

图 2-2-22　轨道电路补偿长度 $L_补$ 的确定

② 然后确定补偿电容的总量。按照轨道电路的调整表来配置补偿电容的数量和容量。

③ 步长（等间距长度）的确定。步长（等间距长度）$\Delta=L_{补}/n$。轨道电路两端按半步长（$\Delta/2$），中间按全步长（Δ）设置电容，安装允许误差±0.5m，如图 2-2-23 所示。

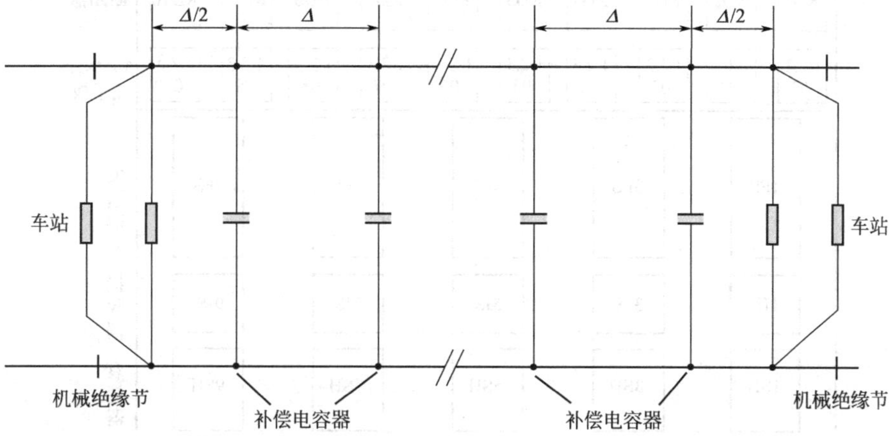

图 2-2-23　补偿电容的设置

（二）室内设备

室内设备包括发送器、接收器、衰耗器和电缆模拟网络等。发送器、接收器、衰耗器安装在移频柜上，电缆模拟网络安装在综合柜上。

1. 移频柜

区间移频柜安装在机械室内，用来安装发送器、接收器和衰耗器。发送器、接收器挂在U形槽上，用钥匙锁紧，衰耗盘插入对应的框架内。除此之外，还有零层，移频柜零层由10块3×18柱端子板、10块断路器板和5块电源端子板组成。移频柜型号规格为ZPW. G-2000A，外形尺寸为900mm×400mm×2350mm。

一个区间移频柜含10套ZPW-2000A型移频轨道电路设备。纵向5个组合，每个组合可装两个轨道电路的设备，包括发送器、接收器、衰耗器各两台及发送断路器、接收断路器、3×18柱端子各两个。发送断路器为10A，接收断路器为5A。

每个组合内部接收器按对构成双机并用，接收设备按1、2，3、4，5、6，7、8，9、10五对形成双机并联运用的结构。具体布置如图 2-2-24 所示。

2. 区间综合柜

区间综合柜放置在机械室内，也叫网络接口柜，如图 2-2-25 所示。用来安装防雷电缆模拟网络和点灯隔离变压器，并实现室内外设备的连接。型号规格为ZPW. GL-2000A，外形尺寸为2350mm×900mm×500mm。

柜内最上一层为零层，可安装两排18柱端子板。D1～D24用于室内外设备的连接，D25为防雷地线，D26为电缆屏蔽地线。

1～4层为点灯隔离变压器组匣，每层可放置6个BGY2-80型点灯隔离变压器（每架信号机需要一个隔离变压器）。

5～9层为站防雷和电缆模拟网络组匣，每个组匣可放置8个ZPW.XML型电缆模拟网络（每个轨道电路需要两个电缆模拟网络）。

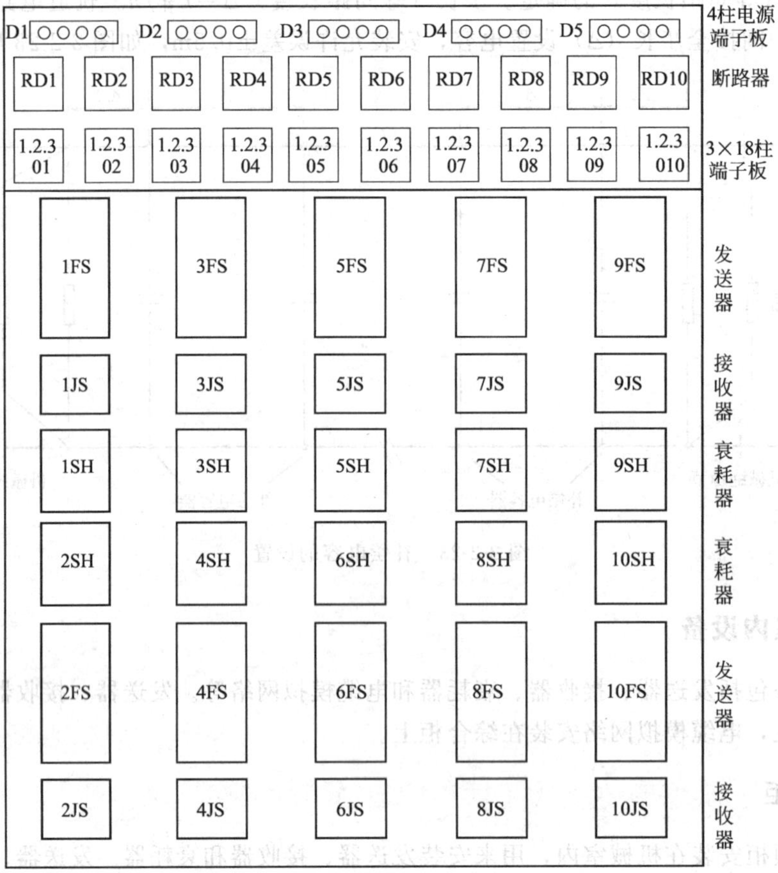

图 2-2-24　移频柜布置图

3. 区间组合架

每个闭塞分区使用 1 个组合，每个组合占用两层继电器组合的位置，最多安放 22 台继电器。

区间组合有 L 型组合、LU 型组合、U 型组合和 1LQ 型组合 4 种类型，分别用于 L 信号点（LL 信号点）、LU 信号点、U 信号点和 1LQ 区段。

在两个车站管辖区的分界处，根据情况采用 L（F）型、L（JF）型、LU（F）型、LU（JF）型、U（F）型、1LQA（JF）型、1LQB（JF）型组合。（F）组合用于位于分界处运行前方的闭塞分区，（JF）组合用于位于分界处非运行前方的闭塞分区。1LQA（JF）型、1LQB（JF）型组合的区别，在于后者又是邻站的 LU 信号点。

另外，XG 和 DSBJ 组合用来安放 XGJ 和 XGJ（邻），以及灯丝报警主机。

各种区间组合继电器的类型如表 2-2-2 所列。

4. 发送器

（1）结构特征及规格型号　发送器为带 NS1 底座的 6M 插座型盒体，内部由数字板、功放板两块电路板构成，外部装有黑色网罩及锁闭杆。发送器型号为 ZPW. F，外形尺寸为 220mm×100mm×383mm，如图 2-2-26 所示。

组匣位置	组匣类型	本层							
		D1 D2	D3 D4	D5 D6	D7 D8	D9 D10	D11 D12	D13 D14	D15 D16
		D17 D18	D19 D20	D21 D22	D23 D24	D25 (FLE)		D26 (DLE)	
9	FLMW	1	2	3	4	5	6	7	8
		ZPW.PML	ZPW.PML	ZPW.PML	ZPW.PML	ZPW.PML	ZPW.PML	ZPW.PML	ZPW.PML
8	FLMW	1	2	3	4	5	6	7	8
		ZPW.PML	ZPW.PML	ZPW.PML	ZPW.PML	ZPW.PML	ZPW.PML	ZPW.PML	ZPW.PML
7	FLMW	1	2	3	4	5	6	7	8
		ZPW.PML	ZPW.PML	ZPW.PML	ZPW.PML	ZPW.PML	ZPW.PML	ZPW.PML	ZPW.PML
6	FLMW	1	2	3	4	5	6	7	8
		ZPW.PML	ZPW.PML	ZPW.PML	ZPW.PML	ZPW.PML	ZPW.PML	ZPW.PML	ZPW.PML
5	FLMW	1	2	3	4	5	6	7	8
		ZPV.PML	ZPW.PML	ZPW.PML	ZPW.PML	ZPW.PML	ZPW.PML	ZPW.PML	ZPW.PML
4	GLB	DZ		1	2	3	4	5	6
		18柱	RD_1～RD_6	BGY_2-80	BGY_2-80	BGY_2-80	BGY_2-80	BGY_2-80	BGY_2-80
3	GLB	DZ		1	2	3	4	5	6
		18柱	RD_1～RD_6	BGY_2-80	BGY_2-80	BGY_2-80	BGY_2-80	BGY_2-80	BGY_2-80
2	GLB	DZ		1	2	3	4	5	6
		18柱	RD_1～RD_6	BGY_2-80	BGY_2-80	BGY_2-80	BGY_2-80	BGY_2-80	BGY_2-80
1	GLB	DZ		1	2	3	4	5	6
		18柱	RD_1～RD_6	BGY_2-80	BGY_2-80	BGY_2-80	BGY_2-80	BGY_2-80	BGY_2-80

图 2-2-25　综合柜布置图

(2) 作用

① 用来产生高精度、高稳定性的移频信号。有 18 种低频和 8 种载频频率。

② 产生足够功率的输出信号，额定输出功率为 70W（400Ω 负载），最大输出功率为 105W。

③ 调整轨道电路，可根据轨道电路的具体情况，通过输出端子的不同连接，获得 10 种不同的发送电平。

④ 对移频信号进行自检测，故障时给出报警及 $n+1$ 冗余运用的转换条件。发送器采用“$N+1$”冗余方式，“+1”发送器为热机备用发送器。当任意一台主用发送器故障时，发送报警继电器（FBJ）落下，由 FBJ 接点转换至+1FS，实现系统冗余。

(3) 基本工作原理　同一载频编码条件、低频编码条件源，以反码形式分别送入两套微处理器 CPU_1、CPU_2 中，其中 CPU_1 控制移频发生器产生低频控制信号为 F_c 的移频键控信

表 2-2-2　区间组合继电器类型表

顺序	类型	0		01	02	03	04	05	06	07	08	09	10	11
1	L	R:RX20-25-51Ω C:CD-1000μF-50V	2	QGJ	DJ	2DJ	FBJ	FBJF	5GJ	1GJF	2GJF			
				JWXC-1700	JZXC-16F	JZXC-16F	JWXC-1700	JWXC-1700	JWXC-1700	JWXC-1700	JWXC-1700			
			1	QZJ	QZJF	QFJ	QFJF	GJ	GJF	1GJ	2GJ	3GJ	DJF	4GJ
				JWXC-1700	JWXC-1700	JWXC-1700	JWXC-1700	JWXC-1700	JWXC-1700	JWXC-1700	JWXC-1700	JWXC-1700	JWXC-H340	JWXC-1700
2	L(F)	R:RX20-25-51Ω C:CD-1000μF-50V	2	QGJ	DJ	2DJ	FBJ	FBJF	5GJ	1GJF	2GJF	GJF(邻)	GJ(邻)	
				JWXC-1700	JZXC-16F	JZXC-16F	JWXC-1700	JWXC-1700	JWXC-1700	JWXC-1700	JWXC-1700	JWXC-H340	JWXC-1000	
			1	QZJ	QZJF	QFJ	QFJF	GJ	GJF	1GJ	2GJ	3GJ	DJF	4GJ
				JWXC-1700	JWXC-1700	JWXC-1700	JWXC-1700	JWXC-1700	JWXC-1700	JWXC-1700	JWXC-1700	JWXC-1700	JWXC-H340	JWXC-1700
3	L(JF)	R:RX20-25-51Ω C:CD-1000μF-50V	2	QGJ	DJ	2DJ	FBJ	FBJF	1GJF	GJF(邻)	DJF(邻)	XGJ(邻)	5GJ	4GJ(邻)
				JWXC-1700	JZXC-16F	JZXC-16F	JWXC-1700	JWXC-1700	JWXC-1700	JWXC-H340	JWXC-H340	JWXC-1700	JPXC-1000	JWXC-1000
			1	QZJ	QZJF	QFJ	QFJF	GJ	GJF	1GJ	2GJ	3GJ	DJF	4GJ
				JWXC-1700	JWXC-1700	JWXC-1700	JWXC-1700	JWXC-1700	JWXC-1700	JWXC-1700	JPXC-1000	JPXC-1000	JWXC-H340	JWXC-H340
4	LU	R:RX20-25-51Ω C:CD-1000μF-50V	2	QGJ	DJ	2DJ	FBJ	FBJF	DJF	5GJ	1GJF		$LXJ3F_1$	$ZXJ2F_1$
				JWXC-1700	JZXC-16F	JZXC-16F	JWXC-1700	JWXC-1700	JWXC-H340	JWXC-1700	JWXC-1700		JWXC-1700	JWXC-1700
			1	QZJ	QZJF	QFJ	QFJF	GJ	GJF	1GJ	LXJ3F	ZXJ2F	LUXJ2F	4GJ
				JWXC-1700	JWXC-1700	JWXC-1700	JWXC-1700	JWXC-1700	JWXC-1700	JWXC-1700	JWXC-1700	JWXC-1700	JWXC-1700	JWXC-1700
5	LU(F)	R:RX20-25-51Ω C:CD-1000μF-50V	2	QGJ	DJ	2DJ	FBJ	FBJF	DJF	5GJ	1GJF	GJ(邻)	$LXJ3F_1$	$ZXJ2F_1$
				JWXC-1700	JZXC-16F	JZXC-16F	JWXC-1700	JWXC-1700	JWXC-H340	JWXC-1700	JWXC-1700	JPXC-1000	JWXC-1700	JWXC-1700
			1	QZJ	QZJF	QFJ	QFJF	GJ	GJF	1GJ	LXJ3F	ZXJ2F	LUXJ2F	4GJ
				JWXC-1700	JWXC-1700	JWXC-1700	JWXC-1700	JWXC-1700	JWXC-1700	JWXC-1700	JWXC-1700	JWXC-1700	JWXC-1700	JWXC-1700
6	LU(JF)	R:RX20-25-51Ω C:CD-1000μF-50V	2	QGJ	DJ	2DJ	FBJ	FBJF	DJF	5GJ	GJ(邻)	DJF(邻)	1GJF	XGJ
				JWXC-1700	JZXC-16F	JZXC-16F	JWXC-1700	JWXC-1700	JWXC-H340	JPXC-1000	JWXC-1700	JWXC-H340	JWXC-1700	JWXC-1700
			1	QZJ	QZJF	QFJ	QFJF	GJ	GJF	1GJ	LXJ3F	ZXJ2F	LUXJ2F	4GJ
				JWXC-1700	JWXC-1700	JWXC-1700	JWXC-1700	JWXC-1700	JWXC-1700	JWXC-1700	JWXC-H340	JPXC-1000	JPXC-1000	JWXC-H340

续表

顺序	类型	0		01	02	03	04	05	06	07	08	09	10	11
7	U(UF)	R:RX20-25-51Ω C:CD-1000μF-50V	2	QGJ	DJ	2DJ	FBJ	FBJF	TXJF	YXJF	( )LXJ2F	$LXJ2F_1$	5GJ	$ZXJF_1$
				JWXC-1700	JZXC-16F	JZXC-16F	JWXC-1700	JWXC-1700	JWXC-1700	JWXC-1700	JWXC-1700	JWXC-1700	JWXC-1700	JWXC-1700
			1	QZJ	QZJF	QFJ	QFJF	GJ	GJF	LXJ2F	ZXJF	LUXJF	DJF	4GJ
				JWXC-1700	JWXC-1700	JWXC-1700	JWXC-1700	JWXC-1700	JWXC-1700	JWXC-1700	JWXC-1700	JWXC-1700	JWXC-H340	JWXC-1700
8	1LQA	R:RX20-25-51Ω C:CD-1000μF-50V	2	QGJ	LXJ2F	YXJF	FBJ	FBJF	ZXJF	TXJF	( )LXJ2F	DJ(邻)	GJ(邻)	+1FBJ
				JWXC-1700	JWXC-1700	JWXC-1700	JWXC-1700	JWXC-1700	JWXC-1700	JWXC-1700	JWXC-1700	JPXC-1000	JPXC-1000	JWXC-1700
			1	QZJ	QZJF	QFJ	QFJF	GJ	GJF	1GJ	2GJ	3GJ	4GJ	5GJ
				JWXC-1700	JWXC-1700	JWXC-1700	JWXC-1700	JWXC-1700	JWXC-1700	JWXC-1700	JWXC-1700	JWXC-1700	JWXC-1700	JWXC-1700
9	1LQA (JF)	R:RX20-25-51Ω C:CD-1000μF-50V	2	QGJ	LXJ2F	YXJF	FBJ	FBJF	ZXJF	TXJF	( )LXJ2F	XGJ(邻)	XGJ	+1FBJ
				JWXC-1700	JWXC-1700	JWXC-1700	JWXC-1700	JWXC-1700	JWXC-1700	JWXC-1700	JWXC-1700	JPXC-1000	JPXC-1000	JWXC-1700
			1	QZJ	QZJF	QFJ	QFJF	GJ	GJF	1GJ	2GJ	3GJ	4GJ	5GJ
				JWXC-1700	JWXC-1700	JWXC-1700	JWXC-1700	JWXC-1700	JWXC-1700	JWXC-1700	JPXC-1000	JPXC-1000	JWXC-H340	JPXC-1000
10	1LQB (JF)	R:RX20-25-51Ω C:CD-1000μF-50V	2	QGJ	LXJ2F	YXJF	FBJ	FBJF	ZXJF	TXJF	( )LXJ2F	ZXJ2F	+1FBJ	
				JWXC-1700	JWXC-1700	JWXC-1700	JWXC-1700	JWXC-1700	JWXC-1700	JWXC-1700	JWXC-1700	JWXC-1700	JWXC-1700	
			1	QZJ	QZJF	QFJ	QFJF	GJ	GJF	1GJ	LXJ3F	LUXJ2F	4GJ	5GJ
				JWXC-1700	JWXC-1700	JWXC-1700	JWXC-1700	JWXC-1700	JWXC-1700	JWXC-1700	JWXC-H340	JPXC-1000	JWXC-H340	JPXC-1000
11	XG DSBJ	R:RX20-25-51Ω C:CD-1000μF-50V	2	(1)XGJ(邻)	(1)XGJ	(2)XGJ(邻)	(2)XGJ	(3)XGJ(邻)	(3)XGJ	(4)XGJ(邻)	(4)XGJ	$LUXJF_1$	QDSBJ	
				JPXC-1000	JWXC-1700	JPXC-1000	JWXC-1700	JPXC-1000	JWXC-1700	JPXC-1000	JWXC-1700	JWXC-1700	JWXC-1700	
			1	DSBZ 灯丝报警										

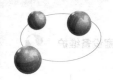

图 2-2-26　ZPW. F 型发送器及底座外形图片

号 FSK。移频信号分别送至 CPU_1、CPU_2 进行频率检测。检测结果符合规定后，即产生控制输出信号，经控制与门使移频信号送至滤波环节，实现方波-正弦波变换。功放输出的移频信号，送至两 CPU 进行功出电压检测。两 CPU 对 FSK 信号的低频、载频和幅度特征检测符合要求后，打开安全与门，使发送报警继电器 FBJ 励磁，并使经过功放的移频信号输出至轨道。当发送输出端短路时，经检测使控制与门有 10s 的关闭（装死或称休眠保护）。发送器的原理框图如图 2-2-27 所示。

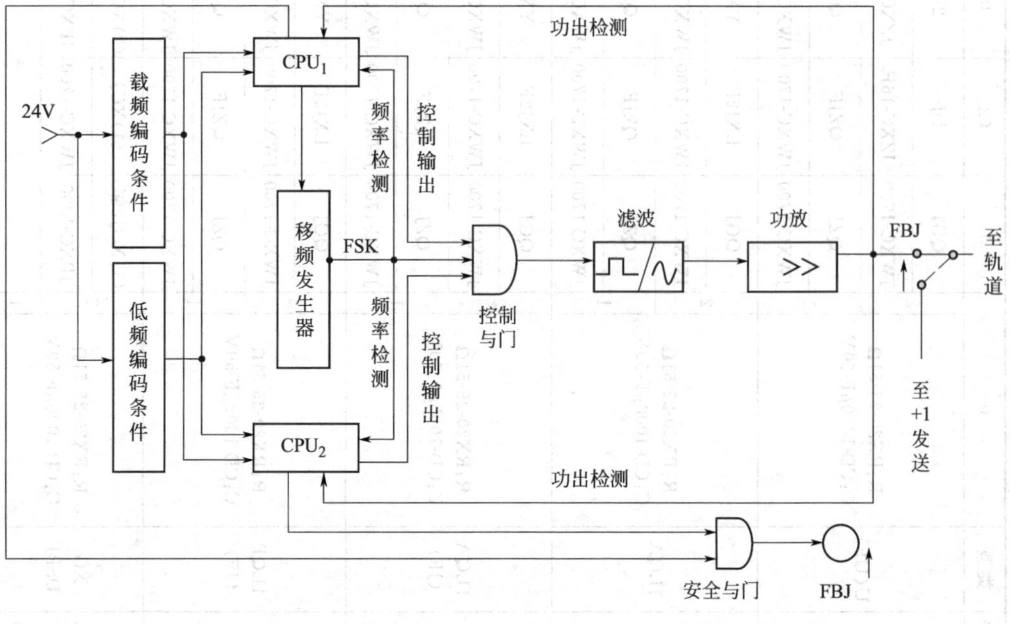

图 2-2-27　发送器的原理框图

（4）插座板端子及外线连接　发送器安装在继电器室内 ZPW. G-2000A 型机柜的 U 形槽上，用钥匙将锁闭杆锁紧。发送器插座板底视图如图 2-2-28 所示，图中 • 为鉴别销位置。

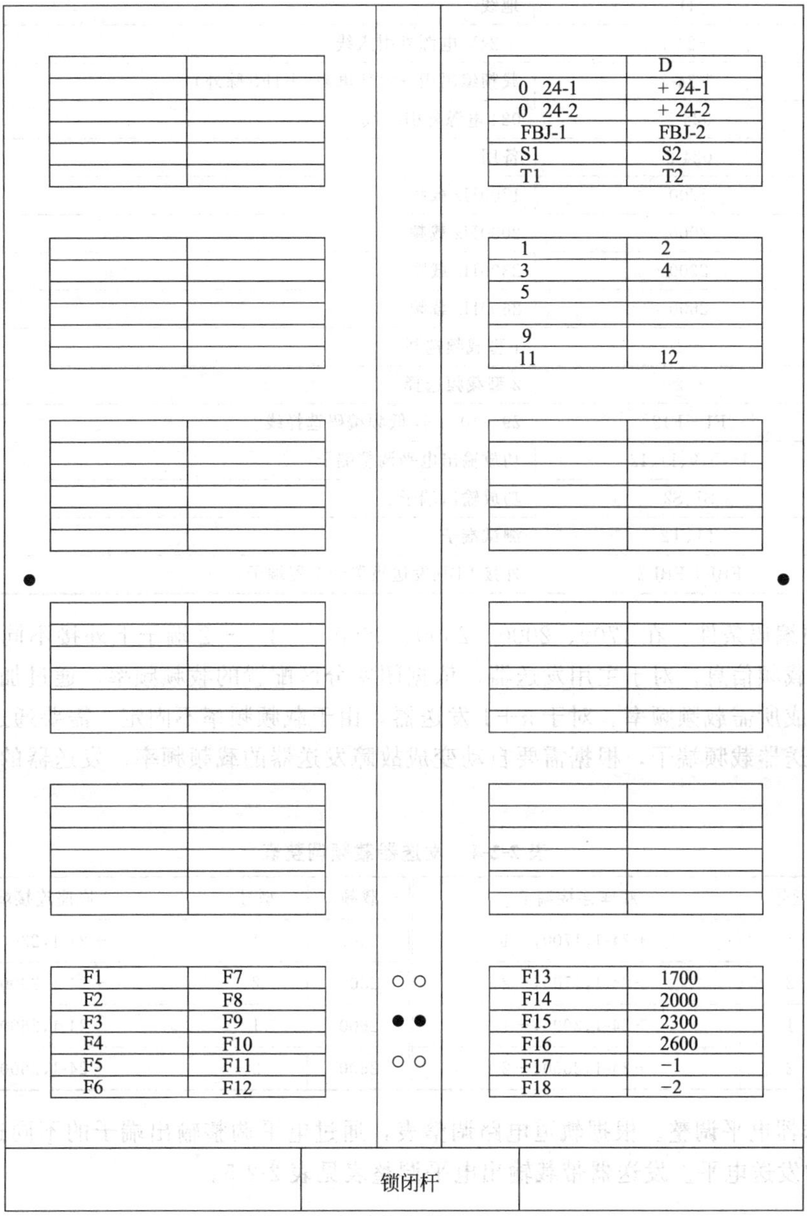

图 2-2-28　发送器插座板底视图

插座板上的端子代号及说明如表 2-2-3 所示。

发送器通过插座板与外部设备连接，外线连接如图 2-2-29 所示。

① 24V 工作电源。供发送器工作的 24V 电源，经 10A 保险、3×18 柱端子板接至插座板＋24-1 和 024-1 端子。

② 低频编码条件。18 种低频信息通过外接编码电路来选择输出相应的低频信号。来至区间组合架的编码继电器经过 3×18 柱端子板接至 F1～F18，并根据编码条件控制发送器输出 29～10.3Hz 的低频信号。

表 2-2-3 发送器插座板端子代号及说明

序号	代号	用途
1	D	地线
2	+24-1	+24V 电源外引入线
3	+24-2	载频编码用+24V 电源(+1FS 除外)
4	024-1	024 电源外引入线
5	024-2	备用
6	1700	1700Hz 载频
7	2000	2000Hz 载频
8	2300	2300Hz 载频
9	2600	2600Hz 载频
10	−1	1 型载频选择
11	−2	2 型载频选择
12	F1～F18	29～10.3Hz 低频编码选择线
13	1～5、9、11、12	功放输出电平调整端子
14	S1、S2	功放输出端子
15	T1、T2	测试端子
16	FBJ-1 FBJ-2	外接 FBJ(发送报警继电器端子)

③ 载频编码条件。在 1700、2000、2300、2600、−1、−2 端子上外接不同的连线，可以产生 8 种载频信息。对于主用发送器，依据闭塞分区配置的载频频率，通过加装连线可以将发送器变成所需载频频率。对于 $n+1$ 发送器，由于载频频率不固定，需要通过 $n+1$ 冗余电路接至发送器载频端子，根据需要自动变成故障发送器的载频频率。发送器的载频调整表见表 2-2-4。

表 2-2-4 发送器载频调整表

载频	型号	底座连接端子	载频	型号	底座连接端子
1700	1	+24-1,1700,−1	2300	1	+24-1,2300,−1
1700	2	+24-1,1700,−2	2300	2	+24-1,2300,−2
2000	1	+24-1,2000,−1	2600	1	+24-1,2600,−1
2000	2	+24-1,2000,−2	2600	2	+24-1,2600,−2

④ 发送器电平调整。根据轨道电路调整表，通过电平调整输出端子的不同连接 ，获得 10 种不同的发送电平。发送器带载输出电平调整表见表 2-2-5。

表 2-2-5 发送器带载输出电平调整表

发送电平	输出端子连接		电压(S1、S2)/V	发送电平	输出端子连接		电压(S1、S2)/V
	12	11			12	11	
1	9	1	161～170	6	4	1	60～67
2	9	2	146～154	7	5	3	54～60
3	9	3	126～137	8	4	2	44～48
4	9	4	103～112	9	3	1	37～41
5	9	5	73～80	10	5	4	

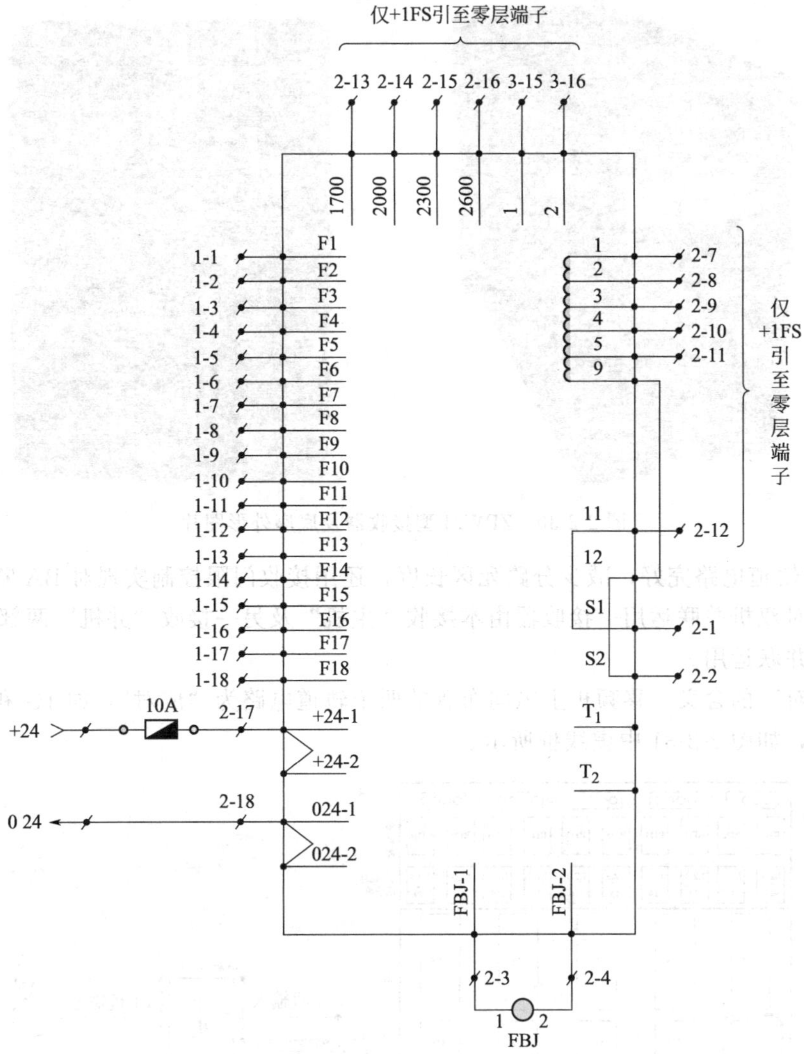

图 2-2-29 发送器外线连接示意图

⑤ 发送功出。发送器输出的移频信号由 S1、S2 端子经移频架 3×18 柱端子板送出。

⑥ 报警输出。发送器工作正常，FBJ-1、FBJ-2 端子输出 24V 直流电源，经移频架 3×18 柱端子板送至区间继电器架，使 FBJ 吸起。

5. 接收器

（1）结构特征及规格型号　接收器为带 NS1 底座的 2M 插座型盒体，内部由数字板、I/O板、CPU 板三块电路板构成，外部装有黑色网罩及锁闭杆。接收器型号为 ZPW.J，外形尺寸为 220mm×100mm×123mm，如图 2-2-30 所示。

（2）作用　接收器用来接收主轨道电路和相邻区段发送器在调谐区构成的信号。

① 用于对主轨道电路移频信号的解调，并配合与送电端相连接调谐区短小轨道电路的检查条件，动作轨道继电器。

② 实现对与受电端相连接小轨道电路移频信号的解调，给出小轨道电路执行条件，送至相邻轨道电路接收器。

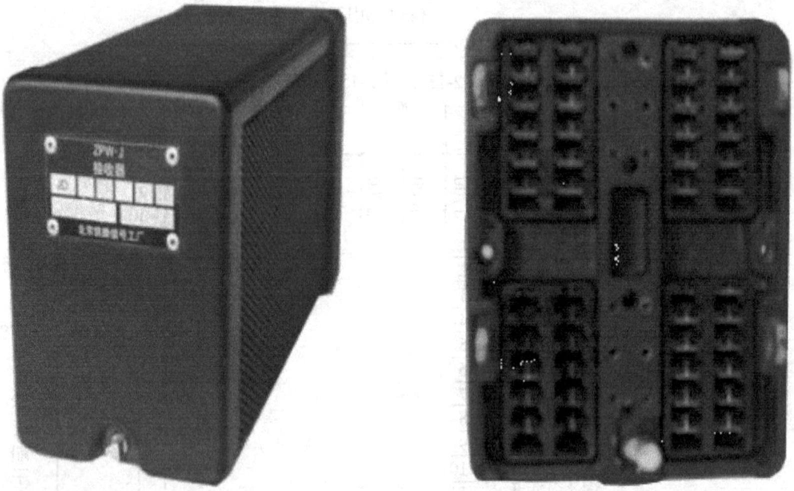

图 2-2-30　ZPW.J 型接收器及底座外形图片

③ 检查轨道电路完好，减少分路死区长度，还用接收门限控制实现对 BA 断线的检查。

(3) 成对双机并联运用　接收器由本接收“主机”及另一接收“并机”两部分组成，构成成对双机并联运用。

① “成对”的含义。移频柜上纵向布置的两个轨道电路为“成对”，如 1G 和 2G 的接收器互为备用，如图 2-2-31 中虚线框所示。

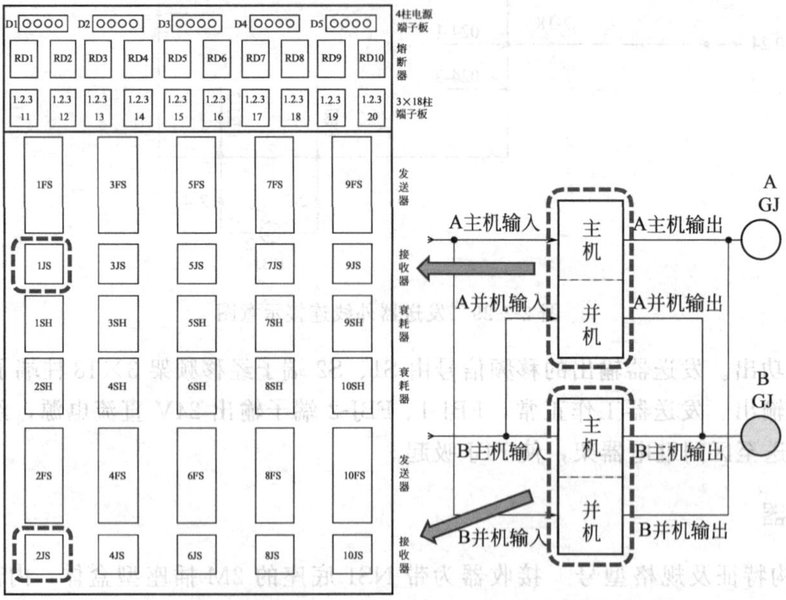

图 2-2-31　接收器“成对”的含义

② “双机”的含义。每个接收器内部由主机和并机组成，主机为该轨道电路自己的接收器，并机为与其互为备用轨道电路的接收器，如图 2-2-32 中虚线框所示。

③ “并联”的含义。AG 的输入既接至 AG 的主机，同时又并联接至 AG 的并机，AG 主机的输出与 AG 并机的输出并联后动作 AGJ，如果其中任何一路出现问题，不影响 AGJ 正常吸起，如图 2-2-33 中粗线所示。

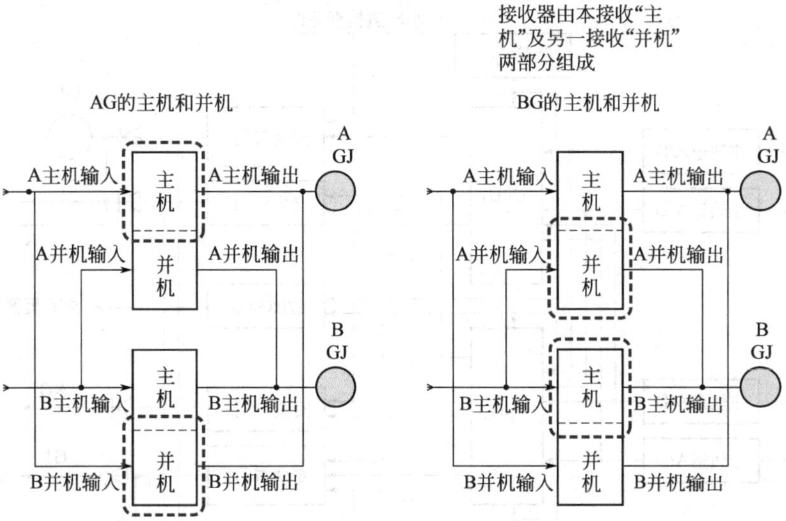

图 2-2-32　接收器"双机"的含义

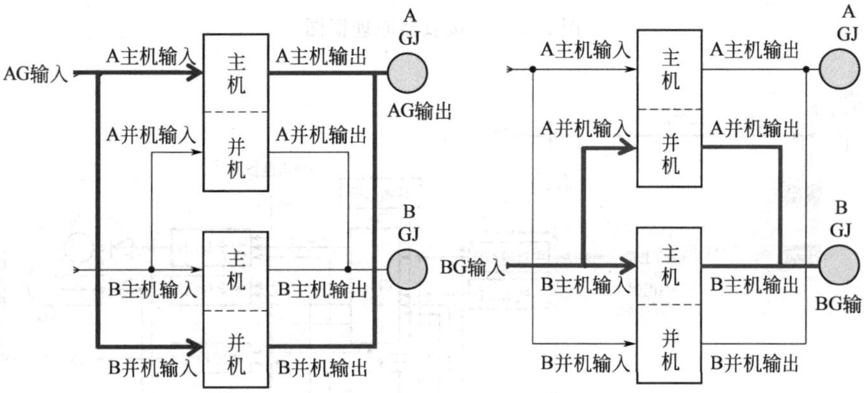

图 2-2-33　接收器"并联"的含义

（4）基本工作原理　接收器采用DSP进行解调，包括模/数转换、CPU数据处理、安全与门驱动输出、载频选择电路和故障报警等部分。接收器原理框图如图2-2-34所示。

① 模数转换。主轨道A/D、小轨道A/D将主机、并机输入的模拟信号转换成计算机能处理的数字信号。

每个接收器既是自己轨道电路的主机，同时又是互为双机的轨道电路的并机，因此接收器需要处理两个轨道电路的信息。每个轨道电路的接收端既要接收自己的主轨信息，又要接收相邻区段的小轨信息，因此每个接收器共需处理4种信息。如图2-2-35中的AG接收器接收的轨道信息包括AG主轨和AG相邻区段的小轨信息，BG主轨和BG相邻区段的小轨信息。

② CPU数据处理。CPU_1、CPU_2是微机系统，完成主机、并机载频判决，信号采样，信息判决和输出驱动等功能。两套CPU对外部4路信号进行单独运算、判决处理，当接收信号符合幅度、载频、低频要求时，就输出3kHz的方波，驱动安全与门。

③ 安全与门驱动输出。安全与门将两路CPU输出的动态信号（方波）变成驱动继电器或执行条件的直流输出。

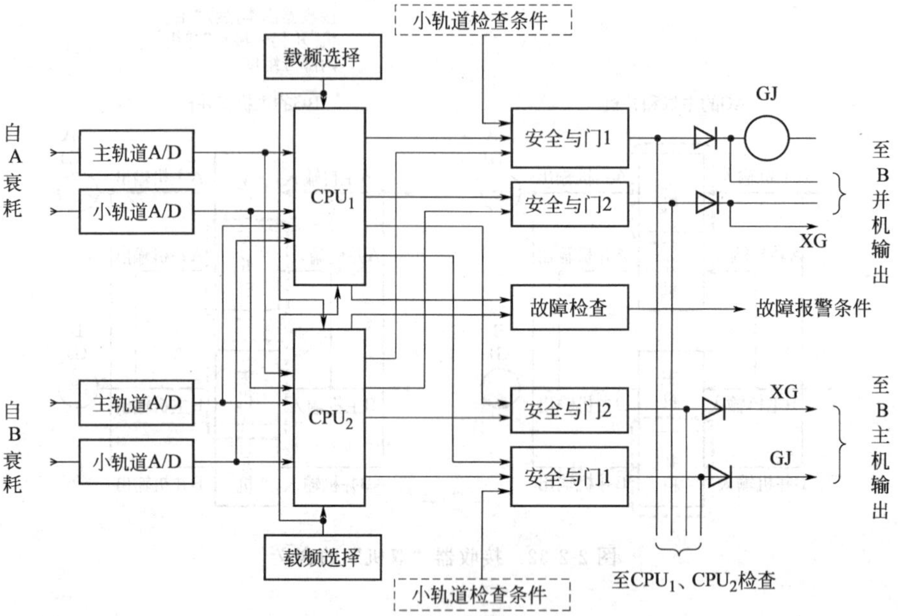

图 2-2-34 接收器原理框图

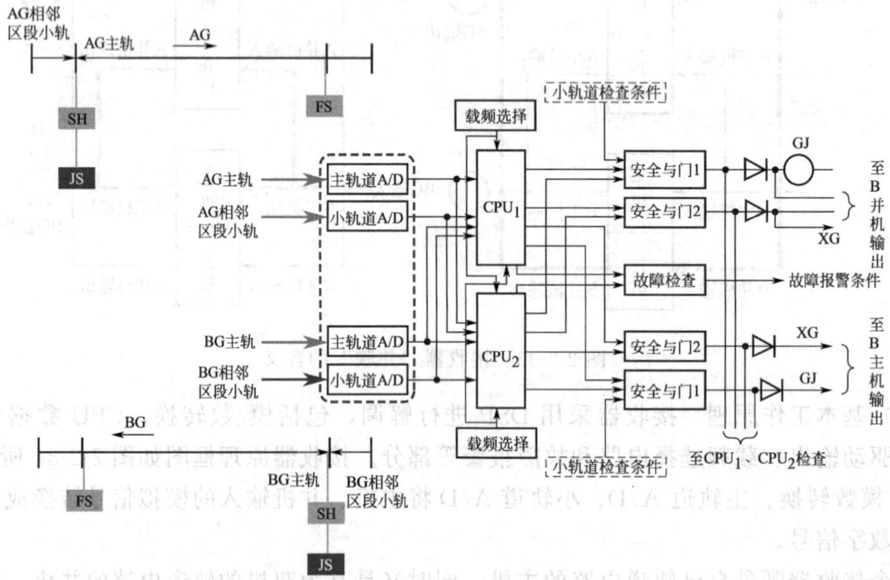

图 2-2-35 接收器接收的信息

安全与门 1 负责输出驱动 GJ 的直流电压，其控制条件有 3 个：CPU_1、CPU_2 输出的 AG 的主轨信息（方波）和 AG 自己的小轨道检查条件，其中 AG 自己的小轨道检查条件是由 AG 前方轨道电路的接收器接收的。3 个控制条件同时具备后，打开安全与门 1，输出驱动 GJ 的 24V 直流电压。与此同时，AG 的备用接收器，即 BG 接收器，接收到 AG 的信息并进行处理后，也输出驱动 GJ 的 24V 直流电压，这两个输出电压共同驱动 GJ，如果任何一个接收器故障，正常工作的接收器仍然输出直流电压，保证 GJ 可靠工作。安全与门 1 的驱动输出如图 2-2-36 所示。

安全与门 2 负责输出相邻区段的小轨道执行条件，其控制条件为 CPU_1、CPU_2 输出的

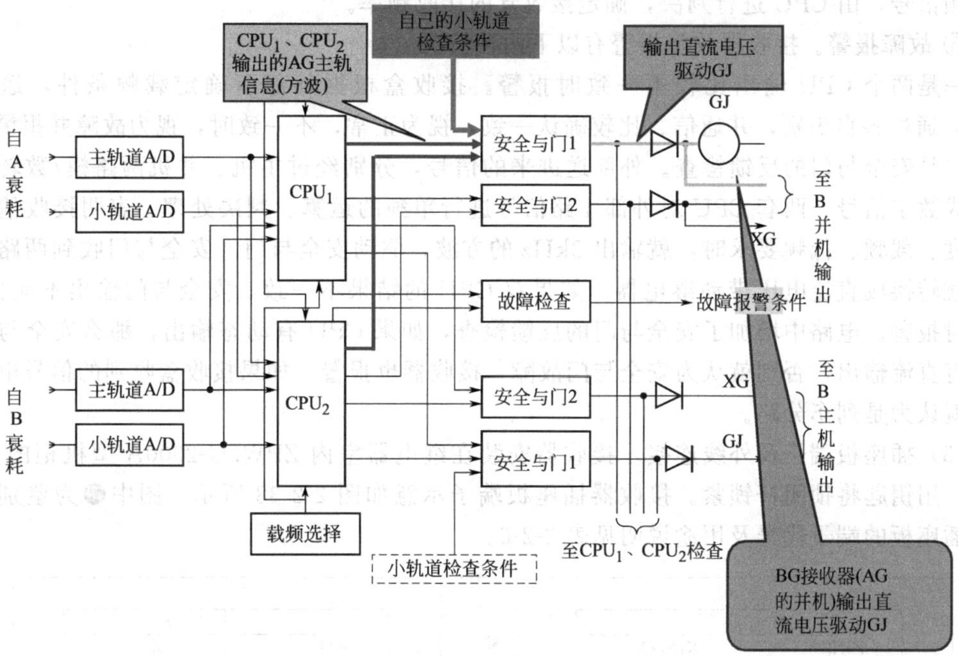

图 2-2-36　安全与门 1 的驱动输出

AG 相邻区段的小轨信息（方波），两个条件同时具备后，安全与门 2 输出相邻区段的小轨道执行条件。与此同时，AG 的备用接收器，即 BG 接收器，接收到 AG 相邻区段的小轨信息并进行处理后，也输出相邻区段的小轨道执行条件，这两个小轨道执行条件并联后，送给 AG 相邻区段的接收器，用于打开接收器的安全与门 1。如果任何一个接收器故障，正常工作的接收器仍然输出小轨道执行条件，保证 AG 相邻区段 J 可靠工作。安全与门 2 的小轨道执行条件输出如图 2-2-37 所示。

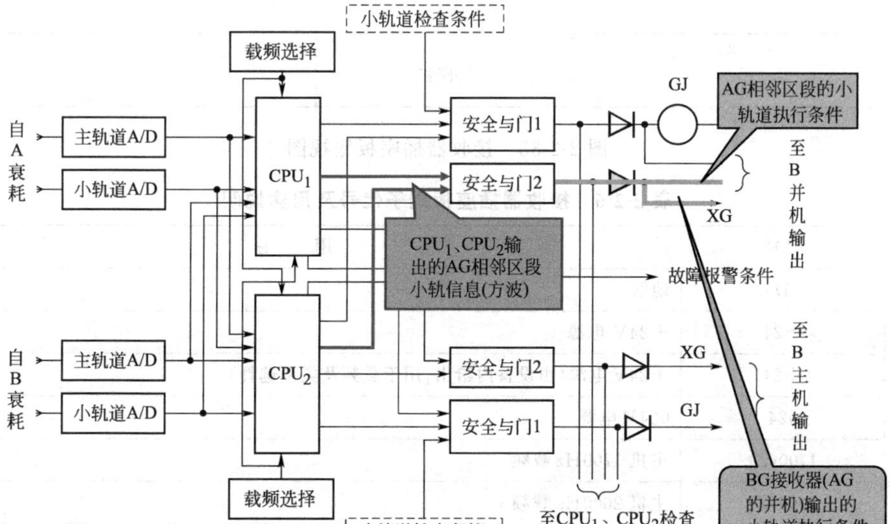

图 2-2-37　安全与门 2 的小轨道执行条件输出

④ 载频选择电路。载频选择电路的作用是根据要求，利用外部的接点，设定主机、并

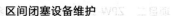

机载频信号，由 CPU 进行判决，确定接收盒的接收频率。

⑤ 故障报警。接收器故障报警有以下两种情况。

一是两个 CPU 输出比较不一致时报警。接收盒根据外部所确定载频条件，送至两 CPU，通过各自识别，并通信、比较确认一致，视为正常，不一致时，视为故障并报警。

二是安全与门的反馈检查。外部送进来的信号，分别经过主机、并机两路模/数转换器转换成数字信号。两套 CPU 对外部 4 路信号进行单独的运算、判决处理。表明接收信号符合幅度、载频、低频要求时，就输出 3kHz 的方波，驱动安全与门。安全与门收到两路方波后，就转换成直流电压带动继电器。如果双 CPU 的结果不一致，安全与门输出不能构成，且同时报警。电路中增加了安全与门的反馈检查，如果 CPU 有动态输出，那么安全与门就应该有直流输出，否则就认为安全与门故障，接收器也报警。如果接收盒收到的信号电压过低，就认为是列车分路。

(5) 插座板端子及外线连接　接收器安装在继电器室内 ZPW. G-2000A 型机柜的 U 形槽上，用钥匙将锁闭杆锁紧。接收器插座板端子示意如图 2-2-38 所示，图中●为鉴别销位置。插座板的端子代号及用途说明见表 2-2-6。

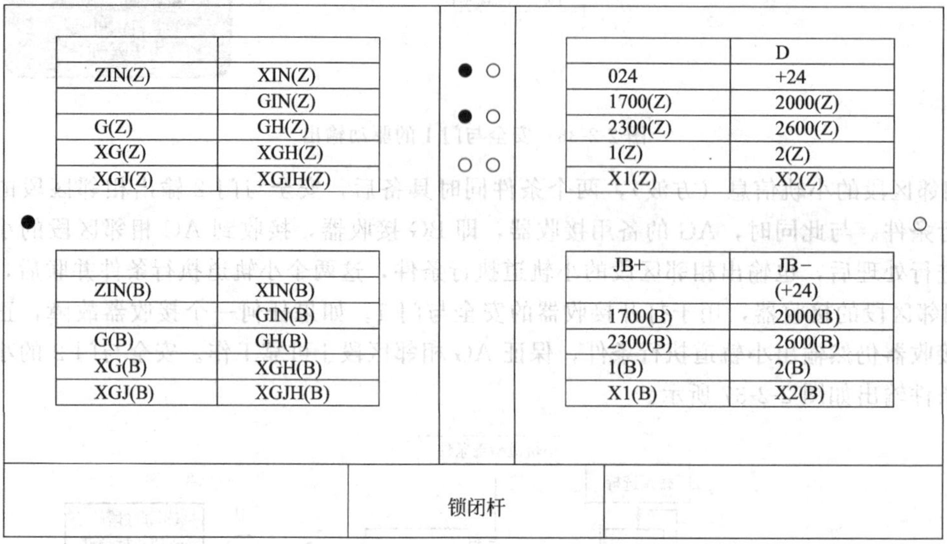

图 2-2-38　接收器插座板底视图

表 2-2-6　接收器插座板端子代号及用途说明

序号	代号	用　途
1	D	地线
2	＋24	＋24V 电源
3	(＋24)	＋24V 电源(由设备内给出,用于载频及类型选择)
4	024	024V 电源
5	1700(Z)	主机 1700Hz 载频
6	2000(Z)	主机 2000Hz 载频
7	2300(Z)	主机 2300Hz 载频
8	2600(Z)	主机 2600Hz 载频
9	1(Z)	主机 1 型载频选择

续表

序号	代号	用　　途
10	2(Z)	主机 2 型载频选择
11	X1(Z)	主机小轨道 1 型载频选择
12	X2(Z)	主机小轨道 2 型载频选择
13	ZIN(Z)	主机轨道信号输入
14	XIN(Z)	主机邻区段小轨道信号输入
15	GIN(Z)	主机轨道信号输入共用回线
16	G(Z)	主机轨道继电器输出线
17	GH(Z)	主机轨道继电器回线
18	XG(Z)	主机小轨道继电器(或执行条件)输出线
19	XGH(Z)	主机小轨道继电器(或执行条件)回线
20	XGJ(Z)	主机小轨道检查输入
21	XGJH(Z)	主机小轨道检查回线
22	1700(B)	并机 1700Hz 载频
23	2000(B)	并机 2000Hz 载频
24	2300(B)	并机 2300Hz 载频
25	2600(B)	并机 2600Hz 载频
26	1(B)	并机小轨道 1 型载频选择
27	2(B)	并机小轨道 2 型载频选择
28	X1(B)	并机正向运行选择
29	X2(B)	并机反向运行选择
30	ZIN(B)	并机轨道信号输入
31	XIN(B)	并机邻区段小轨道信号输入
32	GIN(B)	并机轨道信号输入共用回线
33	G(B)	并机轨道继电器输出线
34	GH(B)	并机轨道继电器回线
35	XG(B)	并机小轨道继电器(或执行条件)输出线
36	XGH(B)	并机小轨道继电器(或执行条件)回线
37	XGJ(B)	并机小轨道检查输入
38	XGJH(B)	并机小轨道检查回线
39	JB+	接收故障报警条件“+”
40	JB−	接收故障报警条件“−”

接收器通过插座板与外部设备连接，外线连接如图 2-2-39 所示。

① 24V 工作电源。供接收器工作的 24V 电源，经 5A 保险、3×18 柱端子板接至插座板 +24 和 024 端子。

② 载频编码条件。在主机（Z）或并机（B）的 1700、2000、2300、2600、−1、−2、X1、X2 端子上外接不同的连线，可以设置主轨载频和相邻区段小轨载频。其中接收器接收相邻区段小轨的载频信息随着运行方向的改变而不同，因此 X1、X2 外接 FJ 接点，实现

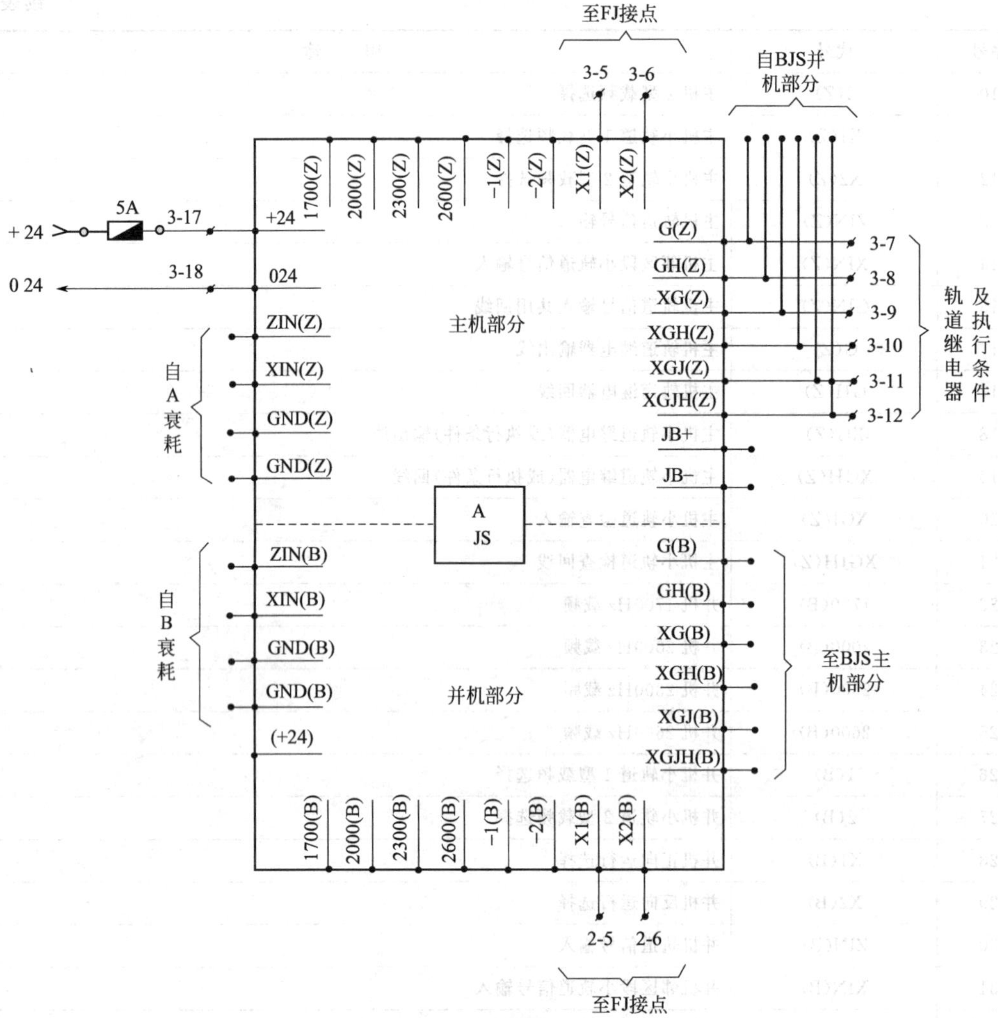

图 2-2-39　接收器外线连接示意图

小轨载频的自动改变。接收器的载频调整表如表 2-2-7。

表 2-2-7　接收器载频调整表

主备机	载频	型号	小轨道 1、2 型	底座连接端子
主	1700	1	1	+24,1700(Z),1(Z),X1(Z)
主	1700	2	1	+24,1700(Z),2(Z),X1(Z)
主	1700	1	2	+24,1700(Z),1(Z),X2(Z)
主	1700	2	2	+24,1700(Z),2(Z),X2(Z)
主	2000	1	1	+24,2000(Z),1(Z),X1(Z)
主	2000	2	1	+24,2000(Z),2(Z),X1(Z)
主	2000	1	2	+24,2000(Z),1(Z),X2(Z)
主	2000	2	2	+24,2000(Z),2(Z),X2(Z)
主	2300	1	1	+24,2300(Z),1(Z),X1(Z)
主	2300	2	1	+24,2300(Z),2(Z),X1(Z)

续表

主备机	载频	型号	小轨道 1、2 型	底座连接端子
主	2300	1	2	+24,2300(Z),1(Z),X2(Z)
主	2300	2	2	+24,2300(Z),2(Z),X2(Z)
主	2600	1	1	+24,2600(Z),1(Z),X1(Z)
主	2600	2	1	+24,2600(Z),2(Z),X1(Z)
主	2600	1	2	+24,2600(Z),1(Z),X2(Z)
主	2600	2	2	+24,2600(Z),2(Z),X2(Z)
并	1700	1	1	(+24),1700(B),1(B),X1(B)
并	1700	2	1	(+24),1700(B),2(B),X1(B)
并	1700	1	2	(+24),1700(B),1(B),X2(B)
并	1700	2	2	(+24),1700(B),2(B),X2(B)
并	2000	1	1	(+24),2000(B),1(B),X1(B)
并	2000	2	1	(+24),2000(B),2(B),X1(B)
并	2000	1	2	(+24),2000(B),1(B),X2(B)
并	2000	2	2	(+24),2000(B),2(B),X2(B)
并	2300	1	1	(+24),2300(B),1(B),X1(B)
并	2300	2	1	(+24),2300(B),2(B),X1(B)
并	2300	1	2	(+24),2300(B),1(B),X2(B)
并	2300	2	2	(+24),2300(B),2(B),X2(B)
并	2600	1	1	(+24),2600(B),1(B),X1(B)
并	2600	2	1	(+24),2600(B),2(B),X1(B)
并	2600	1	2	(+24),2600(B),1(B),X2(B)
并	2600	2	2	(+24),2600(B),2(B),X2(B)

③ 接收器的输入。接收器的输入来自衰耗器，输入端子 ZIN、GND 表示主轨输入，XIN、GND 表示相邻区段小轨输入。一个接收器共接收两个轨道电路的 4 种信息，如图 2-2-40 所示。

④ 接收器的输出。接收器的输出接至衰耗器，动作 GJ 继电器的直流电压和相邻区段小轨道的执行条件，在衰耗器上汇合后，再驱动 GJ 继电器或将小轨执行条件还给相邻区段。输出端子 G、GH 表示驱动 GJ 继电器的直流电压，XG、XGH 表示相邻区段小轨执行条件，XGJ、XGJH 表示别人帮忙处理并送回来的自己的小轨执行条件。接收器的输出信息如图 2-2-41 所示。

⑤故障报警输出。接收器的报警输出端子 JB+、JB−接至衰耗器，点亮接收器故障报警灯，并给出报警条件，与其他报警条件串联后构成总移频报警，如图 2-2-42 所示。

6. 衰耗器

(1) 结构特征及规格型号　衰耗器是带有 96 芯连接器的盒体结构。盒体正面有测试塞孔，可以测量发送电源电压、接收电源电压、发送功出电压、主轨道输入电压、主轨道输出电压、小轨道输出电压、轨道继电器和小轨道继电器电压。具有发送和接收正常工作、故障

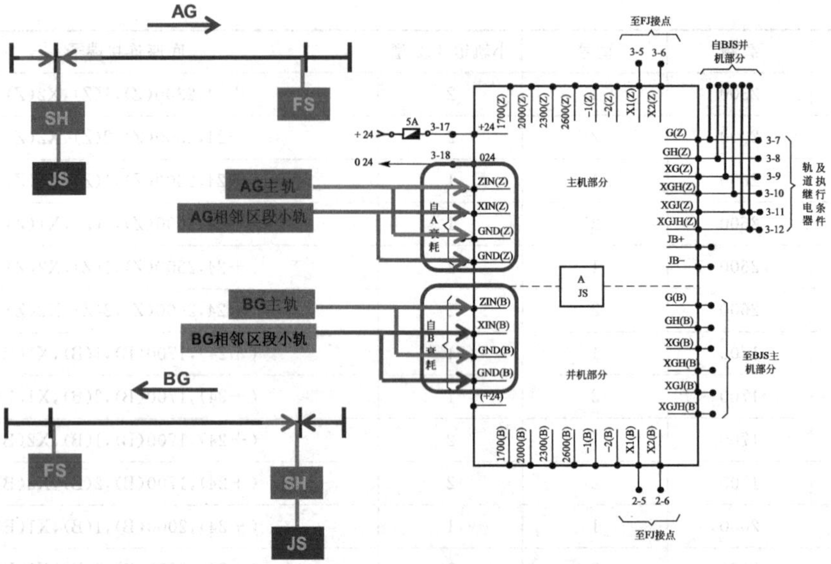

图 2-2-40　接收器的输入信息

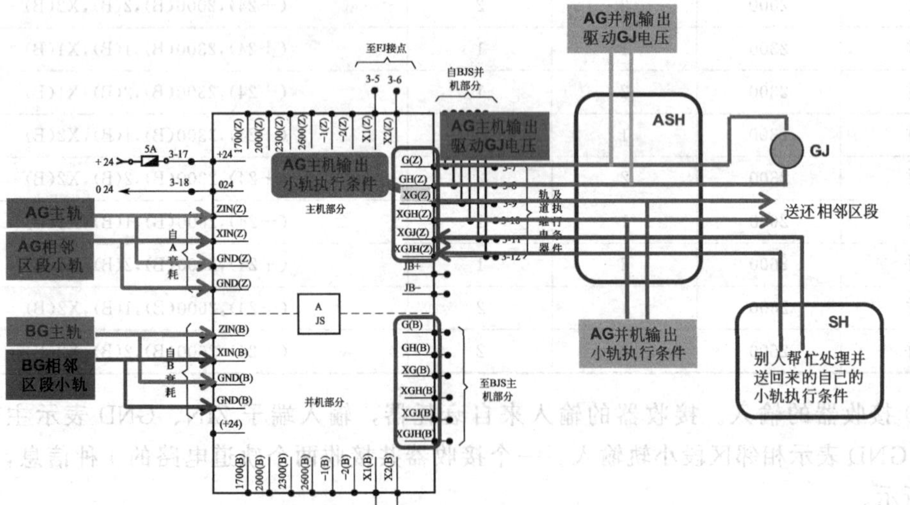

图 2-2-41　接收器的输出信息

指示、轨道空闲和占用以及正反方向指示功能。衰耗器型号为 ZPW.S，外形尺寸为 188mm×68mm×178mm，如图 2-2-43 所示。

（2）作用

① 用作对主轨道电路的接收端输入电平调整。

② 对小轨道电路的调整（含正、反方向）。

③ 给出有关发送、接收用电源电压，发送功出电压，轨道输入/输出 GJ、XGJ 测试条件。

④ 给出发送、接收故障报警，轨道空闲和占用以及正反方向指示功能。

⑤ 提供监测条件。

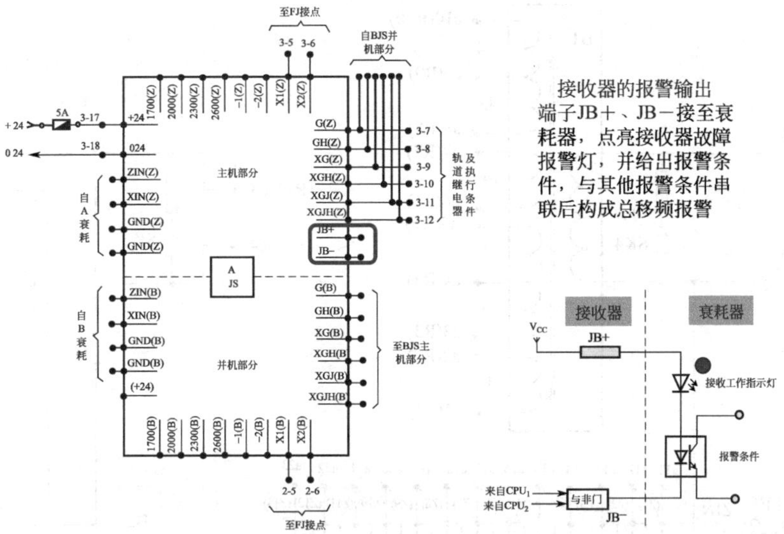

图 2-2-42　接收器故障报警输出

图 2-2-43　ZPW. S 型接收器及底座外形图片

（3）基本工作原理　衰耗器的电路包括主轨道输入电路、小轨道电路输入电路、测试端子、表示灯电路和移频总报警电路。衰耗器电路原理如图 2-2-44 所示。

① 主轨道输入电路。主轨道信号自 c1、c2 输入变压器 B1，B1 变压器阻抗为 36～55Ω（1700～2600Hz），以稳定接收器输入阻抗，该阻抗选择较低，以利于抗干扰。变压器 B1 匝数比为 116∶(1～146)，次级通过变压器抽头连接，可构成 1～146 共 146 级变化，按调整表调整接收电平。接收器电平 44～60 级调整如表 2-2-8。

② 小轨道电路输入电路。根据方向电路变化，接收端将接至不同的两端小轨道电路，故小轨道电路的调整按正、反两方向进行。正方向调整用 a11～a23 端子，反方向调整用 c11～c23 端子，负载阻抗为 3300Ω。为提高模/数转换器的采样精度，小轨道电路信号经过 1∶3 升压变压器 B2 输出至接收器。

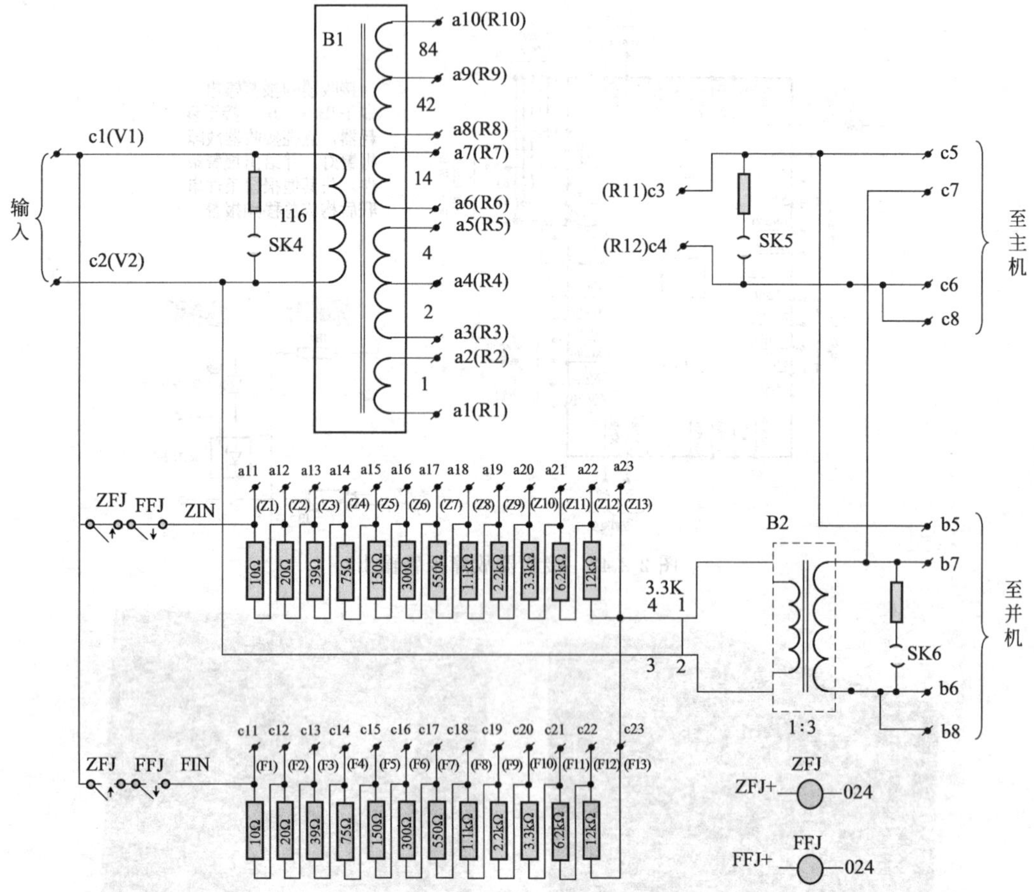

图 2-2-44　衰耗器电路原理图

表 2-2-8　接收器电平 44～60 级调整表

接收电平	c3 至	c4 至	连接端子	接收电平	c3 至	c4 至	连接端子
44	a4	a8	a3-a9	53	a3	a8	a1-a4,a2-a7,a6-a9
45	a2	a8	a3-a9,a1-a4	54	a3	a8	a4-a7,a6-a9
46	a5	a8	a4-a9	55	a1	a8	a2-a7,a6-a9
47	a2	a8	a4-a9,a1-a5	56	a7	a8	a6-a9
48	a5	a8	a3-a9	57	a2	a8	a1-a7,a6-a9
49	a2	a8	a1-a5,a3-a9	58	a4	a8	a3-a7,a6-a9
50	a3	a8	a5-a7,a6-a9	59	a2	a8	a1-a4,a3-a7,a6-a9
51	a4	a8	a1-a5,a2-a7,a6-a9	60	a5	a8	a4-a7,a6-a9
52	a4	a8	a5-a7,a6-a9				

小轨道调整从 42mV 至 350mV，共 310 个调整方式。表 2-2-9 中列出 42～60mV 正反方向的小轨道调整。表中 $R*$ 表示端子连接后构成的实际阻值。

③ 测试端子。衰耗器上共有 13 个测试端子，用于测试发送器、接收器和衰耗器上的各种电压。测试端子 SK1～SK13 如图 2-2-44 和图 2-2-45 所示，衰耗器测试端子用途说明见表 2-2-10。

表 2-2-9 42～60mV 正反方向小轨道调整表

序号	$U_{入}$/mV	R */Ω	正向端子连接	反向端子连接
1	42	0	a11-a23	c11-c23
2	43	30	a13-a23	c13-c23
3	44	49	a12-a13,a14-a23	c12-c13,c14-c23
4	45	69	a14-a23	c14-c23
5	46	95	a11-a12,a13-a14,a15-a23	c11-c12,c13-c14,c15-c23
6	47	114	a11-a13,a15-a23	c11-c13,c15-c23
7	48	134	a11-a12,a15-a23	c11-c12,c15-c23
8	49	160	a12-a15,a16-a23	c12-c15,c16-c23
9	50	180	a13-a15,a16-a23	c13-c15,c16-c23
10	51	199	a12-a13,a14-a15,a16-a23	c12-c13,c14-c15,c16-c23
11	52	225	a11-a14,a16-a23	c11-c14,c16-c23
12	53	245	a11-a12,a13-a14,a16-a23	c11-c12,c13-c14,c16-c23
13	54	274	a12-a13,a16-a23	c12-c13,c16-c23
14	55	294	a16-a23	c16-c23
15	56	320	a11-a12,a13-a16,a17-a23	c11-c12,c13-c16,c17-c23
16	57	339	a11-a13,a14-a16,a17-a23	c11-c13,c14-c16,c17-c23
17	58	359	a11-a12,a14-a16,a17-a23	c11-c12,c14-c16,c17-c23
18	59	385	a12-a14,a15-a16,a17-a23	c12-c14,c15-c16,c17-c23
19	60	405	a13-a14,a15-a16,a17-a23	c13-c14,c15-c16,c17-c23

表 2-2-10 衰耗盘测试端子用途说明

序号	测试端子名称	测试端子号	测试端子用途
1	发送电源	SK1	来自发送器的＋24V、024V
2	接收电源	SK2	来自接收器的＋24V、024V
3	发送功出	SK3	来自发送器的功出电压
4	轨入	SK4	衰耗器的输入电压
5	轨出 1	轨出 1	主轨道输出，经 B1 变压器电平调整后输出至主轨道主机、并机
6	轨出 2	SK6	小轨道输出，经调整电阻调整后，通过 B2 变压器送至小轨道主机、并机
7	GJ(Z)	SK7	来自主机的主轨道继电器电压
8	GJ(B)	SK8	来自并机的主轨道继电器电压
9	GJ	SK9	并联后的主轨道继电器电压
10	XG(Z)	SK10	来自主机的小轨道继电器电压
11	XG(B)	SK11	来自并机的小轨道继电器电压
12	XG	SK12	并联后的小轨道继电器(或执行条件)电压
13	XGJ	SK13	来自相邻区段的小轨道继电器检查条件

④ 表示灯电路。衰耗器共有 5 个表示灯，分别表示发送器、接收器的工作状态，轨道电路的占用情况，以及列车的运行方向。表示灯电路见移频报警电路图 2-2-45，表示灯的含

义见表 2-2-11。

表 2-2-11 衰耗器表示灯含义

序号	表示灯名称	表示灯含义
1	发送工作灯	发送器工作正常时点绿灯，故障时灭灯
2	接收工作灯	接收器工作正常时点绿灯，故障时灭灯
3	轨道占用灯	轨道占用时点红灯；轨道空闲时点绿灯
4	正向灯	正方向亮黄灯，反方向灭灯
5	反向灯	反方向亮黄灯，正方向灭灯

⑤ 移频总报警电路（YBJ）。移频总报警电路如图 2-2-45 所示。

YBJ 控制电路仅在移频柜第一位置设置。在衰耗盘设光耦 5。FS＋24 电流通过对本段轨道电路发送故障条件（BJ-1、BJ-2）、接收故障条件（BJ-2、BJ-3）以及其他段轨道电路有关检查条件串联检查，系统设备均正常时，使光耦 5 受光器导通控制三极管 V_7 导通，并使 YBJ 励磁。电容 C_1 起到缓放作用，防止各报警条件瞬间中断，造成 YBJ 跳动。

（4）插座板端子及外线连接　衰耗盘的插座板共有 96 个端子，分别为 a1～a32，b1～b32，c1～c32。96 个端子在衰耗盘的插座板上按功能进行分类布置。

衰耗器通过插座板与外部设备连接，外线连接如图 2-2-46 所示。

① 衰耗器的轨入和轨出信号。来自室外轨道电路接收端的主轨道输入信息接至衰耗器 c1、c2 端子。主轨道信息经电平调整后，由衰耗器的 c5、c6（c8）端子接至接收器主机 ZIN（Z）、GND（Z）端子，由衰耗器的 b5、b6（b8）端子接至接收器并机 ZIN（B）、GND（B）端子。相邻区段的小轨道信息经调整后，由衰耗器的 c7、c6（c8）端子接至接收器主机 XIN（Z）、GND（Z）端子，由衰耗器的 b7、b6（b8）端子接至接收器并机 XIN（B）、GND（B）端子。衰耗器的轨入和轨出信号端子用途见表 2-2-12。

表 2-2-12 衰耗器轨入和轨出信号端子用途

序号	端子号	用　　途	序号	端子号	用　　途
1	c1	轨道信号输入	5	c6、c8	主机主轨道、小轨道信号输出共用回线
2	c2	轨道信号输入回线	6	b5	并机主轨道信号输出
3	c5	主机主轨道信号输出	7	b7	并机小轨道信号输出
4	c7	主机小轨道信号输出	8	b6、b8	并机主轨道、小轨道信号输出共用回线

② 主轨道电平和正反向小轨道调整。通过在衰耗器的 a1～a10 端子上外接不同连线，实现对主轨道电平的调整。在 a11～a23、c11～c23 端子上外接不同连线，实现对正向、反向小轨道的调整。主轨道电平和正反向小轨道调整端子用途见表 2-2-13。

表 2-2-13 主轨道电平和正反向小轨道调整端子用途

序号	端子号	用　途	序号	端子号	用　途
1	a1～a10、c3、c4	主轨道电平调整	3	c11～c23	反向小轨道电平调整
2	a11～a23	正向小轨道电平调整			

③ 报警信息。发送器、接收器的报警条件分别接至衰耗器的 a25c25、a26c26 端子，然后通过 a28、b28、c28 端子引出衰耗器，与其他轨道电路的报警信息串联，移频柜第一位置

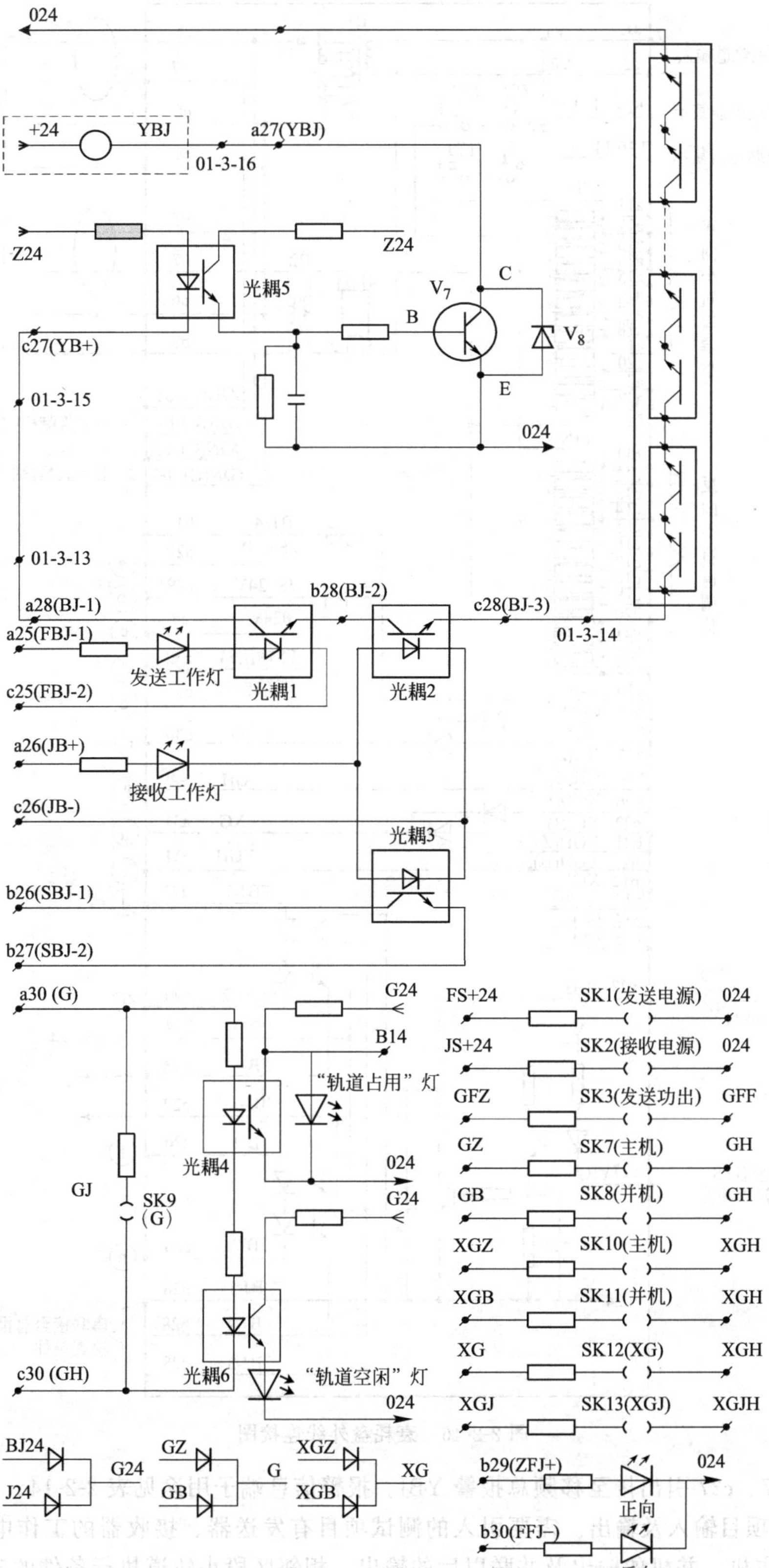

图 2-2-45　移频总报警电路图

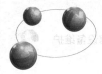

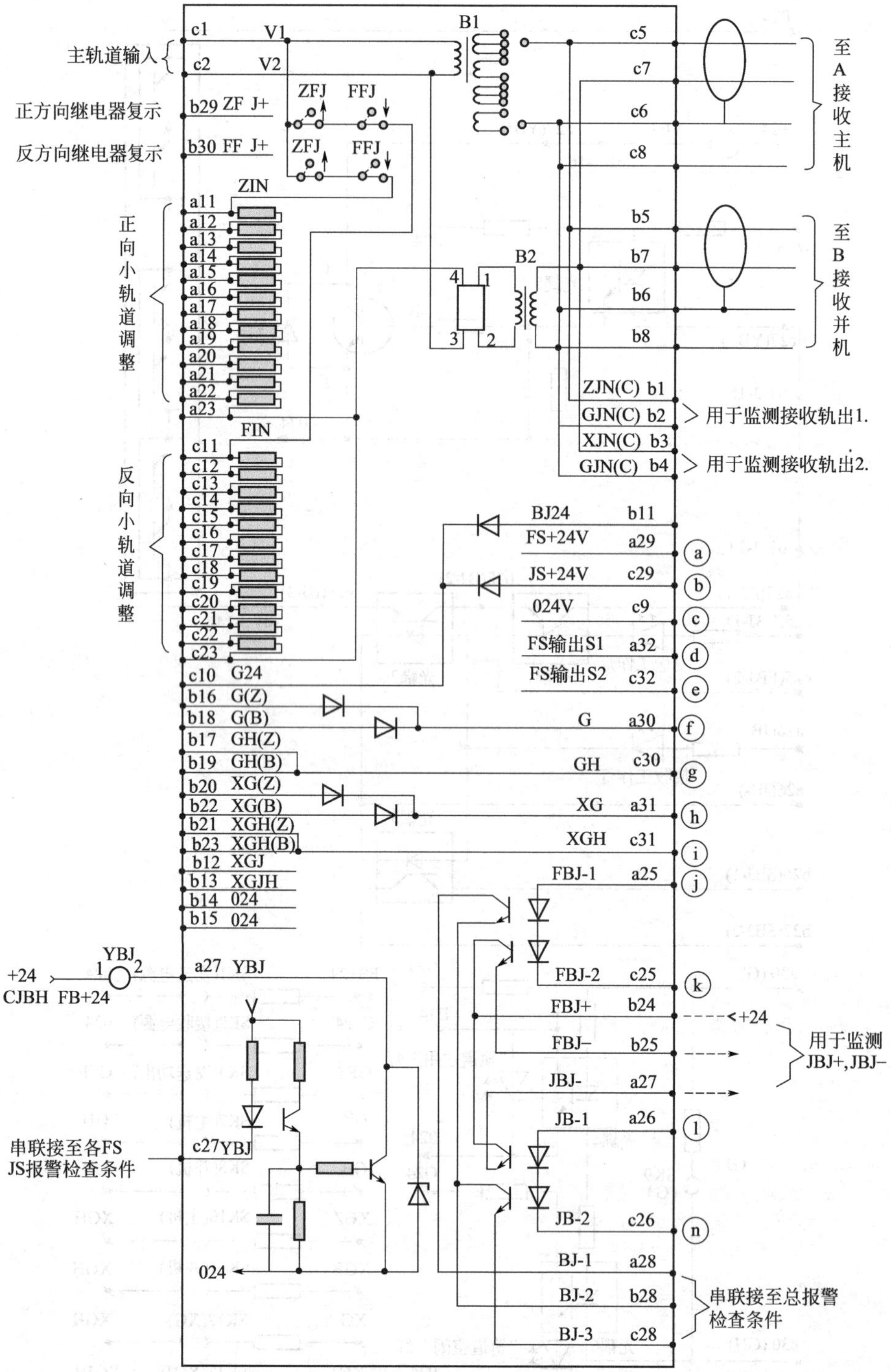

图 2-2-46　衰耗盘外线连接图

的衰耗器 a27、c27 引出接至移频总报警 YBJ。报警信息端子用途见表 2-2-14。

④ 测试项目输入及输出。需要引入的测试项目有发送器、接收器的工作电源、功出电压，接收器主机、并机的输出及并联以后的输出，相邻区段小轨道执行条件的输入。具体引入端子用途见表 2-2-15。

表 2-2-14　报警信息端子用途

序号	端子号	用　途	序号	端子号	用　途
1	a25、c25	发送报警继电器 FBJ-1、FBJ-2	5	a28、b28	发送报警条件 BJ1－BJ2
2	a26、c26	接收报警条件 JB＋、JB－	6	b28、c28	接收报警条件 BJ2－BJ3
3	a27	移频报警继电器 YBJ	7	b24、b25	监测发送报警继电器 FBJ＋、FBJ－
4	c27	移频报警检查电源 YB＋	8	b26、b27	监测接收报警条件 JBJ＋、JBJ－

表 2-2-15　衰耗盘测试项目输入/输出端子用途说明

序号	端 子 号	用　　途	序号	端 子 号	用　　途
1	a30、c30	轨道继电器(G、GH)	8	b1、b2	监测接收器主轨道输出 ZIN(C)、GIN(C)
2	a31、c31	小轨道继电器(XG、XGH)	9	b3、b4	监测接收器小轨道输出 XIN(C)、GIN(C)
3	b12、b13	邻区段小轨道继电器检查条件 XGJ、XGJH	10	a29	发送＋24 直流电源
4	b16、b17	主机轨道继电器 G(Z)、GH(Z)	11	c29	接收＋24 直流电源
5	b18、b19	并机轨道继电器 G(B)、GH(B)	12	c9	024 电源
6	b20、b21	主机小轨道继电器 XG(Z)、XGH(Z)	13	b11	并机＋24V 电源 BJ24
7	b22、b23	并机小轨道继电器 XG(B)、XGH(B)	14	a32、c32	功放输出 S1、S2

⑤ 其他。其他端子包括用于小轨道载频编码引出的 c10 端子，封轨道占用灯 b14、b15 和引入正反方向继电器条件用来点亮正反向表示灯的 b29、b30 端子。其他端子用途见表 2-2-16。

表 2-2-16　衰耗盘其他端子用途说明

序号	端子号	用　途	序号	端子号	用　途
1	c10	引出的＋24V 电源 G24	3	b29	正方向继电器复示
2	b14、b15	封轨道占用灯 D24、024	4	b30	反方向继电器复示

7. 防雷模拟网络盘

(1) 结构特征及规格型号　防雷模拟网络盘是盒体结构，盒体正面安装有测试塞孔，可以测量电缆侧的电压，也可以测量设备侧的电压。盒体通过 35 线插头与组匣相连接，通过调整 35 线插座的端子进行电缆长度的调整。规格型号为 ZPW. PML1，外形尺寸为 408mm× 76mm × 178mm。网络盘外形示意图如图 2-2-47 所示。

图 2-2-47　网络盘外形示意图

(2) 作用　防雷模拟网络盘用于模拟电缆参数，实现对 SPT 数字信号电缆的补偿，可视为室外电缆的一个延续，使补偿电缆和实际电缆总距离为 10km，以便于轨道电路在不同列车运行方向电路时，做到一次调整，保证传输电路工作的稳定性。它直接接在室外电缆的入口处，送受电端成对使用，设有横向、纵向防雷组合，防止电缆上感应的强电损坏室内设备。不同运行方向时轨道电路一次调整示意图如图 2-2-48 所示。

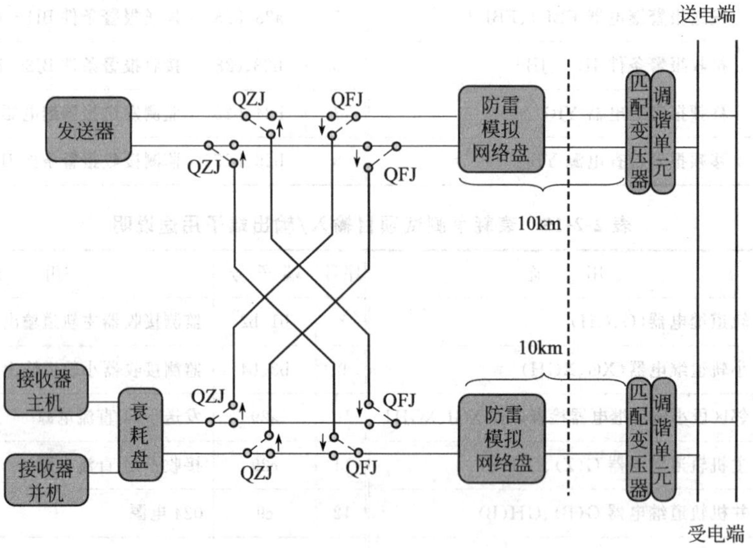

图 2-2-48　不同运行方向时轨道电路一次调整示意图

(3) 基本工作原理　电缆模拟网络为 0.5km、0.5km、1km、2km、2km 和 4km 六节对称 π 型网络设计，可按 0.5km 间隔任意设置补偿模拟电缆值，补偿范围为 0～10km。另外，网络盘采用进口压敏电阻和低转移系数防雷变压器，对从电缆引入的雷电冲击进行横向和纵向防护，保证移频自动闭塞发送和接收稳定可靠工作。防雷模拟网络盘原理框图和电路原理图如图 2-2-49 和图 2-2-50 所示。

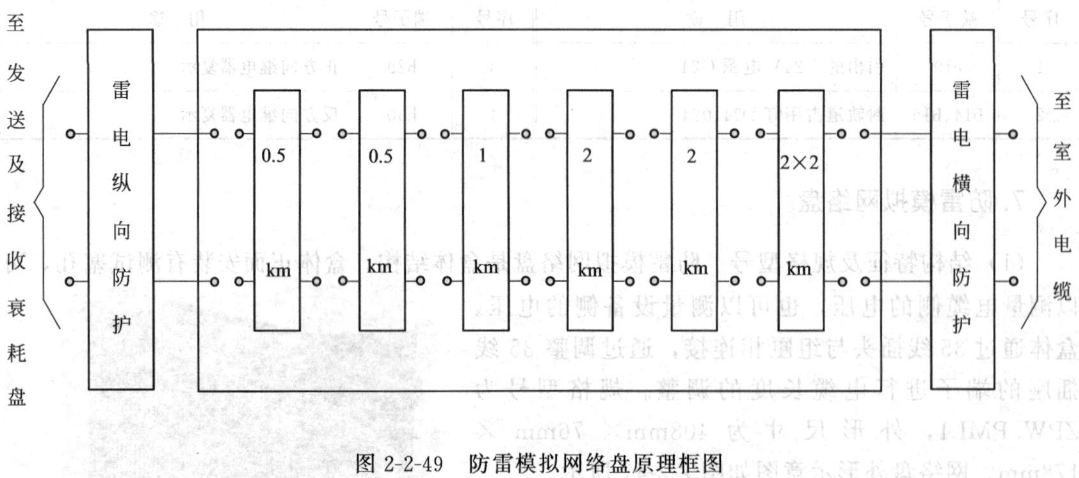

图 2-2-49　防雷模拟网络盘原理框图

如果实际 SPT 数字电缆长度为 4.5km，网络盘需要模拟 5.5km 的长度。选取 2 个 2km、1 个 1km 和 1 个 0.5km 即可实现 5.5km 长度的模拟，封连 7-13、8-14、15-17、16-18、19-21、20-22，连接 3-5、4-6、23-29、24-30，网络盘就可以完成 5.5km 的模拟电缆长度。

(4) 测试插孔　防雷模拟网络盘盒体正面安装有 3 个测试塞孔，分别为“设备”、“防雷”、“电缆”。

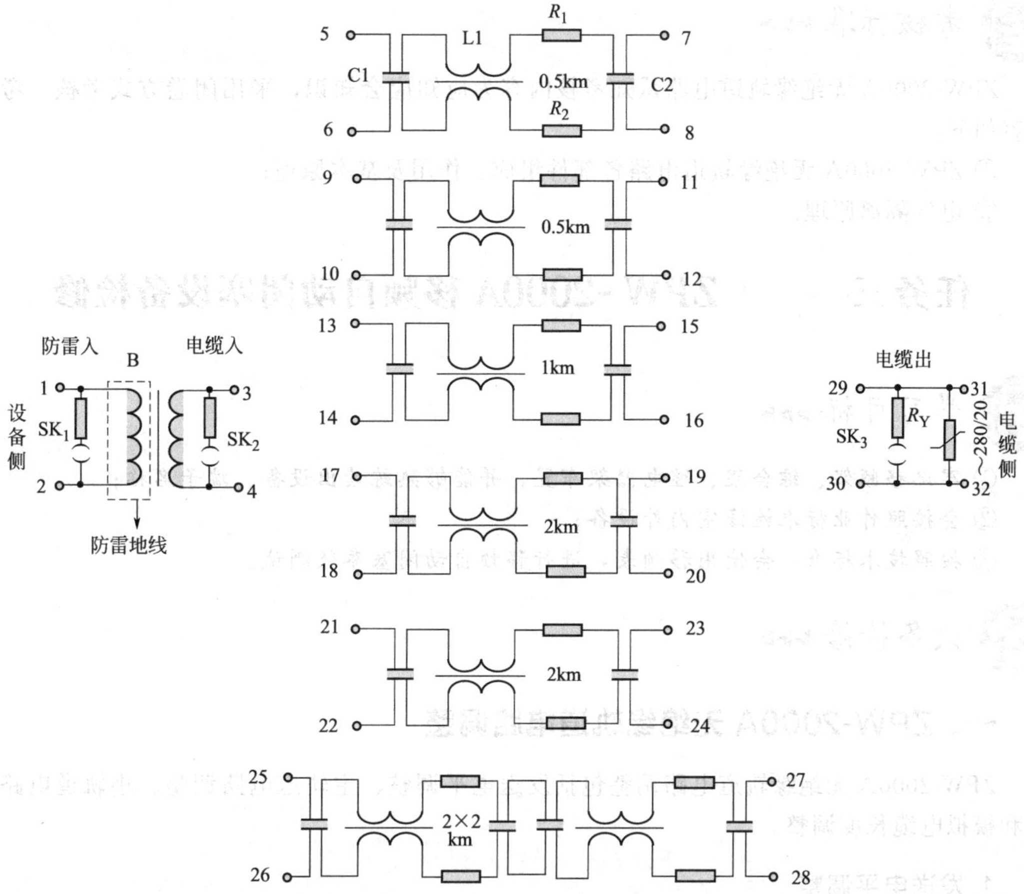

图 2-2-50　防雷模拟网络盘电路原理图

“设备”测试孔——在室内设备的连接侧，用于送端发送器，其值等于发送器功出电压；用于受端时连接衰耗器，其值根据区间点的远近不同比分线盘电压有不同程度的降低，等于衰耗器的轨入电压。

“防雷”测试孔——在室内设备与模拟网络连接的低转移系数防雷变压器二次侧，其值与“设备”测试孔值相近。

“电缆”测试孔——在室外电缆的连接端，用于送端时是经模拟网络的衰耗后送上分线盘的电压，用于受端时为室外电缆送回室内的电压值，因此其值等同于分线盘的送受电端电缆端子的电压值。

防雷模拟网络盘测试插孔电压值见表 2-2-17。

表 2-2-17　防雷模拟网络盘测试插孔电压值

测试插孔	电压值	
	发送	接收
SK1“设备”防雷变压器室内侧	与发送功出同	约数百毫伏
SK2“防雷”防雷变压器室外侧	高于发送功出	高于 SK1 电压值
SK3“电缆”与电缆连接侧	经模拟网络衰减低于功出电压	未经模拟网络衰减，高于 SK2 电压值

考核标准

ZPW-2000A 无绝缘轨道电路认知考核内容为应知应会知识，采用闭卷方式考核。考试内容如下：

① ZPW-2000A 无绝缘轨道电路各部件组成、作用及基本原理；

② 电气隔离原理。

任务三 ZPW-2000A 移频自动闭塞设备检修

学习目标

① 牢记移频架、综合架、继电器架布置，并能够熟练读出设备、端子名称；

② 会按照作业标准检修室内外设备；

③ 按照技术标准，会使用移频表，进行移频自动闭塞参数测试。

设备检修

一、ZPW-2000A 无绝缘轨道电路调整

ZPW-2000A 无绝缘轨道电路调整包括发送电平调整、主轨道电路调整、小轨道电路调整和模拟电缆长度调整。

1. 发送电平调整

依据轨道电路的长度、载频频率、道床电阻大小确定每个区段的调整表。表 2-3-1 为某站的轨道电路调整表。

表 2-3-1 中列出了每个轨道电路的发送端电平等级。如 X1LQG 的发送电平等级为 3，在发送器插座板上封连 11-9 和 12-3 端子，测试发送端功出电压为 127.8～139.6V，功出电流为 0.256～0.281A。

2. 主轨道电路调整

表 2-3-1 中列出了每个轨道电路的接收端电平等级。如 X1LQG 的接收电平等级为 76，在衰耗器 96 芯插座上封连 a5-c3、a9-c4、a3-a6、a7-a10 端子，测试轨出 1 电压为 0.24～0.645V。

3. 小轨道电路调整

小轨道电路调整分为正向和反向调整两种情况。

正向运行时，使用专用选频表在衰耗器面板“轨入”塞孔上，测出小轨道输入信号电压，按照“小轨道电路调整表”在衰耗盘 96 芯插座上跨线连接即可。如表 2-2-9，如果测出小轨道电压为 44mV，封连 a12-a13、a14-a23 端子即可。

反向调整时，应先改变运行方向，然后根据测试的小轨道输入电压，找出调整表中对应的封连端子即可进行调整。

表 2-3-1 某站 ZPW-2000A 移频轨道电路调整表

区段名称	频率/Hz	区段长度/m	发送端								接收端										
			功出电平	范围/V	端子连接	功出电压/V	功出电流/A	轨面电压/V			轨面电压/V		接收电平			端子连接	轨入/V		轨出 1/V		
								最小值	最大值		最小值	最大值	等级	c3	c4		最小值	最大值	最小值	最大值	
X1LQG	1700-2	1000	3	130～142	11-9,12-3	127.8～139.6	0.256～0.281	1.829	1.989		0.471	1.266	76	a5	a9	a3-a6,a7-a10	0.366	0.984	0.24	0.645	
5257G	2300-1	1300	3	130～142	11-9,12-3	129.2～137.2	0.287～0.304	2.001	2.19		0.398	1.104	63	a2	a8	a1-a5,a3-a7,a6-a9	0.448	1.244	0.243	0.676	
5217G	2300-1	1260	3	130～142	11-9,12-3	129.2～137.2	0.287～0.304	2.001	2.19		0.398	1.104	63	a2	a8	a1-a5,a3-a7,a6-a9	0.448	1.244	0.243	0.676	
5205G	1700-2	1290	3	130～142	11-9,12-3	127.8～139.6	0.256～0.281	1.811	1.971		0.397	1.086	91	a2	a9	a1-a5,a3-a10	0.309	0.844	0.242	0.662	
5191G	2300-2	1300	3	130～142	11-9,12-3	129.2～137.2	0.287～0.304	2.001	2.19		0.398	1.104	63	a2	a8	a1-a5,a3-a7,a6-a9	0.448	1.244	0.243	0.676	

表 2-3-2 某站模拟电缆调整表

区段名称	频率/Hz	区段长度	补偿电容				发送端			接收端		
			容量/μF	个数	步长/m	半步长/m	实际电缆长度/m	模拟电缆长度/m	端子连接	实际电缆长度/m	模拟电缆长度/m	端子连接
X1LQG	1700-2	1000	55	11	91	45.5	1920	8080	3-17,4-18,20-22,19-21,24-26,23-25,29-27,30-28	880	9120	3-13,4-14,16-18,15-17,20-22,19-21,24-26,23-25,29-27,30-28
5257G	2300-1	1300	46	16	79.44	39.72	3320	6680	3-5,4-6,7-17,8-18,19-25,20-26,29-27,30-28	1920	8080	3-17,4-18,20-22,19-21,24-26,23-25,29-27,30-28
5217G	2300-1	1260	46	13	94.62	47.31	940	9060	3-13,4-14,16-18,15-17,20-22,19-21,24-26,23-25,29-27,30-28	2261	7739	3-5,4-6,7-13,8-14,15-17,16-18,19-25,20-26,27-29,28-30
5205G	1700-2	1290	55	14	90.08	45.04	2261	7739	3-5,4-6,7-13,8-14,15-17,16-18,19-25,20-26,27-29,28-30	3621	6379	3-5,4-6,7-13,8-14,15-17,16-18,19-29,20-30
5191G	2300-2	1300	46	16	79.44	39.72	3621	6379	3-5,4-6,7-13,8-14,15-17,16-18,19-29,20-30	4966	5034	3-13,4-14,15-25,16-26,29-27,30-28
5179G	1700-1	1300	55	14	90.8	45.4	4966	5034	3-13,4-14,15-25,16-26,29-27,30-28	6321	3679	3-5,4-6,7-13,8-14,15-17,16-18,19-29,20-30

4. 模拟电缆长度调整

ZPW-2000A 移频轨道电路要求所有轨道电路的送受电端电缆长度均调整为 10km，即实际 SPT 电缆长度＋模拟电缆长度＝10km。如表 2-3-2 为某站模拟电缆调整表。

表 2-3-2 中 X1LQG 发送端实际电缆长度为 1920m，需要模拟的电缆长度为 8080m，在防雷模拟网络盘上封连 3-17、4-18、20-22、19-21、24-26、23-25、29-27、30-28 端子，即选用 2 个 2km 和 1 个 4km，实际模拟长度为 8000m。

二、ZPW-2000A 移频自动闭塞设备测试

ZPW-2000A 移频自动闭塞测试包括室内设备测试和室外设备测试。测试仪表采用 CD96-3 型移频测试表。

1. 室内设备测试

(1) 衰耗盘测试　ZPW-2000A 移频轨道电路的室内测试项目主要在衰耗器的测试孔上完成，测试内容、技术标准见表 2-3-3。

表 2-3-3　衰耗盘测试项目及标准

序号	测试内容	技术标准	测试部位(衰耗器)	测试周期	备　注
1	发送器工作电源	DC(24.5±0.5)V	发送电源测试孔	每年一次	
2	接收器工作电源	DC(24.5±0.5)V	接收电源测试孔	每年一次	
3	发送器功出电压	AC75～170V	发送功出测试孔	每月一次	与轨道电路调整表范围一致;电码化为 1 电平固定值
4	接收器输入电压	主轨≥240mV	轨入测试孔	每周一次	本主轨道与相邻小轨道信号叠加
		小轨＞33.3mV	轨入测试孔		
5	主轨道输出电压	AC≥240mV	轨出 1 测试孔	每周一次	①雨天加测。②日常调整应不小于 336mV(240×1.4)
		AC 分路残压≤140mV	轨出 1 测试孔	每年一次	在最不利条件下,用 0.15Ω 分路电阻在轨道电路任一处轨面分路时(小轨道区段除外)轨道电路接收器输入电压(轨道继电器 DC 电压＜3.4V)
6	小轨道输出电压	AC100～130mV	轨出 2 测试孔	每周一次	雨天加测
7	主机轨道继电器电压	DC＞20V	GJ(Z)测试孔	每年一次	
8	并机轨道继电器电压	DC＞20V	GJ(B)测试孔	每年一次	
9	轨道继电器电压	DC＞20V	GJ 测试孔	每年一次	
10	主机小轨道继电器电压	DC＞20V	XG(Z)测试孔	每年一次	
11	并机小轨道继电器电压	DC＞20V	XG(B)测试孔	每年一次	
12	小轨道继电器电压	DC＞30V	XG 测试孔	每年一次	
13	小轨道检查条件	DC＞30V	XGJ 测试孔	每年一次	

(2) 发送电流测试　将发送功出输出线 S1（或 S2）卡在移频表电流钳中进行测试，测试周期为季，如图 2-3-1 所示。

(3) 防雷模拟网络盘测试　防雷模拟网络盘上有 3 个测试孔，根据网络盘所处位置不同，测试值也不相同。作为发送端网络盘使用时，移频信号由室内送至室外；作为接收端网

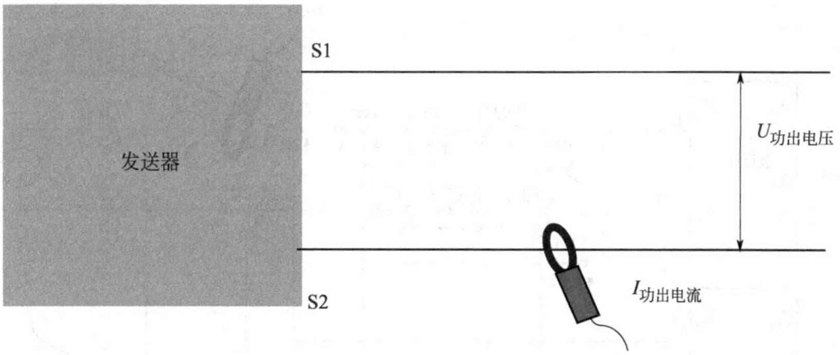

图 2-3-1 发送器发送电流测试示意图

络盘使用时，由轨道传来的移频信号由室外送至室内。表 2-3-4 为防雷模拟网络盘测试电压值含义。

表 2-3-4 防雷模拟网络盘测试电压值含义

测试插孔	电压值	
	发送端	接收端
SK1 设备	等于发送功出	约数百毫伏＝分线盘电压
SK2 防雷	高于发送功出	高于 SK1 电压
SK3 电缆	低于发送功出＝分线盘电压	高于 SK2 电压

（4）零层发送、接收电压测试 室内外设备通过综合柜零层的电缆端子连接，不同区段的发送电压和接收电压均可在相应端子进行测试，测试周期为季，如图 2-3-2 中虚线框所示。

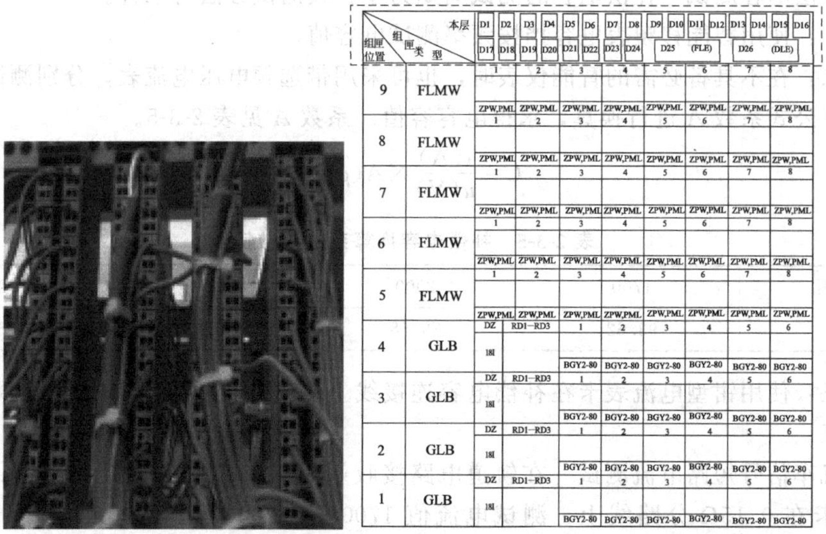

图 2-3-2 零层发送、接收电压测试

（5）DJ 电流测试 通过信号机的 DJ 电流测试，使用移频表电流钳卡 DJ 线包 1（或 2），使用单频（50Hz）挡测试，电流不小于 140mA，如图 2-3-3 所示。测试 2DJ 电流时，应首先开放 LU 显示，2DJ 吸起后再测试。

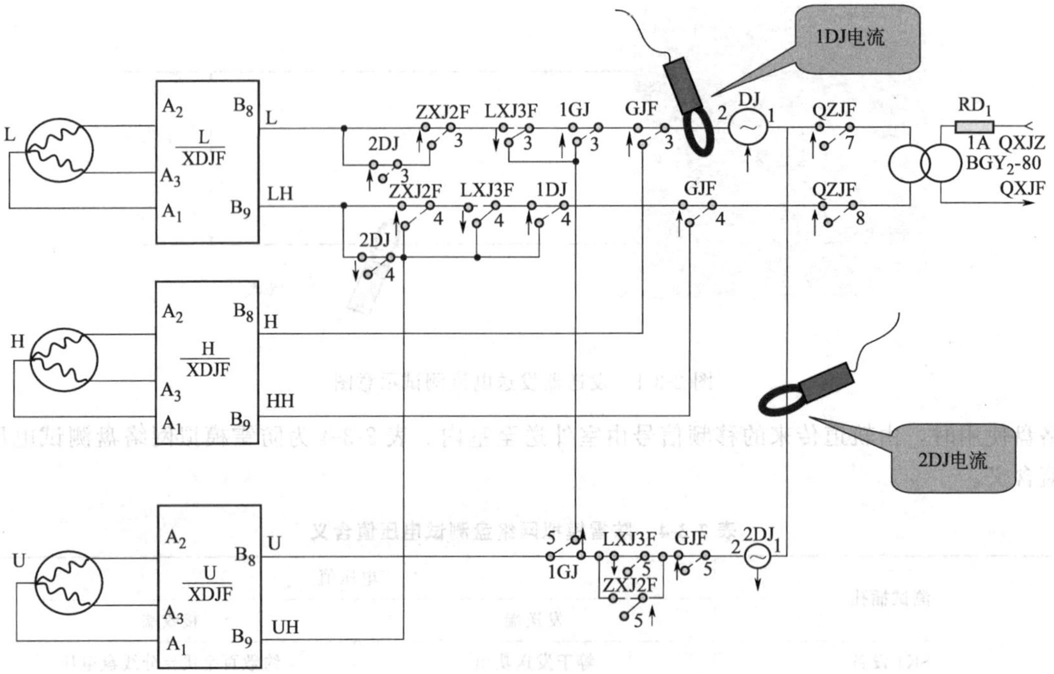

图 2-3-3　通过信号机 DJ 电流测试示意图

2. 室外设备测试

（1）匹配变压器测试　匹配变压器须测试U_{E1E2}和U_{V1V2}。U_{E1E2}为发送端由室内送出电压，或接收端由室外送回室内电压。U_{V1V2}为轨面电压。测试周期为半年。

（2）补偿电容测试　补偿电容的测试周期为季，其测试方法有三种。

方法一：使用智能移频表电容挡按频率测试电容值。

方法二：在不具备必需的智能仪表时，也可采用带选频电压电流表，分别测试电流、电压，按计算公式系数 A 进行换算，求得电容容值。系数 A 见表 2-3-5。

$$C=\frac{i(\mathrm{A})}{u(\mathrm{V})}\times A(\mu\mathrm{F})$$

表 2-3-5　补偿电容换算系数 A 数值

载　频	1700	2000	2300	2600
A	93.62	79.58	69.2	61.23

方法三：使用钳型电流表卡在补偿电容连接线上测试电流不小于 500mA，即可认为补偿电容良好。

（3）机车信号短路电流测试　在轨道电路接收端用 0.15Ω 分路线短路轨面，使用移频表电流钳卡在 0.15Ω 分路线上，测试电流值 1700Hz、2000Hz、2300Hz 不小于 500mA，2600Hz 不小于 450mA，如图 2-3-4 所示。

三、ZPW-2000A 移频自动闭塞设备检修内容及标准

ZPW-2000A 移频自动闭塞设备检修分为区间轨道电路检修、通过信号机检修、区间电缆箱盒及电缆径路检修、区间室内设备检修。

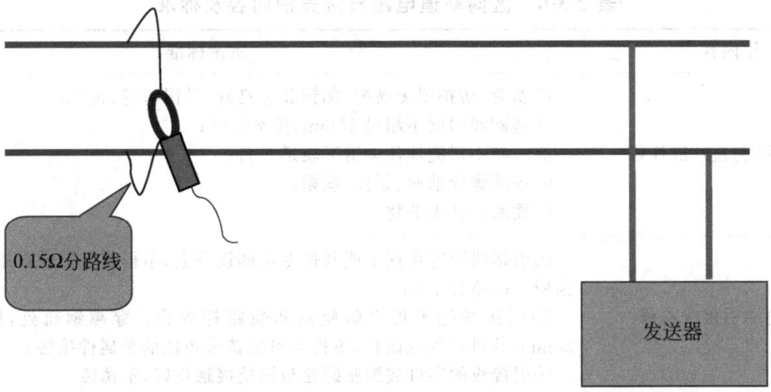

图 2-3-4 机车信号短路电流测试

(一) 区间轨道电路检修

1. 区间轨道电路检修作业程序

区间轨道电路检修分为日常养护和集中检修。日常养护主要对送受电端箱盒外部、引接线、通道设备进行检修，集中检修主要对箱盒内部进行检修，区间轨道电路的检修作业流程如图 2-3-5 所示。

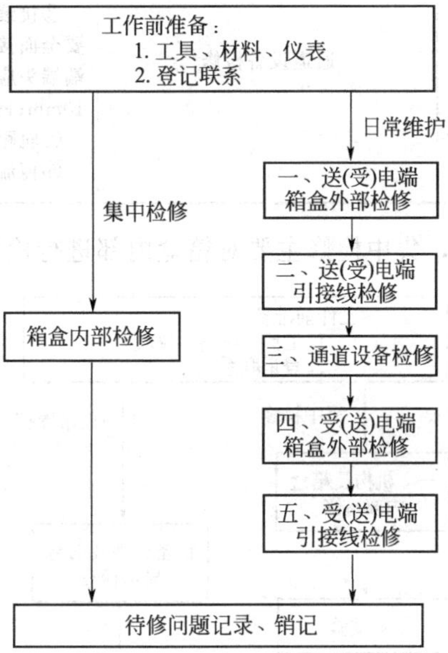

图 2-3-5 区间轨道电路的检修流程

2. 区间轨道电路检修内容及标准

区间轨道电路日常养护每月一次，集中检修每半年一次。

(1) 日常养护内容及标准见表 2-3-6。

(2) 集中检修内容及标准 集中检修内容为箱盒内部检修，质量标准如下。

① 箱盒内部清洁，防尘、防潮设施良好，铭牌齐全、正确，字迹清楚。

② 箱盒内部螺栓紧固，配线良好、整洁，无破皮及混线可能，接点焊接良好。

③ 器材类型正确，无过热现象，安装牢固。

④ 图纸资料保存完好，与实物相符，无涂改。

⑤ 进行Ⅰ级测试并记录。机车信号短路电流：载频为 2600Hz，不小于 450mA，其余载频不小于 500mA。轨出 1 分路残压不大于 140mV，小轨道断轨时轨出 2 电压不大于 63mV。调整状态时轨出 1 电压不小于 240mV，轨出 2 电压不小于 100mV，小轨道接收条件不小于 20V。

⑥ 加锁，销记。

(二) 通过信号机检修

1. 通过信号机检修作业程序

通过信号机检修分为日常养护和集中检修。日常养护主要对设备外观及信号显示进行检

表 2-3-6 区间轨道电路日常养护内容及标准

序号	工作内容	质量标准
1	送(受)电端箱盒外部检修	①箱盒、防护罩无破损，加锁装置良好，号码清楚、正常； ②基础倾斜度不超过 10mm，排水良好； ③石碴不得掩埋住调谐区轨道设备； ④各部螺栓油润、紧固、满帽； ⑤硬面整洁无杂物
2	送(受)电端引接线检修	①引接线固定在枕木或其他专用的设备上，不得埋于土或石碴中，油润不锈蚀，断股不得超过 1/5； ②引接线处不得有防爬器和轨距杆等物。穿越钢轨处，距轨底不应小于 30mm，并进行绝缘防护，不得与可能造成短路的金属件接触； ③引接线的塞钉或膨胀螺栓与钢轨接触良好，不锈蚀
3	通道设备检修	①补偿电容引接线塞钉接触良好，安装及防护措施良好； ②护轮轨绝缘完整良好； ③接续线采用双套，塞钉打入深度与轨腰平，露出不超过 5mm，塞钉与塞钉线要全面接触，并涂漆封闭，线条平、紧、直；焊接式接续线焊接牢固，焊接接头的上端端头应低于新钢轨轨面 11mm，与鱼尾板固定螺母竖向中心线的间距不得小于 10mm；钢绞线应油润无锈，断股不得超过 1/5； ④轨距杆绝缘外观检查，安装良好； ⑤扼流变压器连接线、中心连接板(线)良好，连接紧固，防混良好

查，集中检修主要对箱盒内部进行检修，通过信号机的检修作业流程如图 2-3-6 所示。

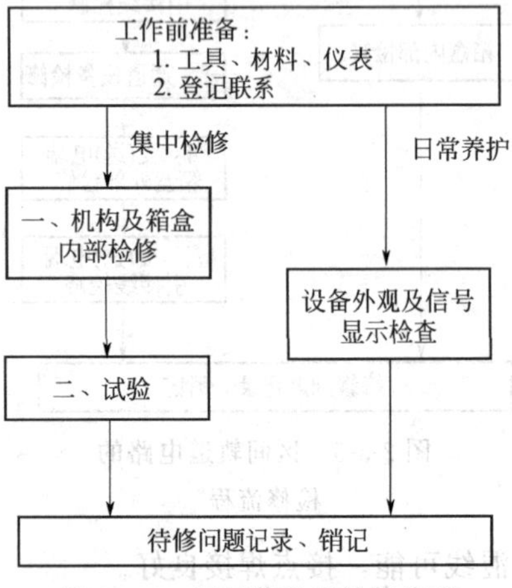

图 2-3-6 通过信号机检修流程

2. 通过信号机检修内容及标准

通过信号机日常养护每月一次，集中检修每年一次。

（1）日常养护内容及标准　通过信号机日常养护内容为设备外观及信号显示检查，质量标准如下。

① 设备无外界干扰。

② 基础、机柱、机构、梯子安装稳固。

③ 水泥机柱不得有裂圆周的裂纹，超过半周的应采取加固措施，纵向裂纹钢筋不得外露；任何部分不得侵入接近限界；机柱的倾斜度不超过 36mm，机柱顶部不漏水，基础歪斜限度不超过 10mm。

④ 梯子不弯曲，支架水平，梯子中心线与机柱中心线一致。

⑤ 箱盒、机构、梯子、蛇管无损伤，开口销齐全、螺丝紧固，各部分加锁装置良好。

⑥ 设备名称清晰正确。

⑦ 硬面化整洁无杂物。

⑧ 信号显示距离不得小于 1000m。在地形、地物影响视线的地方，在最坏条件下，不得小于 200m。

⑨ 建筑限界检查。信号机中心离轨面中心≥2900mm，离发送防护盒中心1000^{+200}_{-0} mm，下灯位中心距轨面≥4500mm。

（2）集中检修内容及标准　通过信号机集中检修包括机构及箱盒内部检修、试验，质量标准见表 2-3-7。

表 2-3-7　通过信号机集中检修内容及标准

序号	工作内容	质量标准
1	机构及箱盒内部检修	1. 内部清洁，防尘，防水设施良好； 2. 透镜安装牢固，且无裂纹、破损和漏水可能； 3. 灯座、灯口安装牢固不活动，弹簧压力适当，接触良好； 4. 各部螺栓紧固，螺帽、垫片齐全； 5. 器材类型正确不超期，固定良好； 6. 配线整齐，绑扎牢固，无破皮老化； 7. 铭牌齐全、正确，字迹清楚； 8. 图纸、资料保存完好，与实物相符，无涂改，地线整治检查； 9. 备用灯泡有老化标记
2	试验	1. 主丝、副丝转换试验，报警良好； 2. 更换灯泡后检查(或调整)信号显示距离； 3. 进行Ⅰ级测试并记录。灯端电压应保持在额定值的85%～95%，即10.2～11.4V； 4. 销记、加锁

(三) 电缆盒及电缆径路检修

1. 电缆盒及电缆径路检修作业程序

电缆盒及电缆径路检修分为日常养护和集中检修。日常养护主要对电缆盒外观和电缆径路进行检查，集中检修主要对电缆盒内部进行检修，电缆盒及电缆径路的检修作业流程如图2-3-7所示。

2. 电缆盒及电缆径路检修内容及标准

电缆盒及电缆径路日常养护每月一次，集中检修每年一次。

(1) 日常养护内容及标准见表2-3-8。

(2) 集中检修内容及标准　电缆盒及电缆径路集中检修内容为电缆盒内部检修，质量标准如下。

① 内部清洁，防尘、防潮设施良好，铭牌齐全、正确，字迹清楚。

② 内部螺丝紧固，配线良好、整洁，无破皮及混线可能。

③ 图纸、资料保存完好，与实物相符，无涂改。

④ 起始端子有标记。

(四) 室内设备检修

1. 室内设备检修作业程序

室内设备检修分为日常养护和集中检修。日常养护主要对设备外观检查、机械室检查和Ⅰ级测试，集中检修主要对器材检修、配线检查、Ⅰ级测试和试验。室内设备检修作业流程如图2-3-8所示。

2. 室内设备检修内容及标准

室内设备日常养护每日一次，集中检修每月一次。

(1) 日常养护内容及标准见表2-3-9。

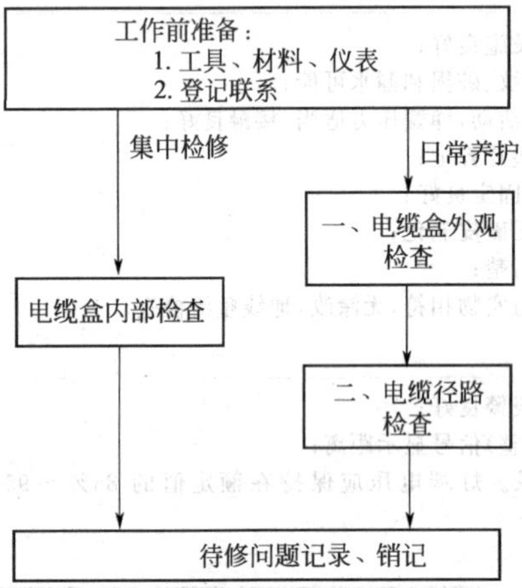

图 2-3-7 电缆盒及电缆径路的检修作业流程

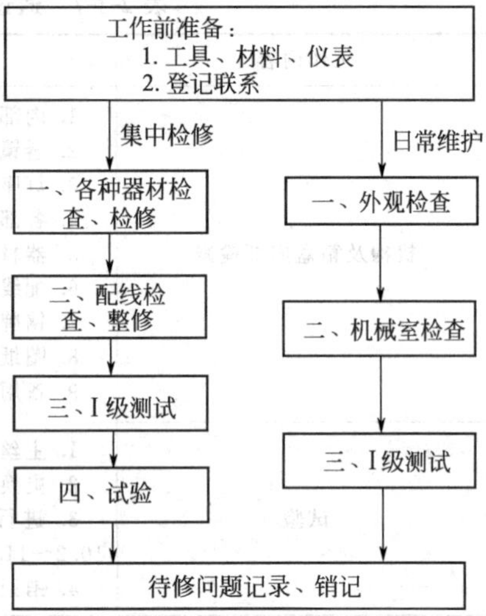

图 2-3-8 室内设备检修作业流程

表 2-3-8 电缆盒及电缆径路日常养护内容及标准

序号	工作内容	质量标准
1	电缆盒外观检查	①电缆盒无破损，加锁装置良好，号码清楚、正确； ②基础倾斜度不超过 10mm，电缆盒底距地面不少于 150mm，排水良好； ③各部螺栓油润、紧固、满帽； ④电缆盒周围无易燃物品； ⑤硬面整洁无杂物
2	电缆径路检查	①电缆标桩齐全，标记清晰。电缆转向及分支处，电缆地下接续头处，电缆穿越障碍物，穿越铁路、公路、河流两侧等处所电缆标桩齐全。电缆径路上埋设 50m 电缆标，保护区外电缆径路埋设 100m 警示牌； ②电缆无外露，径路上无杂草、禾秆等易燃物，径路上严禁燃火、取土； ③过桥、过涵洞等处所电缆防护良好，无破损； ④电缆沟盖板齐全，沟体无损坏、下沉现象； ⑤发现电缆径路上施工必须主动介入，严防施工伤及电缆； ⑥数字信号电缆余量不能成“O”形闭合环状

表 2-3-9 室内设备日常养护内容及标准

序号	工作内容	质量标准
1	外观检查	①各种器材安装牢固，插接良好，防脱措施作用良好； ②检查发送盒、接收盒、衰耗盒无过热现象； ③配线干净、整齐，绑扎良好； ④铭牌齐全、正确，字迹清楚； ⑤检查衰耗盒上各工作指示灯工作正常，模拟网络防雷元件劣化窗显示绿色
2	机械室检查	①图纸完好，摆放整齐； ②电缆沟、走线架无异状，盖板完好； ③防尘、防鼠良好； ④机械室卫生清洁，照明及各类报警设施齐全良好
3	Ⅰ级测试	①查看微机监测设备测试数据符合标准要求； ②进行Ⅰ级测试并记录

（2）集中检修内容及标准见表 2-3-10。

表 2-3-10 室内设备集中检修内容及标准

序号	工作内容	质量标准
1	各种器材检查、检修	①逐台检查继电器类型正确，不超期，内部无异物，接点状态良好； ②各种器材插接良好，安装牢固； ③熔断器容量与图纸相符，有试验标记，不超期，并接触良好
2	配线检查、整修	①走线架整理、清扫，引线口防护良好； ②配线整齐、清洁，无破皮、无接地，焊接良好，套管不脱落； ③各部螺丝紧固，螺帽、垫片齐全
3	Ⅰ级测试	进行Ⅰ级测试并记录
4	试验	①报警设备试验正确、清晰、直观； ②对检修设备进行有针对的试验工作； ③销记

考核标准 ▶▶▶

(1) 应知应会知识　采用闭卷方式考核，考试内容为 ZPW-2000A 移频自动闭塞设备检修技术标准。

(2) 检修测试技能　检修测试技能考核的内容如下。

① 按照作业标准检修室内外设备。

② 按照技术标准，使用移频表进行参数测试。

③ 按照技术标准进行轨道电路调整。

考核时限 5min，考核方式采用笔试加操作，笔试内容为设备检修标准、技术标准等。评分标准见表 2-3-11。

表 2-3-11 检修测试技能评分表

项目及配分		考核内容及评分标准	扣分因素及扣分	得分
操作技能(6分)	操作程序(2分)	①工具、小料准备齐全，检查工具、量具是否良好。必要工具缺一件扣2分		
		②在“行车设备检查登记簿”中登记，联系		
		③按照作业程序标准检修、测试、调整设备		
		④复查试验		
		⑤销记，恢复设备使用		
		程序不对扣 2 分，每漏一项扣 1 分，扣完 2 分为止		
	质量(4分)	①设备位置、状态回答错误，每次扣 2 分		
		②设备检修测试标准回答错误，每次扣 2 分		
		③测试、调整错误，每项扣 2 分		
		④作业在 5min 内完成。每超 30s 扣 1 分，超时 3min 停止考核		
		质量共计 4 分，上述内容按规定扣分，扣完 4 分为止		
工具使用(2分)		①操作方法不对，纠正一次，扣 1 分		
		②损坏设备，扣 2 分		
		③损坏工具、仪表，扣 2 分		
		工具使用共计 2 分，上述内容按规定扣分，扣完 2 分为止		

续表

项目及配分	考核内容及评分标准	扣分因素及扣分	得分
安全及其他（2 分）	①采用不正常手段操作，扣 2 分		
	②未按规定着装，扣 1 分		
	安全及其他共计 2 分，上述内容按规定扣分，扣完 2 分为止		
合计			

任务四 ●●● ZPW-2000A 移频自动闭塞电路识读

学习目标 ▶▶▶

① 会跑通闭塞分区电路；
② 会跑通发送编码电路和通过信号机点灯电路；
③ 会跑通冗余电路；
④ 会跑通站联电路；
⑤ 会跑通报警电路；
⑥ 会跑通结合电路。

电路识读 ▶▶▶

ZPW-2000A 移频自动闭塞电路图包括闭塞分区电路、站联电路、发送 $n+1$ 电路、移频报警电路与电气集中结合电路。

一、闭塞分区电路

闭塞分区电路包括改变运行方向电路、红灯转移电路、接收电路、发送编码电路和通过信号机点灯电路。

(一) 改变运行方向电路

四线制改变运行方向电路最终以方向继电器 FJ_2 表示运行方向。作为接车站，正方向运行时，FJ_2 处于定位，改变运行方向后为反方向运行时，FJ_2 处于反位。为反映运行方向，每一闭塞分区设区间正方向继电器 QZJ 和区间反方向继电器 QFJ 各一个，由 FJ_2 对它们进行控制，电路如图 2-4-1 所示。

通过改变运行方向电路，改变区间信号点的发送、接收方向。每段轨道电路通过方向继电器接点改变发送端、接收端接向电缆的位置。图 2-4-2 为正方向运行时发送、接收方向，图 2-4-3 为反方向运行时发送、接收方向。

反方向有按自动闭塞运行和自动站间闭塞运行两种方式。按自动闭塞运行时，反方向的发送、接收同正方向，只是互相改变了位置。按自动站间闭塞运行时，设置一个特定低频信息，使机车信号不动作，只有接近区段才发送机车信号码。

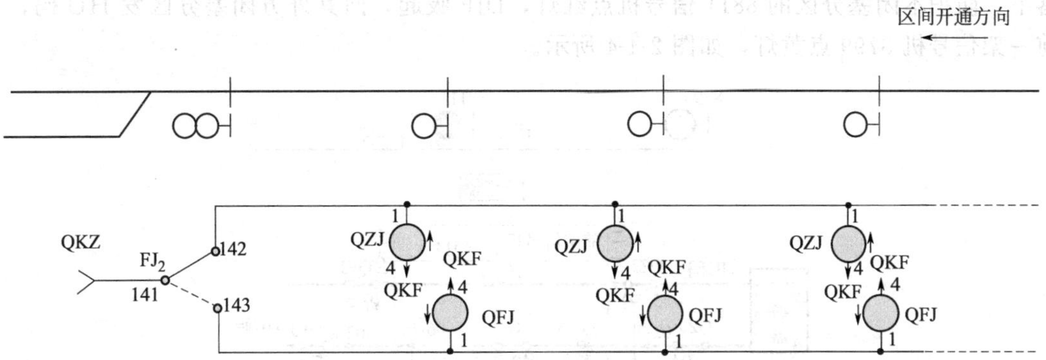

图 2-4-1　区间正、反方向继电器电路

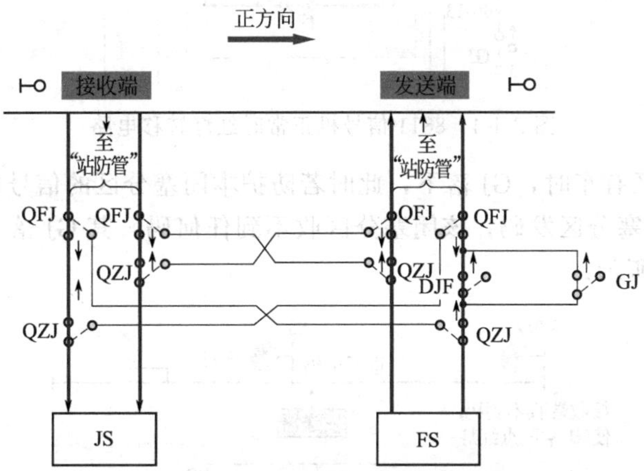

图 2-4-2　正方向运行时的发送、接收方向

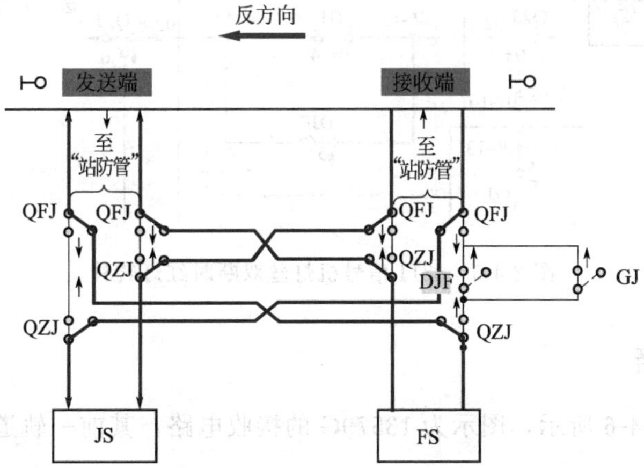

图 2-4-3　反方向运行时的发送、接收方向

(二) 红灯转移电路

本闭塞分区有车，且防护本闭塞分区的信号机红灯灭灯，其前一架信号机点红灯，此为红灯转移。

红灯转移在发送电路中用 GJ 和 DJF 前接点并联来实现。8811G 闭塞分区有车时，GJ

落下，防护本闭塞分区的8811信号机点红灯，DJF吸起，向其外方闭塞分区发HU码，其前一架信号机8799点黄灯，如图2-4-4所示。

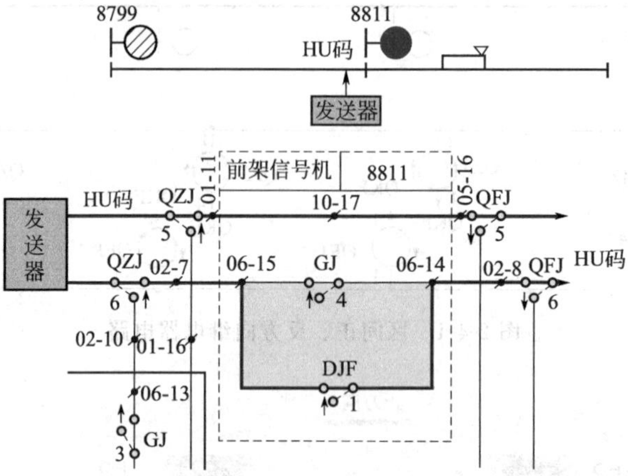

图 2-4-4　8811信号机正常时红灯转移电路

当8811闭塞分区有车时，GJ落下，此时若防护本闭塞分区的信号机红灯灭灯，DJF落下，即不向其外方闭塞分区发码，该闭塞分区收不到任何码，其GJ落下，防护它的信号机点红灯，如图2-4-5所示。

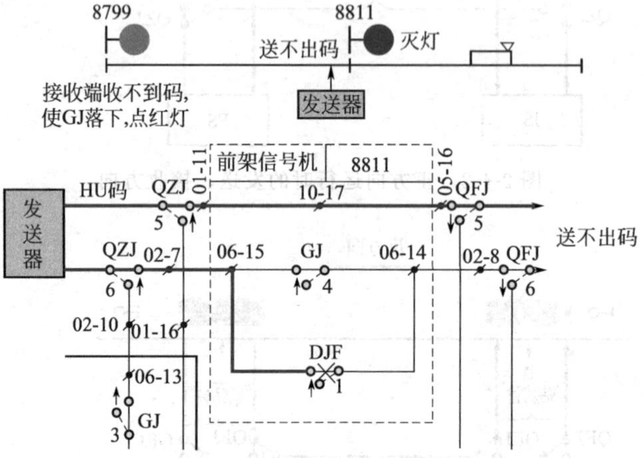

图 2-4-5　8811信号机灯丝双断时红灯转移

(三) 接收电路

接收电路如图2-4-6所示，图示为13579G的接收电路，其前一轨道区段为13587G，后一区段为13571G。

1. QGJ和GJ励磁电路

两接收器采用0.5+0.5并联冗余方式。每个闭塞分区的轨道电路由主轨道电路和小轨道电路两部分组成，主轨道信号由本轨道电路接收器处理，小轨道信号由相邻轨道电路接收器处理，并将处理结果送给本轨道电路接收器。13579G的主轨道信号由13579G的接收器处理后送至衰耗器，图2-4-6中粗线部分G(Z)、GH(Z)为主机输出，G(B)、GH(B)为并机输出，

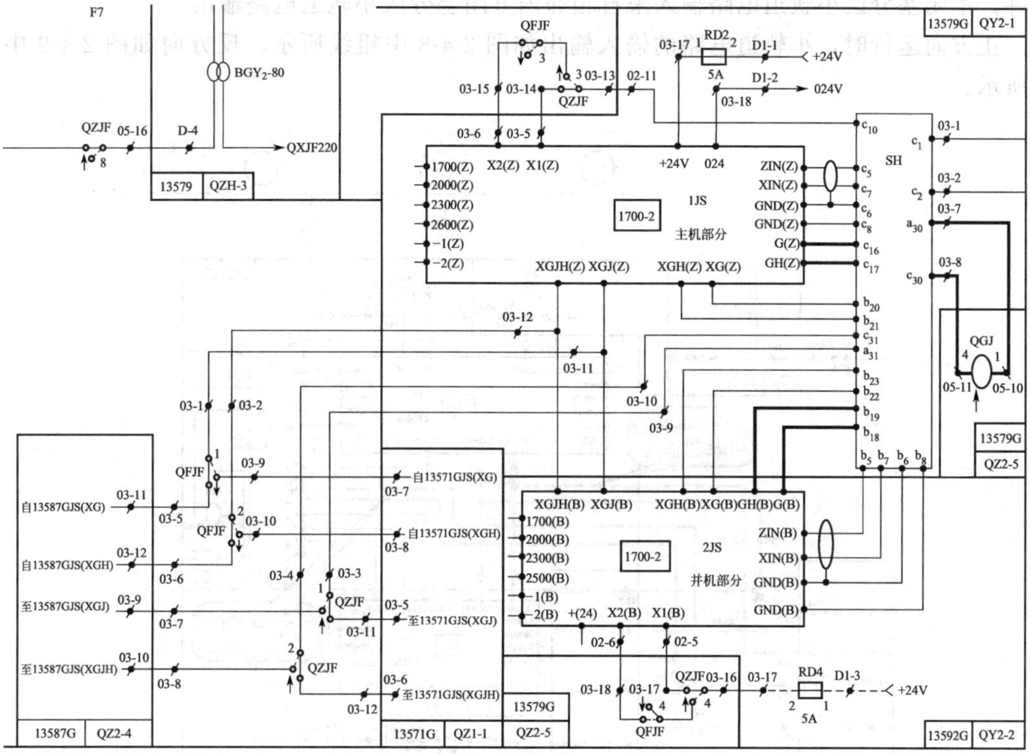

图 2-4-6　接收电路图

a30、c30 为驱动 QGJ 的输出，两者均空闲构成整个轨道电路的空闲，使得 QGJ 吸起。QGJ 吸起带动 GJ 吸起，两者之一占用构成轨道电路占用，使得 QGJ 落下。GJ 电路如图 2-4-7 所示。

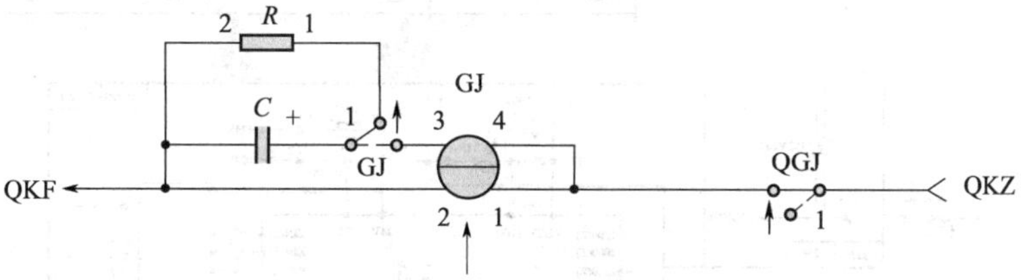

图 2-4-7　GJ 电路

GJ 作为 QGJ 的复示继电器，GJ 电路中有 *RC* 构成的缓吸电路，在 QGJ 由落下状态吸起时，*C* 串在 GJ 电路中，由于 *C* 的充电使 GJ 缓吸，是为了防止电气化牵引电流干扰造成 QGJ 误动而使该闭塞分区闪红光带。

2. 小轨道电路输入输出条件

接收电路要处理好小轨道电路与主轨道信号的关系。用方向继电器接点区分列车运行方向，改变小轨道电路输入、输出条件。

（1）一般信号点

① 小轨道电路输出。小轨道电路输出（XG、XGH）是送给相邻轨道电路接收器的条件。本闭塞分区小轨道电路输出送至相邻外方闭塞分区小轨道电路输入。

② 小轨道电路输入。小轨道电路输入（XGJ、XGJH）是从相邻轨道电路接收器送来的

条件。本闭塞分区小轨道电路输入来自相邻内方闭塞分区小轨道电路输出。

正方向运行时，小轨道电路的输入输出如图 2-4-8 中粗线所示，反方向如图 2-4-9 中粗线所示。

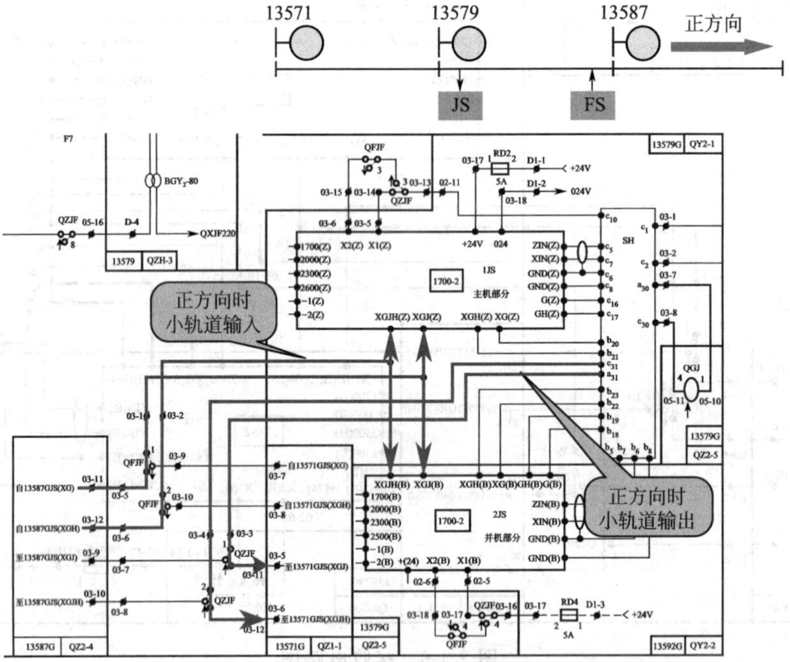

图 2-4-8　正方向运行时小轨道电路输入输出

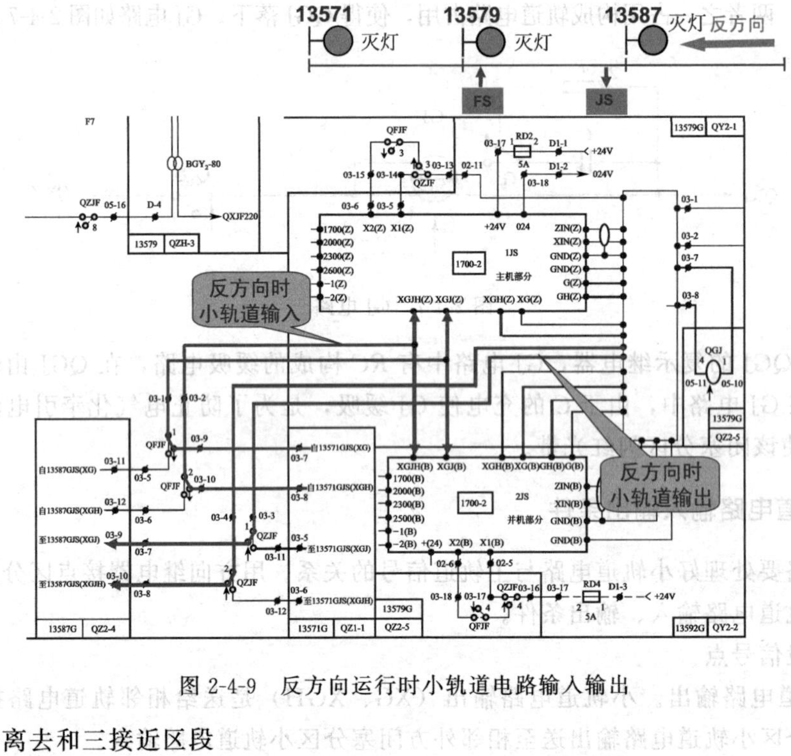

图 2-4-9　反方向运行时小轨道电路输入输出

(2) 一离去和三接近区段

① 1LQ 闭塞分区。对于 1LQ 闭塞分区，列车正方向运行时，其相邻外方闭塞分区为站

内轨道电路，小轨道电路不再送出条件；列车反方向运行时，其相邻内方闭塞分区为站内轨道电路，没有向1LQ输入小轨道电路的输出，故1LQ小轨道输入直接接入+24、024电源。1LQ闭塞分区正反方向小轨道电路输入输出如图2-4-10和图2-4-11中粗线所示。

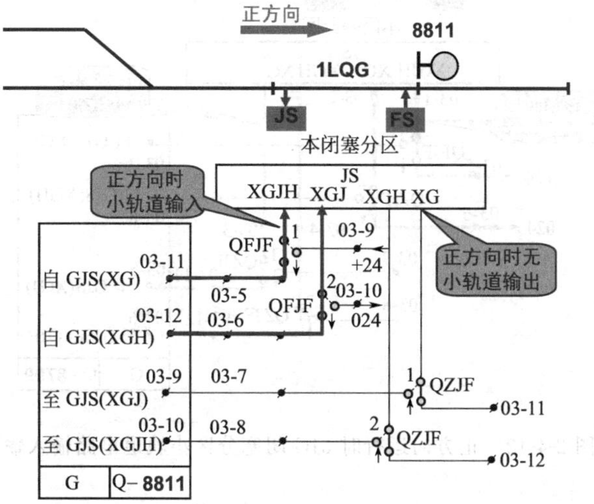

图 2-4-10 正方向运行时1LQ闭塞分区小轨道电路输入输出

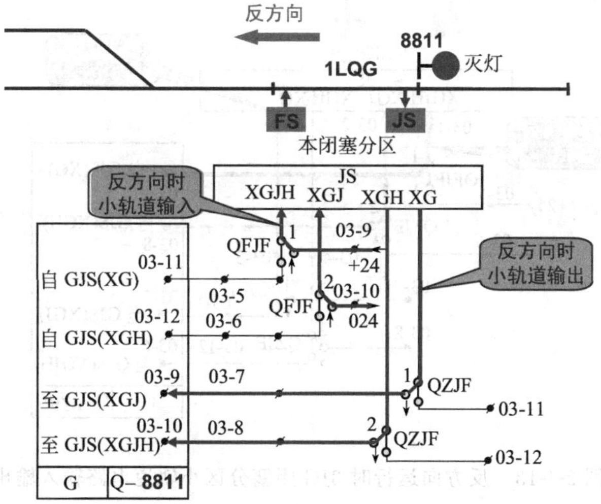

图 2-4-11 反方向运行时1LQ闭塞分区小轨道电路输入输出

② 3JG闭塞分区。对于3JG闭塞分区，列车正方向运行时，其相邻内方闭塞分区为站内轨道电路，没有向3JG输入小轨道电路的输出，3JG小轨道电输入直接接入+24、024电源；列车反方向运行时，其相邻外方闭塞分区为站内轨道电路，小轨道电路不再送输出条件。3JG闭塞分区正反方向小轨道电路输入输出如图2-4-12和图2-4-13中粗线所示。

(3) 分界处信号点 本闭塞分区与相邻闭塞分区有站间联系时，本站和邻站均要用小轨道电路的输出条件（XG、XGH）构成小轨道继电器（XGJ）电路，利用XGJ接点使用电缆把XGJ状态传到对方站，作为对方站小轨道电路输入条件。分界处信号点正反方向小轨道电路输入输出如图2-4-14和图2-4-15中粗线所示。

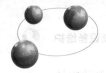

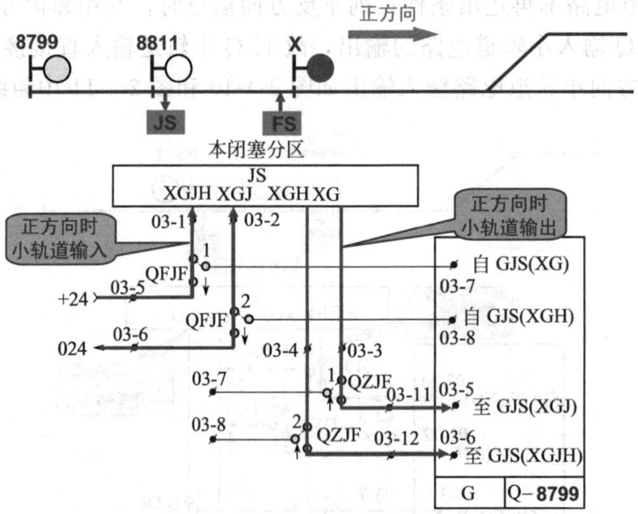

图 2-4-12　正方向运行时 3JG 闭塞分区小轨道电路输入输出

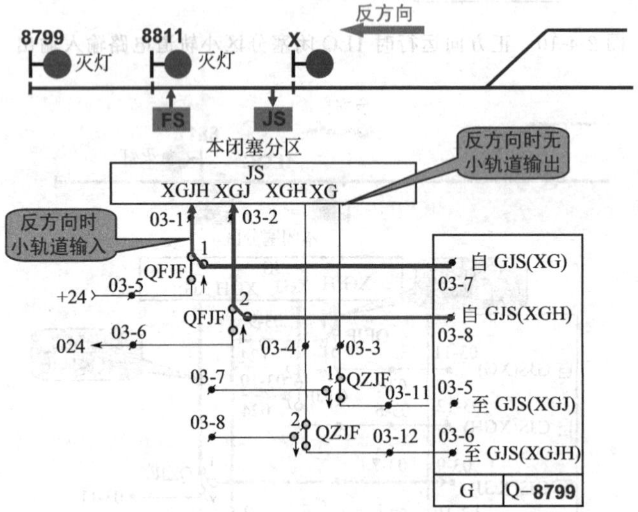

图 2-4-13　反方向运行时 3JG 闭塞分区小轨道电路输入输出

(四) 发送编码电路和通过信号机点灯电路

1. 一般闭塞分区编码电路和点灯电路

一般闭塞分区的通过信号机定位点绿灯，一般闭塞分区电路又称 LL 信号点。

（1）编码电路　一般闭塞分区由 1GJ～5GJ 编码。1GJ～5GJ 分别是其内方闭塞分区 GJF、1GJ～4GJ 的复示继电器，GJF、1GJ～4GJ 分别代表 8763G 内方的 5 个区段。图 2-4-16 为一般闭塞分区的编码条件，图 2-4-17 为编码条件与内方轨道电路的对应关系。

一般闭塞分区编码电路根据前方 5 个闭塞分区的列车占用情况进行编码，编码电路如图 2-4-18 所示，编码情况如表 2-4-1 所列。

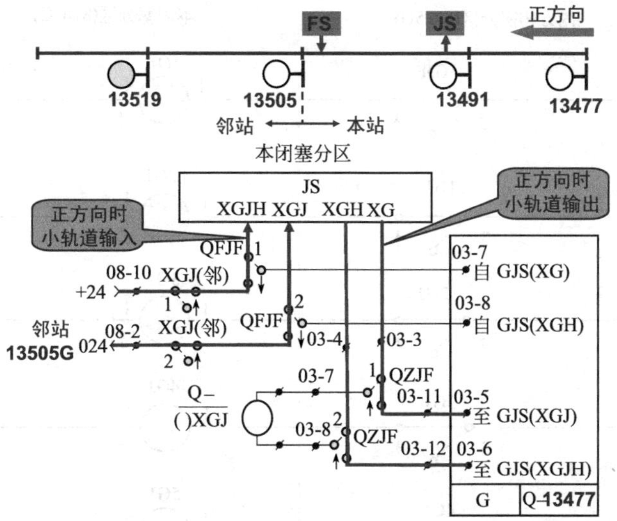

图 2-4-14　正方向运行时分界处信号点小轨道电路输入输出

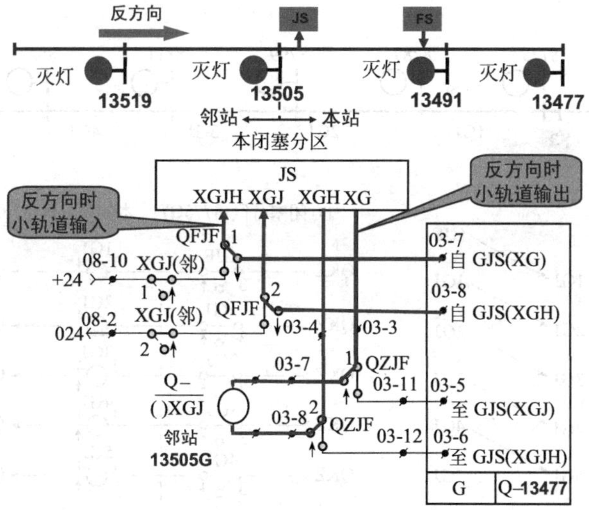

图 2-4-15　反方向运行时分界处信号点小轨道电路输入输出

表 2-4-1　一般闭塞分区的编码

通过信号机显示	1GJ	2GJ	3GJ	4GJ	5GJ	发送信息码
红	↓					HU
黄	↑	↓				U
绿黄	↑	↑	↓			LU
绿	↑	↑	↑	↓		L
绿	↑	↑	↑	↑	↓	L2
绿	↑	↑	↑	↑	↑	L3

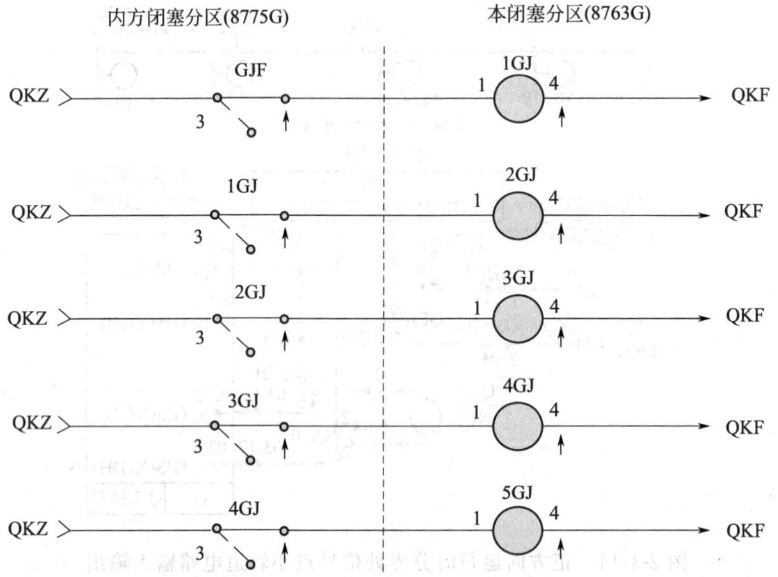

图 2-4-16　一般闭塞分区的编码条件

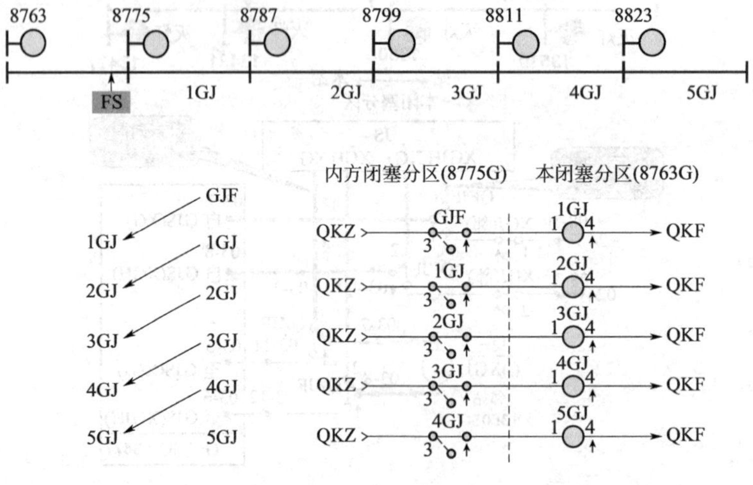

图 2-4-17　一般闭塞分区编码条件与内方轨道电路对应关系

(2) 通过信号机点灯电路　一般闭塞分区通过信号机点灯电路如图 2-4-19 所示。当前方两个区段空闲，在 1GJ↑和 2GJ↑的情况下点绿灯；前方一个区段空闲，1GJ↑、2GJ↓时点绿黄灯，点绿黄灯时，先点亮黄灯，2DJ 吸起后，绿灯才能点亮；列车占用前方区段，1GJ↓时点黄灯，列车占用本区段，GJF↓时点红灯。

2. 一接近区段编码电路和点灯电路

防护一接近区段闭塞分区的通过信号机定位点绿灯，一接近区段的闭塞分区电路又称 L 信号点。

(1) 编码电路　一接近区段由 1GJ～5GJ 编码，其中 3GJ、4GJ 的状态与进站信号机的状态相联系。

3GJ 是 LXJ_3F 和 ZXJ_2F 的复示继电器，4GJ 是 $LUXJ_2F$ 的复示继电器，5GJ 是二接近

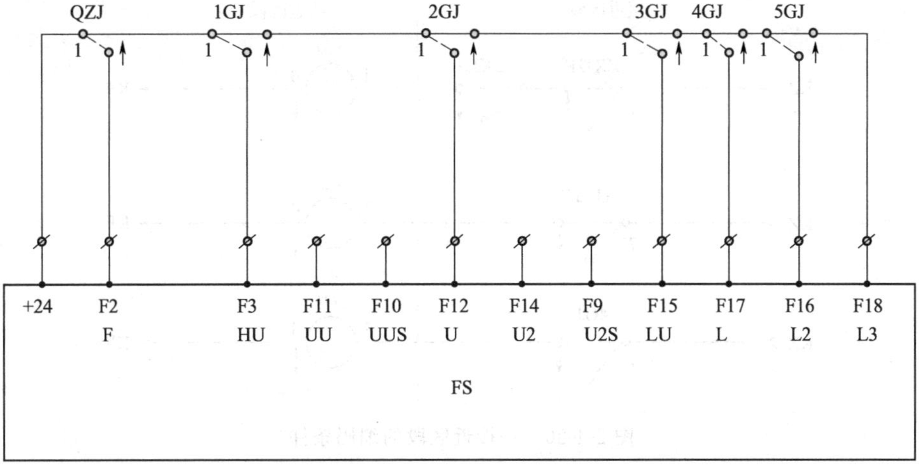

图 2-4-18 一般闭塞分区的编码电路

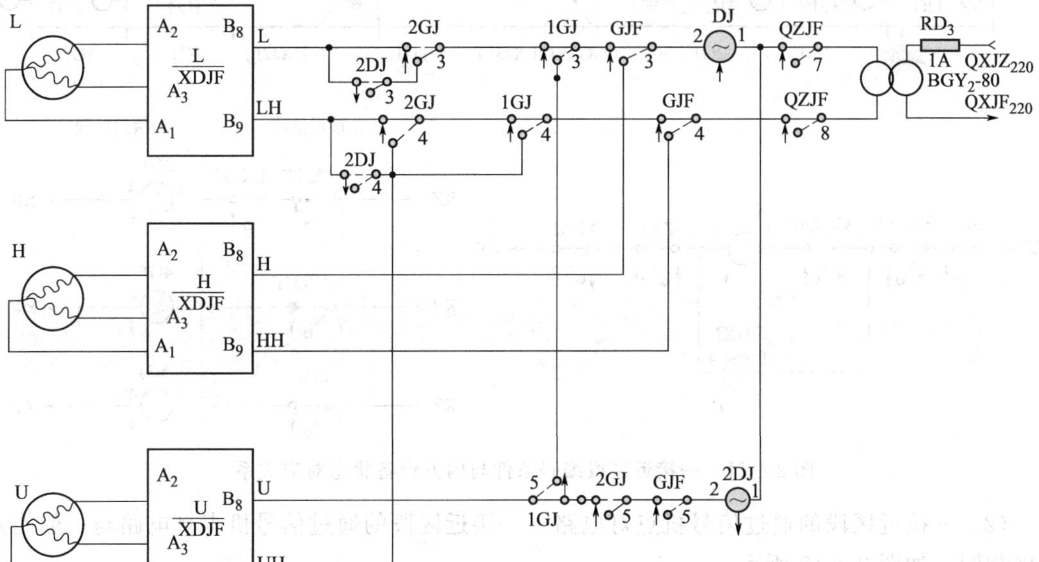

图 2-4-19 一般闭塞分区通过信号机点灯电路

区段的 4GJ 的复示继电器。图 2-4-20 为一接近分区的编码条件，图 2-4-21 为编码条件与内方轨道电路及站内信号机状态的对应关系。

一接近编码电路与一般闭塞分区相同，如图 2-4-18 所示，编码情况如表 2-4-2 所列。

表 2-4-2 一接近区段闭塞分区的编码

进站信号机显示	5GJ	4GJ	3GJ	2GJ	1GJ	发送信息码
列车占用二接近区段					↓	HU
列车占用三接近区段				↓	↑	U
红			↓	↑	↑	LU
黄		↓	↑	↑	↑	L
黄黄			↓	↑	↑	LU
绿黄	↓	↑	↑	↑	↑	L2
绿	↑	↑	↑	↑	↑	L3

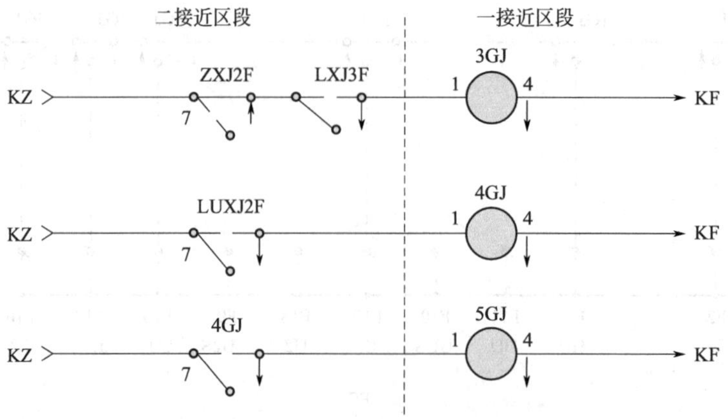

图 2-4-20　一接近区段的编码条件

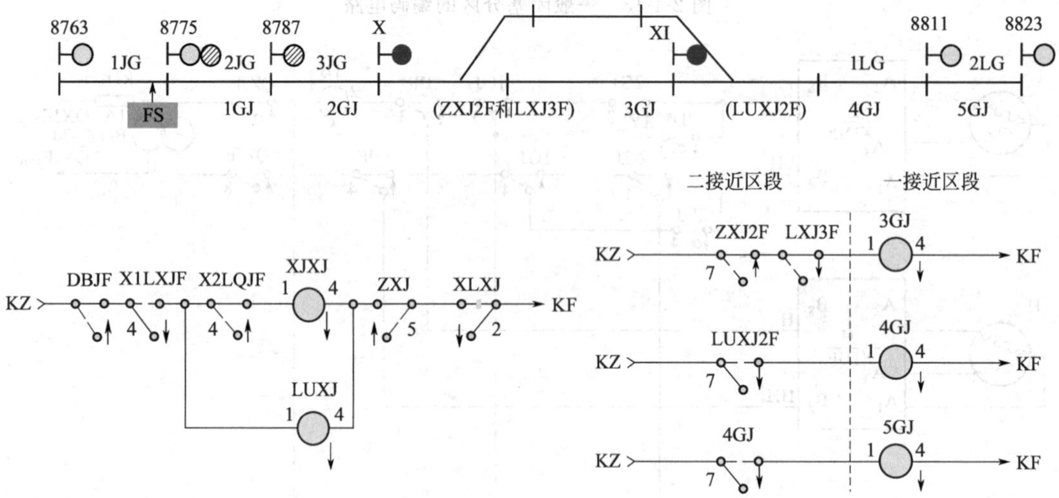

图 2-4-21　一接近区段编码条件与内方设备状态对应关系

（2）一接近区段的通过信号机点灯电路　一接近区段的通过信号机点灯电路与一般闭塞分区相同，如图 2-4-19 所示。

一接近区段的通过信号机点灯电路由 1GJ、2GJ 来区分点黄灯、绿黄灯和绿灯。当本区段和二、三接近区段空闲，GJF↑和 1GJ↑、2GJ↑的情况下，点绿灯；当本区段和二接近区段空闲，GJF↑和 1GJ↑，三接近区段占用 2GJ↓的情况下，点绿黄灯；仅本区段空闲 GJF↑，二接近区段占用 1GJ↓的情况下，点黄灯。

3. 二接近区段编码电路和点灯电路

防护二接近区段闭塞分区的通过信号机定位点绿黄灯，故二接近区段的闭塞分区电路又称 LU 信号点。

（1）编码电路　二接近区段由进站信号机的列车信号继电器 LXJ、正线继电器 ZXJ、绿黄信号继电器 LUXJ、通过信号继电器 TXJ 的状态构成编码条件，为此，设复示继电器 LXJ3F、ZXJ2F、LUXJ2F，4GJ 是 TXJF 的复示继电器，5GJ 是三接近区段 4GJ 的复示继电器。图 2-4-22 为二接近分区的编码条件，图 2-4-23 为编码条件与内方轨道电路及站内信号机状态的对应关系。

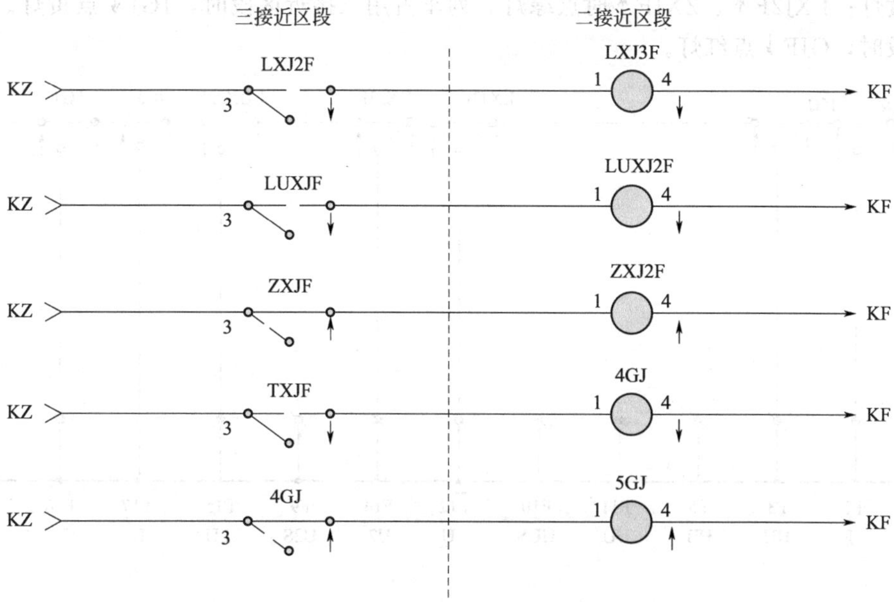

图 2-4-22　二接近区段的编码条件

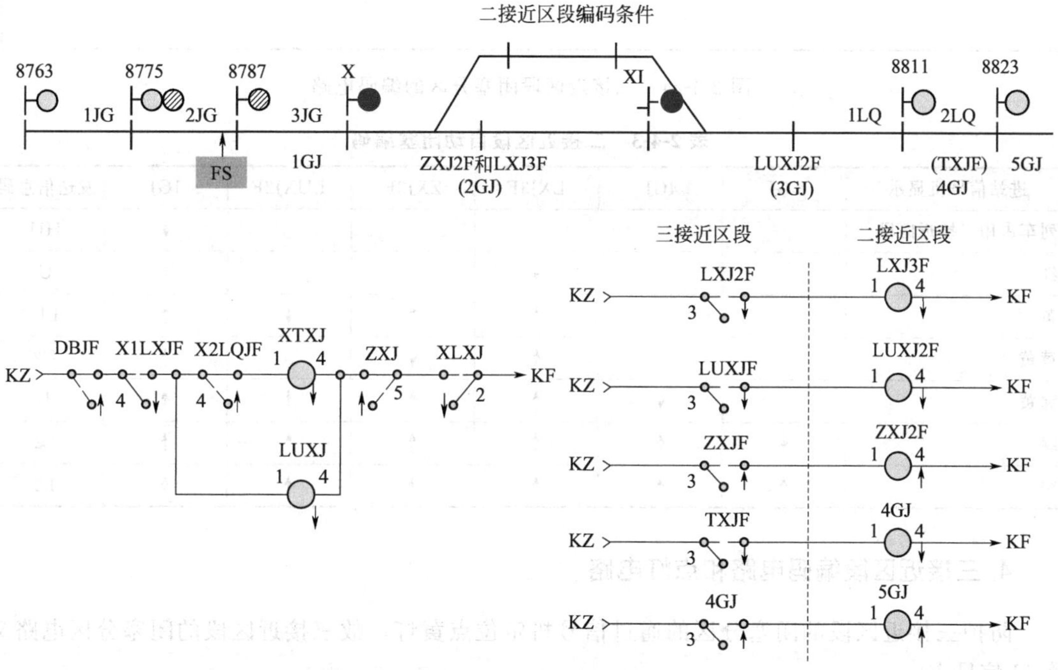

图 2-4-23　二接近区段编码条件与内方设备状态对应关系

由这些复示继电器的接点构成自动闭塞编码电路，如图 2-4-24 所示，其中 1GJ 为三接近区段轨道继电器的复示继电器。编码情况如表 2-4-3 所示。

如进站信号机内方为 18 号及以上道岔，则 U2 改为 U2S。

(2) 二接近区段的通过信号机点灯电路　二接近区段的通过信号机点灯电路如图 2-4-25 所示。LXJ3F、ZXJ2F 接点用于点灯电路来区分点黄灯、绿黄灯和绿灯。当本区段和三接近区段空闲，GJF↑和 1GJ↑，进站信号未开放 LXJ3F↓，点绿黄灯；LXJ3F↓、ZXJ2F↓时也点绿黄灯；LXJ2F↑、ZXJF↑时点绿灯。列车占用三接近区段时，1GJ↓点黄灯。列车占用本区段时，GJF↓点红灯。

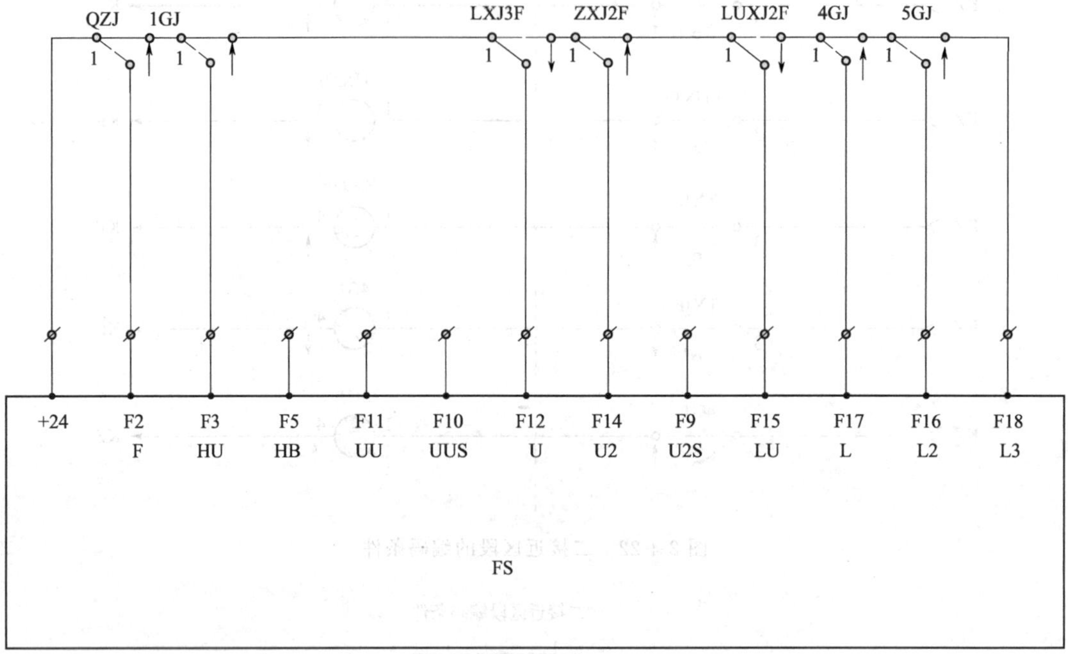

图 2-4-24　二接近区段闭塞分区的编码电路

表 2-4-3　二接近区段自动闭塞编码

进站信号机显示	5GJ	4GJ	LXJ3F	ZXJ2F	LUXJ2F	1GJ	发送信息码
列车占用三接近区段						↓	HU
红			↓			↑	U
黄			↑	↑	↓	↑	LU
黄黄			↑	↓		↑	U2
绿黄		↓	↑	↑	↑	↑	L
绿	↓	↑	↑	↑	↑	↑	L2
绿	↑	↑	↑	↑	↑	↑	L2

4. 三接近区段编码电路和点灯电路

防护三接近区段的闭塞分区的通过信号机定位点黄灯，故三接近区段的闭塞分区电路又称 U 信号点。

（1）三接近区段编码电路　正方向运行时（区间正方向继电器 QZJ 吸起），三接近区段由进站信号机的列车信号继电器 LXJ、正线继电器 ZXJ、绿黄信号继电器 LUXJ、通过信号继电器 TXJ、引导信号继电器 YXJ 以及同方向的正线出站信号机的列车信号继电器 LXJ 的状态构成编码条件，为此设复示继电器 LXJ2F、ZXJF、LUXJF、TXJF、YXJF。图 2-4-26 为三接近分区的编码条件，图 2-4-27 为编码条件与内方轨道电路及站内信号机状态的对应关系。

4GJ 是同方向 3LQ 区段 GJ 的复示继电器，5GJ 是同方向 3LQ 内方第一个区段 GJ 的复

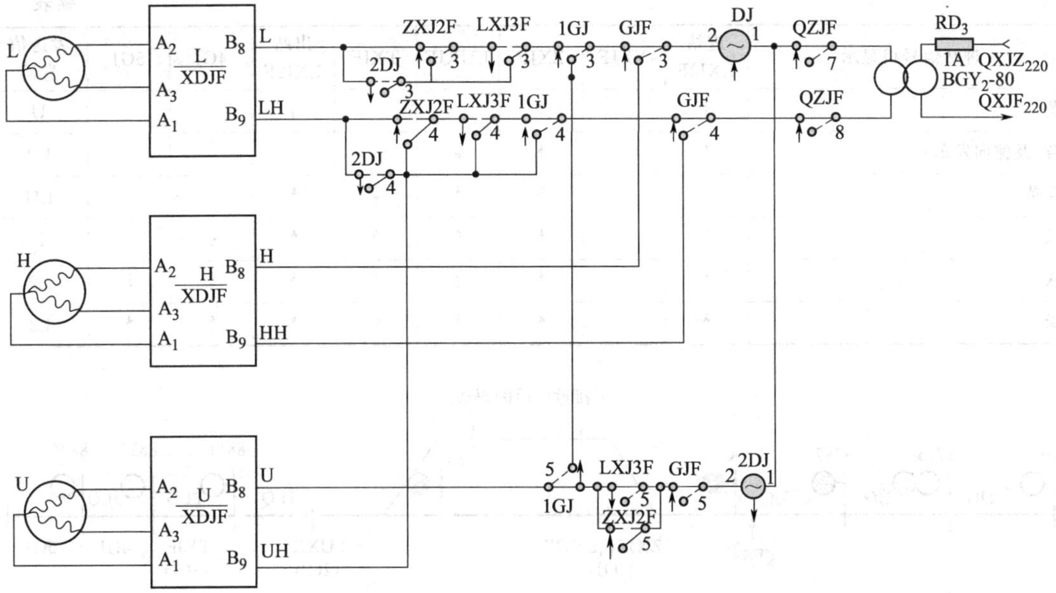

图 2-4-25 二接近区段的通过信号机点灯电路

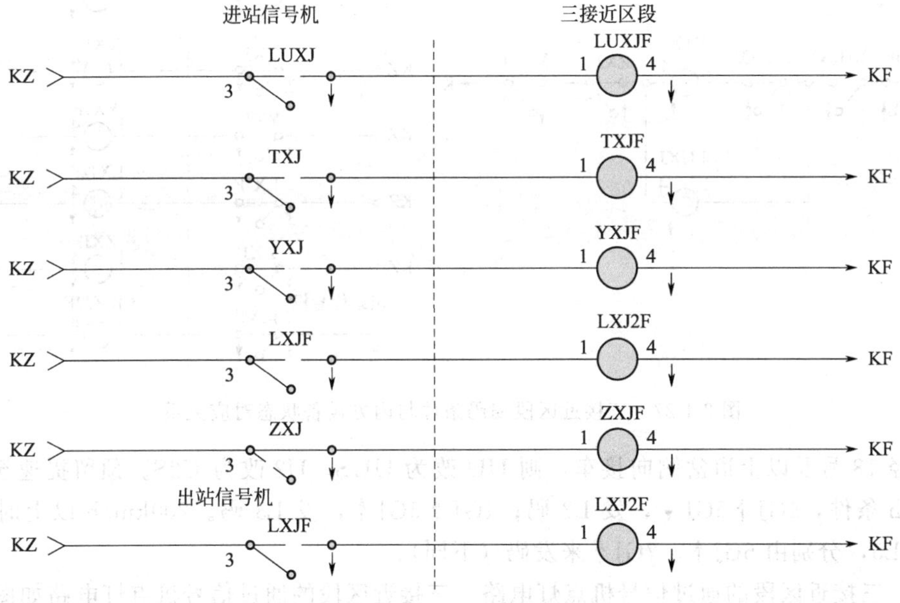

图 2-4-26 三接近区段复示继电器电路

示继电器。由这些复示继电器的接点构成自动闭塞编码电路，如图 2-4-28 所示。编码情况如表 2-4-4 所列。

表 2-4-4 三接近区段自动闭塞编码

进站信号机显示	进站LXJ2F	YXJF	ZXJF	LUXJF	TXJF	出站LXJ2F	4GJ	5GJ	发送信息码
红	↓	↓							HU
红白	↓	↑							HB
黄黄	↑		↓						UU

续表

进站信号机显示	进站LXJ2F	YXJF	ZXJF	LUXJF	TXJF	出站LXJ2F	4GJ	5GJ	发送信息码
黄	↑		↑			↓			U
黄(及侧向发车)	↑		↑	↓		↑			U2
绿黄	↑		↑	↑	↓	↑			LU
绿	↑		↑	↑	↑	↑	↓		L
绿	↑		↑	↑	↑	↑	↑	↓	L2
绿	↑		↑	↑	↑	↑	↑	↑	L3

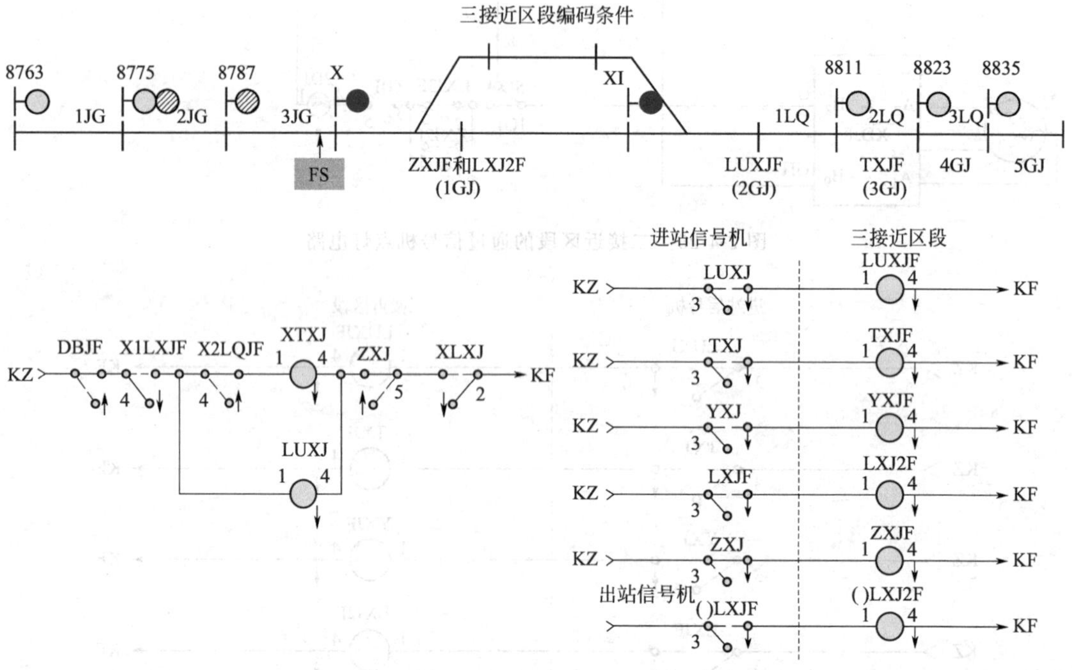

图 2-4-27　三接近区段编码条件与内方设备状态对应关系

如经 18 号及以上道岔侧向接车，则 UU 改为 UUS，U2 改为 U2S。预留提速至 160～200km/h 条件，4GJ↑5GJ↓，发 L2 码；4GJ↑5GJ↑，发 L3 码。200km/h 以上时，需增加 L4、L5，分别由 6GJ↑、7GJ↑来发码（下同）。

（2）三接近区段的通过信号机点灯电路　三接近区段的通过信号机点灯电路如图 2-4-29 所示。LXJ2F、ZXJF、LUXJF 接点用于点灯电路，来区分点黄灯、绿黄灯和绿灯。当本区段空闲 GJF↑的情况下，LXJ2F↓时点黄灯；LXJ2F↑、ZXJF↓时也点黄灯；LXJ2F↑、ZXJF↑、LUXJF↑时点绿灯。

二、站间联系电路

区间设备分设于两端车站，位与两站管辖区分界处两侧的闭塞分区要互相利用对方的有关条件，故必须设站间联系电路。一个方向的站间联系电路如图 2-4-30 所示。一个车站有 4 套这样的站间联系电路。

图 2-4-30 中，正方向运行时，13491G 为 13505G 的外方闭塞分区，需要 13505G 的各种

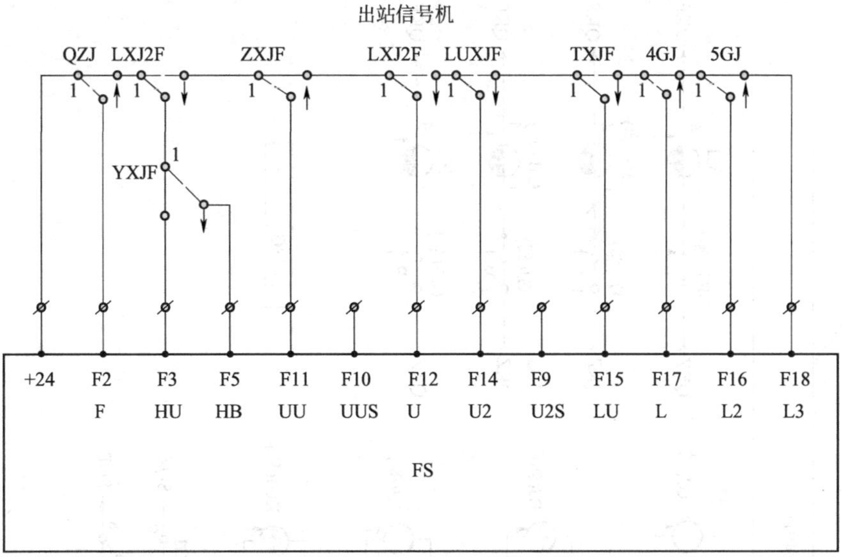

图 2-4-28 三接近区段自动闭塞编码电路

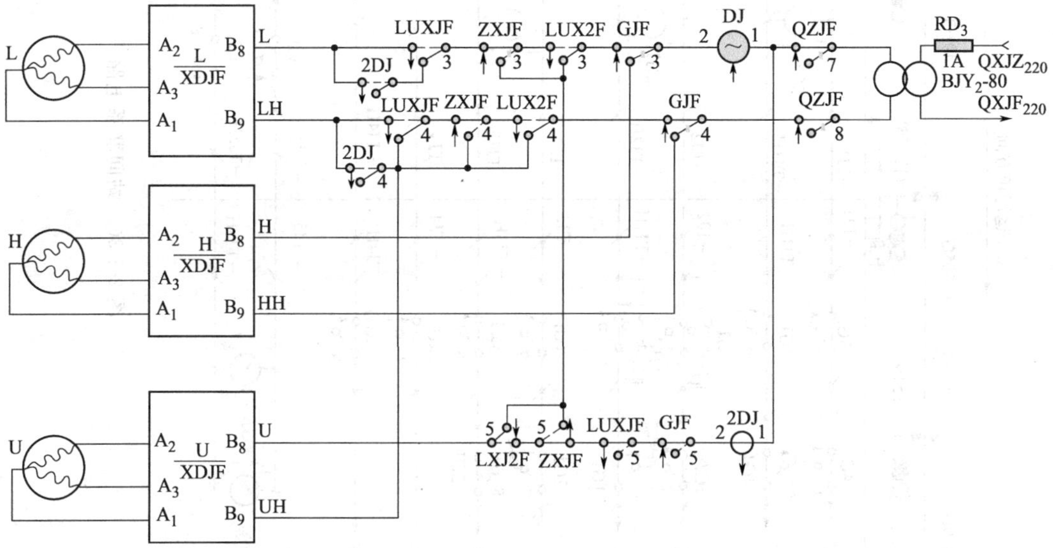

图 2-4-29 三接近区段的通过信号机点灯电路

条件。反方向采用站间闭塞方式，13505G 为 13491G 的外方闭塞分区，只需要 GJ、XGJ 条件。

为节省外线，用每对外线构成两个继电器的电路，其中一个采用无极继电器，另一个采用偏极继电器。

1. 送给外方闭塞分区的条件

(1) 通过外线 TJ_1、TJ_1H 构成本站 4GJ（邻）和 5GJ 的电路。4GJ（邻）是邻站 3GJ 的复示继电器，5GJ 是邻站 4GJ 的复示继电器。平时，邻站的 3GJ、4GJ 吸起，本站的 4GJ（邻）和 5GJ 吸起。邻站的 3GJ 落下时，本站的 4GJ（邻）和 5GJ 都落下。邻站的 3GJ 吸起而 4GJ 落下时，电路中电流极性发生改变，本站的 4GJ（邻）为无极继电器，仍然吸起，

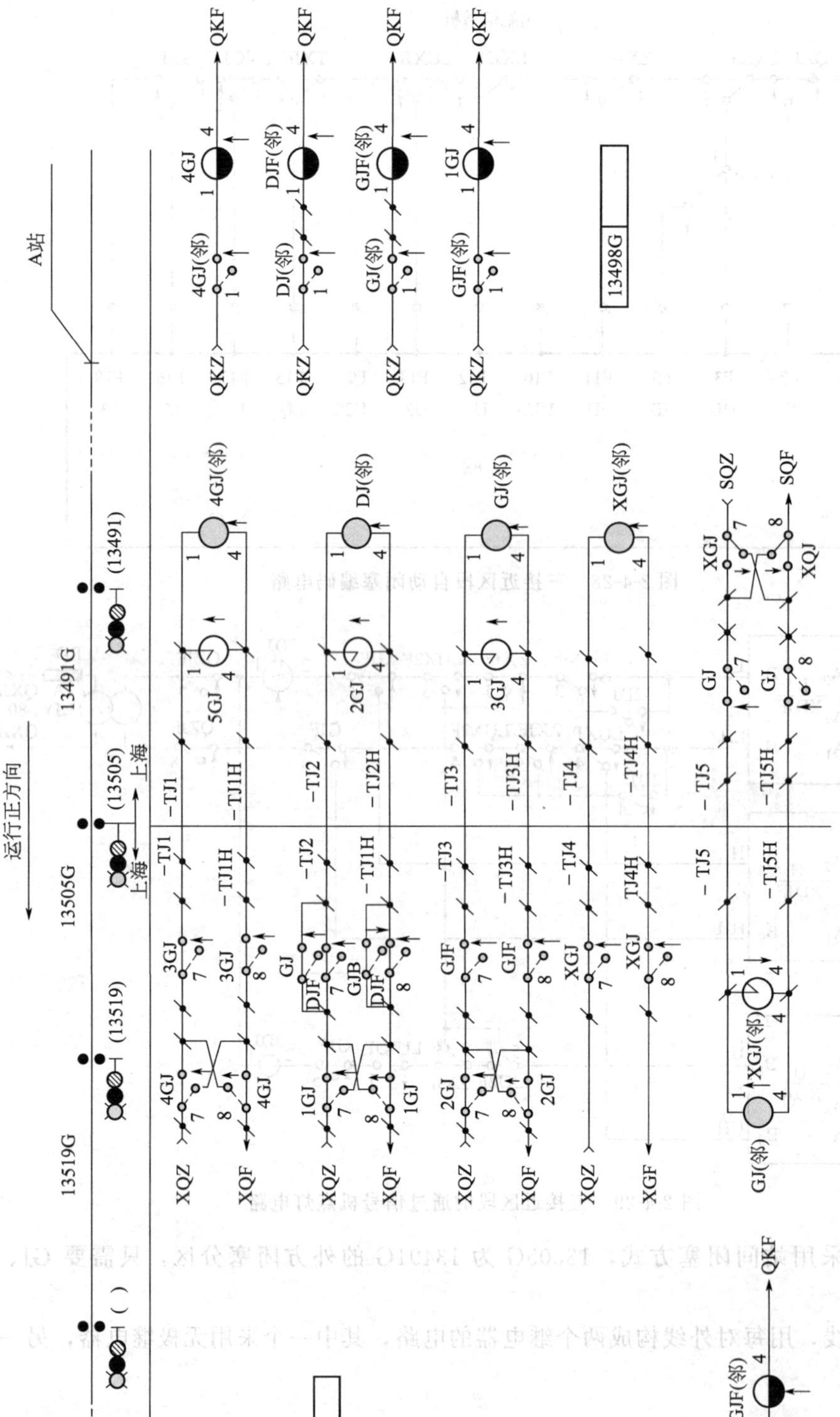

图 2-4-30　站间联系电路

5GJ 为偏极继电器，落下。

用缓放型继电器 4GJ 作为 4GJ（邻）的复示继电器，是防止在电流极性改变 4GJ（邻）动作不稳定而对自动闭塞电路产生影响。

（2）通过外线 TJ_2、TJ_2H 构成本站 DJ（邻）和 2GJ 的电路。DJ（邻）是邻站 GJ、DJF 的复示继电器，用于实现红灯转移，2GJ 是邻站 1GJ 的复示继电器。

（3）通过外线 TJ_3、TJ_3H 构成 GJ（邻）和 3GJ 的电路。GJ（邻）是邻站 GJF 的复示继电器，3GJ 是邻站 2GJ 的复示继电器。

（4）通过外线 TJ_4、TJ_4H 构成本站 XGJ（邻）电路。XGJ（邻）是邻站 XGJ 的复示继电器。

2. 送给内方闭塞分区的条件

通过外线 TJ_5、TJ_5H 构成邻站 XGJ（邻）和 GJ（邻）的电路。XGJ（邻）是本站 XGJ 的复示继电器，GJ（邻）是本站 GJ 的复示继电器。缓放型继电器 GJF（邻）是 GJ（邻）的复示继电器。

三、发送 *n*+ 1 冗余电路

ZPW-2000A 型自动闭塞发送采用 $n+1$ 冗余方式。每个车站按上、下行分别设一个＋1 发送器，上、下行的＋1FBJ 分别设在 S1LQ 和 X1LQ 组合中。发送 $n+1$ 冗余电路见附录二。

发送器内设自动检测。设备正常时，其发送报警继电器 FBJ 吸起。当发送器发生故障时，FBJ 落下，自动转换至＋1 发送器。

1. +1 发送器低频编码电路

发送器工作正常时，＋1 发送器外接 F1 低频编码电路，发送 29Hz 频信息。当任一发

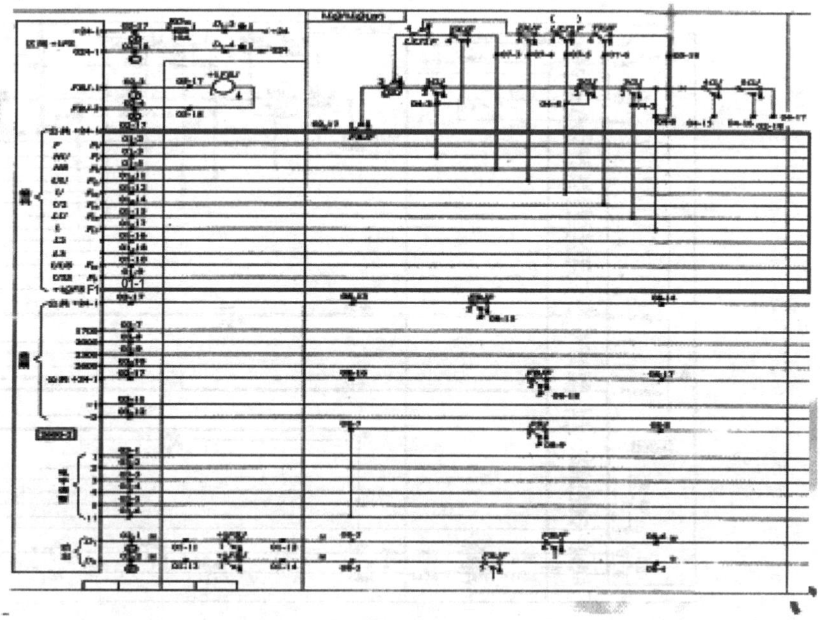

图 2-4-31　＋1 发送器平时接入的低频编码电路

送器故障时，故障发送器的 FBJ 落下，使用故障发送器的 FBJF 第一组接点，将故障发送器的低频编码条件接入＋1 发送器。接入＋1 发送器的低频编码电路应与原发送器的低频编码电路完全相同，即替代原发送器发出相应的低频信息。图 2-4-31 中粗线为＋1 发送器平时接入低频编码电路，图 2-4-32 中虚框为发送器故障时，＋1 发送器接入的编码电路。

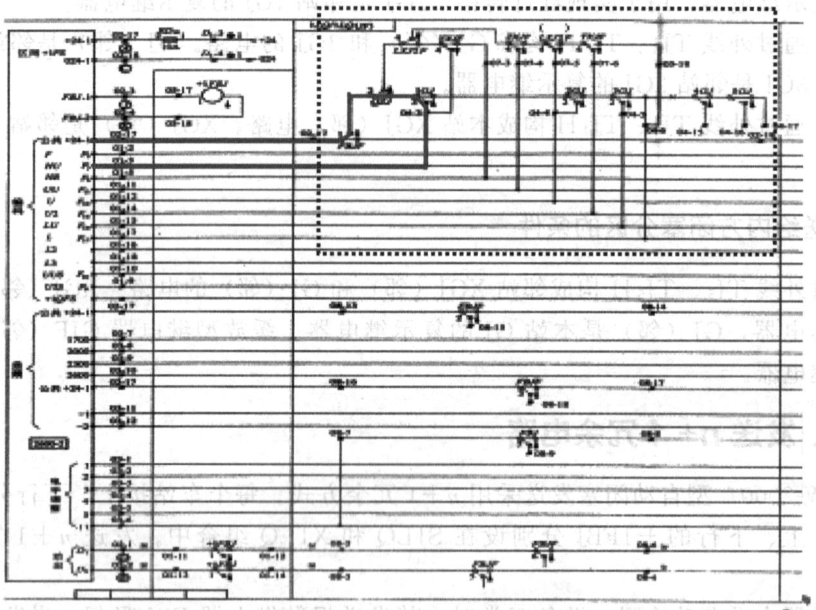

图 2-4-32　发送器故障时，＋1 发送器接入的编码电路

2. +1 发送器载频编码条件

发送器工作正常时，＋1 发送器发送 2600-2 载频信息，如图 2-4-33 中粗线所示。任一

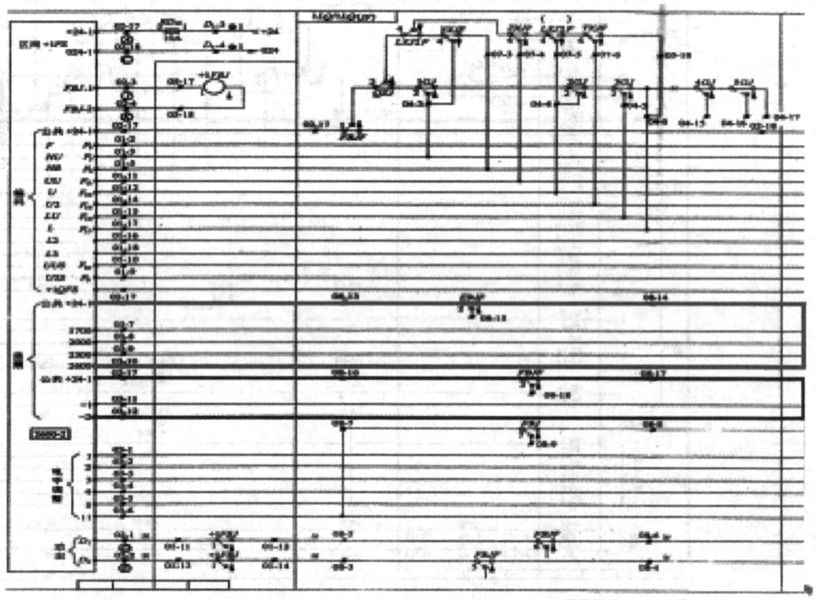

图 2-4-33　＋1 发送器平时接入的载频编码条件

发送器故障时，故障发送器的 FBJ 落下，使用故障发送器的 FBJF 第二、三组接点，接入+1 发送器的载频编码条件。接入+1 发送器的载频编码条件应与原发送器的载频编码条件完全相同。如图 2-4-34 中粗线所示，原发送器载频为 2300-2，则连接 FBJF23—08-15—2300，FBJF33—08-18—2。如果该发送器故障，通过 FBJF 落下接点接入+1 发送器载频编码条件。

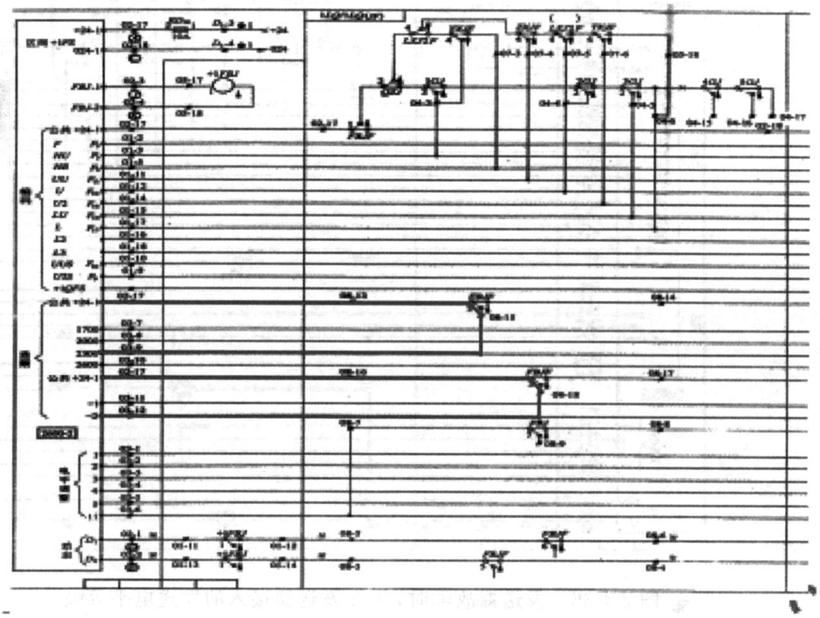

图 2-4-34 发送器故障时，+1 发送器接入的载频编码条件

3. +1 发送器电平调整

+1 发送器平时发送电平调整为 5 级，如图 2-4-35 中粗线所示。按照轨道电路的调整表，

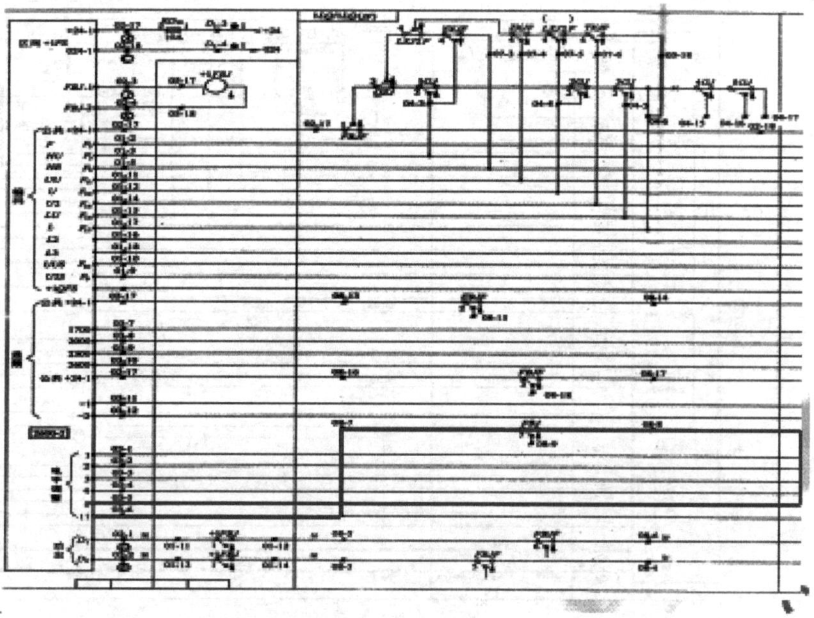

图 2-4-35 +1 发送器平时接入的发送电平等级

分别设置每个发送器的电平等级，使用FBJ的第七组接点，连接对应电平等级。如图2-4-36中粗线所示，原发送器电平等级为4级，则连接FBJ73—08-9—4。该发送器故障时，电平等级通过FBJ落下接点接入+1发送器。

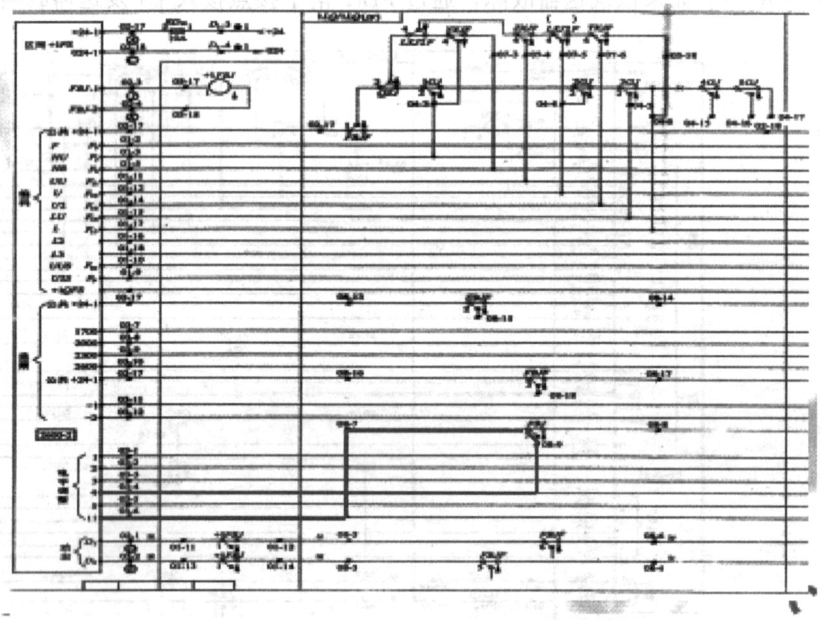

图2-4-36　发送器故障时，+1发送器接入的发送电平等级

4. +1发送器功出

+1发送器平时虽然能够发出移频信号，但是不能发送至室外钢轨，如图2-4-37中粗线所示。当任一发送器故障时，故障发送器的FBJ落下，使用故障发送器的FBJF第五、六组

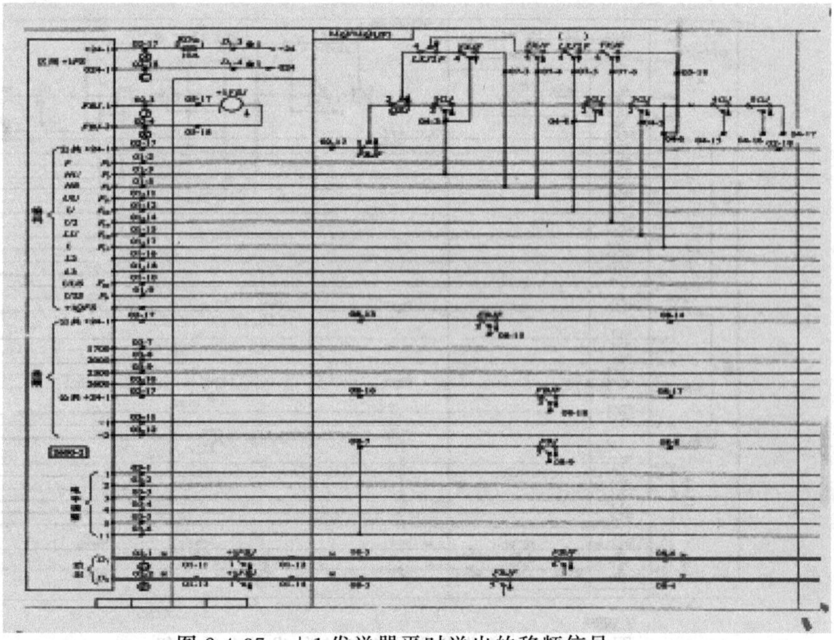

图2-4-37　+1发送器平时送出的移频信号

接点，由+1 发送器输出移频信号，并送至本区段室外钢轨，如图 2-4-38 中粗线所示。

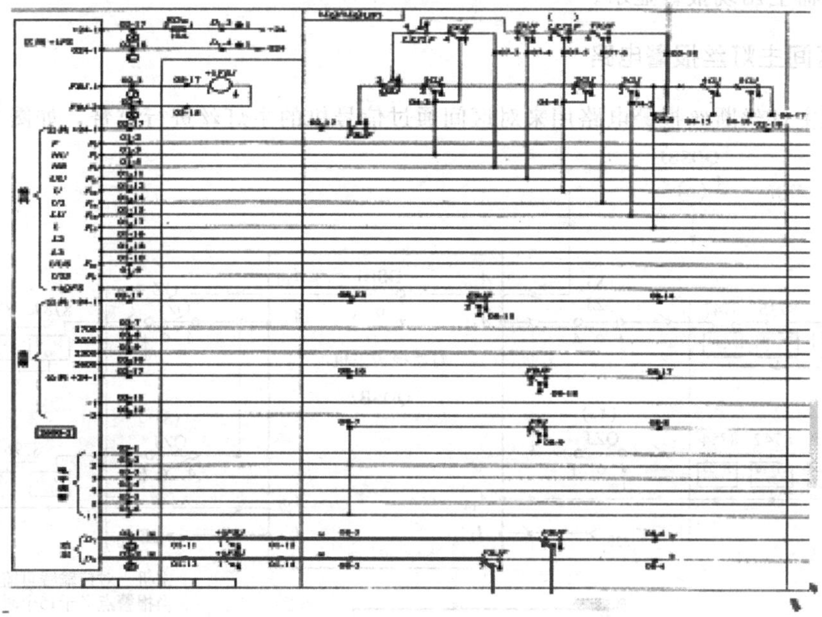

图 2-4-38　发送器故障时，+1 发送器送出的移频信号

四、区间移频报警电路

1. 移频总报警电路

在 6502 电气集中车站，移频总报警电路如图 2-4-39 所示。

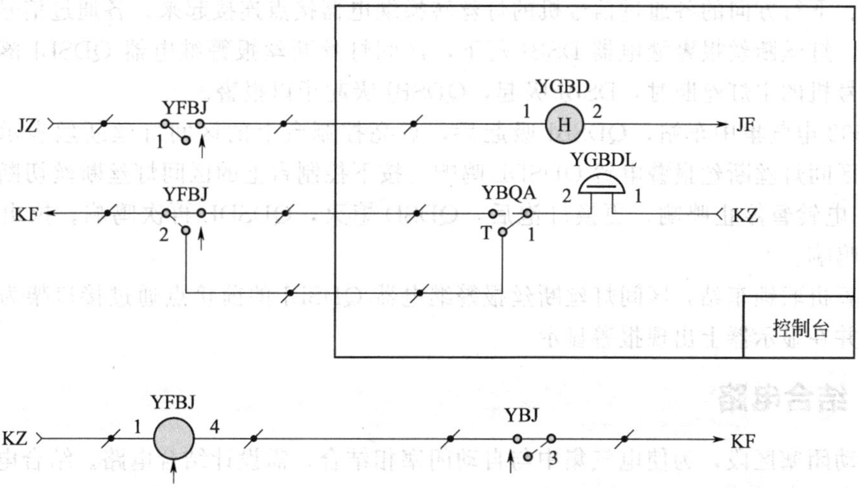

图 2-4-39　移频总报警电路

由 YBJ 前接点接通移频发送报警继电器 YFBJ 电路。移频设备发生故障时，YBJ 落下使 YFBJ 落下。YFBJ 落下后，点亮控制台上的移频故障报警表示灯 YGBD（红色），移频故障报警电铃 YGBDL 鸣响。按下移频故障报警切断按钮 YBQA，电铃暂停鸣响。故障修复后，YFBJ 吸起，YGBD 熄灭，电铃再次鸣响。拉出 YBQA，电铃停止鸣响。

在计算机联锁车站，移频总报警继电器 YBJ 的前接点通过接口架为计算机联锁采集，并在显示器上出现报警显示。

2. 区间主灯丝报警电路

区间主灯丝断丝报警电路用来对区间通过信号机的主灯丝进行监督，如图 2-4-40 所示。

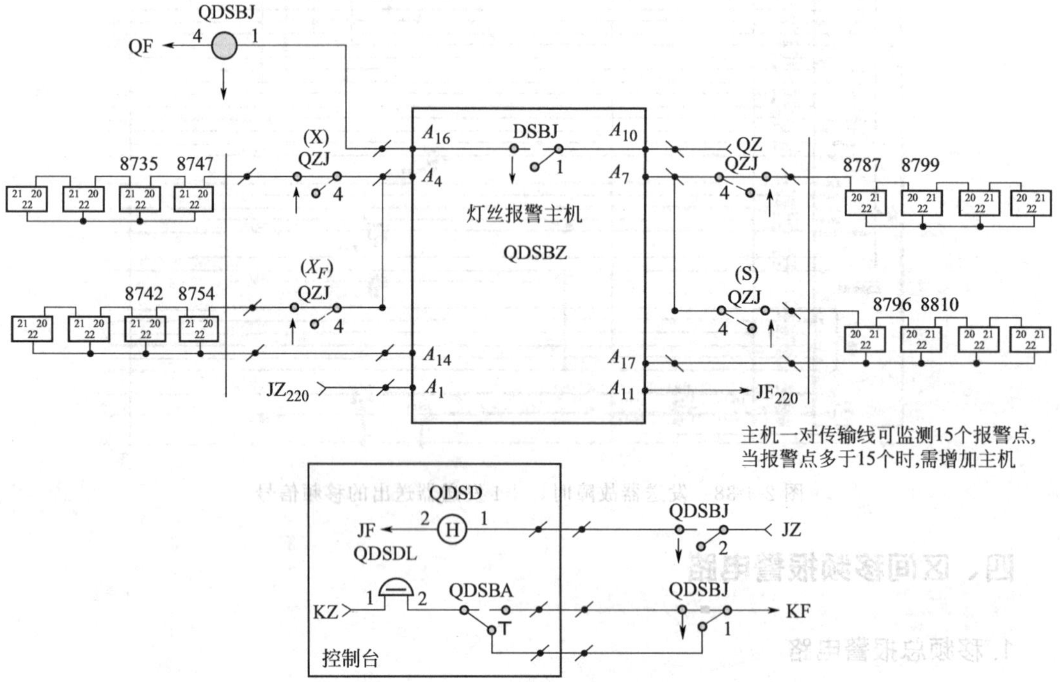

图 2-4-40　区间主灯丝断丝报警电路

将上、下行方向的各通过信号机的灯丝转换继电器接点连接起来。各通过信号机的主灯丝完整时，灯丝断丝报警继电器 DSBJ 落下，区间灯丝断丝报警继电器 QDSBJ 落下。当某一通过信号机的主灯丝断时，DSBJ 吸起，QDSBJ 吸起予以报警。

在 6502 电气集中车站，QDSBJ 吸起后，点亮控制台上的区间灯丝断丝表示灯 QDSD（红色）。区间灯丝断丝报警电铃 QDSDL 鸣响。按下控制台上的区间灯丝断丝切断报警按钮 QDSBA，电铃暂停止鸣响。更换灯泡后，QDSD 熄灭，QDSDL 再次鸣响。拉出 QDSBA，电铃停止鸣响。

在计算机联锁车站，区间灯丝断丝报警继电器 QDSBJ 的前接点通过接口架为计算机联锁采集，并在显示器上出现报警显示。

五、结合电路

在自动闭塞区段，为使电气集中与自动闭塞相结合，需设计结合电路。结合电路包括与控制台结合电路和与电气集中结合电路。

（一）与控制台结合电路

1. 接近轨道继电器电路

对每一接车方向设第一接近轨道继电器 1JGJ、第二接近轨道继电器 2JGJ 和第三接近轨道继电器 3JGJ，均由相应闭塞分区的 GJ 控制。该闭塞分区空闲时，接收器收到本闭塞分区的移频信号，GJ 吸起，使接近轨道继电器 JGJ 吸起。该闭塞分区被占用时，接收器收不到本闭塞分区的移频信号，GJ 落下，使接近轨道继电器 JGJ 落下。下行正方向接近轨道继电器电路如图 2-4-41 所示，由 8763GJ、8775GJ、8787GJ 的前接点分别接通 X1JGJ、X2JGJ、X3JGJ 励磁电路。若某闭塞分区的设备设在相邻车站，则要将该闭塞分区的 GJ 条件通过外线引至本站，为保证传输的可靠性，采用接点双断。

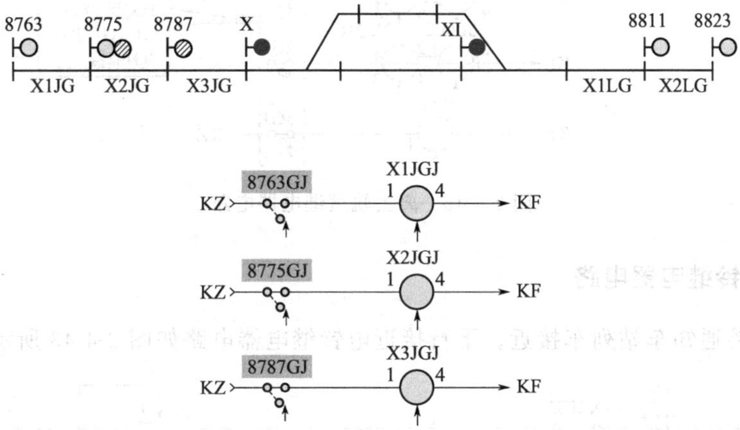

图 2-4-41　接近轨道继电器电路

控制台上设三个接近表示灯，分别通过 1JGJ 和 2JGJ 及 3JGJ 后接点点亮，表示列车接近车站的情况。

1JGJ、2JGJ 和 3JGJ 接点还用于接近电铃继电器电路，2JGJ 和 3JGJ 前接点用于进站信号机的 JYJ 电路。

2. 离去继电器电路

离去继电器电路由反映列车运行前方各闭塞分区的继电器条件构成。设四个离去继电器 1LQJ、2LQJ、3LQJ、4LQJ（提速至 200km/h 区段设 5LQJ、6LQJ，200km/h 以上区段设 7LQJ），它们平时吸起。当第一离去区段 1LQ 被占用，使 1LQJ 落下，表示列车离去，运行在第一离去区段。第二离去区段 2LQ 被占用，使 2LQJ 落下，表示列车运行在第二离去区段。第三离去区段 3LQ 被占用，使 3LQJ 落下，表示列车运行在第三离去区段。第四离去区段 4LQ 被占用，使 4QLJ 落下，表示列车运行在第四离去区段。因离去继电器接点使用较多，设 2LQJ1 和 2LQJ2、3LQJ1 和 3LQJ2。1LQJ、2LQJ，3LQJ 的后接点分别点亮 1LQD、2LQD、3LQD 表示灯。下行正方向离去轨道继电器电路如图 2-4-42 所示，由下行正方向一离去区段的 GJ、1GJ、2GJ、3GJ 前接点分别接通 X1LQJ、X2LQJ、X3LQJ、X4LQJ 励磁电路。

1LQJ、2LQJ 接点用于反方向接近电铃继电器电路；1LQJ 前接点用于 LXJ11 线网路端部电路中；1LQJ 前接点用于反方向进站信号机的 JYJ 电路；2LQJ 前接点用于通过信号机 TXJ 电路；2LQJ、3LQJ 及其复示继电器 2LQJF、3LQJF 接点用于出站信号机点灯电路，1LQJ、2LQJF、3LQJF、4LQJ（以及 5LQJ、6LQJ、7LQJ）接点用于站内轨道电路电码化电路。

反方向运行时 X1LQJ 作为 SFJGJ，S1LQJ 作为 XFJGJ。

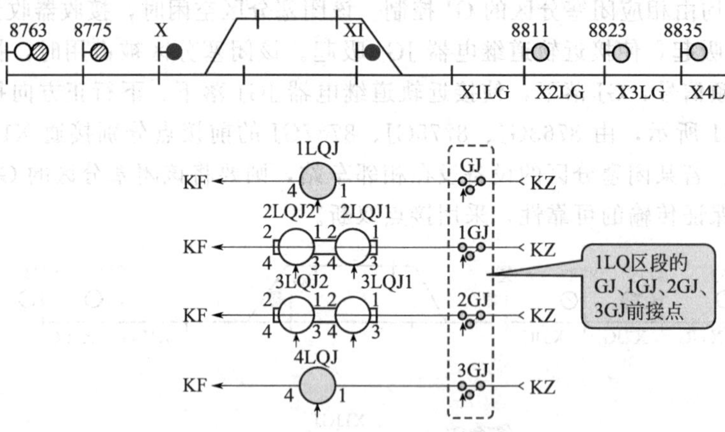

图 2-4-42　离去轨道继电器电路

3. 接近电铃继电器电路

设接近电铃通知车站列车接近。下行接近电铃继电器电路如图 2-4-43 所示。

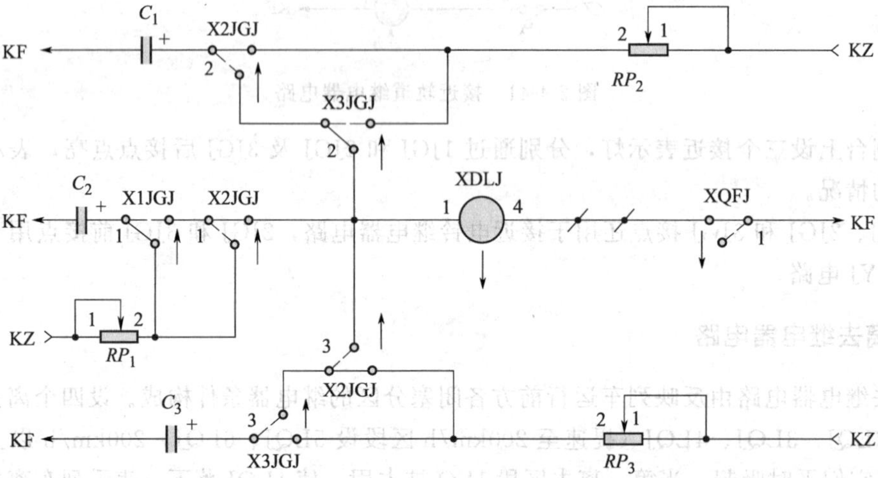

图 2-4-43　接近电铃继电器电路

正方向运行时，区间反方向继电器 QFJ 落下，平时，1JGJ，2JGJ，3JGJ 都吸起，通过它们的前接点分别接通 C_1、C_2、C_3 的充电电路。列车进入第一接近区段 1JG，1JGJ 落下，C_1 向电铃继电器 DLJ 放电，使之吸起，接近电铃 JDL 鸣响。列车进入第二接近区段 2JG，2JGJ 落下，C_2 向 DLJ 放电，使之吸起，JDL 鸣响。列车进入第三接近区段 3JG，未出清第二接近区段 2JG，3JGJ 和 2JGJ 均落下，C_3 向 DLJ 放电，使之吸起，JDL 鸣响。但列车出清第二接近区段 2JG 后，DLJ 落下，JDL 停止鸣响。

当前行列车在第二接近区段，后续列车进入第一接近区段，C_1 仍能充电，待前行列车出清第二接近区段后，C_1 向 DLJ 放电，JDL 仍能鸣响，通知续行列车的接近。

同样，在前行列车运行在第三接近区段，后续列车进入第二接近区段时，C_2 仍能充电，待前行列车驶离第三接近区段后，C_2 向 DLJ 放电，使 JDL 鸣响，通知续行列车的接近。

电位器 RP_1、RP_2、RP_3 分别用来调节 C_1、C_2、C_3 的充电时间。

反方向发车时，区间反方向继电器 QFJ 吸起，断开电铃继电器 DLJ 电路，即反方向发车时不使接近电铃鸣响。为了满足反方向接车的需要，另外设计反方向电铃继电器 FDLJ 电路。

(二) 与电气集中结合电路

1. 接近预告继电器电路

进站信号机的 JYJ 电路中，用 2JGJ、3JGJ 后接点，作为列车接近的证明条件，图 2-4-44所示。

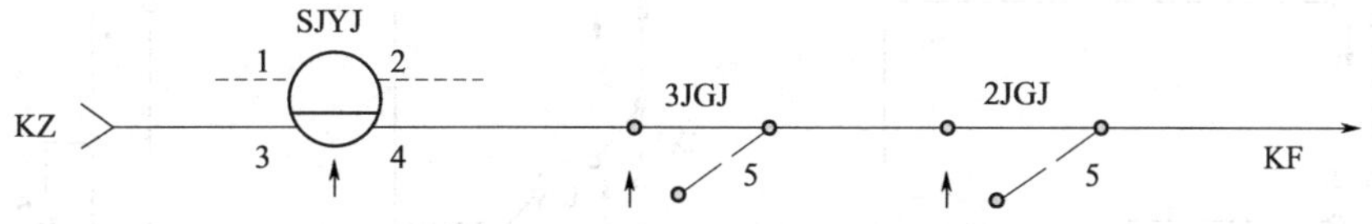

图 2-4-44　进站信号机 JYJ 电路

在有通过进路的正线出站信号机的 JYJ 电路中，用 3JGJ 后接点作为列车接近的证明条件，如图 2-4-45 所示。

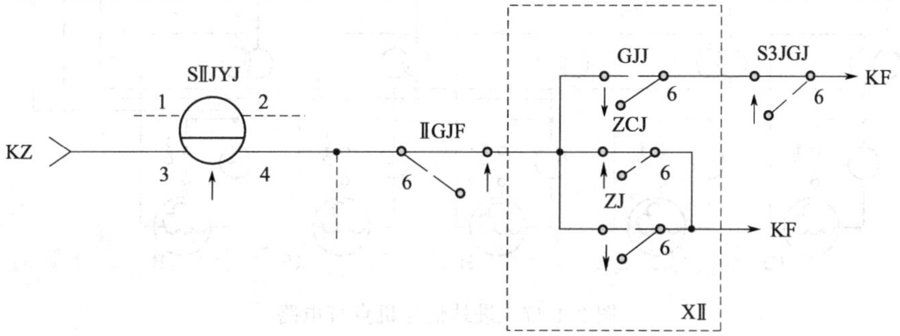

图 2-4-45　正线出站信号机 JYJ 电路

2. 进站信号机区分允许信号继电器电路

对于进站信号机，在 TXJ 和 LUXJ 电路中，用同方向的 2LQJ 接点区分 2LQ 区段是否空闲，以确定 TXJ 是否吸起，来区分绿灯显示和绿黄灯显示，如图 2-4-46 所示。

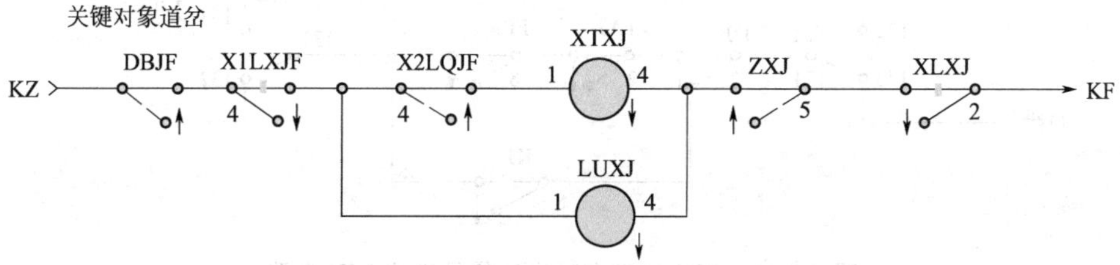

图 2-4-46　TXJ 和 LUXJ 电路

3. 进站信号机点灯电路

在进站信号机点灯电路中用 LUXJ 接点来构成绿黄灯显示 TXJ 接点构成绿灯显示，如图 2-4-47 所示。

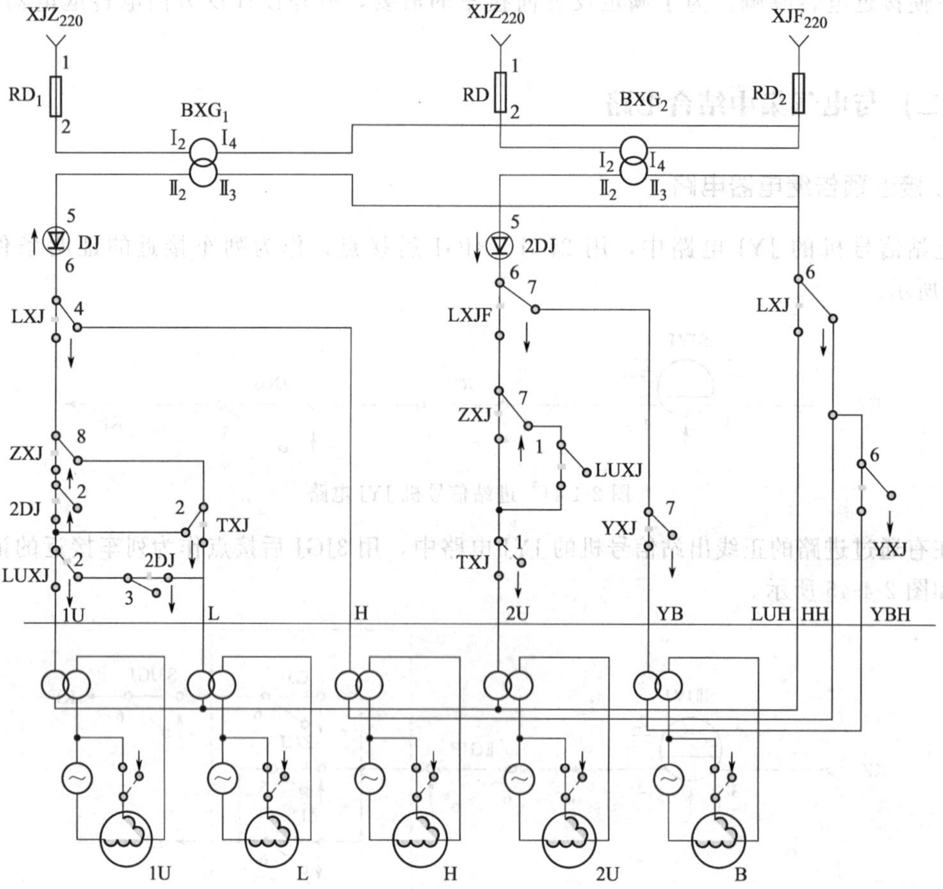

图 2-4-47　进站信号机点灯电路

4. 出站信号机的 LXJ 电路

（1）正方向发车时　在出站信号机的 LXJ 电路中，正方向发车时，11 线端部用 1LQJ 前接点证明 1LQ 区段空闲，作为出站信号机开放的必要条件，如图 2-4-48 所示。

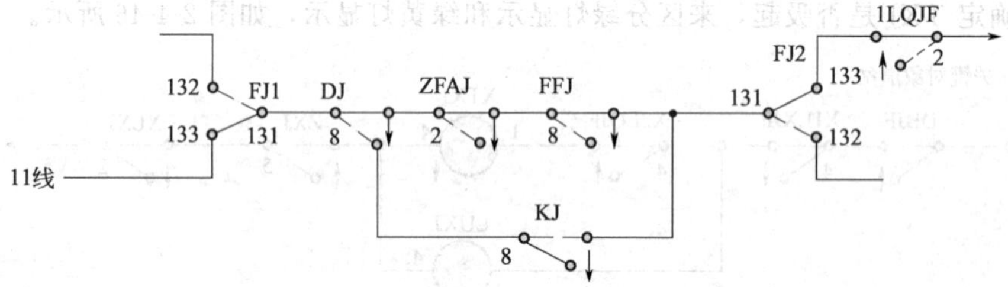

图 2-4-48　正方向发车时出站信号机的 LXJ 电路

（2）反方向发车时　在出站信号机的 LXJ 电路中，反方向发车时，11 线端部用 QGJ 前接点证明整个区间空闲，作为出站信号机开放的必要条件，如图 2-4-49 所示。

一个车站分别设 XQGJ 和 SQGJ，它们作为反方向运行时区间空闲的条件。XQGJ 检查上行反方向发车时整个区间的空闲，SQGJ 检查下行反方向发车时整个区间的空闲，它们分别串联整个区间各个闭塞分区的 GJ 前接点，只有所有闭塞分区都空闲，它们才吸起，相关

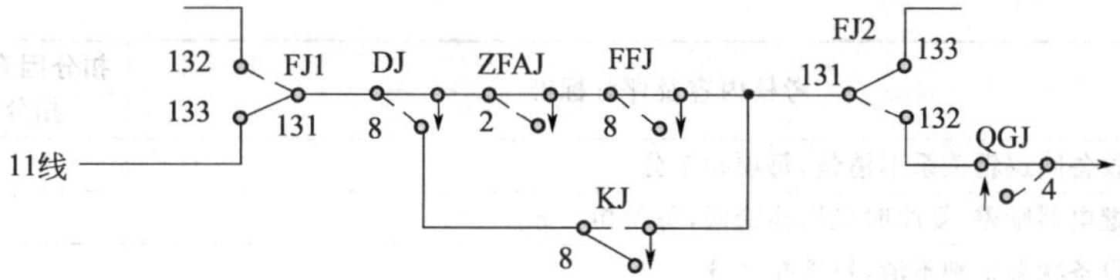

图 2-4-49　反方向发车时出站信号机的 LXJ 电路

方向的出站信号机才能开放，而且列车出发，出站信号机关闭后不能再开放，只有出清整个区间才能再次开放出站信号机，保证整个区间同时只有一列列车运行。图 2-4-50 所示为下行区间轨道继电器电路。

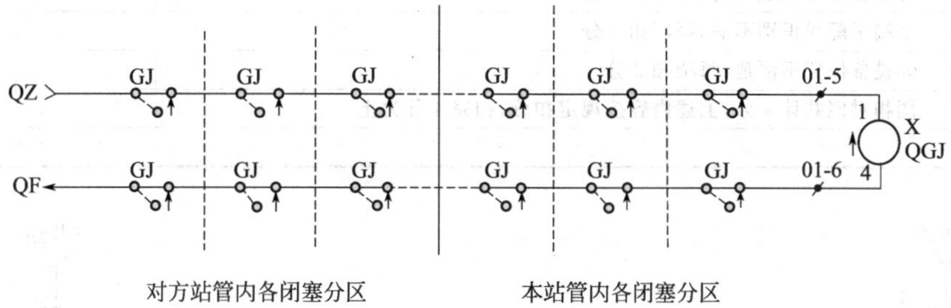

图 2-4-50　区间轨道继电器电路

反向运行时站间空闲检查也可以采用另外一种方法，反向运行时，本闭塞分区发送电路检查相邻内方闭塞分区的 QGJ 前接点，相邻内方闭塞分区有车，则本闭塞分区收不到移频信号 QGJ 落下。此时反向出站信号机开放只需检查 3JG 空闲确认站间空闲。

反方向按自动闭塞运行时，不需要区间轨道继电器。

5. 出站信号机点灯电路

如图 2-4-51 所示，用 2LQJ 和 3LQJ 接点区分黄灯显示、绿黄灯显示和绿灯显示。

6. 解锁电路

如发车口内方第一个区段为道岔区段，则发车进路上该道岔区段的第三点检查条件是 1LQJ 接点，如图 2-4-52 所示。

考核标准 ▶▶▶

电路识读技能要求学生熟练识读 ZPW-2000A 移频自动闭塞电路，考核时限 5min。考核方式采用口试加笔试，笔试内容为电路接通公式、电路作用、送电规律等。评分标准见表 2-4-5。

表 2-4-5　电路识读技能评分表

项目及配分	考核内容及评分标准	扣分因素及扣分	得分
电路识读（6 分）	①电路原理图跑不通，每项扣 3 分		
	②设备作用不清晰，每项扣 2 分		
	③结合电路识别不清，每项扣 2 分		
	电路识读共计 6 分，上述内容按规定扣分，扣完 6 分为止		

续表

项目及配分	考核内容及评分标准	扣分因素及扣分	得分
动作程序分析（2分）	①设备间逻辑关系不清楚，每项扣1分		
	②继电器励磁、复原时机回答错误，每项扣1分		
	③设备状态识别不清，每项扣2分		
	动作程序分析共计2分，上述内容按规定扣分，扣完2分为止		
送电规律（3分）	①电源性质回答错误，每项扣1分		
	②借电方式回答错误，每项扣1分		
	③熔断器容量不清，每项扣2分		
	送电规律共计3分，上述内容按规定扣分，扣完3分为止		
图物对照（4分）	①设备型号识别不清，每项扣2分		
	②端子配线识别不清，每项扣2分		
	③设备位置不清楚，每项扣2分		
	图物对照共计4分，上述内容按规定扣分，扣完4分为止		
合计			

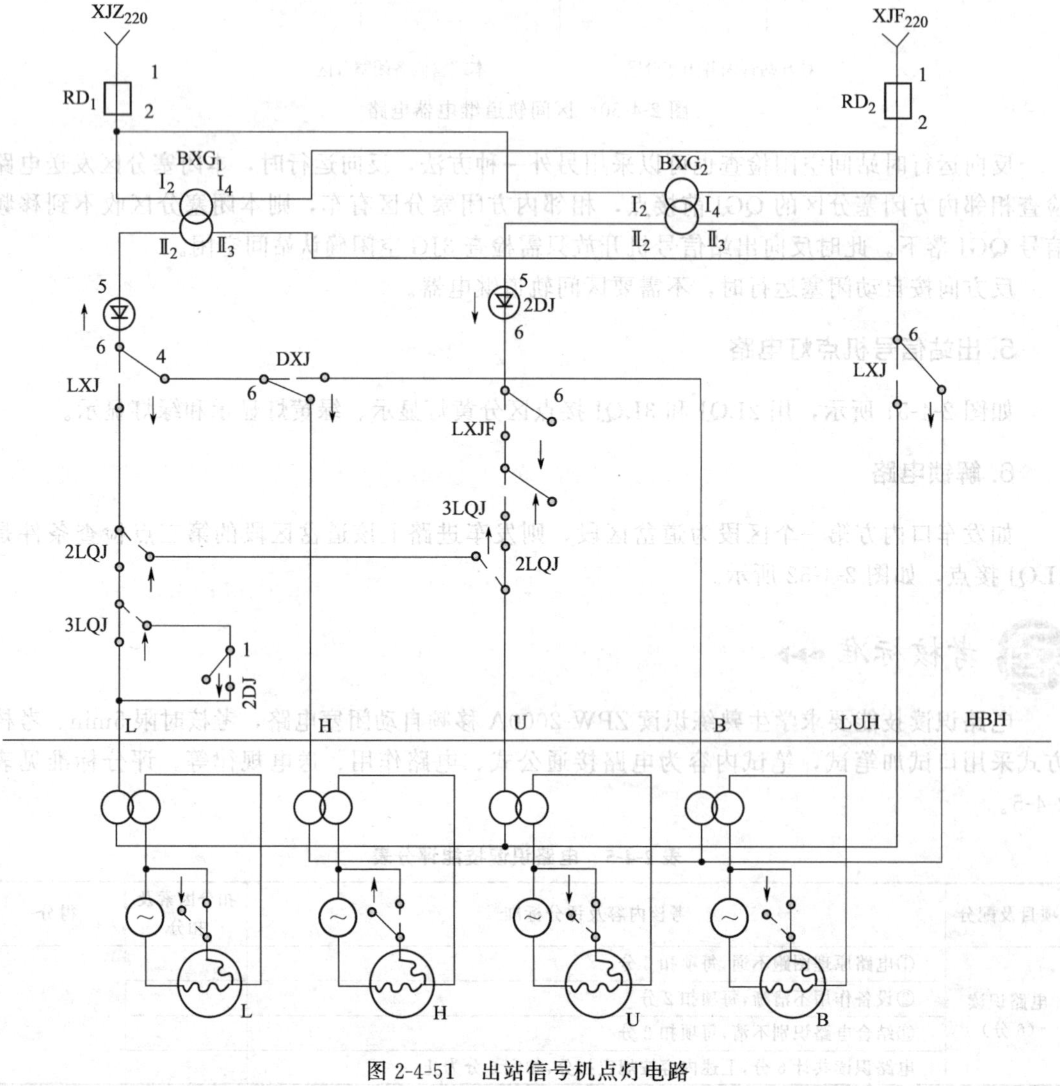

图 2-4-51 出站信号机点灯电路

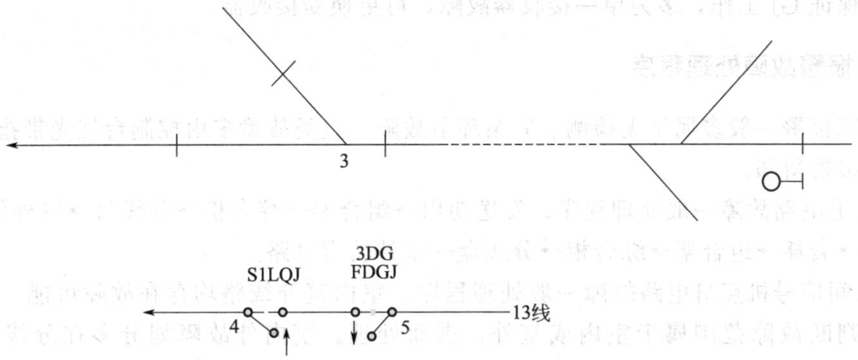

图 2-4-52 发车口内方解锁电路

任务五 ZPW-2000A 移频自动闭塞常见故障处理

学习目标 ▶▶▶

① 能够结合闭塞设备表示灯状态、测试孔测试数据，正确分析判断故障；

② 能够按照故障处理程序，在 20min 内找出故障点。

故障处理 ▶▶▶

在 ZPW-2000A 移频自动闭塞设备的故障处理中，首先要学会观察控制台声光报警和设备的工作灯，通过这些情况来帮助故障的分析判断，其次要通过测试数据，掌握故障的处理方法。

在 ZPW-2000A 移频自动闭塞设备的故障处理中，首先要学会观察控制台声光报警和设备的工作灯，通过这些情况来帮助故障的分析判断，其次要通过测试数据，掌握故障的处理方法。

一、故障处理程序

1. 有报警故障处理程序

① 通过控制台声光报警（YBJ 落下）得知故障，由于发送、接收有冗余设计，系统正常工作有可能中断，也有可能不中断。

② 到信号机械室查看衰耗器上各发送器、接收器的工作灯。点绿灯设备正常，灭灯设备故障。

③ 迅速判决故障是否影响行车。如只一台发送故障并已转为“+1FS”工作，接收仍正常工作，不影响行车。如只一台接收故障，由于双机并联另一方仍保持工作，不影响行车。

④ 发现故障一般处理程序

对发送：检查电源、断路器、低频编码电源、功出电压等，区分发送器内外故障，如+1发送工作正常，估计为主发送器内部故障，可更换新发送器。

对接收：检查电源、断路器、输入电压（主轨道、小轨道）等，区分接收器内外故障。

并机仍可保证 GJ 工作，多为单一接收器故障，可更换新接收器。

2. 无报警故障处理程序

无故障报警一般多属于无检测非冗余环节故障。这类故障多由控制台红光带指示及司机行车受阻报告得知。

① 轨道电路故障一般处理程序。发送功出→组合架→综合柜→分线盘→室外轨道电路；接收输入→衰耗→组合架→综合柜→分线盘→室外轨道电路。

② 区间信号机点灯电路故障一般处理程序。室内室外线路均存在故障可能。处理故障中应迅速判断故障范围属于室内或室外，进而处理。室内外故障划分多在分线盘处测量确定。

二、常见故障分析判断

信号设备的故障按故障部位可分为线路故障和器材故障。线路故障是由电缆、箱盒连接线、轨道电路钢丝绳等连接线故障，造成设备之间的联系线断路或短路的故障，线路故障一般表现为无绝缘轨道电路故障；器材故障是指器材变质、性能发生变化等造成的故障。

（一）无绝缘轨道电路故障分析判断

ZPW-2000A 型无绝缘轨道电路常见故障现象有三种，无车占用一个区段红光带、无车占用相邻两个区段同时红光带和无红光带但控制台移频报警。为方便现以某区间 5231G、5217G、5205G 三个区段为例，这三个区段两端均为电气绝缘节，轨道电路间的关系如图 2-5-1 所示。

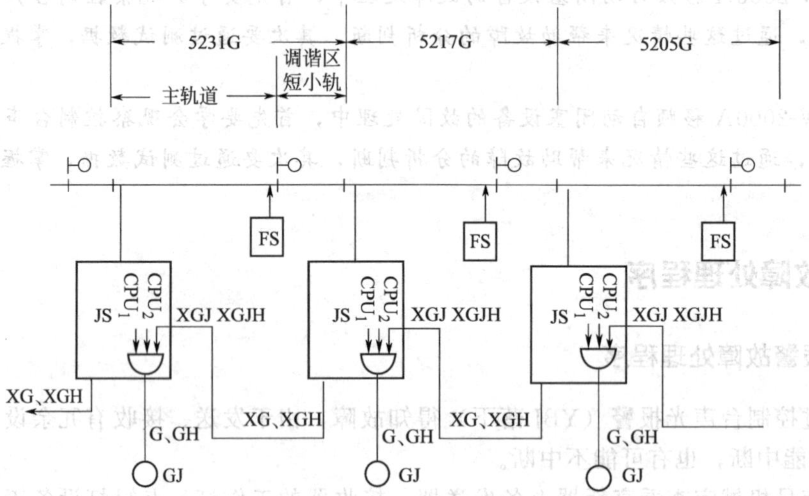

图 2-5-1　5231G、5217G、5205G 轨道电路间关系

1. 无车占用一个区段红光带（5217G 红光带）

由于 ZPW-2000A 轨道电路主轨信号由本区段接收器解调，小轨道信号由运行前方相邻区段接收器解调，若只有本区段在无车占用时出现红光带，本区段从受电端调谐单元至室内接收器这整个接收通道应是完好的（否则其相邻区段 5231G 将得不到小轨道检查条件也将出现红光带）。故障原因如下。

(1) 从室内该区段的发送器开始经室外送端至受端轨面　查找故障应重点从室内该区段的发送器开始经室外送端至受电端轨面，如：

① 发送器故障；

② 发送端模拟网络故障；

③ 送端电缆接地断线或混线；

④ 送端匹配变压器故障或调谐单元开路（送端调谐单元断线，接收端电压降低 50%）；

⑤ 钢包铜线断线；

⑥ 轨面异常分路或电容开路。

以上这些原因都会造成受电端电压降低，可测试一下本区段的功出、轨出 1、轨出 2。

(2) 5205G 受电端调谐单元开路　测试前方区段 5205G 的轨出 1、轨出 2，如果 5205G 受电端调谐单元开路，使接收到的小轨道（5217G）电压升高 5～7 倍，高出接收器的小轨道上门限值从而关闭向 5217G 接收器送出的小轨道检查条件 XG、XGH，这种情况同样会使 5205G 的主轨道接收电压降低，但降低的幅度不至于低于接收器的主轨下门限，所以只会造成 5217G 一个区段呈现红光带。

(3) 5217G 收不到小轨道检查条件　如 5205G 衰耗盘故障，导致送不出 XIN 信号使接收器接收不到小轨信号，或 5205G 向 5217G 送的小轨道检查条件线开、短路等。

(4) 5217G 衰耗盘故障　本区段衰耗盘故障，无法送出 ZIN 信号，使接收器主、并机接收不到主轨信号。

(5) QGJ 故障　如果 QGJ 故障也会造成控制台相应区段红光带。

如果是机械绝缘节轨道电路红光带就要考虑送、受端整个通道。

2. 无车占用相邻两个区段红光带(5217G、5205G 同时红光带)

室外受电端至室内衰耗器间的接收通道同时传输本区段（5205G）的主轨道信息和相邻区段（5217G）的小轨道信息，如果该通道故障将导致本区段接收不到主轨道信息，相邻区段接受不到小轨道检查条件，相邻两个区段同时呈现红光带。

除接收通道故障外，若衰耗器本身故障送不出 ZIN 和 XIN 信息，也会造成本区段和相邻区段同时呈现红光带。

3. 无车占用无红光带但控制台移频报警

造成这种现象的原因有：

① 发送器或接收器内部故障；

② 发送器或接收器正常工作的外围条件不满足；

③ 衰耗盘内部光耦故障；

④ 衰耗盘间的报警条件连接线断线；

⑤ +1 发送器故障。

以上这些原因会造成报警检查条件无法正常送出，YBJ 失磁落下使控制台发出移频报警。

由于 ZPW-2000A 系统有充分的冗余措施（发送器采用 $N+1$ 冗余，接收器采用主、并机冗余)，器材故障不至于影响系统的正常工作，不会导致 QGJ 落下，也就不会出现红光带。但 YBJ 一旦落下就失去了它的移频故障总报警的功能，若同时系统出现其他故障就不能及时被发现，所以出现这类现象也要及时排除。

查找这样的故障可以观察衰耗盘上的发送、接收故障报警指示灯是否灭灯，很直观地查到对应故障的发送器或接收器。

(二) 移频柜器材故障分析判断

ZPW-2000A 轨道电路移频柜中设置的发送端设备包括发送器、发送防雷模拟网络盘；接收端设备包括衰耗器、接收器、接收防雷模拟网络盘。这些器材故障或工作条件不满足时会发出移频报警，通过观察器材指示灯再配合简单的测试可以很快找到故障原因，下面简单介绍以上器材故障如何分析判断。

1. 发送器故障

发送器正常工作所需条件：

① 有 24V 直流工作电源且极性正确；

② 有且只有一个载频选择条件（包括选型条件）；

③ 有且只有一个低频选择条件。

判断发送器工作是否正常，可以站在发送器左侧面观察其左侧指示灯，电路板的左侧可看到一个黄色指示灯，平时器材正常其点亮，若 FBJ 励磁条件不满足时，其灭灯。电路板右侧有两个红色指示灯，左一个常亮，右一个可提示发送器外围条件是否满足，其含义见表 2-5-1。

表 2-5-1　发送器内部表示灯含义

闪动次数	含　义
常亮	外围条件全部满足
1	低频编码条件故障(无低频信息或有多个低频信息)
2	功出电压检测故障(负载短路)
3	内部故障
4	内部故障
5	内部故障
6	型号选择条件故障(断线或混线)
7	载频编码条件故障(断线或混线)

不同厂家的器材闪光方式有所区别，有的发送器闪 *N* 次后，暂停一段时间后继续闪动，有的发送器闪 *N* 次后，连闪两次作为间隔，后再闪 *N* 次。

根据指示灯给出的提示应着手查找相应的外围条件，若外围条件都满足，右一个红色指示灯常亮，但 FBJ 落下同时电路板左侧黄色指示灯灭灯就要更换发送器了。

另外，当发送电平调整跳线虚接时（可通过观察、晃动跳线或测量跳线两端是否有不该有的电压来判断），会造成（S1、S2）无功出电压或电压降低，但发送器指示灯一切正常，FBJ 不落下，不倒向+1 发送器，本区段呈现红光带。

2. 衰耗器故障

衰耗器是查找故障的关键，从衰耗盘可测量发送器电源电压、接收器电源电压、发送功出电压、主轨道输入电压、主轨道输出电压、小轨道输出电压、轨道继电器电压等。且有发送和接收正常工作、故障指示、轨道状态指示及正、反向运行指示等功能。

（1）衰耗器本身故障

① 衰耗器本身故障多出在 SB_1、SB_2 变压器、电阻氧化阻值偏高等，影响轨出 1、轨出 2 的电压值。

② 光耦损坏，导致移频报警条件中断、控制台移频报警。如果移频报警的同时发送和接收故障指示灯仍点亮，测量衰耗器后面的 BJ_1、BJ_2、BJ_3 条件端子（BJ_1 与 BJ_2 间是发送报警条件，BJ_2 与 BJ_3 间是接收报警条件），YBJ 的＋24V 电源通与断之间即为对应的发送或接收条件光耦损坏，及时更换衰耗器。

（2）衰耗器外围跳线故障　衰耗器担负着主轨道和小轨道输出电平的调整，外围跳线较多，这些跳线接错或虚接都会影响接收器正常工作，跳线可能会造成的故障主要有：

① 主轨道电平调整跳线虚接或断线会导致轨出 1 电压降低或为 0；

② 小轨道电平调整跳线虚接或断线会导致轨出 2 电压升高或为 0。

3. 接收器故障

接收器正常工作所需的条件：

① 有 24V 直流工作电源且极性正确；

② 主、并机同时有且只有一个载频选择条件（包括选型条件）；

③ 主、并机同时有且只有一个小轨选型条件。

满足上述条件，接收器正常工作时向衰耗器发出 JB＋、JB－条件（24V 直流电压），衰耗器上点亮接收灯并构成 YBJ 的励磁条件，若上述条件缺一则衰耗盘上接收灯灭灯，同时控制台移频报警。

接收器自身故障也会使接收灯灭灯、移频报警，不过主、并机备用不会造成无输出而出现红光带。

接收器主机如果缺少小轨道选型条件还会造成正（反）方向灯熄灭。若衰耗器接收灯和正（反）方向灯同时熄灭可首先检查主机小轨道选型条件。

4. 模拟网络盘故障

模拟网络盘位于发送、接收端信息传输通道中室内设备与室外电缆连接处，它的作用是模拟数字 SPT 电缆参数对实际电缆进行补偿，同时对传输电缆引入的雷电进行防护。模拟网络盘故障会使信息通道受阻，影响相应区段的信息接收，造成红光带。送端模拟网络盘故障使本区段呈现红光带，受端模拟网络盘故障可能会导致本区段及相邻区段同时出现红光带。

发送端模拟网络盘中的信息传输方向为“设备”—“防雷”—“电缆”，按照此顺序进行测量，正常时“设备”处电压基本与功出电压相等；“防雷”处电压比“设备”处略高几伏；“电缆”处电压经模拟网络阻抗衰减后，降低为几十伏送向室外，与零层（区间分线盘）送出电压相等。模拟网络盘电压的变化若有大幅度改变就证明其故障需要更换了。

接收端模拟网络盘中的信息传输方向为“电缆”—“防雷”—“设备”，按照此顺序测量，正常时“电缆”处电压与零层（区间分线盘）接收电压相等通常主轨十多伏，小轨几十至一百多毫伏；“防雷”处电压经模拟网络阻抗衰减后降为几伏，到“设备”处再降低一些，与衰耗器上的轨入电压基本相等。

另外，模拟网络盘上插有带劣化显示的防雷单元，若击穿会有劣化显示（指示窗口由绿色变为红色），不影响设备正常工作但要及时更换。

三、常见故障处理方法

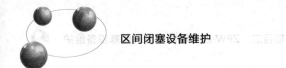

当接到车站通知移频报警时，观察是否出现区段红光带。若无红光带，故障点就应在发送器或接收器，到机械室观察该区段衰耗器上的发送灯、接收灯是否熄灭。

若移频报警同时出现无车占用的区段红光带，再看是几个区段红光带，根据前述的方法压缩故障范围。确定是通道故障，下一步要区分室内外。通过模拟网络盘上的测试插孔测量来区分室内外较便捷。

下面分几种情况来分析查找。

① 两个区段红光带（5217G、5205G），在 5205G 衰耗盘上测功出正常，轨出 1、轨出 2 电压都为 0V 或低于落下门限值。故障处理流程如图 2-5-2 所示。

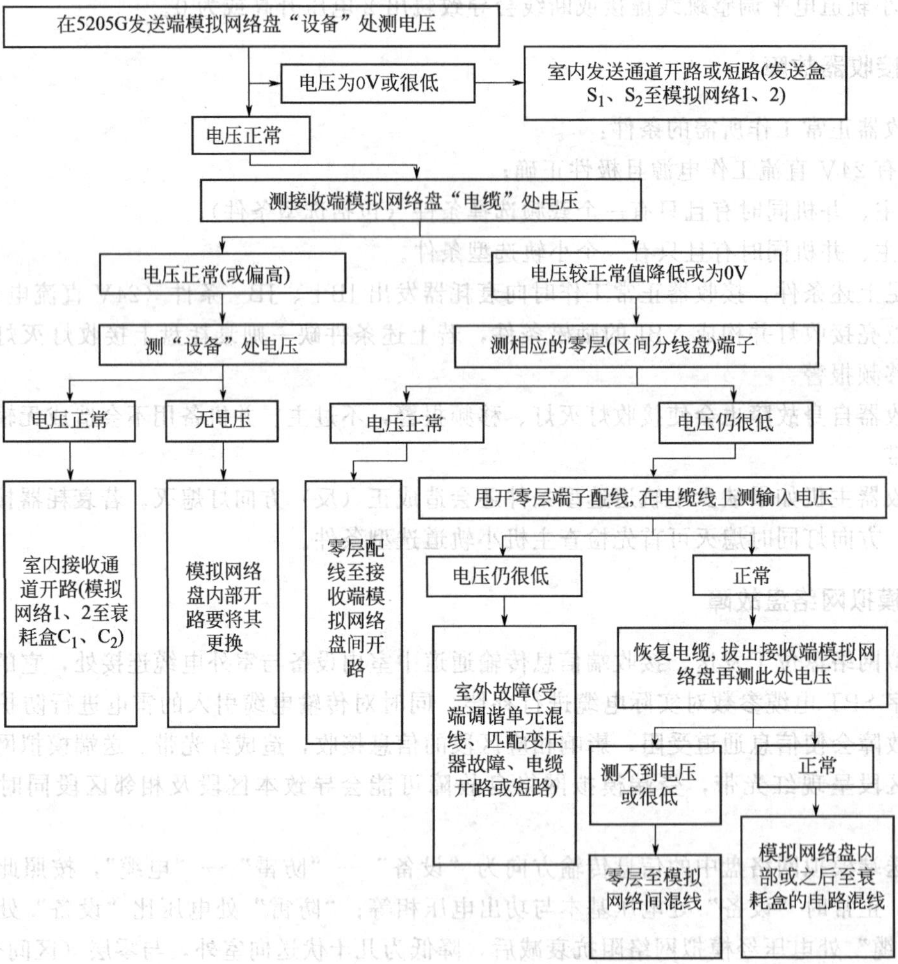

图 2-5-2 两个区段红光带故障处理流程

② 一个区段红光带，在故障区段的衰耗盘上测功出电压正常，轨出 1 电压为 0V 或低于落下门限值，轨出 2 电压正常。

接收通道是正常的，故障应在发送器至室外受电端轨面之间，在发送端模拟网络盘上测“设备”处电压，若为 0V 或较正常值低很多说明室内发送通道故障，若电压正常再测“电缆”处或零层（区间分线盘）电压仍然正常就是室外故障（电缆开路或短路、匹配变压器开路、调谐单元开路或轨面补偿电容开路)。

③ 一个区段呈现红光带，衰耗盘上测功出、轨出 1、轨出 2 电压均正常。

若功出和轨入电压没有异常，应检查接收盒的小轨道检查信息是否正常。在运行前主区段的接收衰耗盘上测 XG、XGH 信息是否送出，再顺电路检查 XGJ、XGJH 信息是否送入本区段接收盒。如果小轨道检查信息也正常，再从衰耗盘测量 G、GH 电压是否送出。

考核标准 ▶▶▶

设置 1 个开路故障，能够按照故障处理程序，在 20min 内处理故障。考核方式采用笔试加实作，笔试内容为故障分析判断处理思路。评分标准见表 2-5-2。

表 2-5-2　故障处理评分表

项目及配分		考核内容及评分标准	扣分因素及扣分	得分
故障处理技能(10 分)	故障处理程序(3 分)	①工具、小料准备齐全，检查工具、量具是否良好。必要工具缺一件扣 1 分		
		②在“行车设备检查登记簿”中登记，联系		
		③操作观察闭塞设备表示灯故障现象		
		④观察继电器动作情况		
		⑤测试判断		
		⑥确定故障点		
		⑦复查试验		
		⑧销记，恢复设备使用		
		⑨向电务调度汇报		
		程序不对扣 3 分，每漏一项扣 1 分		
	故障处理(7 分)	①判断错误，每次扣 2 分		
		②不清楚电路原理(教师提问)，扣 3 分		
		③未排除故障扣 2 分		
		④故障处理思路不清晰扣 3 分		
		⑤故障处理在 20min 内完成。每超 1min 扣 1 分，超时 5min 停止考核		
		故障处理共计 7 分，上述内容按规定扣分，扣完 7 分为止		
工具使用(2 分)		①操作方法不对，纠正一次，扣 1 分		
		②损坏器材，扣 2 分		
		③损坏工具、仪表，扣 2 分		
		工具使用共计 2 分，上述内容按规定扣分，扣完 2 分为止		
安全及其他(3 分)		①采用不正常手段恢复故障，扣 3 分		
		②未按规定着装，扣 1 分		
		安全及其他共计 3 分，上述内容按规定扣分，扣完 3 分为止		
合计				

项目三 ZPW-2000一体化轨道电路维护

项目导引 ▶▶▶

铁路已跨入高铁时代，其行车工种岗位实行准入制度，高铁ZPW-2000与既有线设备有什么不同？走进高铁你准备好了吗？通过本项目的学习，将领略最新的技术，并具备维护的基本能力。

任务一 ●●● ZPW-2000一体化轨道电路认知

学习目标 ▶▶▶

① 会背画一体化轨道电路原理图；

② 掌握一体化轨道电路各部件作用、基本原理；

③ 比较一体化轨道电路与既有线ZPW-2000轨道电路的区别。

设备认知 ▶▶▶

高铁ZPW-2000一体化轨道电路，是在既有线ZPW-2000A无绝缘轨道电路的基础上，保留了既有线ZPW-2000A轨道电路稳定、可靠的特点，针对高铁的应用进行了适应性改进，适用于300km及以上的高速铁路列控系统，可作为轨道列车占用检查和向车载列控设备传递列控信息的主要设备。高铁ZPW-2000A轨道电路可应用于区间，也可应用于站内，因此称为区间站内一体化轨道电路。

一、区间ZPW-2000型轨道电路认知

（一）结构

区间ZPW-2000型轨道电路结构包括电气绝缘节-电气绝缘节和机械绝缘节-电气绝缘节两种，如图3-1-1和图3-1-2所示。一体化轨道电路的室内设备由发送器、接收器、衰耗冗

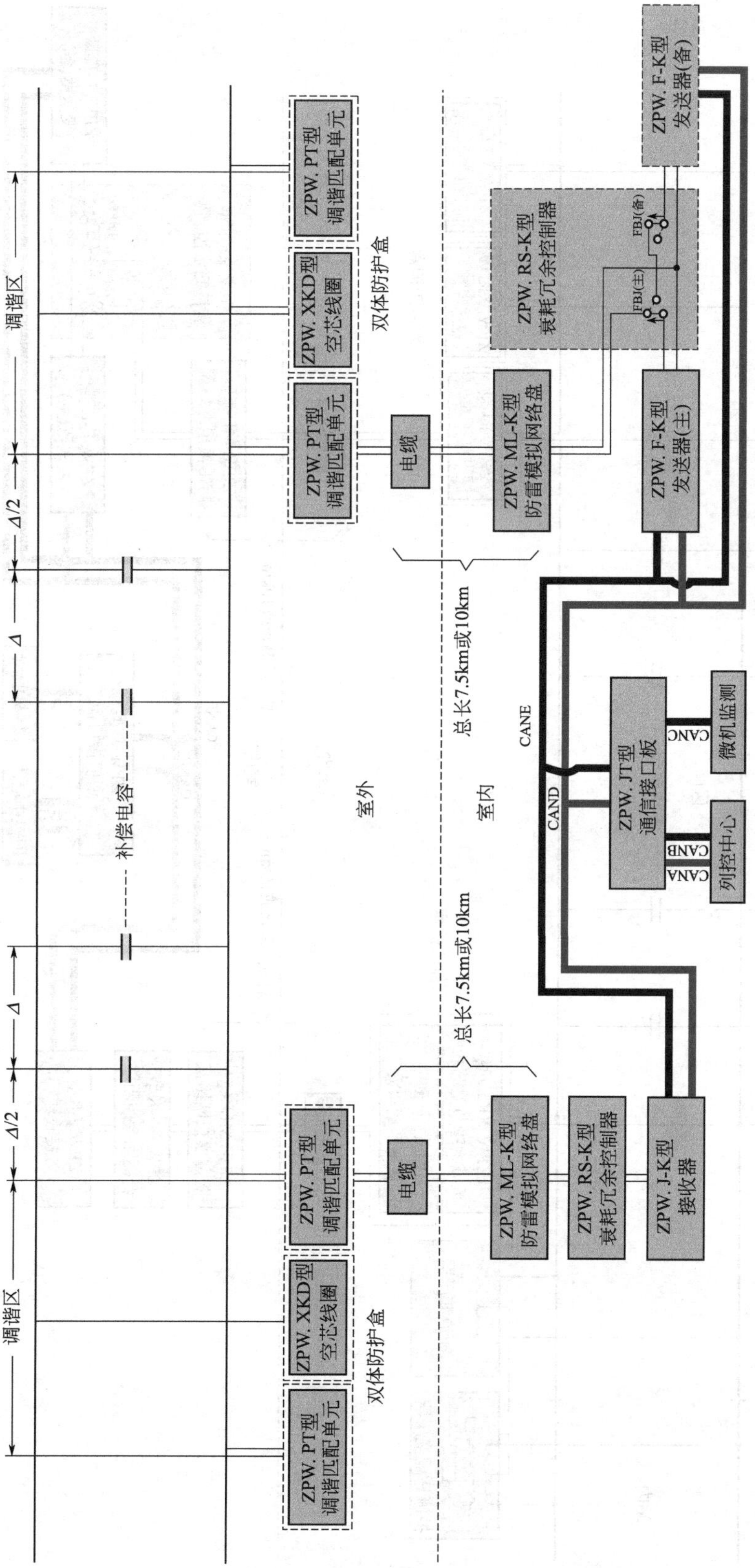

图 3-1-1　电气绝缘节-电气绝缘节轨道电路结构

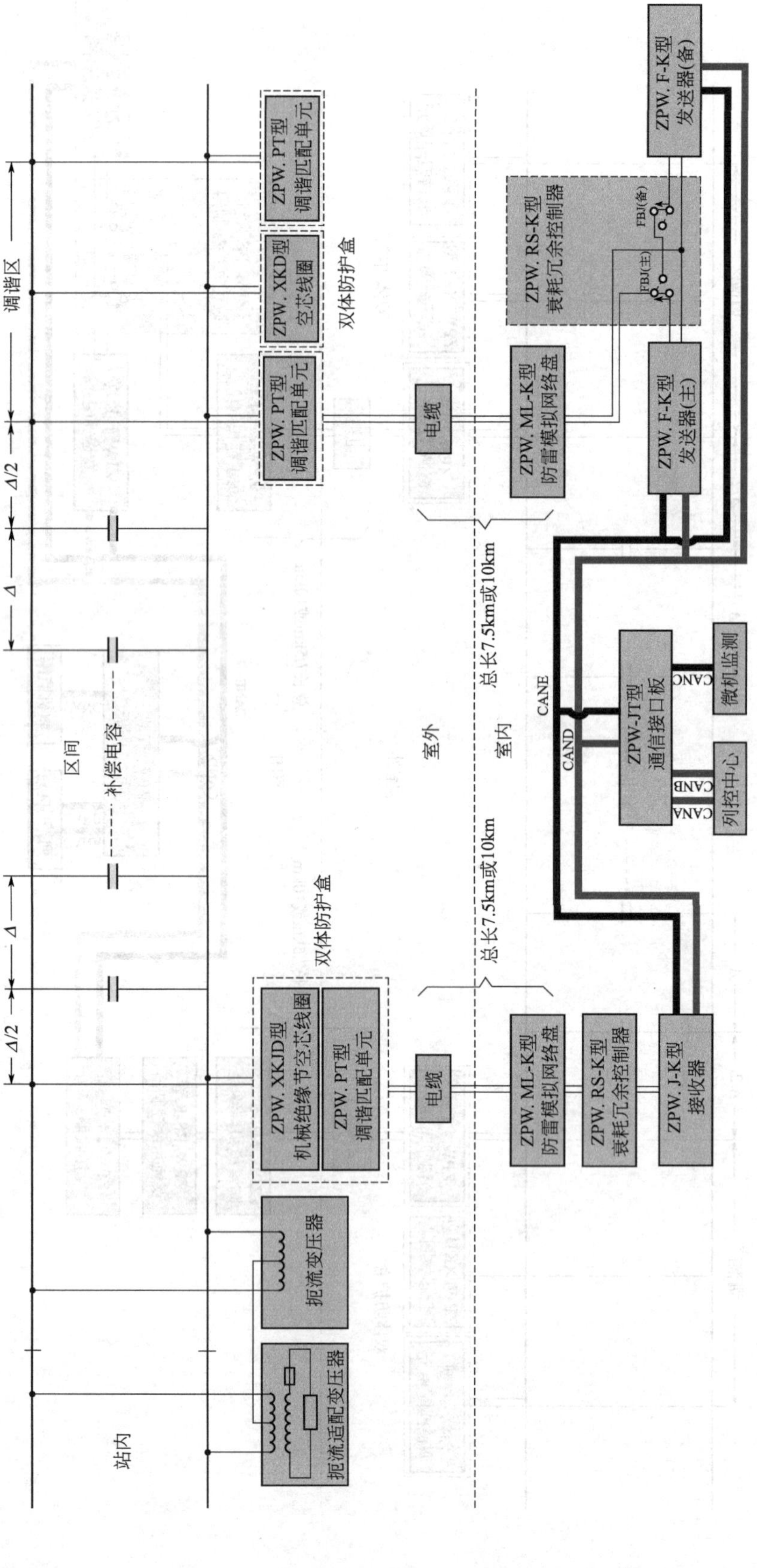

图 3-1-2 机械绝缘节-电气绝缘节轨道电路结构

余控制器、防雷电缆模拟网络盘、通信盘、机柜等设备构成。其室外设备由调谐匹配单元、空芯线圈、补偿电容等设备构成。

一体化轨道电路的低频信息使用列控中心计算机通过CAN总线的方式向发送器发出，而既有线ZPW-2000A轨道电路使用继电编码的方式。模拟网络盘模拟电缆长度，区间按7.5km设置，站内按10km设置。而既有线ZPW-2000轨道电路则按电缆配置长度不同分为10km、12.5km、15km。一体化轨道电路的室内设备和室外设备也都同既有线ZPW-2000轨道电路有所不同。

(二) 室内设备

1. 设备机柜

(1) 移频柜　每台移频柜可放置10套轨道电路设备，机柜可安装纵向5路组合，每路组合可安装2套轨道电路设备。每套轨道电路设备，机柜正面包括主发送器、备发送器、接收器、衰耗冗余控制器；机柜背面包括主发送器断路器、备发送器断路器、接收器断路器、零层端子、电源端子。目前现场移频柜的背面布置有两种方式，一种为上出线方式，另一种为下出线方式。以下出线方式为例，其移频柜正面背面布置图如图3-1-3和图3-1-4所示。

柜架名称 / 设备名称	YP(正面)				
主发送器	1ZFS	3ZFS	5ZFS	7ZFS	9ZFS
	ZPW.F-K	ZPW.F-K	ZPW.F-K	ZPW.F-K	ZPW.F-K
备发送器	1BFS	3BFS	5BFS	7BFS	9BFS
	ZPW.F-K	ZPW.F-K	ZPW.F-K	ZPW.F-K	ZPW.F-K
接收器	1JS	3JS	5JS	7JS	9JS
	ZPW.J-K	ZPW.J-K	ZPW.J-K	ZPW.J-K	ZPW.J-K
衰耗冗余控制器	1衰耗冗余	3衰耗冗余	5衰耗冗余	7衰耗冗余	9衰耗冗余
	ZPW.RS-K	ZPW.RS-K	ZPW.RS-K	ZPW.RS-K	ZPW.RS-K
衰耗冗余控制器	2衰耗冗余	4衰耗冗余	6衰耗冗余	8衰耗冗余	10衰耗冗余
	ZPW.RS-K	ZPW.RS-K	ZPW.RS-K	ZPW.RS-K	ZPW.RS-K
主发送器	2ZFS	4ZFS	6ZFS	8ZFS	10ZFS
	ZPW.F-K	ZPW.F-K	ZPW.F-K	ZPW.F-K	ZPW.F-K
备发送器	2BFS	4BFS	6BFS	8BFS	10BFS
	ZPW.F-K	ZPW.F-K	ZPW.F-K	ZPW.F-K	ZPW.F-K
接收器	2JS	4JS	6JS	8JS	10JS
	ZPW.J-K	ZPW.J-K	ZPW.J-K	ZPW.J-K	ZPW.J-K

图3-1-3　移频柜正面布置图

发送器冗余工作方式为主发送器、备发送器构成1+1双机热备结构。接收器按照1、2，3、4，5、6，7、8，9、10构成成对双机并联运用结构。移频柜设有12块零层端子，其中1～10零层端子每个轨道电路使用一个，用于设备间连接，11、12零层端子用于连接通信接口板的CAN总线。每套轨道电路需要3块断路器板，分别为主发送器断路器、备发送器断路器和接收器断路器。移频柜配有16块WD电源端子和20块D电源端子，用来为移频柜上的设备提供24V直流电源。移频柜内的外部电源线引入WD端子后，为了能够灵活分配各区段的供电关系，每个区段设置一组D端子，如D1（+24V电源）、D2（024V电

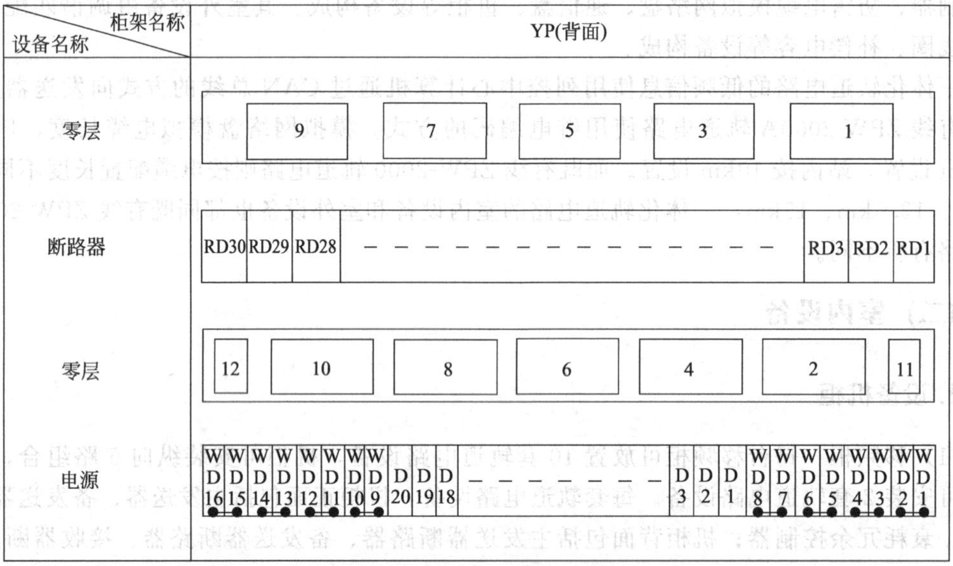

图 3-1-4 移频柜背面布置图

源），完成每个区段供电线束的选择。移频柜电源在设计上分为左右型和上下型两种配线方法，左右型一般适用于站内一体化轨道电路，这种配线方法不区分上下行线。而上下型则适用于中继站区间一体化轨道电路，这种配线方式是要区分上下行方向的，目的在于如果上行线区段电源故障不会影响到下行区段的行车。

各种电子盒的冗余结构配线都在机柜出厂前完成，现场的机柜内部配线都是配好的定型组合，所以不需要现场配线来完成热备结构的内部配线。

(2) 接口柜 接口柜设备布置比较灵活，既可放置防雷模拟网络组匣，也可放置继电器组合。仅用于放置防雷模拟网络时，一般设置在 2～9 层，接口柜布置图如图 3-1-5 所示。每个防雷模拟网络组匣需要两个 18 柱端子板，根据防雷模拟网络组匣的个数配备零层。继电器组合采用侧面端子即可，不需要再另配零层。

(3) 通信监测机柜 通信接口板安装在通信监测机柜中，其布置如图 3-1-6 所示。通信接口板用于实现列控中心与轨道电路 CAN 总线通信协议间的互换。其中 CAN 总线的 CANA 和 CANB 用于和列控主机交换数据，CAN 总线的 CANC 用于发送监测数据给监测主机，CAN 总线的 CAND 和 CANE 用于和轨道电路交换数据。

2. 发送器

(1) 作用 发送器用于产生高精度、高稳定的移频信号源，采用双机热备冗余方式。产生 18 种低频，8 种载频的高精度、高稳定的移频信号；产生足够功率的移频信号；对移频信号进行自检测，故障时向监测维护主机发出报警信息。

(2) 工作原理 发送器内部采用双套相互独立的 CPU 处理单元。同一载频、低频编码条件源，以反码形式分别通过互为冗余的两条 CAND、CANE 总线送至 CPU_1 及 CPU_2。CPU_1 控制移频发生器产生移频信号，移频信号分别送至 CPU_1 及 CPU_2 进行频率检测。频率检测结果符合规定后，控制输出信号，经控制与门使移频信号送至滤波环节，实现方波到正弦变换。功放输出的移频信号送至 CPU_1 及 CPU_2，进行功出电压检测。CPU_1 及 CPU_2 对移频信号进行低频、载频、幅度特征检测符合要求后，驱动安全与

组匣位置＼组匣类型＼柜架名称		接口柜							
0	零层	D1 D2	D3 D4	D5 D6	D7 D8	D9 D10	D11 D12	D13 D14	D15 D16
		D17 D18	D19 D20	D21 D22	D23 D24	D25 D26	D27 D28	D29 D30	D31 D32
9	防雷模拟网络组合	1	2	3	4	5	6	7	8
8	防雷模拟网络组合	1	2	3	4	5	6	7	8
7	防雷模拟网络组合	1	2	3	4	5	6	7	8
6	防雷模拟网络组合	1	2	3	4	5	6	7	8
5	防雷模拟网络组合	1	2	3	4	5	6	7	8
4	防雷模拟网络组合	1	2	3	4	5	6	7	8
3	防雷模拟网络组合	1	2	3	4	5	6	7	8
2	防雷模拟网络组合	1	2	3	4	5	6	7	8
1									

图 3-1-5　接口柜布置图

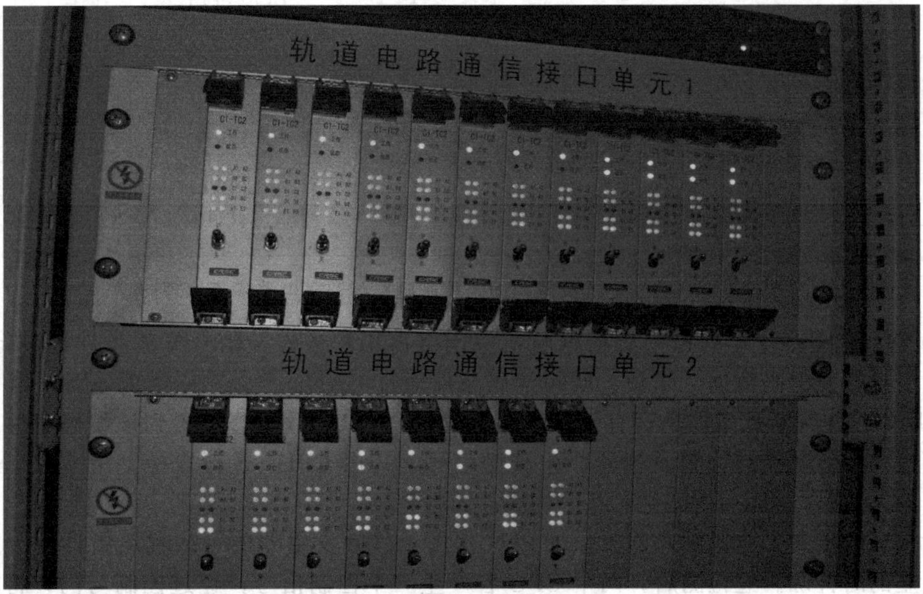

图 3-1-6　通信监测机柜布置图

门电路使发送报警继电器吸起，并使经过功放放大的移频信号输出至轨道。当发送端短路时，经检测使控制与门有 10s 的关闭（休眠保护）。其结构原理如图 3-1-7 所示。

① CAN 地址及载频编码条件读取。CAN 地址及载频编码条件读取时，为了消除干扰，采用功率型电路。考虑到故障—安全原则，应将 24V 直流电源变换成交流，呈动态检测方式，并将 CAN 地址及载频编码控制电路与 CPU 等数字电路有效隔离，如图 3-1-8 所示。

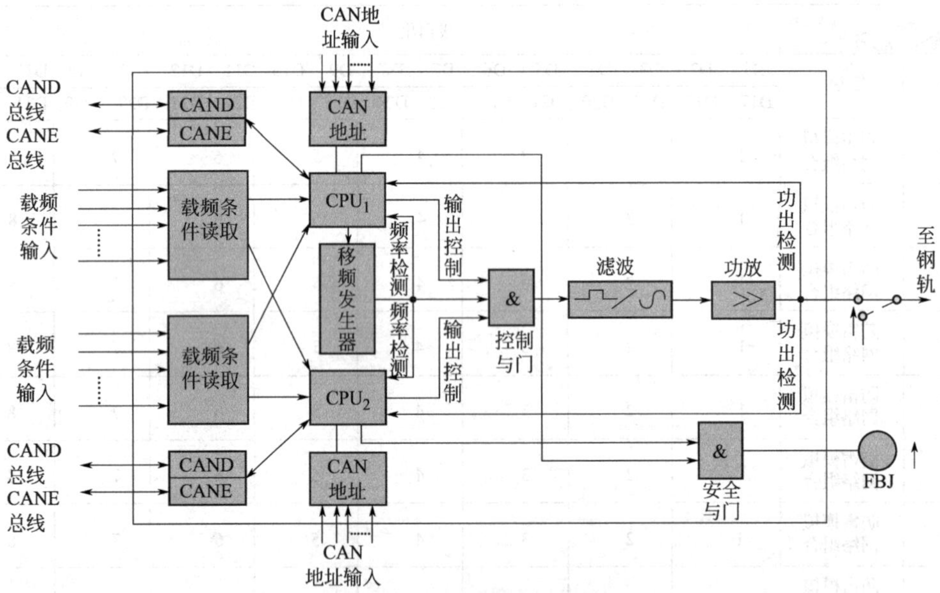

图 3-1-7　发送器结构原理简图

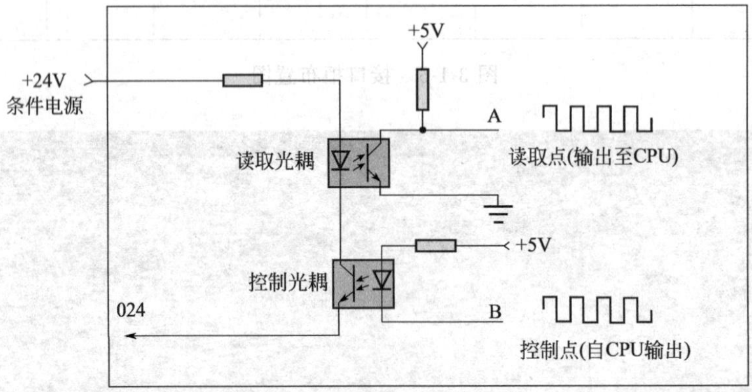

图 3-1-8　CAN 地址及载频编码控制电路与数字电路隔离原理图

② 移频信号产生。列控中心根据轨道空闲（占用）条件及信号开放条件等进行编码，通过通信盘转发编码数据。载频、低频编码条件通过 CAND、CANE 总线分别送到 CPU_1、CPU_2 后，首先判断该条件是否有效。条件有效时，CPU_1 通过查表得到该编码条件所对应的上下边频数值，控制移频发生器产生移频信号，并由 CPU_1 进行自检，由 CPU_2 进行互检。条件无效时，将由 CPU_1、CPU_2 构成故障报警。

为保证故障—安全原则，CPU_1、CPU_2 及用于移频发生器的可编程逻辑器件分别采用各自独立的时钟源。经检测后，两个 CPU 各产生一个控制信号，经过控制与门，将移频信号送至方波正弦变换器。

方波正弦变换器是由可编程低通滤波器 260 集成芯片构成其截止频率，同时满足 1700Hz、2000Hz、2300Hz、2600Hz 三次及以上谐波的有效衰减。

③ 移频信号放大。功放电路对移频信号进行放大，产生具有足够功率的 10 种电平等级的输出，电平等级调整采用外部接线方式调整输出变压器变比。

④ 自检输出。发送器对编码条件的有效性，输出信号的幅度、载频、低频进行回检，以直流电压方式输出自检结果，工程中通过驱动发送报警继电器（FBJ）作为发送

故障后的通道切断和冗余切换条件，两个 CPU 独立检测判断，共同驱动一个安全与门输出结果。

（3）发送器正常工作应具备的条件

① 24V 电源，保证极性正确；

② 有且只有一路低频编码条件；

③ 有且只有一路载频条件；

④ 有且只有一个“－1”“－2”选择条件；

⑤ 输出负载不能短路。

（4）发送器的轨道电路编码

站内轨道电路编码

列控中心根据列车占用轨道区段及车站进路状态，控制轨道电路的载频、低频信息编码，轨道电路码序按照以下顺序排列：

H→HU→HB→U→LU→L→L2→L3→L4→L5；

H→HU→UU→U2→LU→L→L2→L3→L4→L5；

H→HU→UUS→U2S→LU→L→L2→L3→L4→L5。

① 正线接车信号未开放，咽喉区发检测码，股道发默认码，如图 3-1-9 所示。

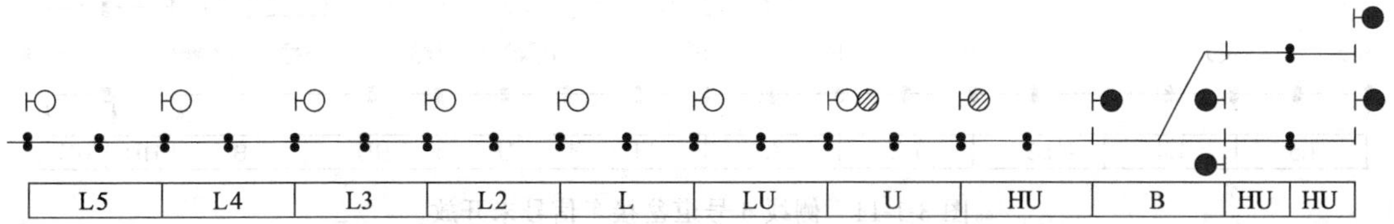

图 3-1-9　正线接车信号未开放

② 正线接车信号开放。咽喉区跟随股道发码，股道发默认码，如图 3-1-10 所示。

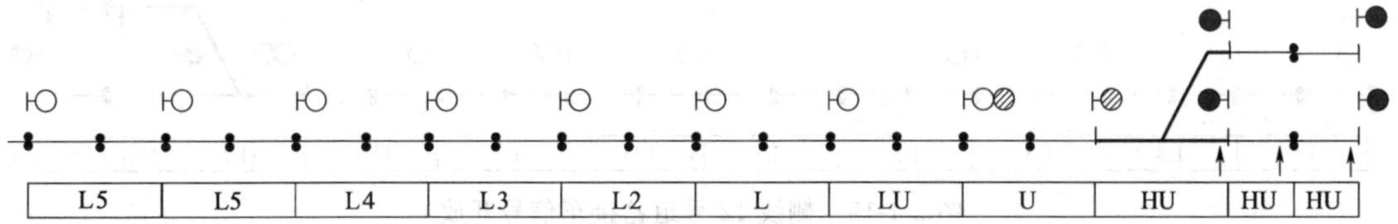

图 3-1-10　正线接车信号开放

③ 正线接车信号开放，列车进入咽喉区，咽喉区跟随股道发码，股道发默认码，如图 3-1-11 所示。

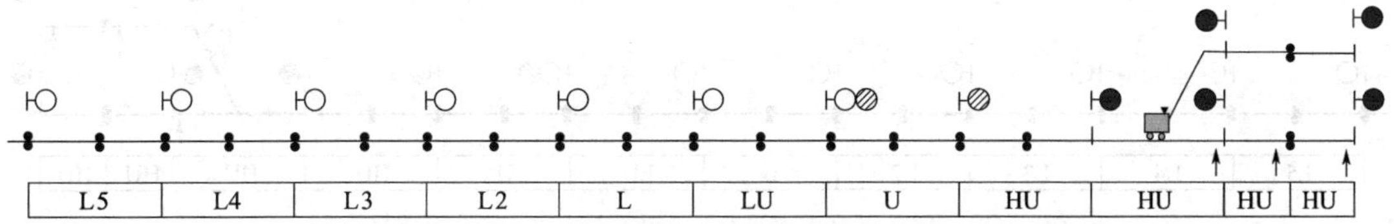

图 3-1-11　正线接车信号开放（列车进入站内）

④ 正线接车信号开放，列车进入股道，咽喉区发检测码，股道发默认码，如图 3-1-12 所示。

⑤ 正线引导接车信号开放，接近区段发 HB 码，咽喉区发检测码，股道发默认码，如图 3-1-13 所示。

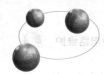

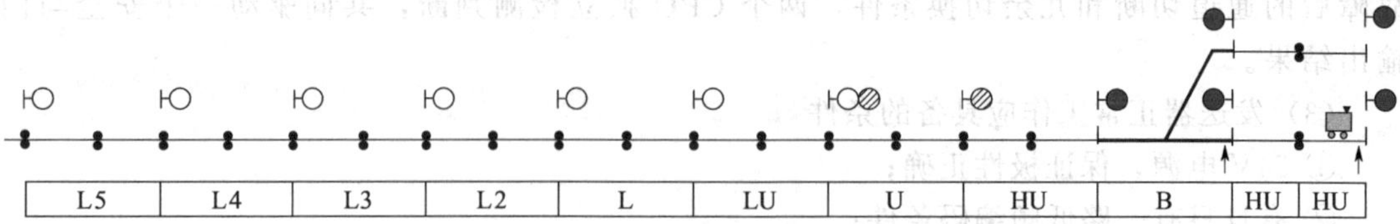

图 3-1-12　正线接车信号开放（列车进入股道）

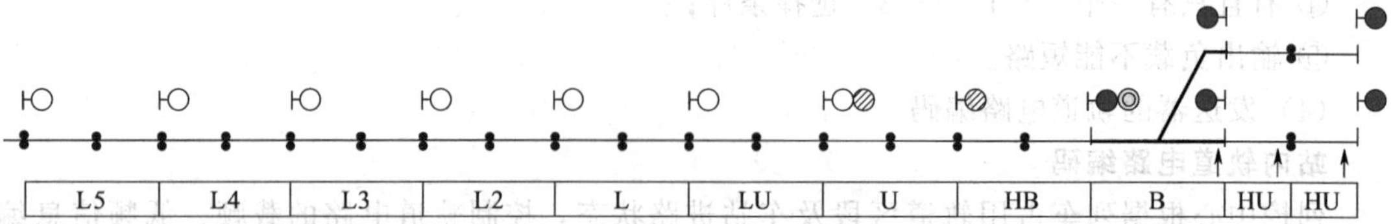

图 3-1-13　正线引导接车信号开放

⑥ 侧线接车进路上的最小号码道岔为 12 号道岔时，接近区段应发 UU 码，股道区段依照发车进路发码，咽喉区段发码与股道区段保持一致，编码逻辑如下：

• 侧线接车信号未开放，咽喉区发检测码，股道发默认码，如图 3-1-14 所示；

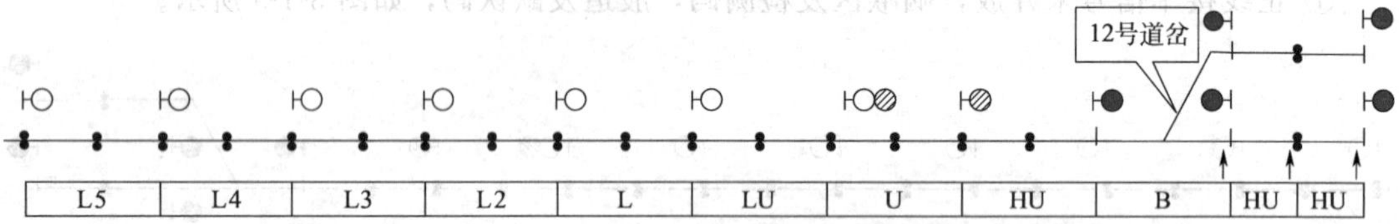

图 3-1-14　侧线 6 号道岔接车信号未开放

• 侧线接车信号开放，咽喉区随股道发码，股道发默认码，如图 3-1-15 所示；

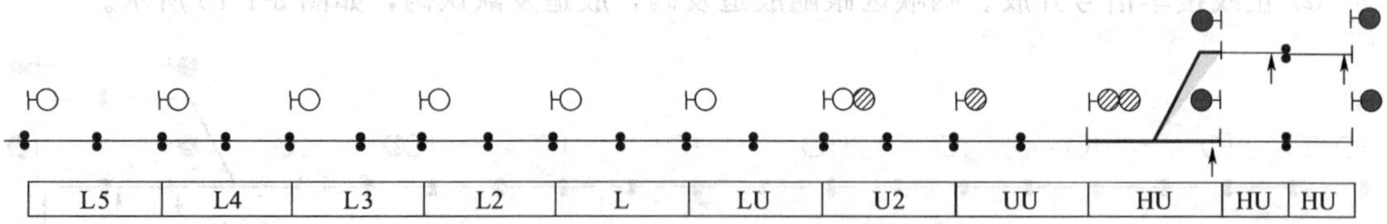

图 3-1-15　侧线 12 号道岔接车信号开放

• 侧线接车信号关闭，列车进入咽喉区，咽喉区随股道发码，股道发默认码，如图 3-1-16 所示；

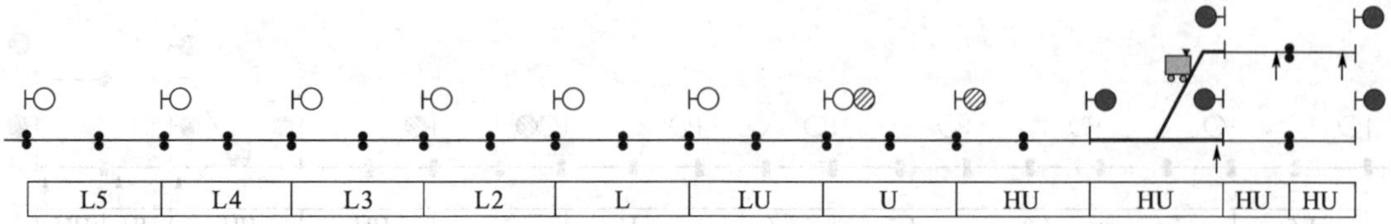

图 3-1-16　侧线 12 号道岔接车信号关闭（列车进入咽喉区）

• 侧线接车信号关闭，列车进入股道，咽喉区恢复发检测码，股道发默认码，如图 3-1-17 所示。

⑦ 侧线接车进路上的最小号码道岔为 18 号道岔时，编码逻辑如下：

• 信号未开放时，咽喉区发检测码，股道发送默认码，如图 3-1-18 所示；

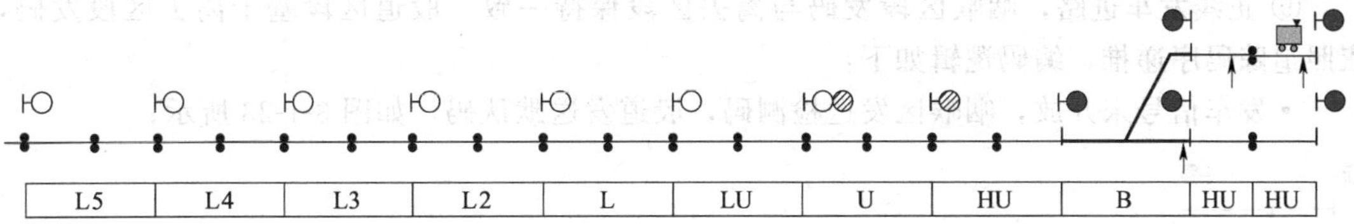

图 3-1-17　侧线 12 号道岔接车信号关闭（列车进入股道）

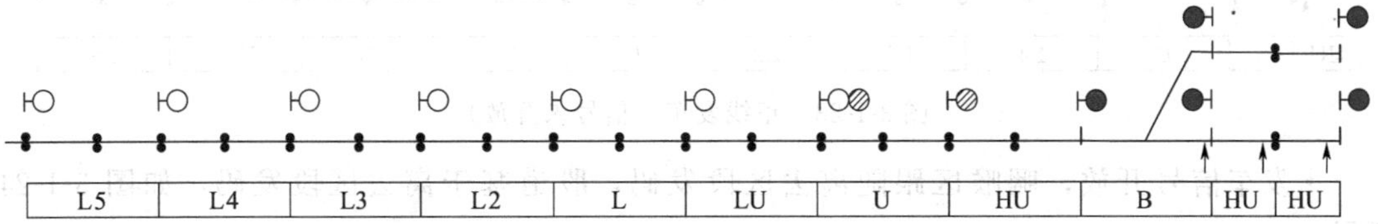

图 3-1-18　最小为 18 号道岔侧线接车信号未开放

• 信号开放时，接近区段应发 UUS 码，咽喉区跟随股道发码，股道发送默认码，如图 3-1-19 所示；

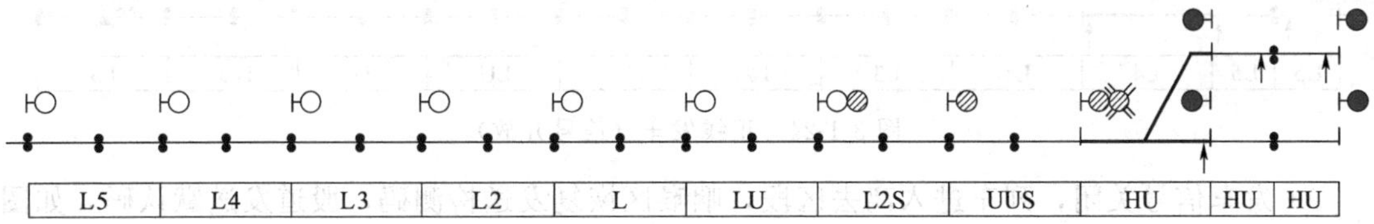

图 3-1-19　最小为 18 号道岔侧线接车信号开放

• 信号关闭，列车进入咽喉区，咽喉区跟随股道发送默认码，如图 3-1-20 所示；

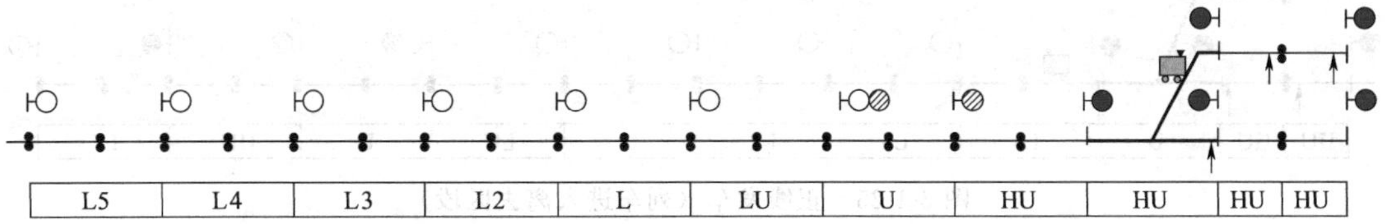

图 3-1-20　最小为 18 号道岔侧线接车信号关闭（列车进入咽喉区）

• 信号关闭，列车进入股道，咽喉区发送检测码，股道发送默认码，如图 3-1-21 所示；

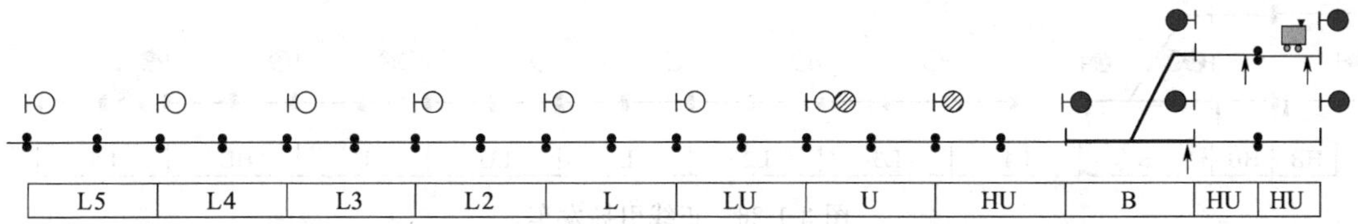

图 3-1-21　最小为 18 号道岔侧线接车信号关闭（列车进入股道）

⑧ 侧线引导接车进路，接近区段发 HB 码，股道区段依照发车进路发码，咽喉区段发 B 码，编码逻辑如图 3-1-22 所示。

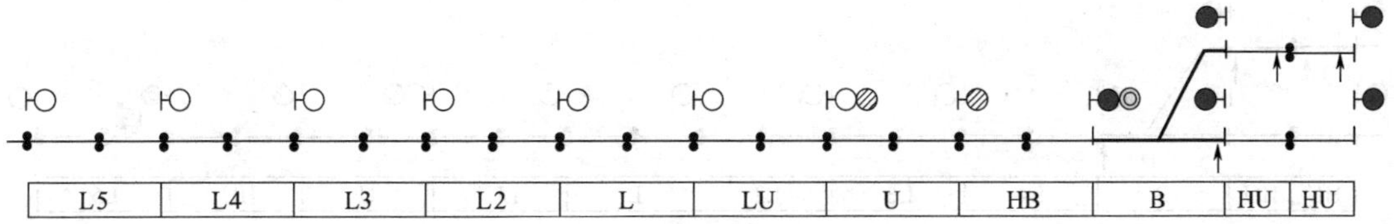

图 3-1-22　侧线引导接车信号开放

⑨ 正线发车进路，咽喉区段发码与离去区段保持一致，股道区段基于离去区段发码，依照追踪码序递推，编码逻辑如下：

• 发车信号未开放，咽喉区发送检测码，股道发送默认码，如图 3-1-23 所示；

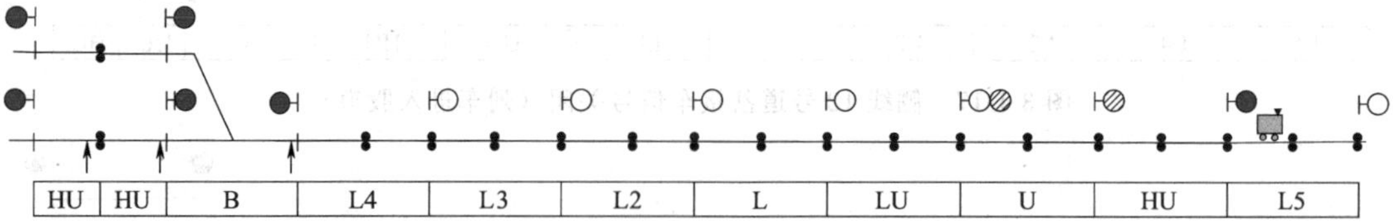

图 3-1-23 正线发车（信号未开放）

• 发车信号开放，咽喉区跟随离去区段发码，股道基于离去区段发码，如图 3-1-24 所示；

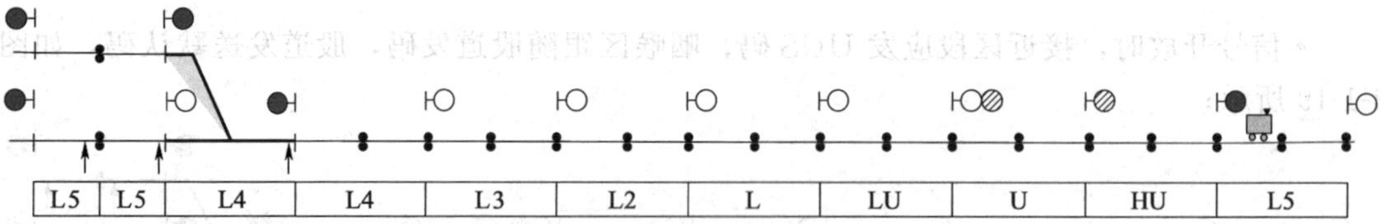

图 3-1-24 正线发车（信号开放）

• 发车信号关闭，列车进入离去区段，咽喉区恢复发送检测码，股道发送默认码，如图 3-1-25 所示。

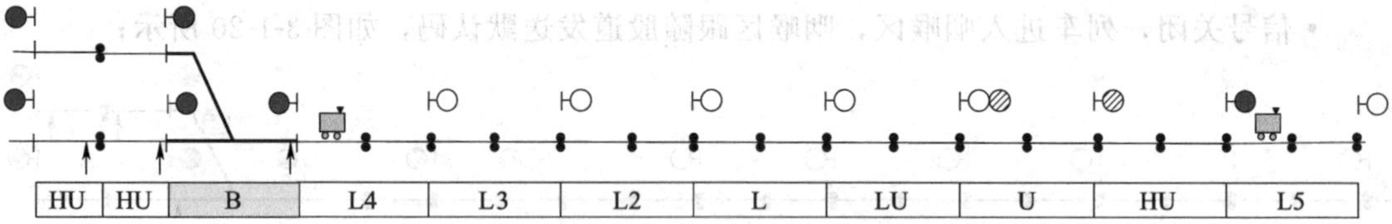

图 3-1-25 正线发车（列车进入离去区段）

⑩ 正线引导发车信号开放，咽喉区发送检测码，股道发送 HB 码，如图 3-1-26 所示。

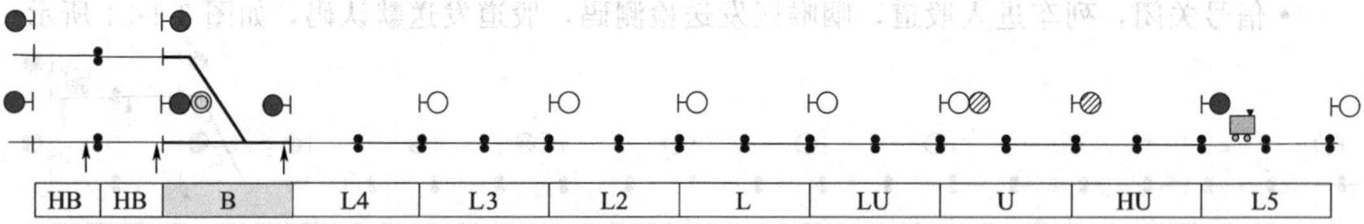

图 3-1-26 正线引导发车

⑪ 侧线发车进路上的最小号码道岔为 12 号道岔时，股道区段应发 UU 码，咽喉区段发码与离去区段保持一致，编码逻辑如下：

• 发车信号未开放，咽喉区发送检测码，股道发送默认码，如图 3-1-27 所示；

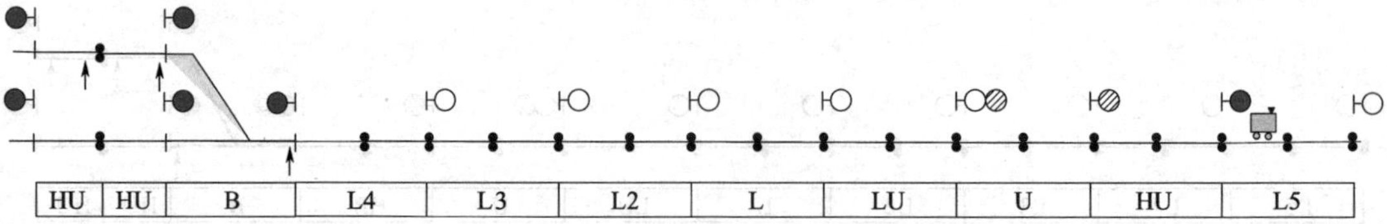

图 3-1-27 侧线发车（信号未开放）

• 发车信号开放，咽喉区跟随离去区段发码，股道发送 UU 码，如图 3-1-28 所示；

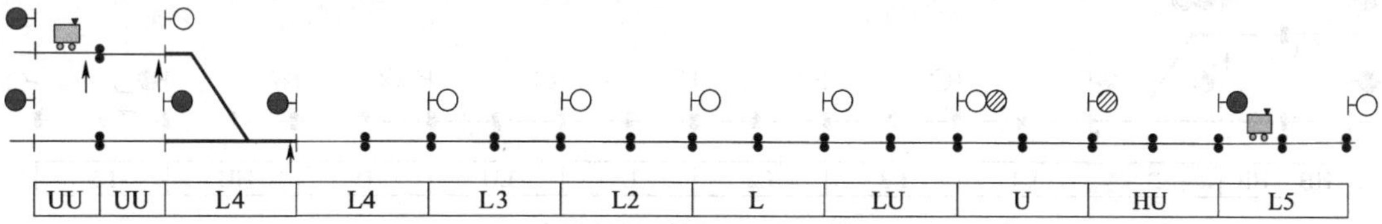

图 3-1-28　侧线发车（信号开放）

• 发车信号关闭，列车进入离去区段，咽喉区恢复发送检测码，股道发送默认码，如图 3-1-29 所示。

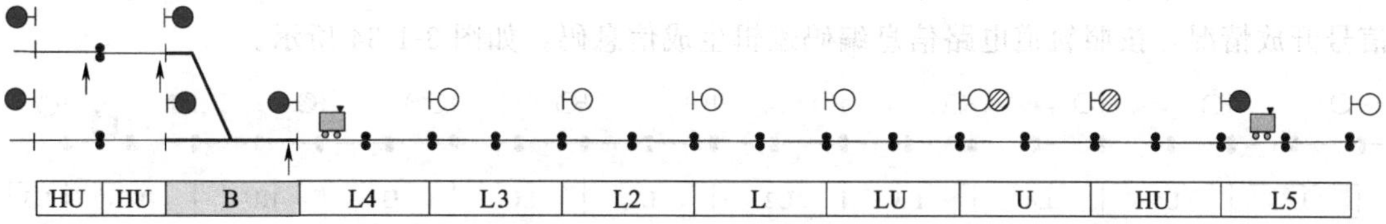

图 3-1-29　侧线发车（列车进入离去区段）

⑫ 侧线发车进路上的最小号码道岔为 18 号道岔时，编码逻辑如下：

• 发车信号未开放，咽喉区发送检测码，股道发送默认码，如图 3-1-30 所示；

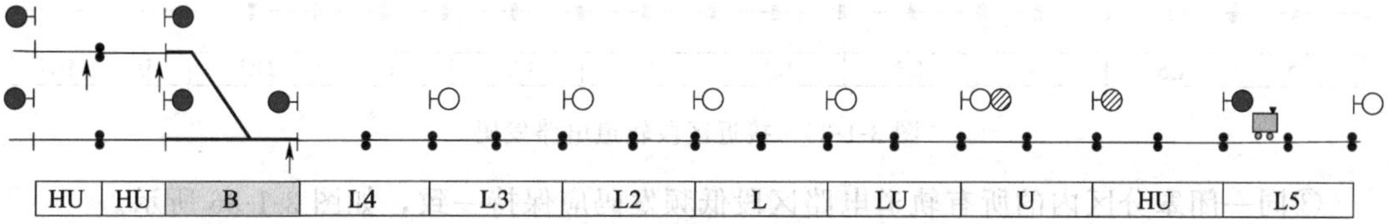

图 3-1-30　侧线发车（信号未开放）

• 发车信号开放，股道区段应发 UUS 码，咽喉区区段发码与离去区段保持一致，如图 3-1-31 所示；

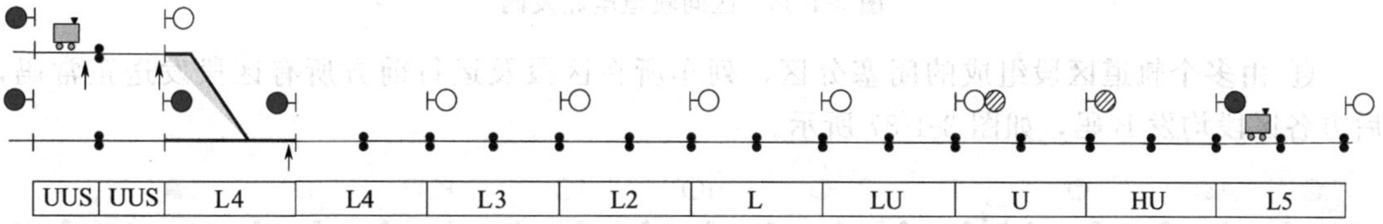

图 3-1-31　侧线发车（信号开放）

• 发车信号关闭，列车进入离去区段，咽喉区恢复发检测码，股道发送默认码，如图 3-1-32 所示。

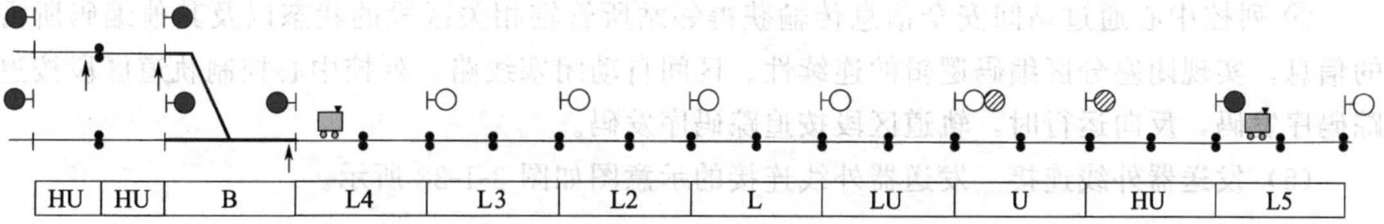

图 3-1-32　侧线发车（列车进入离去区段）

⑬ 侧线引导发车进路，股道区段应发 HB 码，咽喉区段发 B 码。股道发送默认码，如

图 3-1-33 所示。

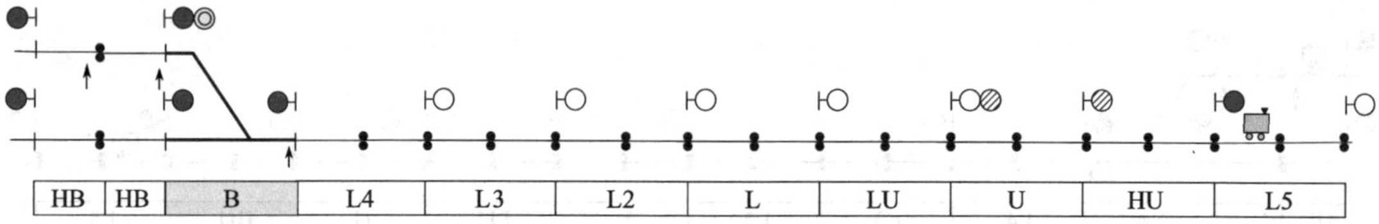

图 3-1-33　侧线引导发车

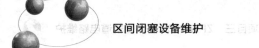

⑭ 通过进路应分解为接发车进路，分别按照接发车进路的原则进行编码。

区间轨道电路编码

① 对于区间轨道区段，列控中心应根据前方轨道区段占用状态以及前方车站接车进路信号开放情况，按照轨道电路信息编码逻辑生成信息码，如图 3-1-34 所示。

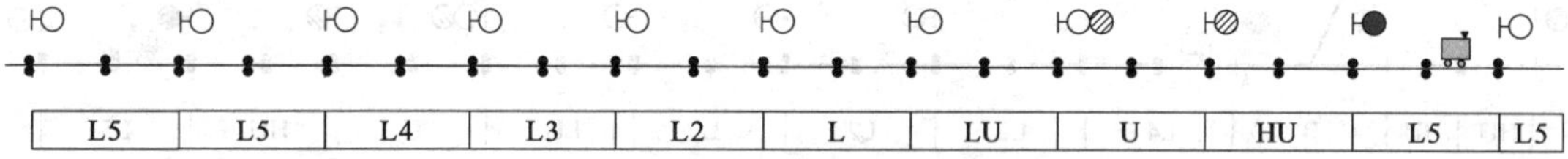

图 3-1-34　区间轨道电路发码

②接近区段根据站内接车进路码序发码，如图 3-1-35 所示。

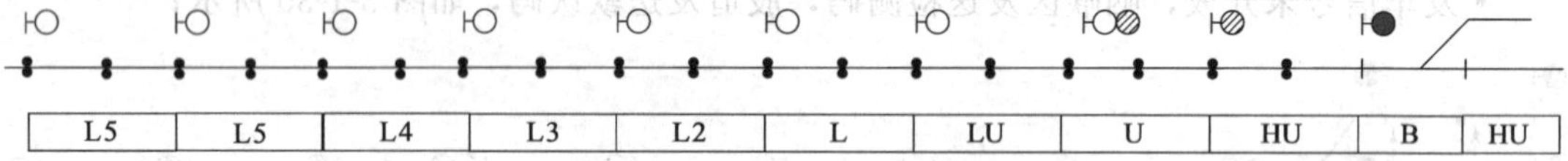

图 3-1-35　接近区段轨道电路发码

③同一闭塞分区内的所有轨道电路区段低频发码应保持一致，如图 3-1-36 所示。

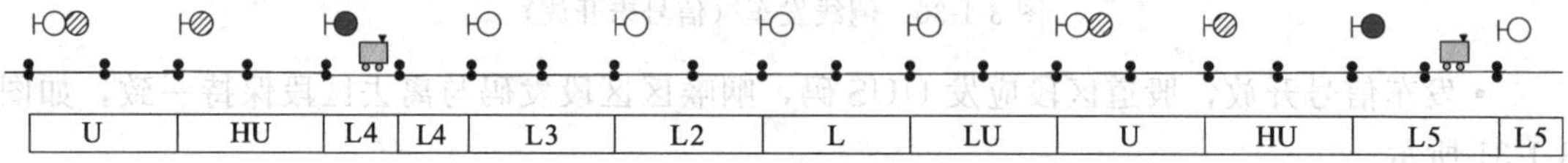

图 3-1-36　区间轨道电路发码

④ 由多个轨道区段组成的闭塞分区，列车所在区段及运行前方所有区段发送正常码，后方各区段均发 B 码，如图 3-1-37 所示。

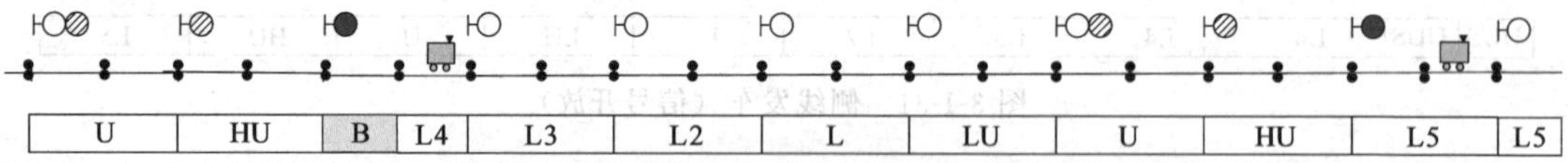

图 3-1-37　区间轨道电路发码

⑤ 列控中心通过站间安全信息传输获得邻站所管辖相关区段的状态以及其他编码所需的信息，实现闭塞分区编码逻辑的连续性。区间自动闭塞线路，列控中心控制轨道区段按追踪码序发码，反向运行时，轨道区段按追踪码序发码。

（5）发送器外线连接　发送器外线连接的示意图如图 3-1-38 所示。

3. 接收器

（1）作用　接收器输入端及输出端均按双机并联运用设计，与另一台接收器构成双机并

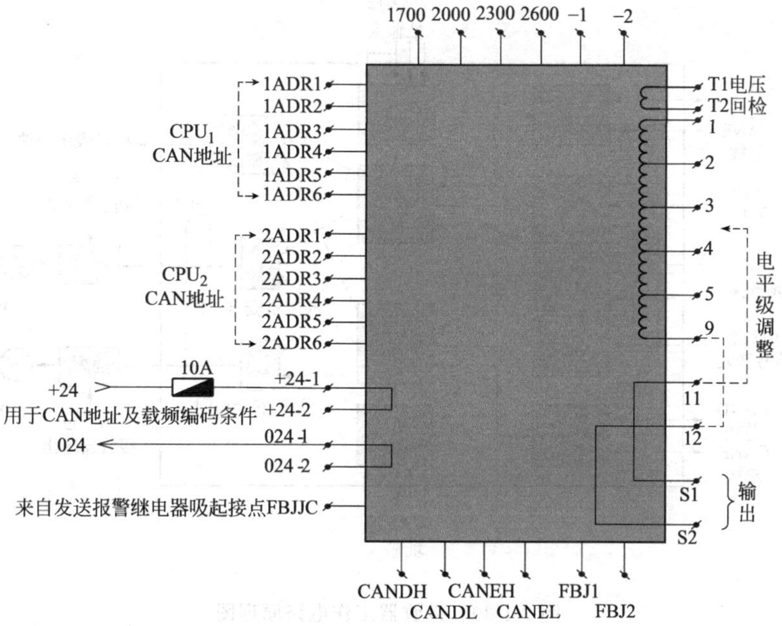

图 3-1-38　发送器外线连接示意图

联运用系统（或称 0.5+0.5），保证系统的可靠工作。用于对主轨道电路移频信号的解调，动作轨道继电器；实现与受电端相连接调谐区短小轨道电路移频信号的解调，给出短小轨道电路报警条件，并通过 CAND 及 CANE 总线送至监测维护终端；检查轨道电路完好，减少分路死区长度，用接收门限控制实现对 BA 断线的检查。

（2）工作原理　接收器采用两路独立的 CPU，对输入的信号分别进行解调分析，满足继电器吸起条件时输出方波信号，输出至安全与门电路。与另一台接收器的安全与门输出共同经过隔离电路，动作轨道继电器。

A/D 为模数转换器，将输入的模拟信号转换成计算机能处理的数字信号。

载频条件读取电路设定主机、并机载频条件，由 CPU 进行判决，确定接收器的接收频率。同一载频、低频编码条件源，以反码的形式分别通过 CAND、CANE 总线送至 CPU_1 及 CPU_2。CPU_1、CPU_2 根据确定的载频编码条件，通过各自识别、通信、比较确认一致，视为正常；不一致时，视为故障并报警。外部送进来的信号，分别经过主机、并机两路模数转换器转换成数字信号。CPU_1、CPU_2 对外部信号进行单独的运算，判决处理。表明接收信号符合幅度、载频、低频要求时，就输出 3kHz 方波，驱动安全与门电路。安全与门电路收到两路方波后，转换成直流电压驱动继电器。如果 CPU_1、CPU_2 的结果不一致，安全与门输出不能构成，则同时报警。电路中增加了安全与门的反馈检查，如果 CPU_1、CPU_2 有动态输出，那么安全与门就应该有直流输出，否则就认为安全与门故障，接收器进行报警。如果接收器接收到的信号电压过低，则判为列车分路。

安全与门电路将 CPU_1、CPU_2 输出的动态信号变成直流输出，驱动继电器（或执行条件），如图 3-1-39 所示。

① 接收器双机并联运用原理。接收器按双机并联运用设计，分为主、并两部分，由两路独立的信号输入、执行条件输出和 CAN 地址及载频条件接口。可协同处理另一区段信号，从而构成互为热备的冗余系统。

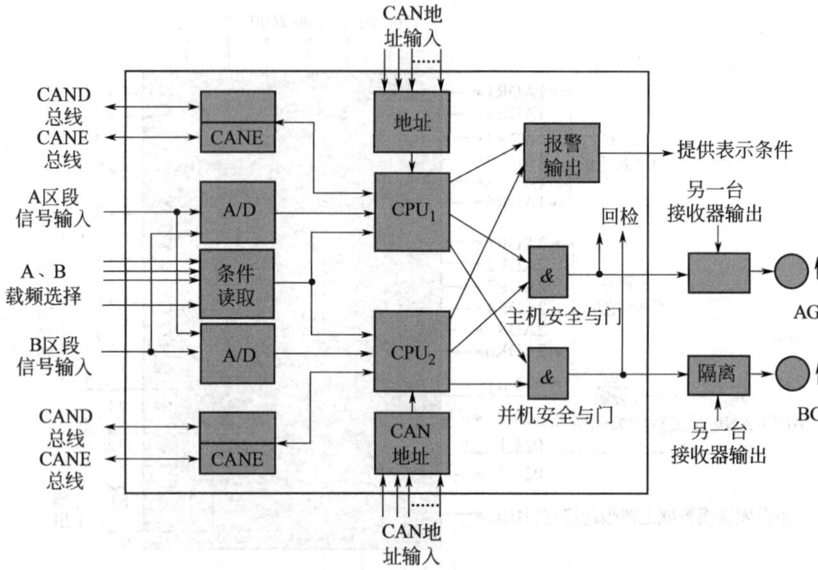

图 3-1-39　接收器工作电路原理图

② CAN 地址及载频编码读取电路。接收器 CAN 地址及载频编码读取电路与发送器 CAN 地址及载频编码读取电路类似，载频通过相应端子接通 24V 电源确定，通过光电耦合器将静态的直流信号转换成动态的交流信号，由 CPU_1、CPU_2 进行识别并处理，实现外界电路与数字电路的隔离。原理图与发送器一样。

③ 信号处理。列控中心根据轨道空闲（占用）条件及信号开放条件等进行编码，通过通信盘转发编码数据。载频、低频编码条件通过 CAND 及 CANE 总线送至 CPU_1 及 CPU_2，首先判断该条件是否有效。条件有效时，CPU_1、CPU_2 对外部信号（经过模数转换器转换成数字信号）进行单独的运算，判决处理。当接收信号符合幅度、载频、低频要求时，就输出 3kHz 的方波，驱动安全与门电路。安全与门电路收到两路方波后，转换成直流电压驱动轨道继电器。如果接收器接收到的信号电压过低，则判为列车分路。

④ 安全输出。接收器接收到的信号符合幅度、载频、低频要求时，驱动安全与门电路，由安全与门电路驱动轨道继电器。接收器安全与门电路与发送器的安全与门电路类似。

⑤ 接收器正常工作应具备的条件

• 24V 电源保持极性正确。

• 有且只有一路载频“−1”“−2”及 X（1）、X（2）选择条件（主机、并机都应具备）。具备上述条件后接收器的工作指示灯应点亮，接收器工作正常。

（3）接收器轨道继电器的吸起应具备的条件

① 从轨出 1 测出主轨道的信号达到可靠工作值大于或等于 240mV。

② 前方相邻接收送来的小轨道执行条件+24V 电源。

（4）接收器外线连接　接收器的外线连接示意图如图 3-1-40 所示。

4. 单频衰耗冗余控制器

（1）作用

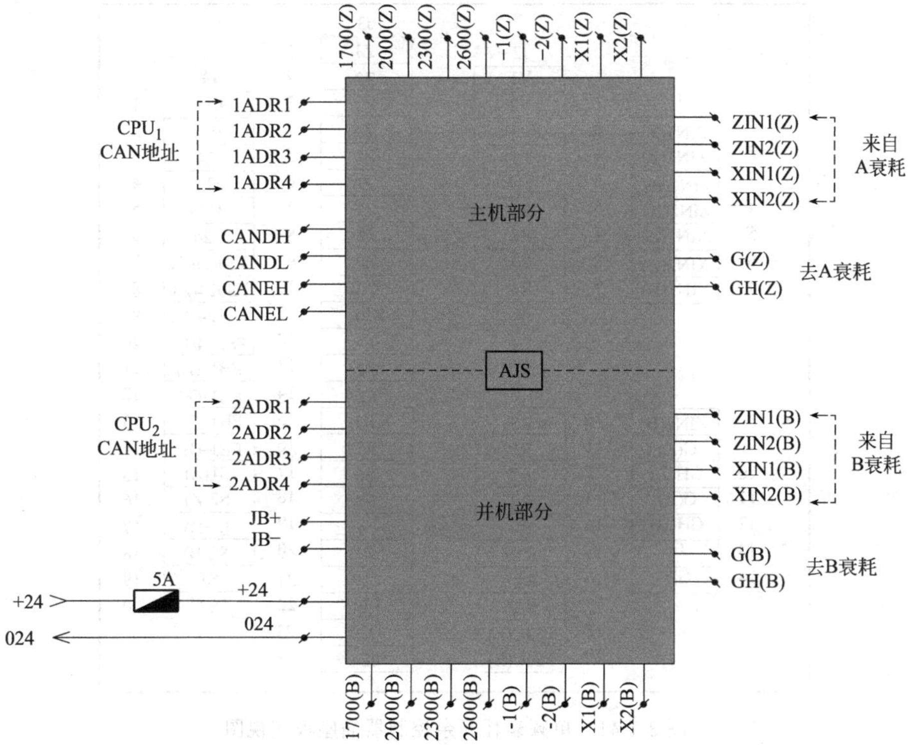

图 3-1-40　接收器外线连接示意图

① 实现正方向继电器复示及反方向继电器复示；

② 实现单载频区段主轨道电路调整；

③ 实现单载频区段小轨道电路调整（含正向调整及反向调整）；

④ 实现总功出电压切换（来自主发送器功出还是来自备发送器功出）；

⑤ 实现主发送器、备发送器发送报警条件的回采。

（2）工作原理

① 主轨道输入电路。主轨道信号 V_1、V_2 经变压器 B_1 输入。变压器 B_1 匝数比为 116：(1～146)。次级通过变压器抽头连接，可构成 1～146 级变化。按轨道电路调整参考表调整接收器电平，调整端子为 J_2-6～J_2-17。

② 小轨道输入电路。根据方向电路变化，接收端将接至不同的两端短小轨道电路，故短小轨道电路的调整按正、反方向进行。正方向调整用 Z_2～Z_{11}（J_3-1～J_3-11）端子，反方向调整用 F_2～F_{11}（J_3-12～J_3-22）端子。负载阻抗为 3.3kΩ，为提高 A/D 模数转换器的采样精度，短小轨道信号经过 1：3 升压变压器 B_2 输出至接收器。

（3）单频衰耗冗余控制器插座板底视图　参见图 3-1-41。

（4）单频衰耗冗余控制器端子定义及用途　参见表 3-1-1。

（5）单频衰耗冗余控制器面板及测试

① 单频衰耗冗余控制器面板图，参见图 3-1-42。面板上有主发送工作灯、备发送工作灯，接收工作灯、轨道表示灯、正向指示灯及反向指示灯；主发送电源、备发送电源、主发送报警、备发送报警、功出电压、功出电流、接收电源、主机轨道继电器、并机轨道继电器、轨道继电器、轨道信号输入、主轨道信号输出、小轨道信号输出测试塞孔。

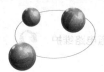

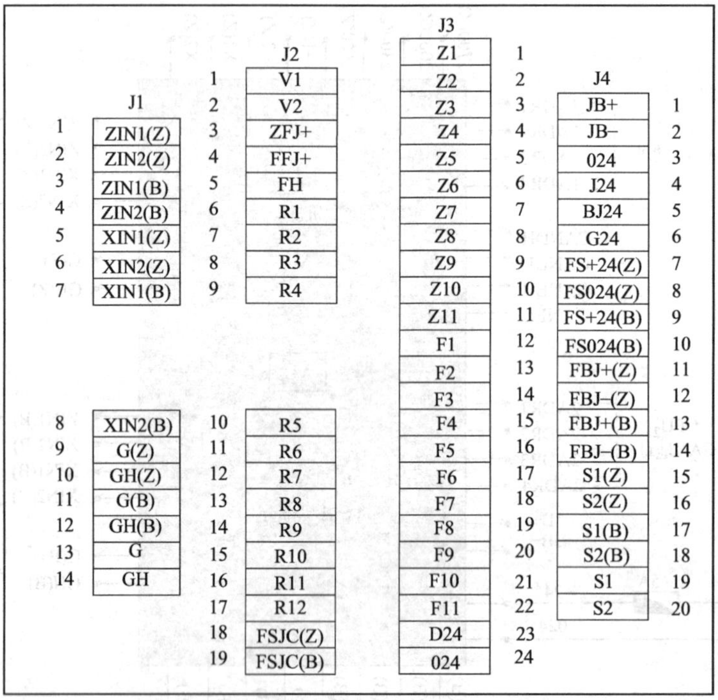

图 3-1-41 单频衰耗冗余控制器插座板底视图

表 3-1-1 单频衰耗冗余控制器端子定义及用途

序号	代 号	含 义	用 途
1	J_1-1、J_1-2	ZIN1(Z)、ZIN2(Z)	主轨道信号调整后输出至接收器主机
2	J_1-3、J_1-4	ZIN1(B)、ZIN2(B)	主轨道信号调整后输出至接收器并机
3	J_1-5、J_1-6	XIN1(Z)、XIN2(Z)	小轨道信号调整后输出至接收器主机
4	J_1-7、J_1-8	XIN1(B)、XIN2(B)	小轨道信号调整后输出至接收器并机
5	J_1-9、J_1-10	G(Z)、GH(Z)	接收器主机轨道继电器输出
6	J_1-11、J_1-12	G(B)、GH(B)	接收器并机轨道继电器输出
7	J_1-13、J_1-14	G、GH	轨道继电器输出
8	J_2-1、J_2-2	V_1、V_2	轨道信号输入
9	J_2-3、J_2-5	ZFJ＋、FH	正方向继电器复示
10	J_2-4、J_2-5	FFJ＋、FH	反方向继电器复示
11	J_2-6～J_2-17	R_1～R_{12}	主轨道电平调整
12	J_2-18	FBJJC(Z)	主发送器报警继电器吸起条件回采至主发送器
13	J_2-19	FBJJC(B)	备发送器报警继电器吸起条件回采至备发送器
14	J_3-1～J_3-11	Z1～Z11	正向小轨道电平调整
15	J_3-1～J_3-22	F1～F11	反向小轨道电平调整
16	J_3-23	D24	封轨道占用灯
17	J_3-22、J_4-3	024	接收器用 024 电源
18	J_4-1、J_4-2	JB＋、JB－	接收器报警条件

续表

序号	代　号	含　义	用　途
19	J_4-4	J24	接收器主机24V电源输入
20	J_4-5	BJ24	接收器并机24V电源输入
21	J_4-6	G24	引出的公共24V电源
22	J_4-7、J_4-8	FS＋24(Z)、FS024(Z)	来自主发送器24V电源
23	J_4-9、J_4-10	FS＋24(B)、FS024(B)	来自备发送器24V电源
24	J_4-11、J_4-12	FBJ＋(Z)、FBJ－(Z)	来自主发送器报警继电器输出
25	J_4-13、J_4-14	FBJ＋(B)、FBJ－(B)	来自备发送器报警继电器输出
26	J_4-15、J_4-16	S1(Z)、S2(Z)	来自主发送器功出
27	J_4-17、J_4-18	S1(B)、S2(B)	来自备发送器功出
28	J_4-19、J_4-20	S1、S2	总功出输出

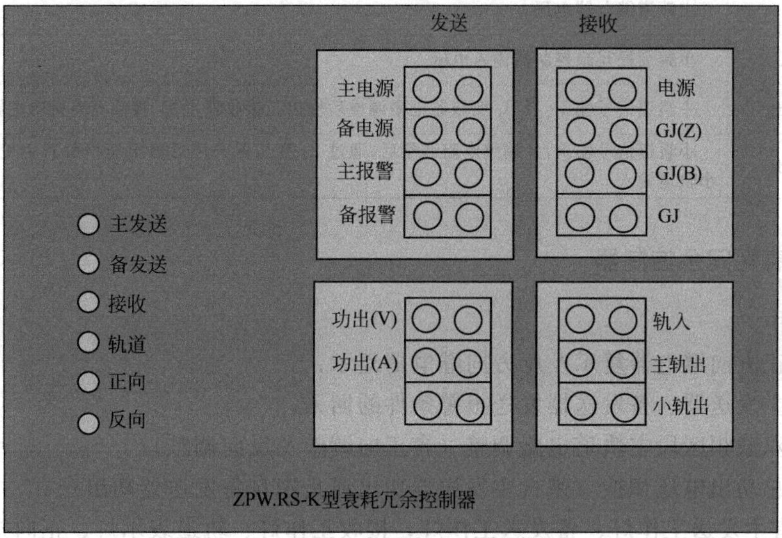

图 3-1-42　单频衰耗冗余控制器面板图

② 表示灯，各表示灯状态参见表 3-1-2。

表 3-1-2　单频衰耗冗余控制器表示灯

名称	状　态
主发送	主发送报警继电器吸起时亮绿灯，主发送报警继电器落下时亮红灯。如果主发送报警继电器既不吸起也不落下时，不亮灯
备发送	备发送报警继电器吸起时亮绿灯，备发送报警继电器落下时亮红灯。如果备发送报警继电器既不吸起也不落下时，不亮灯
接收	通过输入接收器的JB＋、JB－条件构成。
轨道	轨道占用时，通过光耦1的受光器关闭，使轨道占用灯点红灯；当轨道空闲时，光耦1及光耦2的受光器均打开，轨道空闲灯点绿灯
正向	正方向指示灯，正方向时亮灯，反方向时灭灯
反向	反方向指示灯，反方向时亮灯，正方向时灭灯

③ 测试塞孔，各测试塞孔功能见表 3-1-3。

表 3-1-3 单频衰耗冗余控制器测试塞孔

名称		功能
发送	主电源	测量主发送器电源电压
	备电源	测量备发送器电源电压
	主报警	测量主发送器的报警继电器电压
	备报警	测量备发送器的报警继电器电压
	功出/V	测量经发送报警继电器接点输出至轨道的功出电压
	功出/A	测量经发送报警继电器接点输出至轨道的功出电流，测量串联的取样电阻电压
接收	电源	接至接收器的＋24V、024V
	GJ(Z)	主机主轨道继电器电压
	GJ(B)	并机主轨道继电器电压
	GJ	主轨道继电器电压
	轨入	单频衰耗冗余控制器输入电压
	主轨出	主轨道信号输出，经 B_1 变压器电平调整后输出至接收器主机，接收器并机的主轨道输入
	小轨出	小轨道信号输出，经调整电阻调整后，通过 B_2 变压器升压后输出至接收器主机，接收器并机的小轨道输入

5. 双频衰耗冗余控制器

(1) 作用

① 实现正方向继电器复示及反方向继电器复示；

② 实现主发送器、备发送器发送报警条件的回采；

③ 实现双载频区段主轨道电路调整（含正向调整及反向调整）；

④ 实现总功出电压切换（来自主发送器功出还是来自备发送器功出）。

面板上有主发送工作灯、备发送工作灯，接收工作灯、轨道表示灯、正向指示灯及反向指示灯；主发送电源、备发送电源、主发送报警、备发送报警、功出电压、功出电流、接收电源、主机轨道继电器、并机轨道继电器、轨道继电器、轨道信号输入、主轨道信号输出测试塞孔。

(2) 工作原理

根据方向电路，接收端将接收不同载频的移频信号。主轨道电路的调整按正反方向进行。正方向调整用 $1R_1$～$1R_{12}$（J_2-6～J_2-17）端子，反方向调整用 $2R_1$～$2R_{12}$（J_3-1～J_3-12）端子。

主轨道信号 V_1、V_2 经变压器 SB_1 或 SB_2 输入，变压器 SB_1 或 SB_2 的匝数比为 116：(1～146)。次级通过变压器抽头连接，可构成 1～146 级变化。按轨道电路调整表调整接收器电平。

(3) 双频衰耗冗余控制器插座板底视图，参见图 3-1-43。

(4) 双频衰耗冗余控制器端子定义及用途，参见表 3-1-4。

(5) 双频衰耗冗余控制器面板及测试

①双频衰耗冗余控制器面板图，参见图 3-1-44。

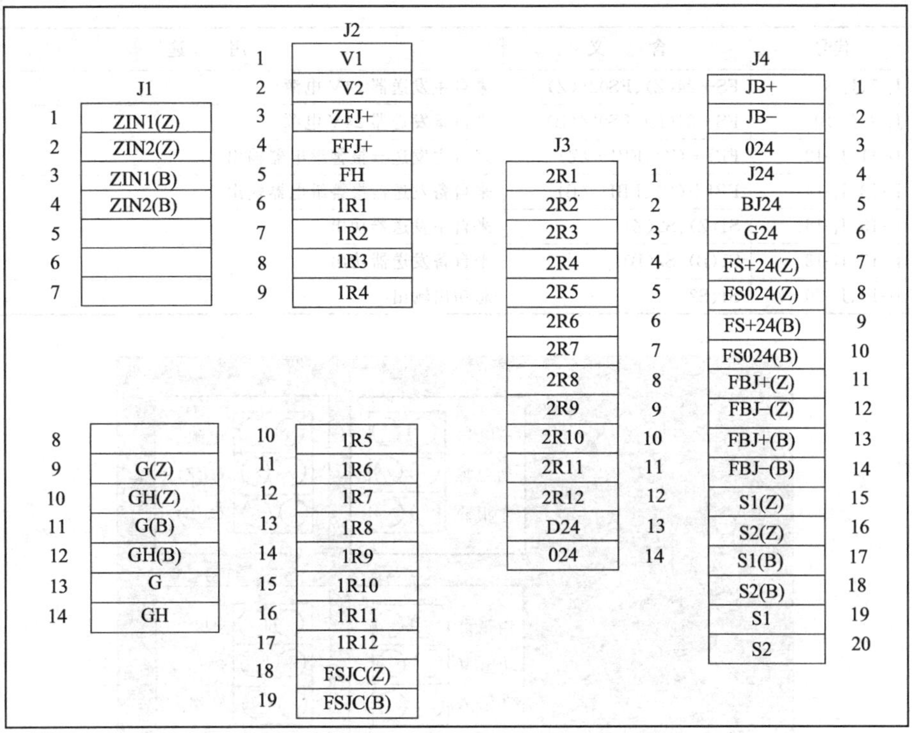

图 3-1-43　双频衰耗冗余控制器底视图

表 3-1-4　双频衰耗冗余控制器端子定义及用途

序号	代号	含　义	用　途
1	J_1-1、J_1-2	ZIN1(Z)、ZIN2(Z)	主轨道信号调整后输出至接收器主机
2	J_1-3、J_1-4	ZIN1(B)、ZIN1(B)	主轨道信号调整后输出至接收器并机
3	J_1-9、J_1-10	G(Z)、GH(Z)	接收器主机轨道继电器输出
4	J_1-11、J_1-12	G(B)、GH(B)	接收器并机轨道继电器输出
5	J_1-13、J_1-14	G、GH	轨道继电器输出
6	J_2-1、J_2-2	V_1、V_2	轨道信号输入
7	J_2-3、J_2-5	ZFJ＋、FH	正方向继电器复示
8	J_2-4、J_2-5	FFJ＋、FH	反方向继电器复示
9	J_2-6～J_2-17	$1R_1$～$1R_{12}$	载频1主轨道电平调整
10	J_2-18	FBJJC(Z)	主发送器报警继电器吸起条件回采至主发送器
11	J_2-19	FBJJC(B)	备发送器报警继电器吸起条件回采至备发送器
12	J_3-1～J_3-12	$1R_1$～$2R_{12}$	载频2主轨道电平调整
13	J_3-13	D24	封轨道占用灯
14	J_3-14、J_4-3	024	接收器用024电源
15	J_4-1、J_4-2	JB＋、JB－	接收器报警条件
16	J_4-4	J24	接收器主机24V电源输入
17	J_4-5	BJ24	接收器并机24V电源输入
18	J_4-6	G24	引出的公共＋24V电源

续表

序号	代号	含　义	用　途
19	J_4-7、J_4-8	FS+24(Z)、FS024(Z)	来自主发送器 24V 电源
20	J_4-9、J_4-10	FS+24(B)、FS024(B)	来自备发送器 24V 电源
21	J_4-11、J_4-12	FBJ+(Z)、FBJ−(Z)	来自主发送器报警继电器输出
22	J_4-13、J_4-14	FBJ+(B)、FBJ−(B)	来自备发送器报警继电器输出
23	J_4-15、J_4-16	S1(Z)、S2(Z)	来自主发送器功出
24	J_4-17、J_4-18	S1(B)、S2(B)	来自备发送器功出
25	J_4-19、J_4-20	S1、S2	总功出输出

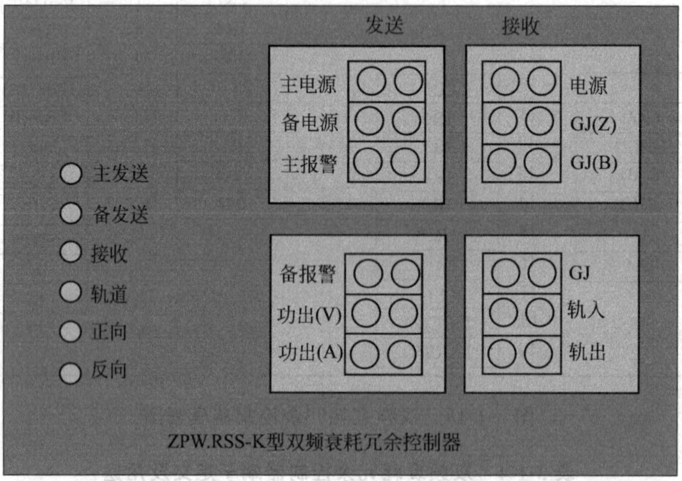

图 3-1-44　双频衰耗冗余控制器面板图

② 表示灯，表示灯状态参见表 3-1-5。

表 3-1-5　双频衰耗冗余控制器表示灯

名称	状态
主发送	主发送报警继电器吸起时亮绿灯，主发送报警继电器落下时亮红灯。如果主发送报警继电器既不吸起也不落下时，不亮灯
备发送	备发送报警继电器吸起时亮绿灯，备发送报警继电器落下时亮红灯。如果备发送报警继电器既不吸起也不落下时，不亮灯
接收	通过输入接收器的 JB+、JB−条件构成。
轨道	轨道占用时，通过光耦 1 的受光器关闭，使轨道占用灯点红灯；当轨道空闲时，光耦 1 及光耦 2 的受光器均打开，轨道空闲灯点绿灯。
正向	正方向指示灯，正方向时亮灯，反方向时灭灯
反向	反方向指示灯，反方向时亮灯，正方向时灭灯

③ 测试塞孔，参见表 3-1-6。

6. 防雷模拟网络单元

(1) 作用

① 对通过传输电缆引入室内雷电冲击的防护（横向、纵向）；

② 通过 0.25km、0.5km、1km、2km、2km、2×2km 电缆模拟网络，补偿实际 SPT 数字信号电缆；

表 3-1-6　双频衰耗冗余控制器测试塞孔

名称		功　能
发送	主电源	测量主发送器电源电压
	备电源	测量备发送器电源电压
	主报警	测量主发送器的报警继电器电压
	备报警	测量备发送器的报警继电器电压
	功出/V	测量经发送报警继电器接点输出至轨道的功出电压
	功出/A	测量经发送报警继电器接点输出至轨道的功出电流，测量串联的取样电阻电压
接收	电源	接至接收器的＋24V、024V
	GJ(Z)	主机主轨道继电器电压
	GJ(B)	并机主轨道继电器电压
	GJ	主轨道继电器电压
	轨入	单频衰耗冗余控制器输入电压
	轨出	主轨道信号输出，经B1变压器电平调整后输出至接收器主机，接收器并机的主轨道输入

③ 便于轨道电路调整。

(2) 工作原理　模拟一定长度电缆传输特性，与真实电缆共同构成一个固定极限长度，由0.25km、0.5km、1km、2km、2km、4km共六节组成，通过串联连接，可以构成10km以内间隔为0.25km的40种长度，使所有轨道电路不需要根据所在位置和运行方向改变配置。

如图3-1-45所示为模拟网络单元的电路原理框图。

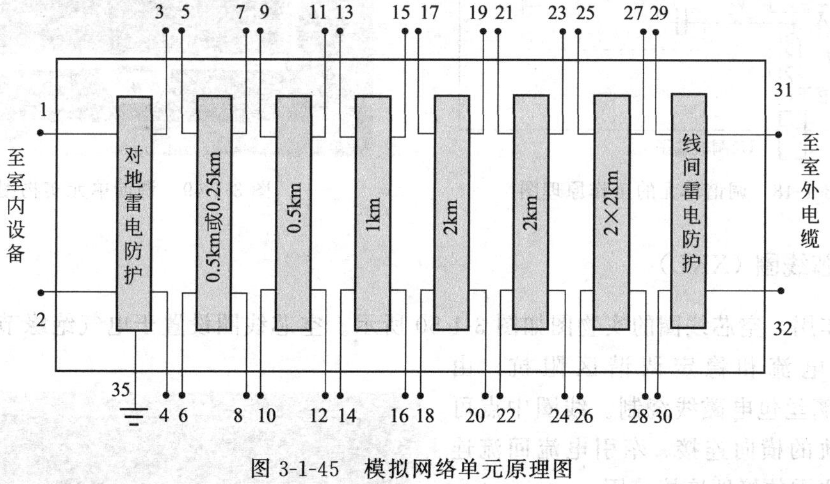

图 3-1-45　模拟网络单元原理图

(3) 防雷模拟网络面板　参见图3-1-46、图3-1-47。

(三) 室外设备

1. 调谐匹配单元

调谐匹配单元用于轨道电路的电气绝缘节和机械绝缘节处，调谐部分形成相邻区段载频的短路，且与调谐区内钢轨电感（或机械绝缘节处的机械绝缘节扼流空芯线圈）形成并联谐

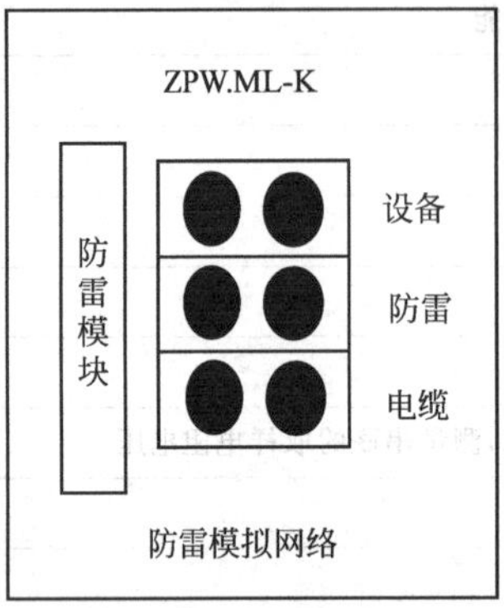

图 3-1-46　防雷模拟网络面板图

图 3-1-47　防雷模拟网络正面视图

振，实现相邻区段信号的隔离和本区段信号的稳定输出。匹配部分主要作用实现钢轨阻抗和电缆阻抗的连接，以实现轨道电路信号的有效传输。

调谐匹配单元分为四种型号，根据本区段的载频频率选用。

调谐匹配单元的工作原理如图 3-1-48 所示，其实物图如图 3-1-49 所示。

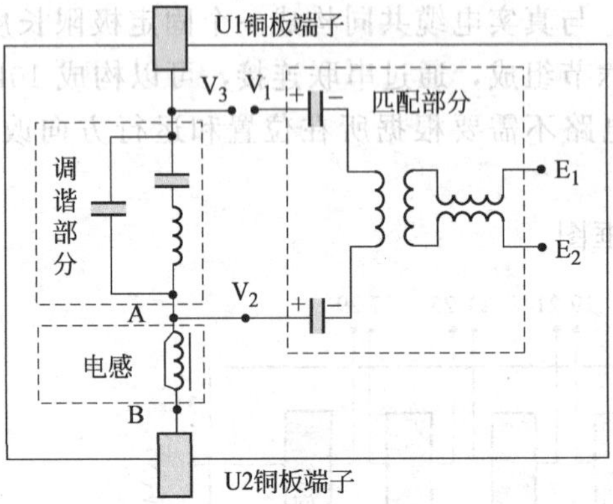

图 3-1-48　调谐单元的工作原理图

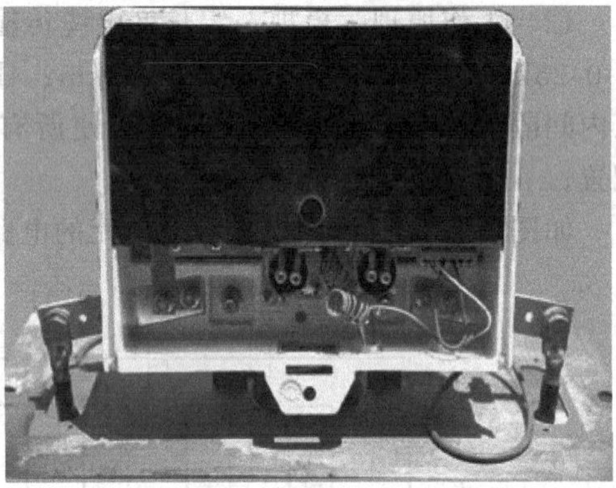

图 3-1-49　调谐单元实物图

2. 空芯线圈（XKD）

（1）作用　空芯线圈的实物图如图 3-1-50 所示。空芯线圈设置于电气绝缘节中心位置，平衡牵引电流和稳定调谐区阻抗，由 $50mm^2$ 玻璃丝包电磁线绕制。线圈中点可以作为钢轨的横向连接、牵引电流回流连接和纵向防雷的接地连接使用。

逐段平衡两钢轨的牵引电流回流，实现上下行线路间的等电位连接，改善电气绝缘节的 Q 值，保证工作稳定性。

减少工频谐波干扰对轨道电路的影响。对于上下行线路间的两个空芯线圈中心线可等电位连接，一方面平衡线路间牵引电流，一方面可保证维修人员安全。

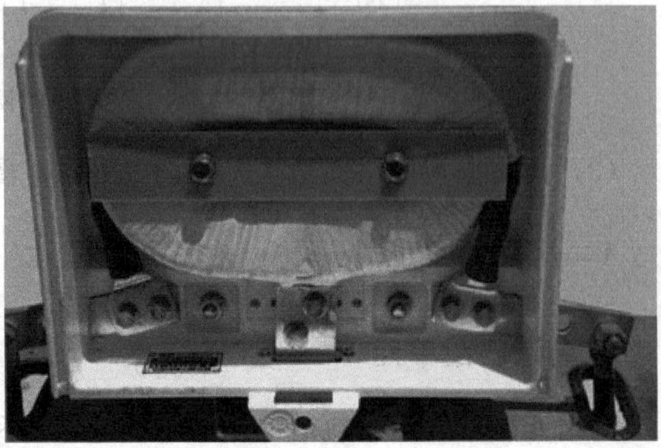

图 3-1-50　空芯线圈

该线圈用 19mm×1.53mm 电磁线绕制，其截面积为 $35mm^2$，电感约为 33μH，直流电阻 4.5mΩ。中间点引出线作等电位连接用。

（2）工作原理　空芯线圈设置在 29m（桥梁上为 32m）长调谐区的两个调谐单元中间，由于它对 50Hz 牵引电流呈现很小的交流阻抗（约 10mΩ），起到平衡牵引电流的作用。

设 I_1、I_2 有 100A 不平衡电流，可近似将空芯线圈视为短路，则有 $I_3=I_4=(I_1+I_2)/2=450A$。图 3-1-51 所示，为空芯线圈平衡牵引回流示意图。

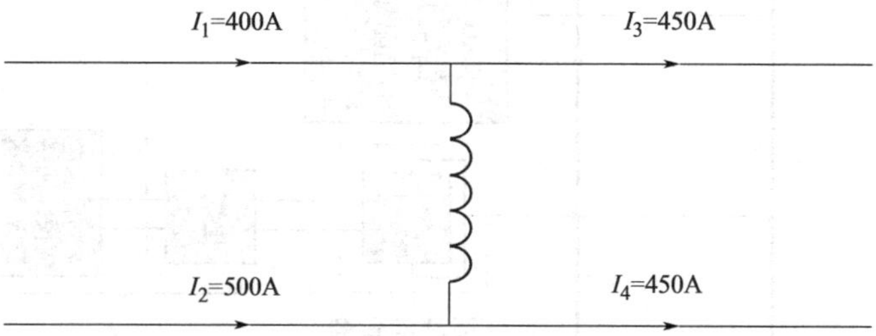

图 3-1-51　空芯线圈平衡牵引回流示意图

3. 空扼流变压器

应用于区间 ZPW-2000A 无绝缘轨道电路区段需要将牵引回流线或保护线引入钢轨的地方，及其上下行线路间横向连接线的地方。为了降低该设备的引入对区间 ZPW-2000A 无绝缘轨道电路的影响，其对于轨道电路信号的阻抗，在不大于规定的不平衡牵引电流条件下，其移频阻抗不小于 17Ω。

4. 补偿电容

补偿电容是为了补偿因轨道电路过长，钢轨电感的感抗所产生的无功功率损耗，改善轨道电路在钢轨上的传输性能。另外，加装补偿电容能够实现钢轨断轨检查。在钢轨两端对地不平衡条件下，能够保证列车分路。

补偿电容容值的选择根据道床漏泄电阻值确定。道床漏泄电阻值小于 2Ω·km 时，补偿电容值为 40μF、46μF、50μF 和 55μF 四种；道床漏泄电阻为 2.0～3.0Ω·km 时，补偿电容容值为 25μF 一种。补偿电容按照相等间距原则进行布置，1700Hz、2000Hz：60m；2300Hz、2600Hz：80m。

二、站内 ZPW-2000 型轨道电路认知

（一）结构

站内 ZPW-2000A 轨道电路是集轨道电路信息和列车的车载信息于一体，在任意时刻向钢轨同时传送轨道电路信息和列车的车载信息。它是相对于目前“站内轨道电路电码化”而言的。从这一含义可以看出，站内 ZPW-2000 型轨道电路的发送设备应具有编码能力，以便将轨道电路信息和列车的车载信息集于一体。该信息经调制、放大后，通过轨道电路传输系统的传输通道，将经过调制的信号送至钢轨，经钢轨传输网络向轨道电路传输系统的接收设备和列车的车载设备提供信息。

站内道岔区段轨道电路采用“分支并联”一送一受轨道电路结构，增设“道岔跳线”，实现轨道电路的分路防护和车载信息的连续性。站内 ZPW-2000 型轨道电路的结构如图 3-1-52 所示。

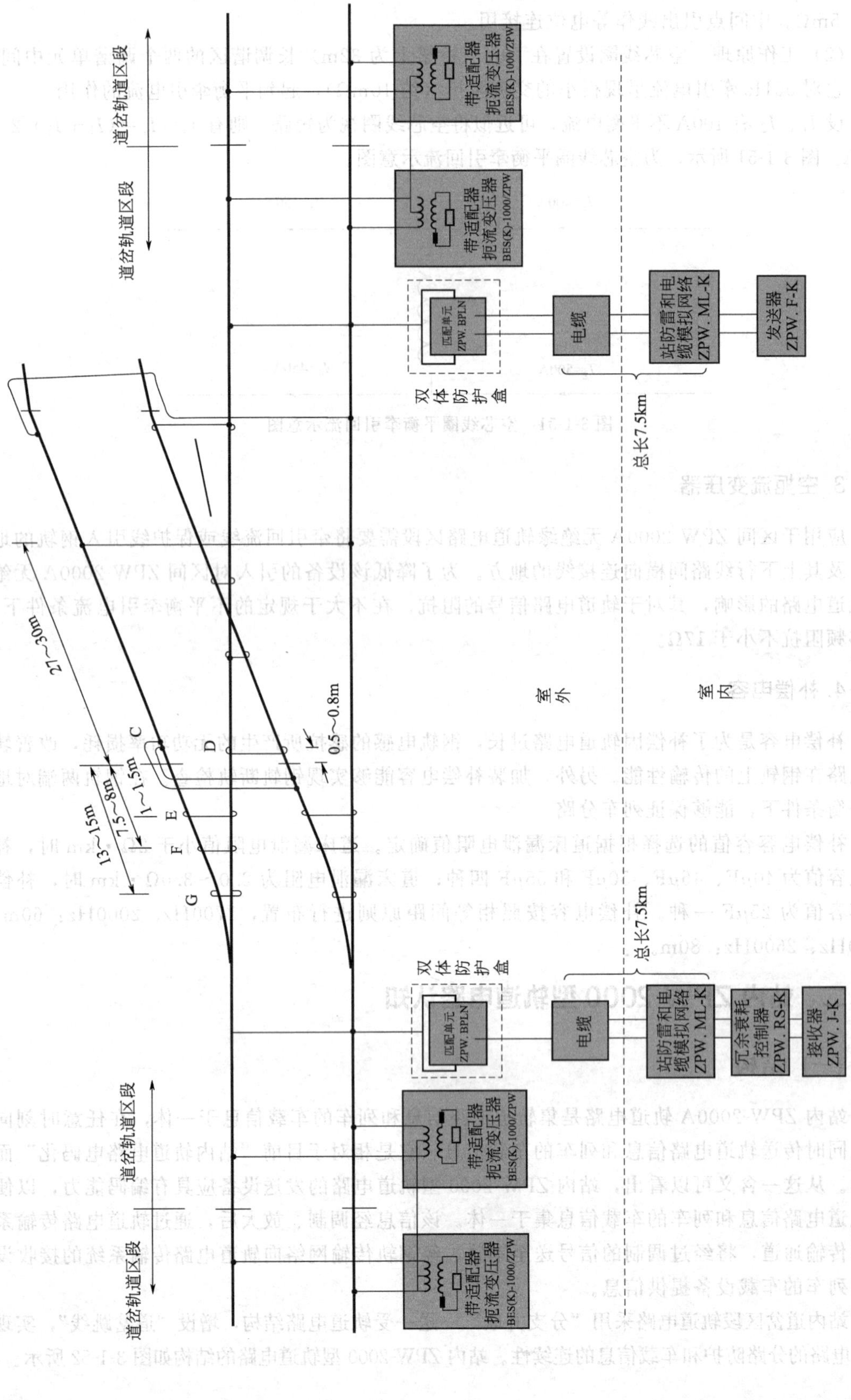

图 3-1-52 站内 ZPW-2000 轨道电路结构图

站内ZPW-2000型轨道电路的室内设备与区间相同，包括发送器、接收器、衰耗冗余控制器（包括单频和双频）及防雷模拟电缆网络盘。而室外设备与区间有所不同，包括站内匹配单元、带适配器的扼流变压器和补偿电容等设备。

1. 带适配器的扼流变压器

带适配器的扼流变压器应用于站内轨道电路，其实物图如图3-1-53所示。不平衡牵引电流对站内ZPW-2000A轨道电路的影响取决于不平衡牵引电流在扼流变压器两端产生的50Hz电压。当50Hz电压大于2.4V时，站内轨道电路将产生“红光带”。所以，为了降低不平衡牵引电流在扼流变压器两端产生的50Hz电压，又能使牵引电流畅通无阻，站内轨道电路采用带适配器的扼流变压器。另外，它还应用于需要设置空扼流变压器导通牵引电流的无岔分支末端。如果站内ZPW-2000A轨道电路使用在非电气化牵引区段，则应取消带适配器的扼流变压器。

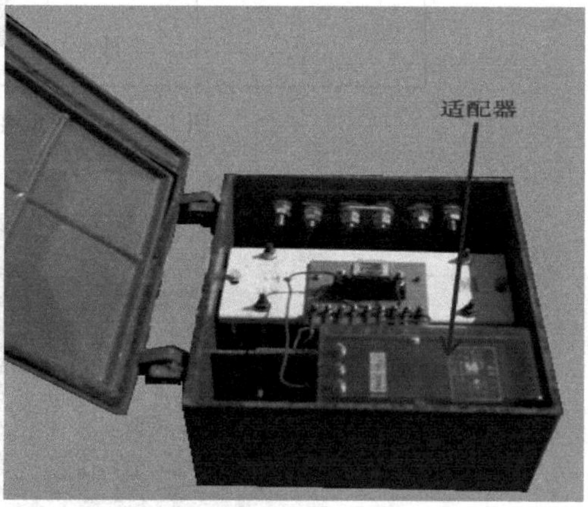

图3-1-53　带适配器的扼流变压器

其作用：一是降低不平衡牵引电流在扼流变压器两端产生的50Hz电压，使其不大于2.4V；二是导通钢轨内的牵引电流，使其畅通无阻。为了降低该设备的引入对站内ZPW-2000A轨道电路的影响，其对于轨道电路信号的阻抗，在不大于规定的不平衡牵引电流条件下，其移频阻抗不小于17Ω。

2. 机械绝缘节空芯线圈

（1）作用　机械绝缘节空心线圈用于进出站口处，作用与电气空芯线圈相同，都是起到电气隔离的作用。

（2）工作原理　机械绝缘节空芯线圈按频率（1700Hz、2000Hz、2300Hz、2600Hz）分为四种，安装在机械绝缘节轨道边的基础桩上与相应频率调谐单元相并联，形成并联谐振，使机械绝缘节的电气参数与电气绝缘节等效。从而使电气绝缘节-机械绝缘节间轨道电路的传输长度与电气绝缘节-电气绝缘节间轨道电路的传输长度相同。由50mm^{2}玻璃丝包电磁线绕制，线圈中点可以作为钢轨的横向连接、与相邻区段扼流中心点连接和纵向防雷的接地连接使用。

3. 站内匹配单元

站内匹配单元用于站内机械绝缘节分割的股道、咽喉区的无岔和道岔区段以及其他双端为机械绝缘节的轨道电路的发送和接收端，主要完成钢轨阻抗和电缆阻抗的连接，以实现轨道电路信号的有效传输。

该匹配单元中匹配变压器变比可调，根据站内道岔布置和载频信号的频率，依据调整表进行设置。V_1、V_2连接轨道侧，E_1、E_2连接电缆，图3-1-54所示为匹配变压器的结构原理图，图3-1-55为站内匹配变压器的实物图。

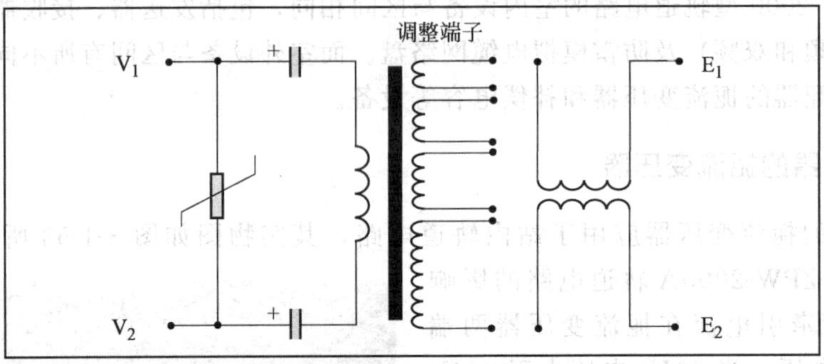

图 3-1-54　匹配变压器的结构原理图

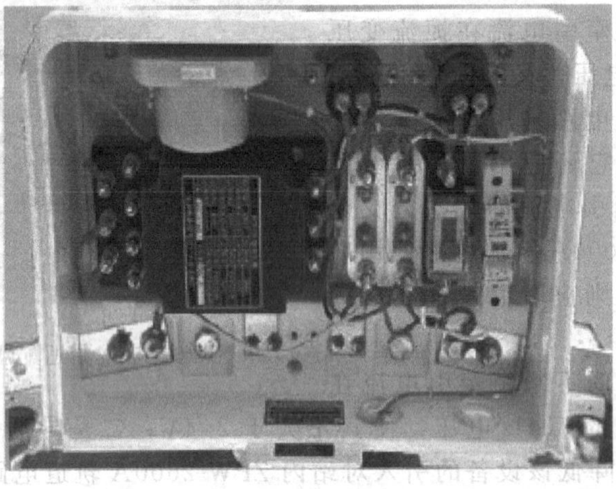

图 3-1-55　站内匹配单元实物图

4. 补偿电容

当轨道电路区段长度大于 300m 时，原则上需要设置补偿电容，以改善轨道电路信号在钢轨线路上的传输条件。

补偿电容容值的选择根据道床漏泄电阻值确定。站内道岔区段道床漏泄电阻值不小于（或大于等于）2Ω·km 时，补偿电容值为 25μF 一种。

补偿电容按照相等间距原则进行布置，理论间距为 100m。

（二）站内轨道电路信息连续性

高铁列车控制系统的机车车载设备，要求地面轨道电路系统提供列车车载信息，其传送的信息必须能够实时、连续、稳定地被机车的车载设备接收，这就要求地面轨道电路系统提供给列车车载信号设备的信息必须在时间和空间上是连续的。

1. 时间上连续

站内采用了与区间同制式的 ZPW-2000 轨道电路，可以确保地面轨道电路系统提供给列车车载设备的信息在时间上是连续的。

2. 空间上连续

高铁车站轨道电路采用机械绝缘节，正线采用胶粘绝缘节，并且站内轨道区段有道岔轨道区段。因此，在站内列车车载信息在机械绝缘节处和道岔的弯股处必然存在列车车载信息连续性的问题。下面就具体分析各种情况下的列车车载信息空间连续性问题。

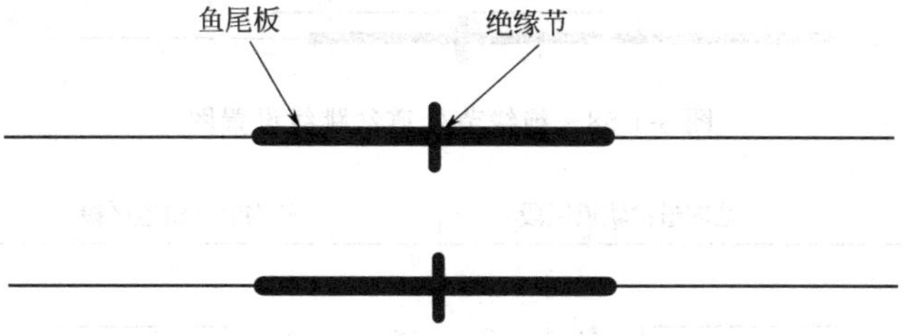

图 3-1-56　机械绝缘节结构图

(1) 机械绝缘节处信息的空间连续　从图 3-1-56 中可以看出，由于受到机械绝缘节结构的影响，轨道电路设备的安装必然要离开机械绝缘节一定的距离。因此，机车过机械绝缘节时，因受到轨道电路设备安装位置的限制和机车的车载信号接收感应器的安装位置限制，机车的车载信号接收感应器在轨道电路的机械绝缘节两边均存在一段机车的车载信号接收“盲区”，如图 3-1-57 所示。

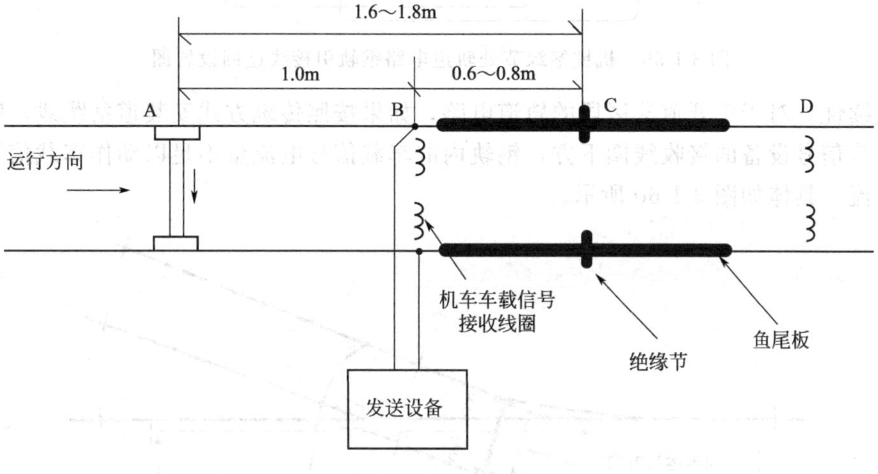

图 3-1-57　机械绝缘节处各尺寸图

由图示可知，轨道电路的钢轨连接线往钢轨上连接设备时，需要离开鱼尾板一定的距离，距轨缝的距离约 0.6～0.8m；而机车车载信号设备的接收线圈距机车的第一轮对的距离最大可达 1.0m。这样，就不难看出，机车的第一轮对从 A 点开始至轨缝 C 点相当于接收线圈自 B 点运行至 D 点的范围内。当机车车载信号设备的接收线圈在 B～D 间，因钢轨内无电流或电流量不足而造成机车车载信号设备的接收中断。只有当线圈已越过轨缝 1.0m 或机车的第一轮对已越过轨缝，其前方的轨道电路区段被机车分路时，则机车车载信号设备的接收线圈下方钢轨内的车载信号电流才能够大于或等于机车信号入口电流，车载信号设备可重新可靠地接收机车信号车载信息。这一接收“盲区”为 1.6～1.8m。

为了消除列车车载信号的接收“盲区”，通过在道岔绝缘节处采用“跳线换位”和在轨道电路收发端处采用轨道电路钢轨引接线迂回的方法，解决机车车载信号在机械绝缘节处的信息中断问题。具体如图 3-1-58、图 3-1-59 所示。

(2) 道岔区段内车载信息的空间连续　在道岔区段内由于道岔结构、绝缘节设置和道岔跳线设置等，均会引起机车车载信号在岔区内信息不连续的问题。现以单开道岔为例说明车

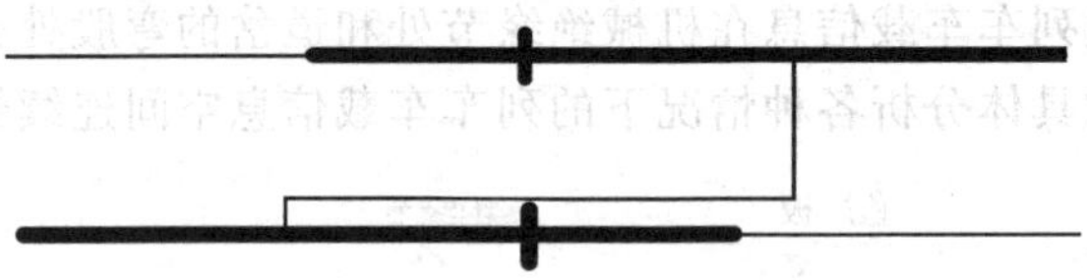

图 3-1-58　绝缘节处道岔跳线设置图

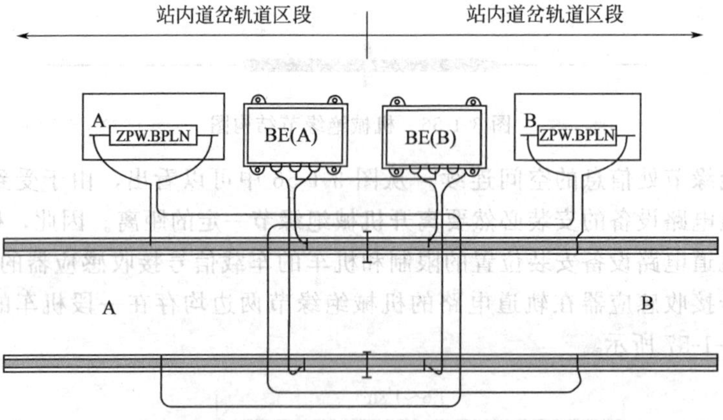

图 3-1-59　机械绝缘节处轨道电路钢轨引接线迂回设置图

载信息连续性。对于单开道岔区段的轨道电路，如果按照传统方式安装道岔跳线，则在弯股上机车车载信号设备的接收线圈下方，钢轨内的车载信号电流量不足以动作车载信号设备或无信号电流，具体如图 3-1-60 所示。

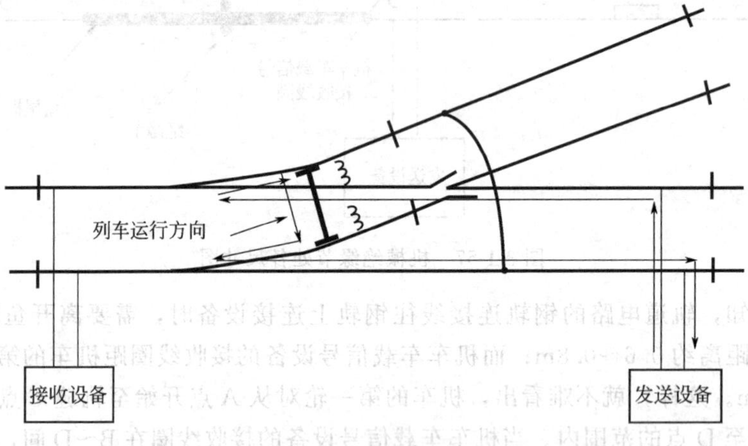

图 3-1-60　道岔轨道电路弯股信号电流示意图

为了使地面轨道电路系统提供给列车车载信号设备的信息在空间上连续，并且具有足以动作车载信号设备的电流量，必须对道岔跳线采取如下措施：

① 道岔跳线换位；

② 增设道岔跳线。

采取在弯股上每间隔一定的距离就增设一组道岔跳线，以强制列车车载信号设备的控制信息电流流经列车车载信号设备接收感应线圈下方的钢轨内，可以使运行于道岔区段内的列车，在弯股的无受电分支的任何地点均能连续、正确和稳定可靠地接收到列车车载信号设备的控制信息。具体如图 3-1-61 所示。

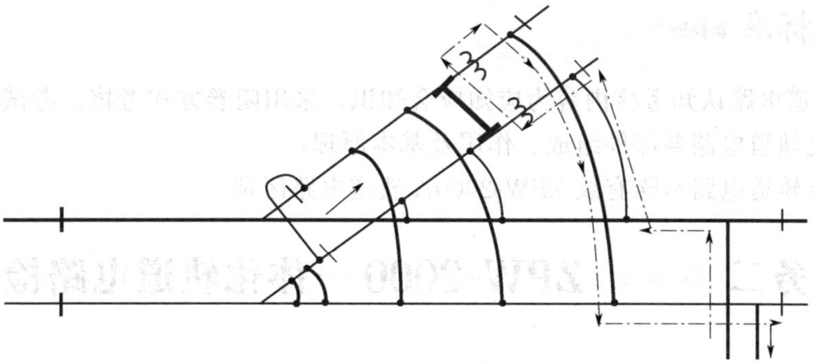

图 3-1-61　道岔弯股跳线布置示意图

三、一体化轨道电路与既有线 ZPW-2000 轨道电路区别

一体化轨道电路除了编码发码的方式，以及模拟网络盘模拟电缆的长度不同，在其他方面也有所区别。

(一) 室内设备区别

① 一体化轨道电路移频柜内发送器采用的是 1+1 冗余结构；既有线 ZPW-2000 轨道电路发送器采用的是 $N+1$ 冗余结构。

② 一体化轨道电路低频码共有 12 种，分别为检测码 27.9Hz、H 码 29Hz、HU 码 26.8Hz、U 码 16.9Hz、UU 码 18Hz、UUS 码 19.1Hz、LU 码 13.6Hz、L 码 11.4Hz、L2 码 12.5Hz、L3 码 10.3Hz、L4 码 23.5Hz、L5 码 21.3Hz；既有线 ZPW-2000 轨道电路低频码中没有检测码、L2 码、L3 码、L4 码、L5 码，这是根据列车运行的速度和制动距离决定的。

③ 一体化轨道电路接收器的载频选择可以通过列控中心来进行集中配置，发送器采用无接点的计算机编码方式；而既有线 ZPW-2000A 轨道电路系统采用继电编码的方式，需要大量的编码继电器。

④ 一体化轨道电路的发送供出电平级和主轨出电压、小轨出电压以及轨入的调整表与既有线 ZPW-2000 轨道电路不同，一体化轨道电路分得更细：按照道床漏泄和模拟电缆长度的电气特性不同分为无砟、有砟，桥梁、隧道、路基等不同组合的调整表，而既有线 ZPW-2000 轨道电路只有一种。

(二) 室外设备区别

① 一体化轨道电路加大了空芯线圈的导线线径，从而提高了关键设备的安全容量要求。

② 一体化轨道电路将既有线 ZPW-2000A 轨道电路的调谐单元和匹配单元整合为一个调谐匹配单元。

③ 一体化轨道电路优化了补偿电容的配置，不同的信号载频采用不同的补偿间距，并且补偿电容采用了全密封工艺。一体化轨道电路不论区间和站内所有的补偿电容均采用为 25μF（当道床漏泄电阻为 2.0～3.0Ω 时，补偿电容容值为 25μF 一种）；而既有线 ZPW-2000A 轨道电路则是按照不同的载频采用不同的补偿电容，既有线的区间 1700Hz 区段采用的是 55μF 的补偿电容，2000Hz 区段采用的是 50μF 的补偿电容，2300Hz 区段采用的是 46μF 的补偿电容，2600Hz 区段采用的是 40μF 的补偿电容。

考核标准

一体化轨道电路认知考核内容为应知应会知识，采用闭卷方式考核。考试内容为：

① 一体化轨道电路各部件组成、作用及基本原理；

② 一体化轨道电路与既有线 ZPW-2000A 轨道电路区别。

任务二 ZPW-2000 一体化轨道电路检修

学习目标

① 会按照作业标准检修室内外设备；

② 会按照调整表进行轨道电路调整；

③ 熟悉技术标准，会使用移频表进行参数测试。

设备检修

一、一体化轨道电路安装调试及器材更换

(一) 室内设备

1.室内设备调试

(1) 发送电平级调整　发送电平级的调试必须按照设计要求的等级通过查阅发送电平级的调整表在发送器的底板上进行封线调整。表 3-2-1 为发送电平级的封线调整表。

表 3-2-1　发送电平级的封线调整表

电平级	连接端子	功出电压(S1,S2)/V
1	1～11　9～12	161～170
2	2～11　9～12	146～154
3	3～11　9～12	126～137
4	4～11　9～12	103～112
5	5～11　9～12	73～80
6	1～11　4～12	60～67
7	3～11　5～12	54～60
8	2～11　4～12	44～48
9	1～11　3～12	37～41
10	4～11　5～12	32～36

(2) 接收电平级调整　接收电平级的大小取决于区段的线路类型、载频、长度等因素。

① 必须确认线路类型。线路类型分为无砟路基、隧道，有砟路基，无砟桥梁，有砟桥梁四类。每一类都有单独的接收电平级的调整表。

② 确认好线路类型后，需要确认载频类型，找到对应载频的调整表。

③ 根据线路长度找出对应的接收电平级。

④ 根据接收电平级的封线调整表进行封线调整。

当一个区段内有多种不同的线路类型时，必须根据实际情况精确计算出不同线路类型的具体长度后由设计院给出特殊调整表进行调整。

（3）小轨出电压调整

① 要了解本区段的小轨指的是发送端的调谐区。

② 调整小轨出电压时测得的轨入是发送端相邻区段频率对应的电压值。

③ 测出正确的轨入电压之后通过小轨道电压调整表选择对应挡位进行调整即可。

需要强调小轨出的调整取决于轨入的调整，而轨入的调整则取决于发送电平级的调整，小轨出电压不但需要调整正向，还要同步调整反向小轨出电压。

（4）模拟网络盘补偿电缆长度调整 防雷模拟网络端子定义见表 3-2-2。

表 3-2-2 防雷模拟网络端子定义

序号	代号	用 途
1	1、2	设备侧接线端子，防雷变压器初级
2	3、4	防雷变压器次级
3	5～30	0.25km、0.5km、1km、2km、2km、2×2km 电缆模拟网络接线端子
4	31、32	电缆侧接线端子
5	35	防雷变压器接地端

防雷模拟网络盘插座板底视图如图 3-2-1 所示。

模拟网络盘补偿电缆长度的调整取决于实际电缆的长度。

首先，计算发送或接收电缆的实际长度。计算方法：先将发送或接受端的电缆从分线盘处甩开，用 M14 型机械万用表的电阻挡测试发送和发送回线之间的电阻，得出电阻值之后先除以2，得出单根电缆的电阻，再用 45Ω/1km 的标准计算出电缆的长度。

其次，按照实际情况选用 7.5km 或 10km，减去计算出的实际电缆长度后，得出的长度就是需要补偿的电缆长度。

再按照模拟网络盘补偿电缆调整表找到合适的挡位后，按照调整表中的端子连线在模拟网络盘的底板上进行相应的焊连。

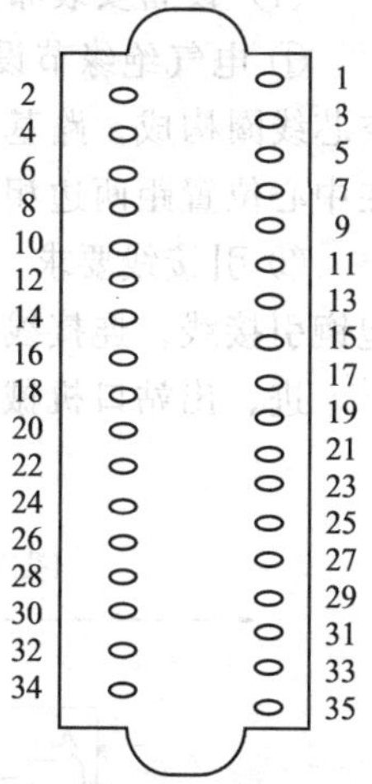

图 3-2-1 防雷模拟网络插座板底视图

2. 器材更换及联锁试验方法

（1）发送器、接收器、衰耗器

① 发送器、接收器、衰耗器本身没有频率区分，可直接更换备品。更换备品时需要注意的是，必须使用专用的套筒钥匙将需更换的电子盒的固定端子旋转到松动位置，然后水平取下，再按照同样的方法将新换的电子盒安装到位。严禁左右或上下晃动，严禁野蛮插拔。确保鉴别销对位入孔。

② 更换完毕后，使用 ZPW-2000 智能移频测试表在衰耗器上测量发送功出电压、轨入电压以及主轨出、小轨出电压，与以前的测试记录进行对比，检查是否保持基本一致。

③ 更换发送器后需要进行主备发送器的切换试验。试验方法是断开主发送器的熔断器，

备发送器正常工作，列控维护机上显示备发送器主用，站场显示图上无红光带。将主发送器恢复供电后工作正常，列控维护机显示主发送器工作状态正常。用同样方法再将备发送器试验一遍。

④ 更换接收器后需要对接收器进行断电冗余试验。将更换的接收器熔断器断开，相应的轨道区段无红光带，将邻线的相邻区段的接收器断开后，上下行的相邻区段都亮红光带，将本区段的接收器恢复供电后，两红光带同时消失，最后将邻线的接收器恢复供电。检查列控维护机或集中监测上相应接收器的工作状态以及移频柜中的电子盒工作灯均正常。

⑤ 更换衰耗器后，需要对相应区段的发送器、接收器进行断电试验，检查衰耗器上相应的指示灯是否与实际相符。

(2) 电源万可端子、断路器　更换电源万可端子、断路器必须断开电源屏内部相应的区间轨道电源开关，以免带电作业造成电源正负极短路。对甩开的原有电源配线必须做好标记，保证在复原配线时端子和电线连接关系正确。

(3) 模拟网络盘　更换模拟网络盘注意在插拔电子盒的过程中必须确保在滑道之间，插紧后电子盒的边缘与其他电子盒平齐。使用移频表测试电缆侧、防雷侧、设备侧的电压与以前的正常数据相符。

(二) 室外设备

1. 调谐匹配单元(PT)及空芯线圈(XKD)

调谐匹配单元按照不同的载频需要分为4种型号，所以调谐匹配单元必须对应每个区段的设计载频使用，不能混用。而区间无绝缘轨道电路空芯线圈是不分频率的，所以可以通用。

(1) 设备安装布置

① 电气绝缘节设备布置及引接线走线。电气绝缘节处设备由两个调谐匹配单元和一个空芯线圈构成。路基、隧道区段调谐区总长为29m，桥梁区段调谐区总长为32m，空芯线圈在中心位置距两边相邻的调谐单元等距离分布。

② 引接线要求。电气分割的轨道电路与钢轨连接均采用95mm^{2}带有绝缘防护外套的钢包铜引接线。连接线长度：路基地段，2.0m、3.7m；桥梁地段，2.5m、4.2m。

进、出站口机械绝缘节处设备布置及引接线走线图如图3-2-2所示。

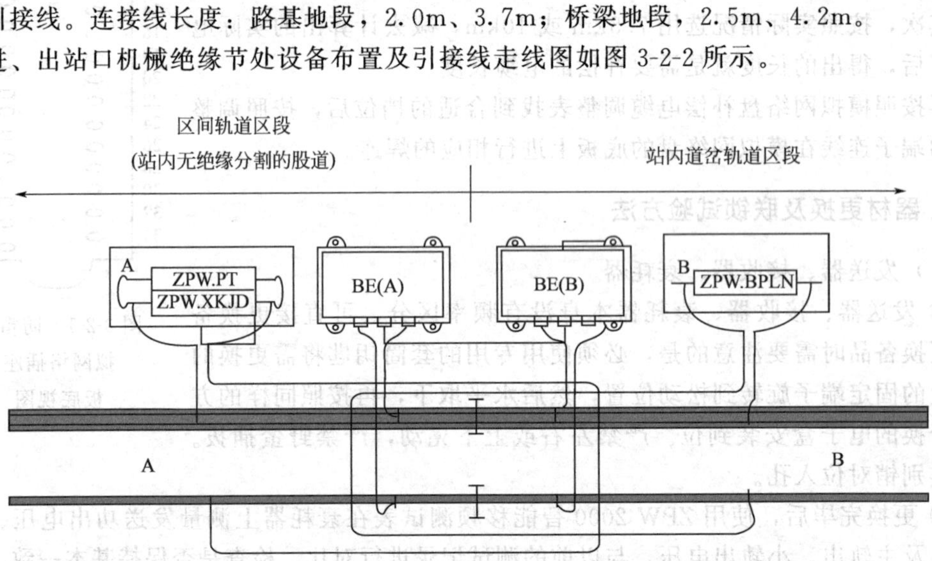

图 3-2-2　进、出站口机械绝缘节处设备布置及引接线走线示意图

电气化区段机械绝缘节处设备布置及引接线走线基本上与进、出站口机械绝缘节处设备布置相同。

站内道岔区段“跳线”的布置和走线如图 3-2-3 所示。

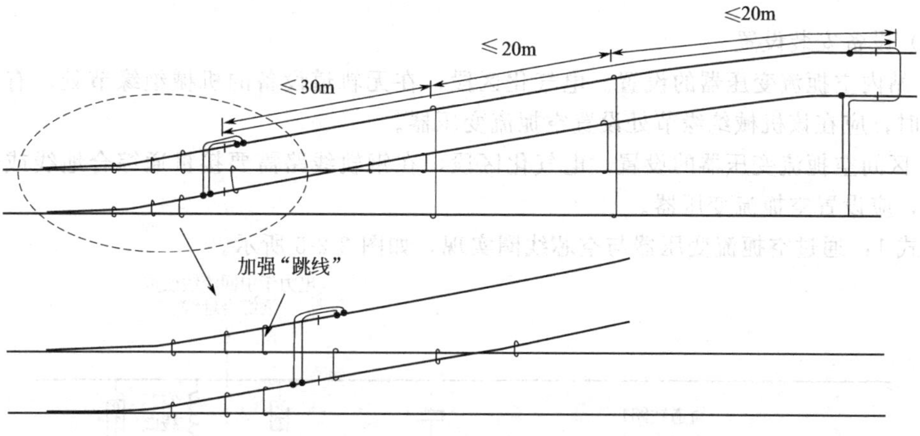

图 3-2-3 站内道岔区段“跳线”的布置和走线示意图

渡线道岔轨道绝缘处的道岔“跳线”引线布置和走线如图 3-2-4 所示。

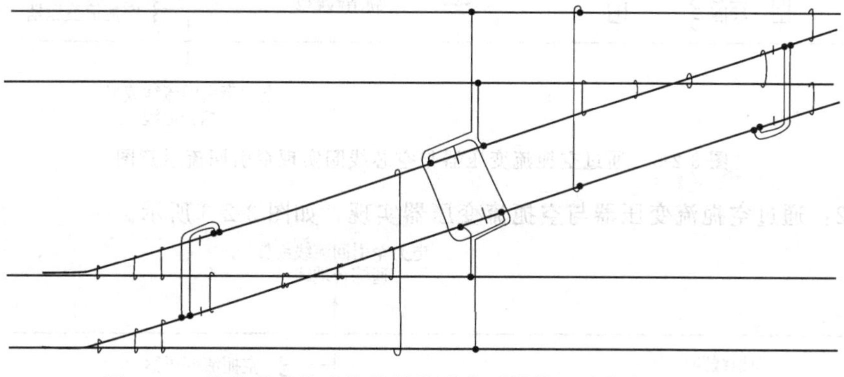

图 3-2-4 渡线道岔轨道绝缘处的道岔“跳线”引线布置示意图

道岔区段多分支轨道电路采用分支并联结构，“跳线”设置原则：采用带绝缘护套 $70mm^2$ 铜导线或铜当量的钢包铜线；“道岔跳线”从道岔弯股末端（即道岔弯股的轨道绝缘节）起，向岔心方向（即道岔绝缘节）依次间隔设置，间隔不大于 20m，岔心间隔不大于 30m，两端部必须设置“跳线”。

(2) 调谐匹配单元（PT）及空芯线圈（XKD）器材更换

① 到达现场联系室内断开室内发送、接收器的开关，防止带电作业时造成设备短路。

② 使用万可端子专用工具将调谐匹配单元内电缆甩开，并做好标记。空芯线圈更换时无此步骤。

③ 将钢轨引入线拆下。

④ 将旧的调谐匹配单元背部的固定螺丝松掉，整体拆下。

⑤ 把新的调谐匹配单元换上，先将内部电缆穿进进线孔，再紧固箱体固定螺丝。空芯线圈更换时无此步骤。

⑥ 将钢轨引入线连接到端子板上紧固后，把内部电缆插进相应的万可端子孔内，确保插接良好。

⑦ 联系楼内恢复该区段的发送、接收器供电。同时要求楼内浏览集中监测数据，现场使用移频表按照检修作业标准对轨道电路参数进行测量，并与以前的检修记录进行对比。

2. 空扼流变压器和横向连接线

（1）设备安装设置

① 站内空扼流变压器的设置。电气化区段，在无轨道设备的机械绝缘节处、有牵引回流通过时，应在该机械绝缘节处设置空扼流变压器。

② 区间空扼流变压器的设置。电气化区段，在钢轨线路需要接贯通综合地线或牵引回流线处，应设置空扼流变压器。

方式 1：通过空扼流变压器与空芯线圈实现，如图 3-2-5 所示。

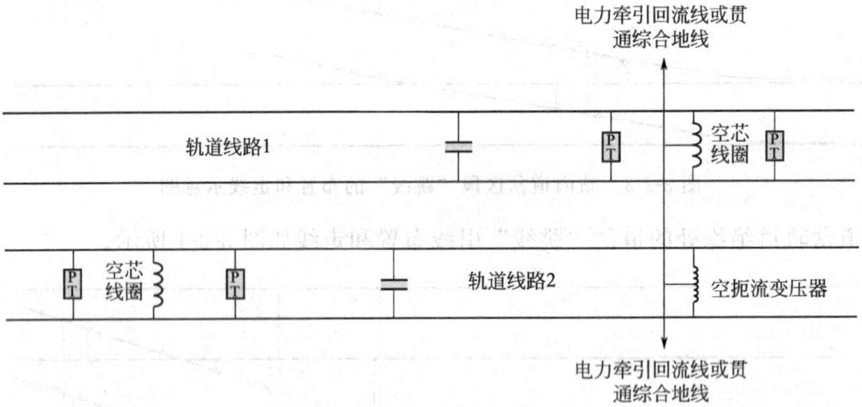

图 3-2-5　通过空扼流变压器与空芯线圈实现牵引回流示意图

方式 2：通过空扼流变压器与空扼流变压器实现，如图 3-2-6 所示。

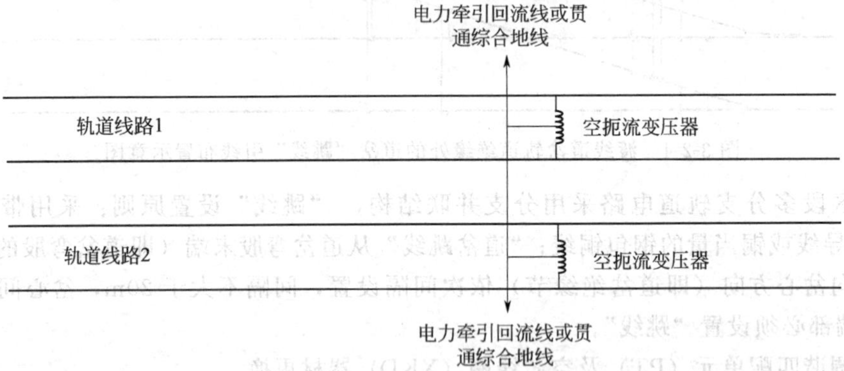

图 3-2-6　通过空扼流变压器与空扼流变压器实现牵引回流示意图

③ 完全横向连接

• 钢轨回流必须通过空扼流变压器或空芯线圈等中点与 PW 保护线、架空回流线、贯通综合地线连接。

• 两个完全横向连接的距离不应小于 1200m，轨道电路区段长度小于 1200m 时，通过增加空扼流抗流器实现完全横向连接，如图 3-2-7 所示。

• 当牵引电流超过空芯线圈容量时，不可以通过空芯线圈实现横向连接。各点处的钢轨回流值应由电力牵引提供，然后结合器材容量等因素，选择横向连接方式。在变电所牵引电流总归点处，一般采用扼流抗流器，通过其中点与回归线连接。

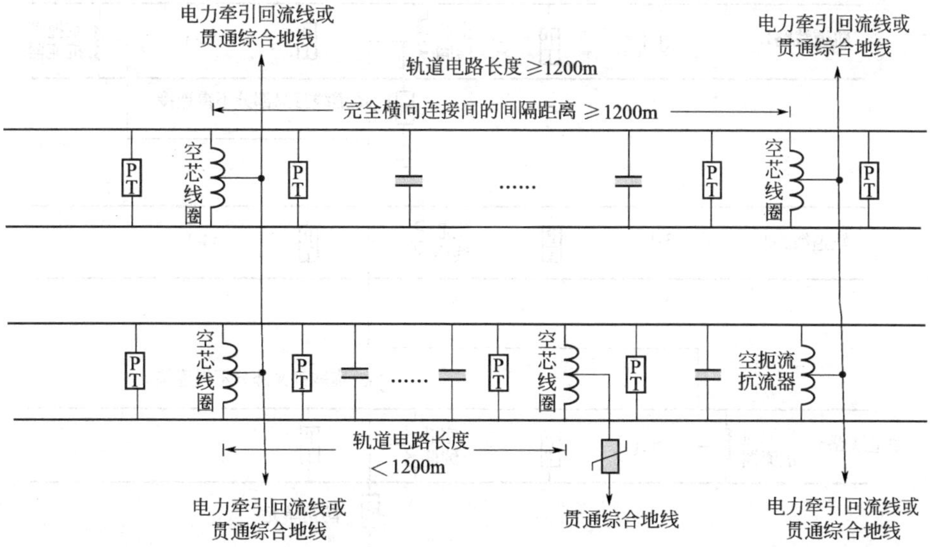

图 3-2-7　横向连接示意图

④ 空扼流变压器与轨道电路设备间的距离，如图 3-2-8 所示。

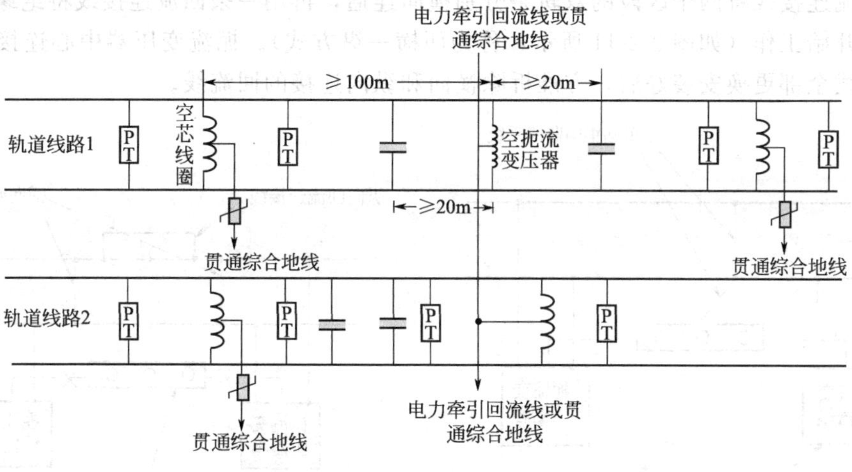

图 3-2-8　空扼流变压器与轨道电路设备间的距离规定示意图

⑤ 多条线路的横向连接。超过两条线路时，一条横向连接线严禁连接两段同一频率的轨道电路。如果不能通过绝缘节方式完成横向连接时，应增设空扼流变压器完成连接，如图 3-2-9 所示。

该特殊情况亦可通过载频类型合理设置来避免邻频干扰的出现。

(2) 更换扼流变压器箱　首先，将所属轨道电路区段的两条钢轨与相邻轨道电路的扼流变压器的中心点，用回流连接线连通后（使牵引电流顺利通过），再拆掉原来使用的扼流变压器箱，连接方式如图 3-2-10 所示（或采取两横一纵方式连接）。

被更换的扼流变压器箱全部更换安装好后，方准拆除回流连接线。

其次，更换扼流变压器引入线或中线连接板，将所需更换引入线区段的两条钢轨与相邻轨道电路的扼流变压器的中心点，用回流连接线连接牢固后，再进行更换。被更换的引入线安装良好后，方准拆除回流连接线。

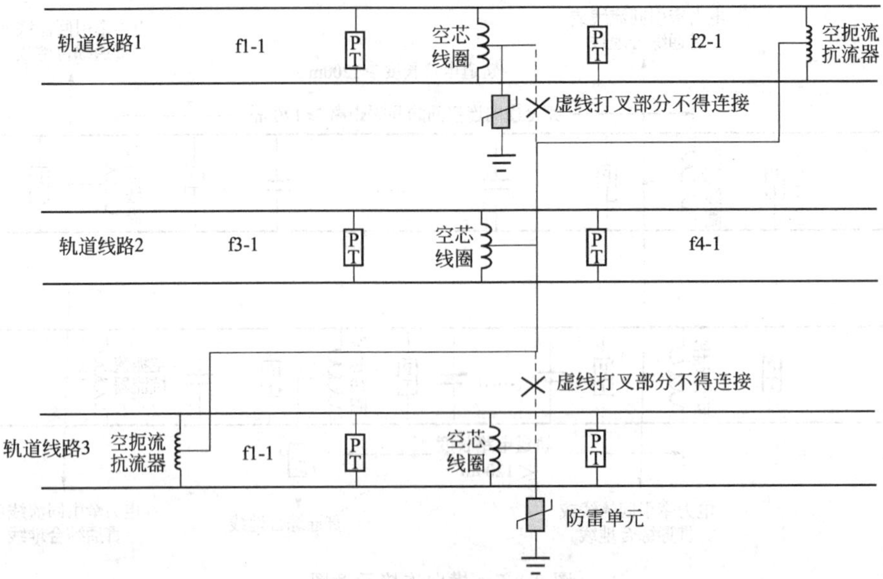

图 3-2-9　三条线横向连接图

用回流连接线将两个区段的双轨条分别横向连通，再用一条回流连接线将绝缘节纵向连通，方准开始工作（如图 3-2-11 所示，称为两横一纵方式）。扼流变压器中心连接板或中心连接辅助线全部更换安装好后，方准拆除横向和纵向连接的回流线。

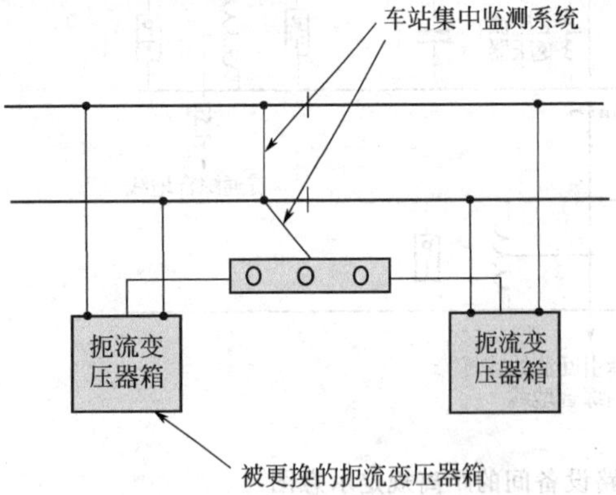

图 3-2-10　更换扼流变压器

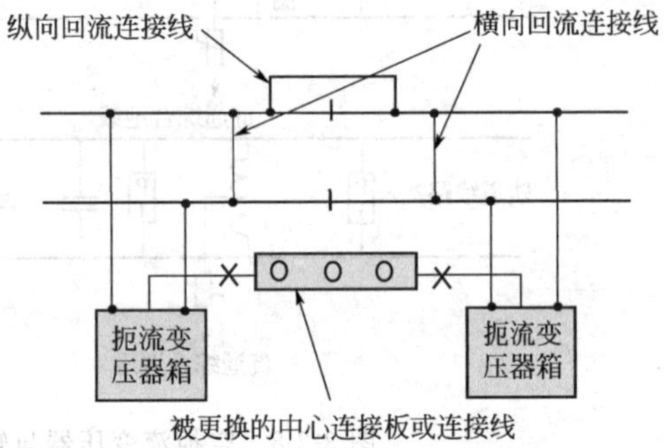

图 3-2-11　更换引入线

二、一体化轨道电路电气特性测试

(一) 电气特性测试项目及方法

1. 室内测试项目及周期

① 发送功出电压、电流：人工测试，每月测试一次。

② 载频、低频：每日测试一次。

③ 主轨出电压：人工测试，每月测试一次。

④ 小轨出电压：人工测试，每月测试一次。

⑤ 设备侧、防雷侧、电缆侧电压：人工测试，每季测试一次。

以上内容在集中监测上必须每日进行浏览检查至少一次。

2. 测试方法

① 发送功出电压、电流、载频、低频、主轨出电压、小轨出电压：测试方法分为两类，一类是通过集中监测进行测试检查；另一类为使用智能2000测试表进行人工测试。

② 设备侧、防雷侧、电缆侧电压：在模拟网络盘的前面板测试孔上进行测试。

3. 室外测试项目及周期

① 发送端钢轨侧电流、钢轨侧电压、电缆侧电压：每年测试一次。

② 接收端钢轨侧电流、钢轨侧电压、电缆侧电压：每年测试一次。

③ 补偿电容的电压、电流、电容值：故障维修并结合动检车进行检查，站内侧线的补偿电容每年测试一次。

4. 测试工具

使用智能ZPW-2000测试表进行人工测试。

(二) 技术标准

① 轨道电路的标准分路灵敏度：

• 道床电阻为1.0Ω·km或2.0Ω·km时，分路灵敏度为0.15Ω；

• 道床电阻不小于3.0Ω·km时，分路灵敏度为0.25Ω。

② 可靠工作电压：轨道电路调整状态下，接收器接收电压（轨出1）不小于240mV，轨道电路可靠工作。

③ 可靠不工作：在轨道电路最不利条件下，使用标准分路电阻在轨道区段的任意点分路时，接收器接收电压（轨出1）原则上不大于153mV，轨道电路可靠不工作。

④ 在最不利条件下，在轨道电路任一处轨面机车信号短路电流不小于规定值，如表3-2-3所示。

表3-2-3 机车信号短路电流不小于规定值

频率/Hz	1700	2000	2300	2600
机车信号短路电流/A	0.50	0.50	0.50	0.45

⑤ 直流电源电压范围：23.0～25.0V。

⑥ 补偿电容个数和间距的算法：

两端为电气绝缘节的轨道电路结构，如图3-2-12所示。

• 1700Hz、2000Hz区段轨道电路补偿电容具体设置和计算方法如下：

需要补偿的轨道电路区段长度 L_o＝轨道电路区段长度 L－2×半个调谐区长度 L_1；

补偿电容数量 n＝四舍五入（需要补偿的轨道电路区段长度 $L_o/60$）

间距 Δ＝需要补偿的轨道电路区段长度 L_o/n（单位均为m）

• 2300Hz、2600Hz区段轨道电路补偿电容具体设置和计算方法如下：

需要补偿的轨道电路区段长度 L_o＝轨道电路区段长度 L－2×半个调谐区长度 L_1

补偿电容数量 n＝四舍五入（需要补偿的轨道电路区段长度 $L_o/80$）

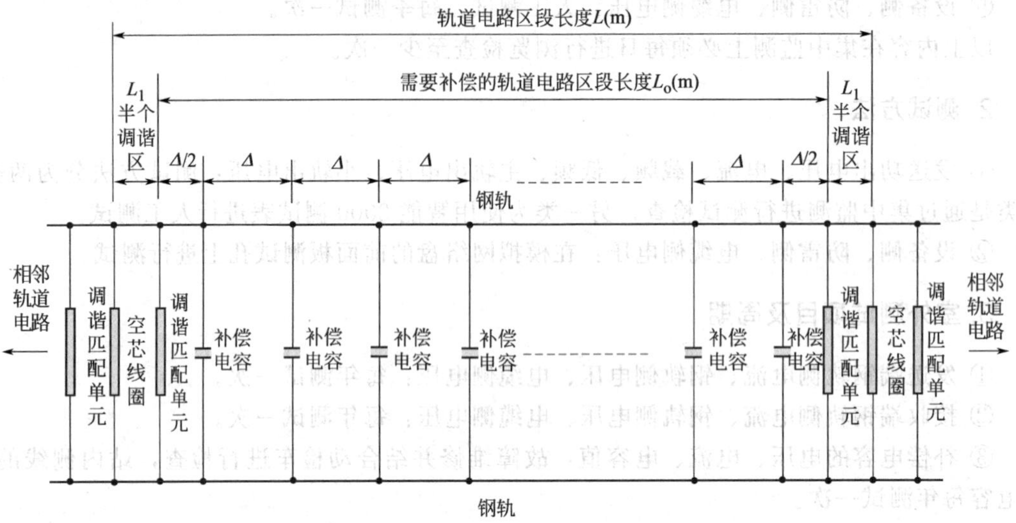

图 3-2-12　两端为电气绝缘节轨道电路补偿电容的算法

间距 Δ＝需要补偿的轨道电路区段长度 L_o/n（单位均为 m）

一端无绝缘，一端机械绝缘节的轨道电路结构，如图 3-2-13 所示。

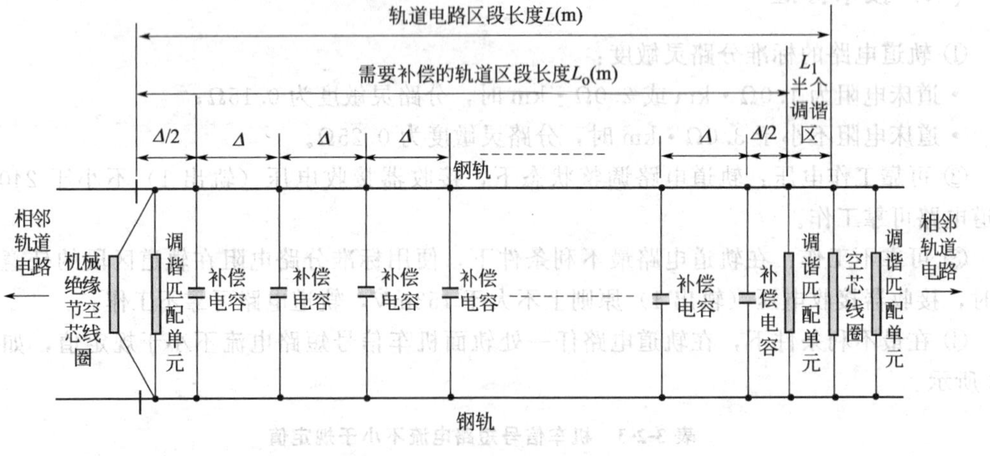

图 3-2-13　一端无绝缘、一端机械绝缘节轨道电路补偿电容的算法

• 1700Hz、2000Hz 区段轨道电路补偿电容具体设置和计算方法如下：

需要补偿的轨道电路区段长度 L_o＝轨道电路区段长度 L－半个调谐区长度 L_1

补偿电容数量 n＝四舍五入（需要补偿的轨道电路区段长度 L_o/60）

间距 Δ＝需要补偿的轨道电路区段长度 L_o/n（单位均为 m）

• 2300Hz、2600Hz 区段轨道电路补偿电容具体设置和计算方法如下：

需要补偿的轨道电路区段长度 L_o＝轨道电路区段长度 L－半个调谐区长度 L_1

补偿电容数量 n＝四舍五入（需要补偿的轨道电路区段长度 L_o/80）

间距 Δ＝需要补偿的轨道电路区段长度 L_o/n（单位均为 m）

⑦ 站内轨道电路区段的补偿电容设置原则：该类型为采用站内一体化轨道电路结构，如图 3-2-14 所示。

补偿电容数量 n＝四舍五入（需要补偿的轨道电路区段长度 L/100）

间距Δ＝需要补偿的轨道电路区段长度L/n（单位均为m）

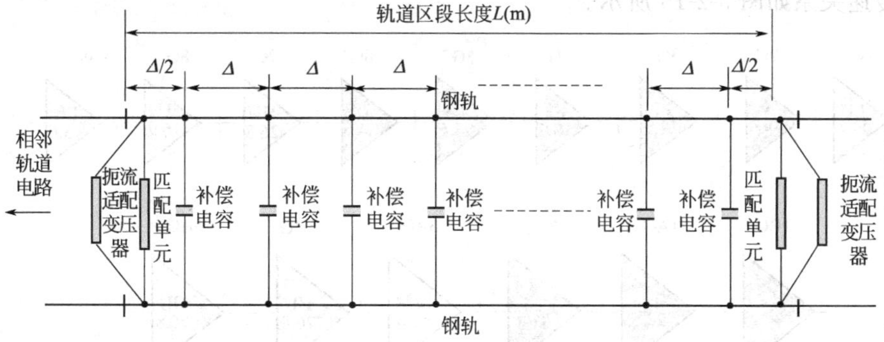

图 3-2-14　站内轨道电路补偿电容的算法

⑧ 补偿电容安装位置的允许公差：

• 区间补偿电容的安装位置允许公差为半截距±0.25m，间距±0.5m；

• 站内道岔区段岔心处补偿电容的安装位置允许公差为±10.0m，其余的一般按“区间补偿电容的安装位置允许公差”原则处理。

(三) 电气特性分析判断及调整

1. 发送功出电压、电流

(1) 电气特性分析判断　按照频率、区段长度、电平级、轨道类型的因素在调整表中可找到对应的调整方法，不同区段发送功出电压、电流的值是不同的。但是正常情况下发送功出电压、电流应该是稳定不变的。如果有电气干扰，可能会存在连续和间接的小幅波动。

(2) 调整方法　一般在线路开通时都应该是按照设计要求调整好的，在日常维护过程中，是不需要进行调整的，当实际的配线与竣工图纸不符时，需要按照标准调整表进行调整。发送功出电压和电流的大小调整取决于一个区段的发送电平级的高低，确认好用哪一级发送电平后，按照调整表中的封线端子进行调整。

2. 载频、低频

(1) 电气特性分析判断　一体化轨道电路的载频分为四种，分别为1700Hz、2000Hz、2300Hz、2600Hz。每种频率又分为上、下两种边频，在调整表和自动闭塞图纸中都用“－1”、“－2”来表示，所以准确地说，载频共分为8种。8种频率又按照上、下行各两种交替使用，具体频率分类和数值见表3-2-4。

表 3-2-4　载频分类数值列表

	上、下行编号	载频频率/Hz		上、下行编号	载频频率/Hz
下行	1700-1	1701.4	上行	2000-1	2001.4
	2300-1	2301.4		2600-1	2601.4
	1700-2	1698.7		2000-2	1998.7
	2300-2	2298.7		2600-2	2598.7
频偏：±11Hz					
输出功率：不小于70W					

低频是由列控中心通过CI-TC板经CAND、CANE两条工业控制总线送到移频柜的发

送器。

低频传递关系如图 3-2-15 所示。

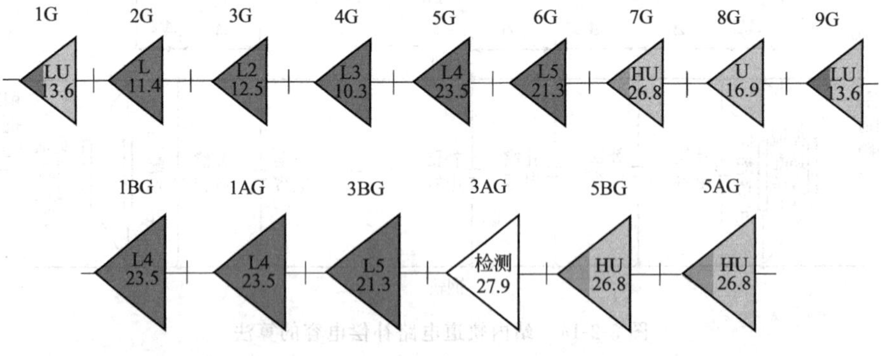

图 3-2-15　区间低频传递关系示意图

（2）调整方法　载频根据图纸要求在发送盒载频调整端子上调整其插接端子的位置就可以确定一个区段需要的载频。

低频是列控中心的主机单元根据联锁逻辑运算得出的，并且是变化的，所以低频不需要人工调整。

3. 主轨出电压

主轨出电压也是按照频率、区段长度、电平级、轨道类型等因素在调整表中找到合适的调整选项进行调整的，不同区段主轨出电压值是不同的。

主轨出电压的变化除了正常的列车占用、出清的影响外，在现场造成主轨出电压波动最常见的原因还有受到道床漏泄变化、电化区干扰、补偿电容失效或特性改变等。

① 道床漏泄一般出现在雨天，影响较大的为有砟道床和无砟道床的道岔区段，这是因为雨水具有一定的导电性，雨水多时，在有砟道床和无砟道床的道岔区段会增强钢轨与大地接触导通的能力，增大钢轨传输的电信号的损耗，导致主轨出电压波动。

② 电气化干扰一般是由于牵引电流不平衡或钢轨上串入 50Hz 频率的杂波，从而影响主轨出电压的平稳传输。

③ 补偿电容失效和电气特性发生改变是最为常见的导致主轨出电压波动问题的因素。根据现场故障经验，发现一般距离发送端最近的前三个电容失效对主轨出电压的影响最大，一般可达到 20～50mV 之间的波动。

4. 小轨出电压

（1）电气特性分析判断　小轨出电压取决于相邻区段的主轨出电压的变化。小轨出电压如果发生波动变化，首先要检查相邻区段的主轨出电压是否发生波动，如果相邻区段主轨也发生波动，则故障点可基本判断为室外故障，如果只有小轨出电压波动，则故障点在室内衰耗盒、模拟网络盘的可能性比较大。

一体化轨道电路小轨未纳入联锁，没有小轨出电压轨道电路也不会发生红光带的故障，但是小轨出电压对于准确判断室外设备故障点是能够起到较为重要的参考作用的。

（2）调整方法　小轨道的小轨出电压调整的依据是本区段的轨入电压，通过测得本区段的轨入电压后按照小轨道调整表的挡位对小轨出电压进行标调。小轨出电压的标准为 155mV±10mV。

三、一体化轨道电路日常维护

ZPW-2000一体化轨道电路日常巡视项目主要为室内设备。

1. 移频柜、接口柜、组合柜外观检查

① 各机柜安装牢固，无倾斜，组合柜柜门关闭良好。

② 器材安装牢固、插接可靠、平整，无松动、过热、异声、异味等异常现象，无报警。

2. 发送器、接收器、衰耗器、防雷模拟网络盘、空气开关、继电器外观检查

① 设备名称标识正确、齐全。

② 各指示灯指示正确。

③ 防雷元件安装良好，劣化指示窗显示绿色。

3. 日测试(每班1次)衰耗盘轨入、主轨出、小轨出电压、发送功出电压

① 轨入电压：主轨道电压符合本区段调整表指标，小轨道电压大于或等于20mV。

② 主轨出电压：≥240mV。

③ 发送功出电压符合本区段调整表要求。

4. 机房环境

室内温度：15～30℃；相对湿度：10%～75%（设备可靠工作环境温度：－5～40℃；相对湿度：不大于95%）。

四、一体化轨道电路集中检修

（一）室内设备集中检修

1. 移频柜、接口柜、组合柜检修

① 各机柜安装牢固，无倾斜，组合柜柜门关闭良好。

② 配线整齐，绑扎、固定牢靠，不紧绷，万可端子配线插接牢靠，端子紧固，线头焊接良好。无霉变、无毛刺，断股不超过1/5，线条无破损，屏蔽线成端良好，无破损，线槽盖板齐全。

2. 发送器、接收器、衰耗器、防雷模拟网络盘、空气开关、继电器检修

① 器材安装牢固、插接可靠、平整，无松动、过热、异声、异味等异常现象，无报警。

② 发送器、衰耗盘、防雷模拟网络盘调整用封线插接可靠。

③ 各部螺栓检查、紧固、清扫，走线架、各机柜配线及电缆检查、清扫：螺栓紧固，附件齐全，走线整齐、平直，配线清洁、干净，线槽盖板完好。

④ 地线及防雷元件检查：防雷地线、安全地线连接良好，螺栓紧固，防雷元件齐全，规格型号使用正确，接触良好、不松动，劣化指示窗显示绿色。

⑤ 室内防潮、防尘、防鼠检查：室内密封良好，无鼠害隐患。

⑥ 移频报警试验：关闭任一发送器、接收器，控制台有正常声、光移频报警。

⑦ 熔丝断丝报警试验：断开任一空气开关，控制台有正常声、光熔丝断丝报警。

⑧ 发送器转换至备发送器试验（每年 1 次）：逐一关闭发送器，能正常转换至备发送器工作，设备正常。

⑨ 接收器单独工作试验（每年 1 次）：逐一关闭接收器，另一并联接收器能单独工作，设备正常。

⑩ 衰耗器电气特性测试：

- 发送电源电压，24V±0.5V；
- 接收电源电压，24V±0.5V；
- 发送功出电平、电压、低频（±0.03Hz）、中心频率（±0.15Hz）；
- 轨入、主轨出、小轨出电压、中心频率（±0.15Hz）；
- GJ（Z）、GJ（B）、GJ 电压大于或等于 20V。

⑪ 防雷模拟网络盘测试：

- 发送端主轨道载频设备侧、防雷侧、电缆侧电压；
- 接收端主轨道、小轨道载频设备侧、防雷侧、电缆侧电压。

⑫ 信号电缆绝缘（每月测试 1 次）：信号电缆全程综合对地绝缘电阻大于或等于 1MΩ。

⑬ 地线测试：地线电阻小于或等于 1Ω。

⑭ 检查贯通地线，不良整修：贯通地线全程贯通，无损坏，接地电阻小于或等于 1Ω。

(二) 室外设备集中检修

① 轨道电路与车站分界点绝缘节检查：绝缘节轨缝 6～10mm，轨缝完整无破损。每半年 1 次。

② 轨距杆及护轮轨绝缘检查：绝缘良好无破损。

③ 钢轨引接线、接续线、横向连接线、吸上线及地线检查、注油：连接牢固、可靠，无严重锈蚀，断股不超过 1/5，注油防锈；引接线、接续线塞钉头露出轨腰 1～4mm，无松动，线头连接良好，塞钉头涂油，线条平行绑扎，固定良好，地线标桩完整、齐全。

④ 扼流变压器检查：安装牢固、连接端子螺栓牢固，无异常现象。

⑤ 补偿电容检查：塞钉连接牢固、可靠，线条无损伤，固定良好，防护罩完好。

⑥ 调谐匹配单元、空芯线圈、箱盒外观及禁停标志牌检查：箱盒及防护罩完好、无破损、加锁良好，固定牢靠、方正；设备间连接螺丝紧固，线条完好；禁停标志牌稳固、完好、清晰。

⑦ 防雷元件检查：防雷元件安装良好，劣化指示窗显示绿色。

⑧ 电缆径路及电缆盒检查：同电缆径路及电缆盒日常养护内容。

五、一体化轨道电路设备质量鉴定

一体化轨道电路设备质量鉴定从设备质量、运用质量和工作质量三个方面进行。参考表格样式如表 3-2-5 所示。

表 3-2-5 一体化轨道电路设备鉴定细目表

项目	序号	鉴定项目	规定扣分
设备质量	1	送、受电端轨道变压箱安装不符合规定	5
	2	送、受电端轨道变压箱安装状态不良	5
	3	送、受电端轨道变压箱裂纹、损伤	5
	4	送、受电端轨道变压箱关闭不严，防尘不良	5
	5	送、受电端使用非标电气器件	5
	6	引入线绳缺少、送脱、断股超限、腐蚀严重、防混防护不良	2
	7	过轨底引入线防护，有磨痕、破皮	3
	8	备用电缆贯通不良	5
	9	钢轨绝缘安设位置不符合规定	10
	10	钢轨绝缘破损、漏电	5
	11	钢轨绝缘处两轨头不平，轨缝不符合规定	1
	12	道岔各杆件绝缘不良	5
	13	两相邻轨道电路死区段超过规定	7
运用质量	1	极性交叉及绝缘破损防护不符合规定	5
	2	轨道继电器残压不符合规定	5
	3	轨道电路工作状态不良	10
	4	限流电阻调整不标准	3
	5	轨道继电器电压或电流调整不符合规定	5
	6	轨道电路雨天调整状态不良	10
	7	局部钢轨接续线得不到检查	10
	8	机车信号入口端电流不符合规定	10
工作质量	1	加锁装置不完备或未加锁	2
	2	熔丝容量不符合规定	5
	3	固定设备不牢靠，防震性能不良	3
	4	箱内配线不良	2
	5	箱内无配线图，器材无标牌	2
	6	测试记录不正确，记载不及时	2
	7	清扫、注油不良	2
	8	油饰不良，号码不明	2
	9	各紧固螺栓、螺钉松动	1
	10	有超期使用的器材	2

考核标准 ▶▶▶

一体化轨道电路检修考核内容为应知应会知识，采用闭卷方式考核。考试内容为：

① 一体化轨道电路技术标准、检修标准；

② 电气特性分析判断及调整方法；

③ 一体化轨道电路室内外设备布置。

任务三 ●●● ZPW-2000一体化轨道电路故障处理

学习目标 ▶▶▶

① 能够看懂一体化轨道电路指示灯的含义；
② 会应急处理一体化轨道电路故障；
③ 会运用监测数据分析判断故障。

故障处理 ▶▶▶

一、一体化轨道电路指示灯含义

1. 列控中心和移频柜的通信接口板 CI-TC 板的面板灯含义

CI-TC 板及面板灯含义如图 3-3-1 所示。

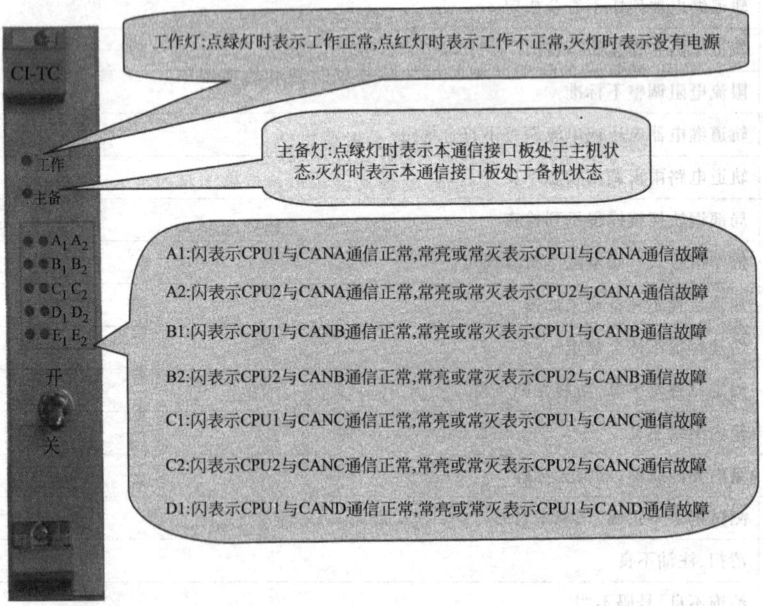

图 3-3-1 CI-TC 板及面板灯含义

2. 发送器指示灯

在正常工作情况下，发送器前面板的指示灯显示绿色，当有车占用或故障时显示红色。

还有一种较为特殊的情况，当 CAND、CANE 总线信息中断，同一移频柜 CI-TC 板主备系同时断电或故障时，移频柜内的主发送器会同时显示红色灯光，备发送器显示绿灯。此时在衰耗器上测试频率只能测试到一个默认频率和发送器自身的载频信息。

3. 接收器指示灯

在正常工作情况下接收器前面板的指示灯显示绿色，当有车占用或故障时显示红色。

4. 衰耗冗余控制器指示灯

图 3-3-2 所示为 ZPW. RS-K 型衰耗冗余控制器前面板示意图，指示灯含义如下。

（1）主发送　主发送报警继电器吸起时亮绿灯，主发送报警继电器落下时亮红灯。如果主发送报警继电器既不吸起也不落下时，不亮灯。

（2）备发送　备发送报警继电器吸起时亮绿灯，备发送报警继电器落下时亮红灯。如果备发送报警继电器既不吸起也不落下时，不亮灯。

（3）接收　通过输入接收器的 JB＋、JB－条件构成。

（4）轨道　轨道占用时，通过光耦 1 的受光器关闭，使轨道占用灯亮红灯；当轨道空闲时，光耦 1 及光耦 2 的受光器均打开，轨道空闲灯亮绿灯。

（5）正向　正方向指示灯，正方向时亮灯，反方向时灭灯。

（6）反向　反方向指示灯，反方向时亮灯，正方向时灭灯。

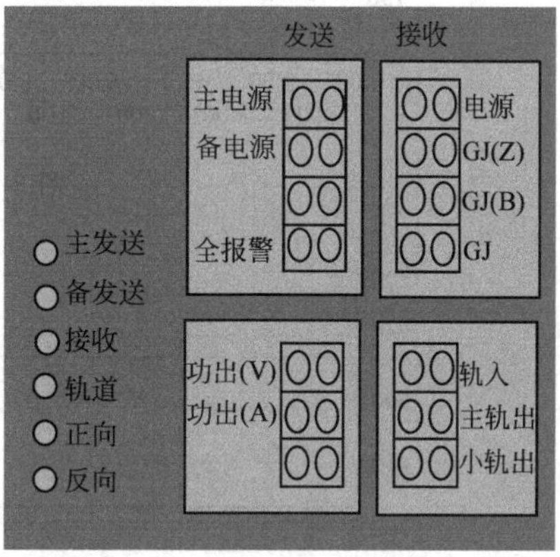

图 3-3-2　ZPW. RS-K 型衰耗冗余控制器前面板示意图

二、一体化轨道电路常见故障处理

处理 ZPW-2000 一体化轨道电路设备故障的前提是掌握各种设备之间的联系，轨道电路分为室内设备和室外设备，在故障发生后必须及时判断故障点在室内还是室外。图 3-3-3 为 ZPW-2000 一体化轨道电路故障判断顺序框图。

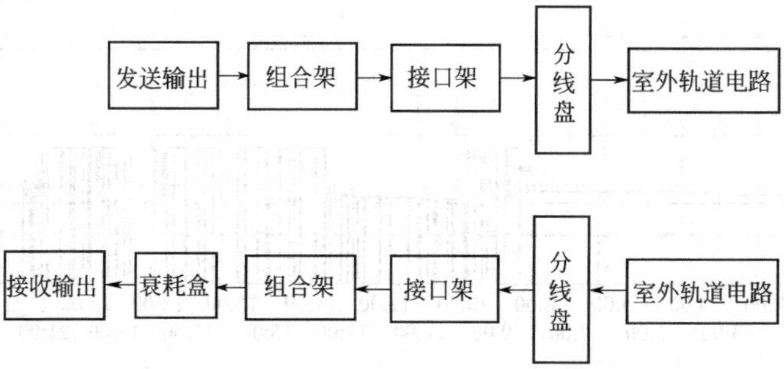

图 3-3-3　ZPW-2000 一体化轨道电路故障判断顺序框图

（一）故障案例一

1. 故障概况

A 站站内 ADG、BDG 为相邻区段，且绝缘节为机械绝缘节。工区值班人员在日常浏览中发现，这两个区段的主轨出电压曲线如图 3-3-4 和图 3-3-5 所示，在当日 10：00 到 22：00 之间主轨出电压曲线明显下降且有波动，22：00 后又逐步恢复正常。

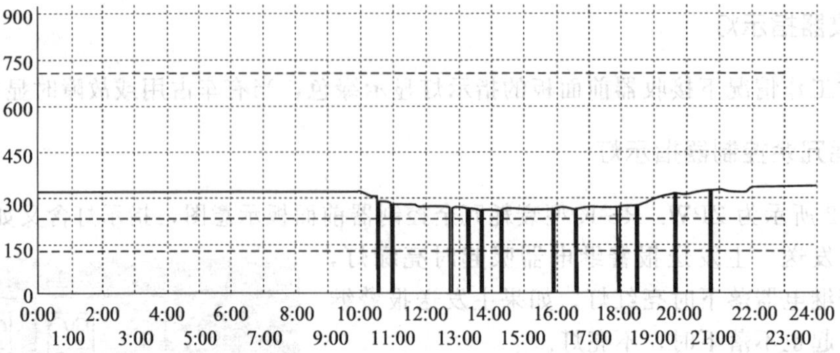

图 3-3-4 ADG 主轨出电压曲线

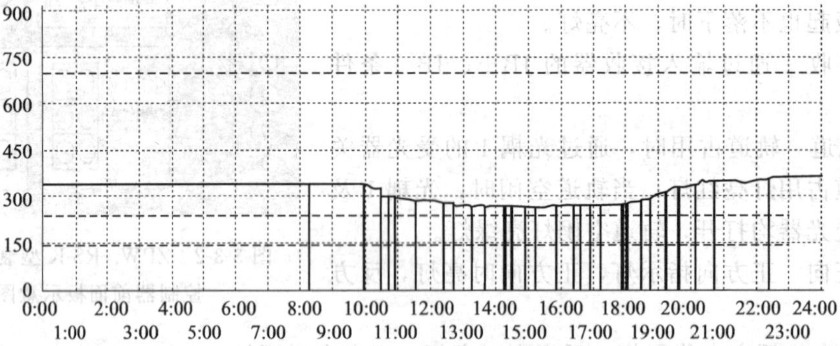

图 3-3-5 BDG 主轨出电压曲线

B 站站内 CDG、FDG 为相邻区段，且为机械绝缘节。工区值班人员在日常浏览中发现，这两个区段的主轨出电压曲线如图 3-3-6 和图 3-3-7 所示，在当日 8：00 到次日 0：30 之间主轨出电压曲线明显上升且有波动，0：30 之后又逐步恢复正常。

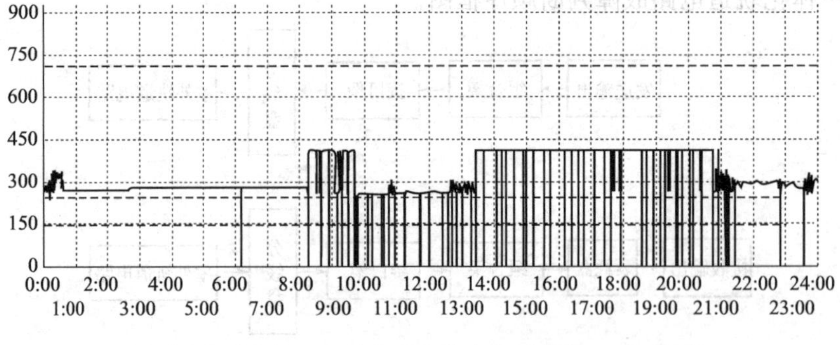

图 3-3-6 CDG 主轨出电压曲线

2. 原因分析

① 首先调阅 CTC 系统的日行车计划，可发现不论是 A 站还是 B 站的曲线，有波动的时段都是有列车占用的时候，没有波动的时间都是区段空闲的时间。可以得出曲线波动的时段与列车占用有关。

② 浏览各区段的发送功出电压曲线，发现没有波动的问题，且相邻的两个区段主轨出电压波动的现象基本一致，因此可以判断问题不在室内设备而是在室外设备上，并且应该在

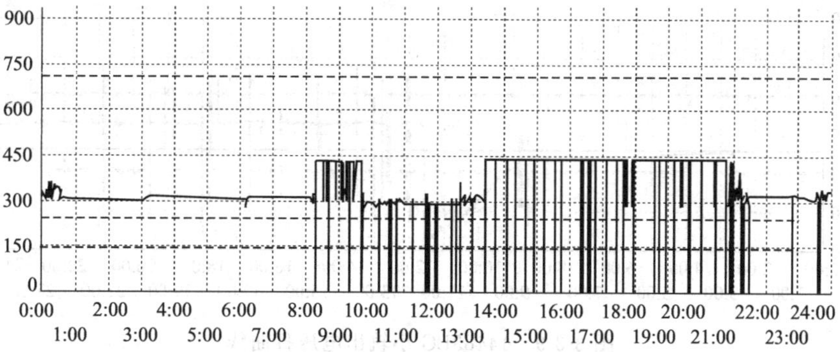

图 3-3-7　FDG主轨出电压曲线

两区段的衔接处。从这一个方面去考虑，可以从以下几个原因用排除法逐一检查进行分析。

• 空扼流变压器的钢轨引入线松动造成牵引回流不平衡，引起主轨出电压波动。此种情况下，必须满足这两个区段的空扼流变压器的钢轨引入线都存在松动时，才会有可能发生两个相邻区段的主轨出电压都波动。经现场检查未发现空扼流变压器的引入线的接头和端子松动，双联螺杆没有发现断裂和松动的情况，且未发现绝缘节处存在因回流不畅造成轮对拉弧的痕迹，故可基本排除牵引电流不平衡的问题。

• 两区段分界处的绝缘节是否有受损、短路、工务扣件碰接头夹板（鱼尾板）等问题都有可能造成过车时因两区段短路接触不良造成主轨出电压波动。现场检查发现，绝缘节处的绝缘片破损，故可判断是绝缘节破损造成相邻两区段的主轨出电压波动。更换绝缘节后，两区段主轨出电压恢复正常。

(二) 故障案例二

1. 故障概况

某站14465AG的主轨出异常波动，最后出现了红光带，当日的曲线如图3-3-8所示，图中圆圈部分为该区段主轨出电压下降到分路电压下限后出现红光带的时段。

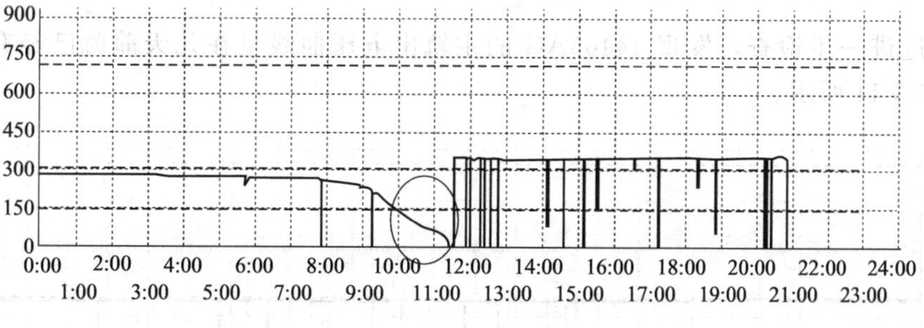

图 3-3-8　14465AG主轨出电压曲线

2. 原因分析

① 通过对该区段及相邻区段的小轨出电压日曲线的浏览，发现该区段前方相邻区段14483BG的小轨出电压也同样出现了类似的波动现象，如图3-3-9所示，所以可以判断为14465AG的发送端调谐匹配单元出现问题。

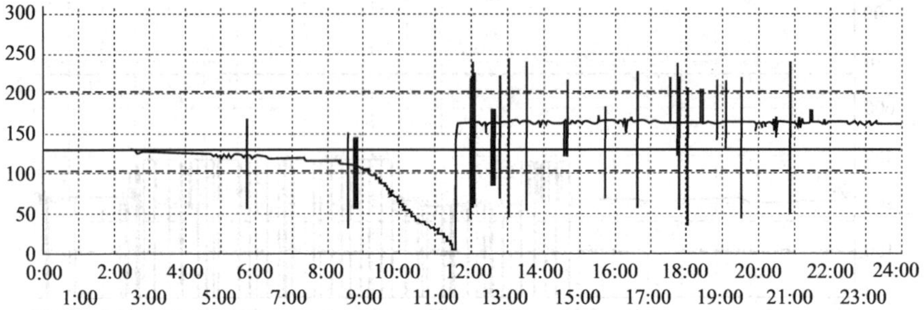

图 3-3-9　14483BG 小轨出电压日曲线

② 更换 14465AG 的发送端调谐匹配单元后故障排除。经鉴定发现，该区段发送端的调谐匹配单元内的 4200μF 电容的电气特性发生变化，属于材质不良问题，导致电容的充放电周期逐步变短，最终失效，使发送端电路短路，造成 14465AG 红光带。

③ 对本区段的发送功出电压进行浏览，发现在 14465AG 的主轨出电压曲线出现持续下降时，14465AG 的发送功出电压存在明显的上升，如图 3-3-10 所示。发送功出电压升高，说明发送端的负载变小。

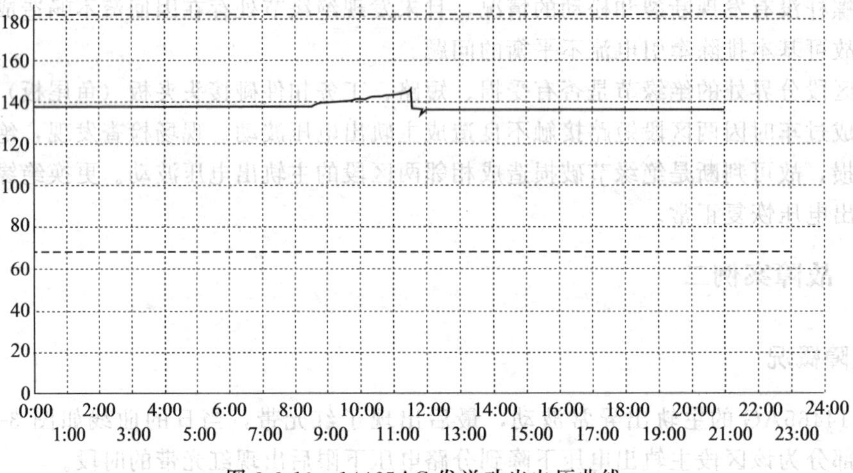

图 3-3-10　14465AG 发送功出电压曲线

④ 经过进一步检查，发现 14465AG 的主轨出电压曲线早在几天前就已经有下降趋势了，如图 3-3-11 所示。

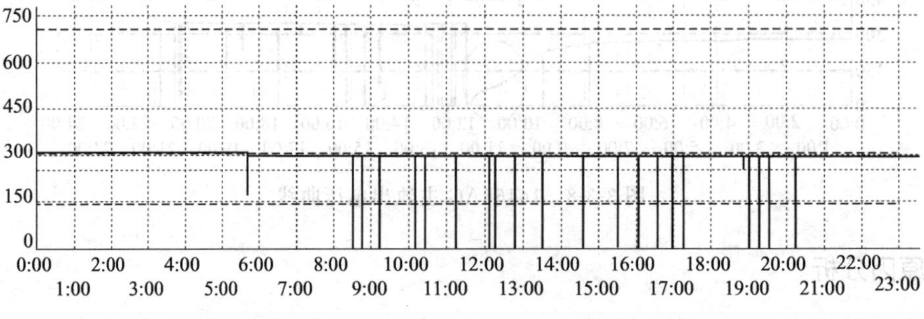

图 3-3-11　14465AG 主轨出电压日曲线

图 3-3-11 为 14465AG 在故障前一天的主轨出电压曲线，结合故障前两天的主轨出电压

曲线来看，前一天的电压曲线的最低值为 293mV。比对前两天的曲线和参数，发现该区段的主轨出电压在连续两天的时间内从 314mV 缓慢下降至 293mV。

综上所述，可以对调谐匹配单元问题特点进行以下归纳。

• 通过本区段主轨出电压日曲线、相邻区段小轨出电压日曲线的浏览检查，可以判断和区分发送端还是接收端的问题。

• 调谐匹配单元问题可以通过对集中监测相关曲线的浏览发现故障前兆。

(三) 故障案例三

1. 故障概况

某站的 2G 在 18：02 至 19：19 闪红光带，临时上道检查发现 2G 的发送端调谐匹配单元的 10A 熔断器熔断。从集中监测主轨出曲线上看，如图 3-3-12 中圆圈所示。

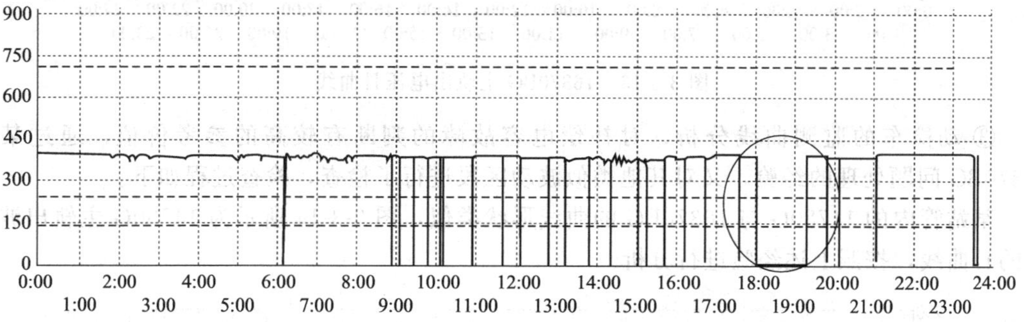

图 3-3-12　某站 2G 主轨出电压日曲线

2. 原因分析

① 经现场检查发现室外 2G 的发送端调谐匹配单元 10A 熔断器熔断，造成轨道电路红光带问题。

② 通过进一步检查发现 2G 发送端绝缘节处有明显的拉弧痕迹，故可判断为因牵引电流过大导致调谐匹配单元 10A 熔断器熔断。

(四) 故障案例四

1. 故障概况

某站管内 16370BG 发生主轨出电压波动，如图 3-3-13 所示。根据其他多个区段的维修经验，可判断是区间轨道电路的补偿电容存在问题，于是多次对该区段及前后区段的电容进行容量测试检查，以及电容塞钉头紧固情况检查，但均未能查到故障点，电压波动情况未能得到缓解。后又将发送端的调谐匹配单元进行更换，但仍未能解决。

铁道部动检车通报报警情况，某站 16370G（BG）的 C_{12} 电容不良，需进行查找确认。通知当天天窗进行测试更换。更换前对该电容进行了测试，测试数据说明该电容正常。但还是根据动检车的报警数据对其进行了更换。更换后当时的电压就上升了 30mV。

2. 原因分析

① 区段在没有牵引电流干扰的情况下，主轨出电压平稳无波动，各处电容测试数值及

使用正常。

② 每天开始运营后，钢轨通过较大的牵引电流，在这种情况下电容两端一般都会存在不平衡电流产生的压差，此时无法在运营时段上道对电压值进行测试，但肯定大于轨道电路发送的电压。此时如果电容耐压性能不良就会造成电容容量的变化，进而引起轨道电压发生变化。

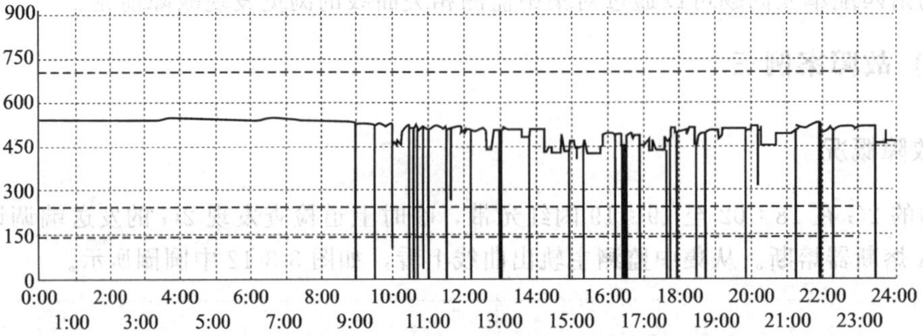

图 3-3-13　16370BG 主轨出电压日曲线

③ 动检车的监测曲线分析，对补偿电容故障的判断有较高的参考价值，通过某站 16370BG 问题处理的经验，又对其他类似波动区段进行了检查，检查过程如下。

某站管内的 14780G 与 16370BG 的曲线形状类似，图 3-3-14 所示为 14780G 主轨出波动时的日曲线，按照上述经验进行分析。

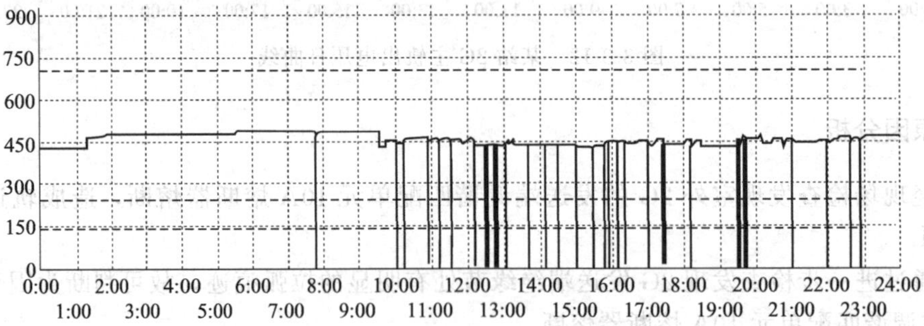

图 3-3-14　14780G 主轨出日曲线

首先调阅动检车运行记录，对比 14780G 两次的波形，发现电容 C_2 曲线幅度确实比其他电容处的曲线幅度低，说明 C_2 之前就存在问题，但一直没有低到报警的程度。

其次利用连续两次动检车数据，对比 14780G 的电容波形曲线，确定故障电容的范围，如图 3-3-15、图 3-3-16 所示。

注：圆圈标记的 C_7 波形变低，但仍有波形，不在动检车数据检测中报警。

再次，对确定的故障电容 C_2 进行测试。更换前测试数据为 26.1μF、1.390V、455mA；更换后测试数据为 25.8μF、1.387V、438mA，虽然测试数据正常（标准为 25μF±1.25μF），但还是进行了更换。更换后，监控测试观察，电压基本不波动。

（五）故障案例五

1. 故障概况

铁道部动检车通报，检测发现某站管内某线路所下行线路 X 进站信号机内方区段存在

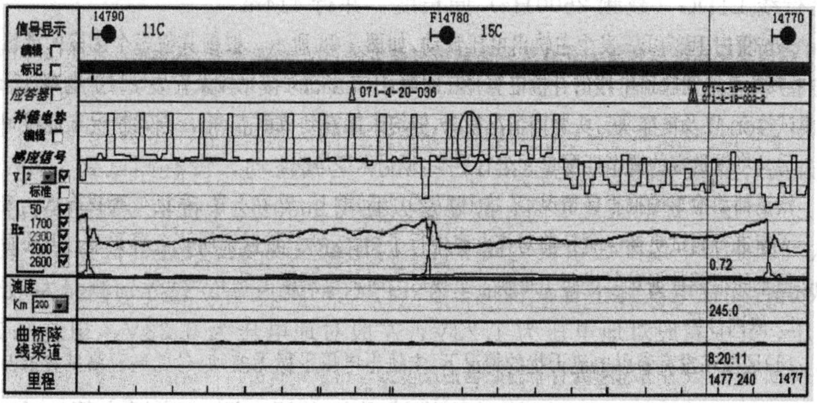

图 3-3-15　第一次动检车检测图

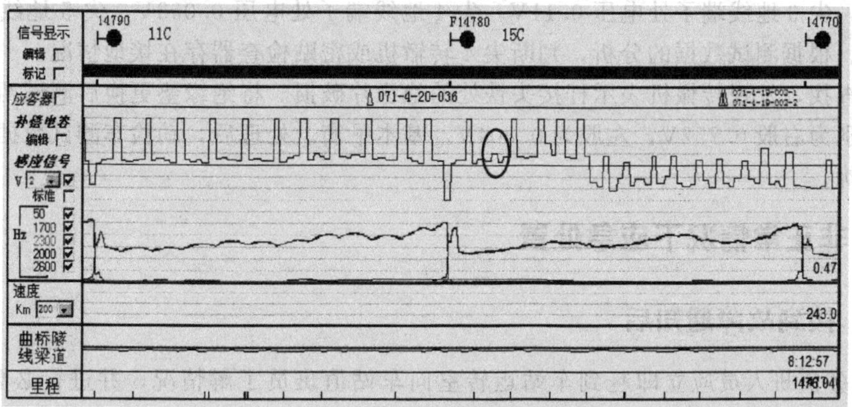

图 3-3-16　第二次动检车检测图

邻频干扰，分别为邻线干扰 2600Hz，幅值约 200mV；邻区段干扰 2300Hz，幅值约 210mV，如图 3-3-17 所示。

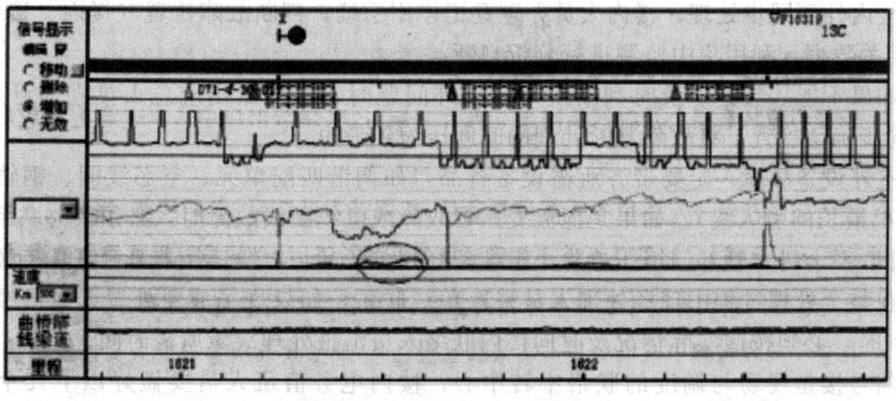

图 3-3-17　动检车监测数据截图

2. 故障处理过程

（1）情况初步分析　该站 X 进站信号机内方 L2 道岔（12 机牵引，50 号道岔）区段为 L2DG（载频 1700Hz），该区段长度 414m，与相邻的区段 L2/L4G（载频 2300Hz）并行

122m，与上行线 L1DG（载频 2600Hz）同长度，并行 414m。

（2）检查处理过程

① 首先在本区段测试查找干扰信号源。对 L2DG 的接收端至发送端的轨面电压进行测试，其中本频 1700Hz 电压从 1.59～1.69V 逐步升高，属正常；邻线 2600Hz 电压在 16～51mV 逐步升高；邻频 2300Hz 电压在 16～26mV 之间波动，没有测试到 200mV 以上的干扰信号。因 2600Hz 干扰电压比较高，故确定以查找 2600Hz 干扰信号为主要方向。

② 其次判断是否电缆配线错误造成干扰。对图纸及现场配线进行检查，一切正常。

③ 查找是否存在电气化干扰或接地。在 L2DG 的发送端位置分别测量左股钢轨、右股钢轨对地电压，其中右股对地电压为 1.23V，左股对地电压为 0.33V，相差 0.7～0.8V 不平衡。初步判断该区段左股钢轨存在接地点。

沿接收端方向逐个测试左股钢轨对地线端子的电压，测试数据为第一个地线端子处 0.33V，第二个地线端子处降为 0.244V，尖 1 地线端子处电压 0.25V，尖 2 地线端子处电压 0.26V，尖 3 地线端子处电压 0.11V，尖 4 地线端子处电压 0.063V，尖 5 地线端子处电压 0.12V。根据测试数据的分析，判断尖 4 转辙机或密贴检查器存在接地情况。

经过查找，发现转辙机表示杆接头铁处的绝缘片破损。将绝缘垫更换后测试两根钢轨对地电压分别为右股 0.752V，左股为 0.804V，基本平衡。处理后，动检车测试数据再次验证无邻频干扰。

三、非正常情况下应急处置

（一）接到故障通知后

① 电务值班人员应立即赶到车站运转室向车站值班员了解情况，并进行必要的试验、测试，初步判断故障范围和影响运输的程度。对不能立即修复的电务设备故障，严格按照有关规定在《行车设备检查登记簿》登记停用相关信号设备，交车站值班员签认。

② 立即通知应急处置人员做好应急材料、工具、仪表的准备工作。如果发生问题出现在区间则还要做好应急蹬车的准备。

③ 楼内外要同步处理，楼内人员办理登记停用手续，判断故障位置（楼内、楼外），测试各种相关数据，利用集中监测进行分析判断。

④ 如果不能从数据上及时判断出来室内外问题时，必须派出应急人员立即赶赴现场，楼内外同步确认检查，将故障判断处理的时间压缩到最短。

⑤ 室外设备故障一定要带齐所需设备备品，如调谐匹配单元、空芯线圈、钢轨引入线（携带一根最长的引入线）。如果是扼流变压器故障或电缆断线故障时，必须及时联系楼内值班员立即联系上级主管部门组织抢险小组准备好相关备品、电缆速接器赶赴现场支援。

⑥ 在整个处理过程中现场处理人员采取单线联系，如果现场应急处置人员已经确切找到故障点时，必须按照实际情况及时向楼内联络人员汇报处理故障所需时间。

⑦ 信号楼是现场与调度的联络中转中心，楼内电务值班人员要做好以下几个方面的工作。

- 办理好停用手续，掌握好现场处理信息，及时向上级汇报；
- 掌握好列车运行情况，及时通知室外人员注意安全；
- 做好上传下达工作。对现场的有关要求及时向车间和有关部门反映；对上级有关部门的指示及车间的有关通知及时向现场传达；

• 做好故障设备的要点、联络工作，联络、登记要标准，填写要规范；

• 如果故障无法及时恢复或因设备备品一时无法到位的情况下，必要时，在确认不危及到行车安全的前提下，经上级主管部门批准及时申请限速或行车模式转换，将故障对行车的影响力降到最低；

• 信号故障处理完毕，及时将故障原因、恢复时间、处理情况等汇报上级主管部门。

（二）对现场工区和车间故障应急处置的有关要求

①为保证信息畅通，应急处理小组成员手机24h不得关机。接到应急处理通知，有关人员必须按规定及时到位，不得以任何理由拒绝前往。

② 现场两级部门要掌握好运输工具的动态，备好车随时做好出发准备。

③ 现场两级部门要备好图纸、备品。

④ 工区必须在值班房准备一套完整的工具、仪表，随时备用。

⑤ 工区必须每月对备品、器材、图纸、工具等清理检查，及时补充齐全。

⑥ 在处理设备故障时，要认真细致、判断准确，严格按标准进行，避免不规范的操作导致故障范围扩大。当故障处理超出故障停用范围时，应另行要点进行处理。

⑦ 发现明显的外界因素损坏电务设备的，立即通知车务、工务等有关部门人员共同确认，并进行处理。因破坏性质损坏设备的应报公安部门确认处理。

⑧ 故障处理完后，电务联络人员应与车站值班人员双方共同试验，确认良好后办理销点签认手续，方可交付使用，电务人员应尽量将故障原因在《行车设备检查登记簿》上登记清楚。

⑨ 故障处理必须坚持“安全第一”的方针，严格遵守各项规章制度，严禁违章作业，尤其是严禁干部违章指挥。严格执行“三不动”、“三不离”、“七严禁”等基本安全制度。

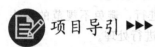

项目四 改变运行方向电路设备维护

项目导引 ▶▶▶

列车在区间能反方向运行吗？如何保证其运行安全呢？改变运行方向电路是一个逻辑关系非常复杂的电路，故障处理让很多高手头疼。通过本项目的学习，将进一步提高逻辑分析能力，并具备改变运行方向电路的故障应急处理能力。

任务一 ●●● 改变运行方向办理

学习目标 ▶▶▶

① 会按照操作规程使用正常办理改变运行方向；

② 会按照操作规程使用辅助办理改变运行方向。

相关知识 ▶▶▶

对于双线单向自动闭塞，由于每条线路上只准许一个方向列车运行，故只需防护列车的尾部，控制信息可以始终按一个方向传输。而对于单线自动闭塞和双线双向自动闭塞，因区间线路上既要运行上行列车，又要运行下行列车，所以除了需要防护列车尾部外，还必须防护列车的头部。

为了对列车头部进行防护，就要求单线自动闭塞两个方向的通过信号机之间和区间两端的车站联锁设备之间发生一定的联锁关系，只允许列车按所建立的运行方向以通过信号机的显示运行。如准许上行方向的列车运行时，下行方向的通过信号机和出站信号机均不能开放，反之亦然。

在单线自动闭塞区段，中国目前采用平时规定运行方向的方式，即平时规定方向的通过信号机开放，而反方向的通过信号机灭灯，反方向的出站信号机也不能开放。只有在区间空闲时，经办理一定手续，改变了运行方向后，反方向的出站信号机和通过信号机才能开放，此时规定运行方向的通过信号机和出站信号机不能开放。

在双线双向自动闭塞区段，反方向不设通过信号机，凭机车信号的显示运行。反方向运行时，通过改变运行方向，转换区间的发送和接收设备，并使规定方向的通过信号机灭灯。改变运行方向这一任务是由改变运行方向电路完成的，改变运行方向电路见附录三。

改变运行方向电路的作用是：确定列车的运行方向，即确定接车站和发车站，转换区间的发送和接收设备；控制区间通过信号机的点灯电路。

一、设置的按钮和表示灯

为改变运行方向，控制台上对应每一接车方向，设一组改变运行方向用的按钮和表示灯。对于双线双向自动闭塞，每个正方向接车口设一个允许改变运行方向按钮和表示灯。

图 4-1-1 为改变运行方向设的按钮和表示灯。

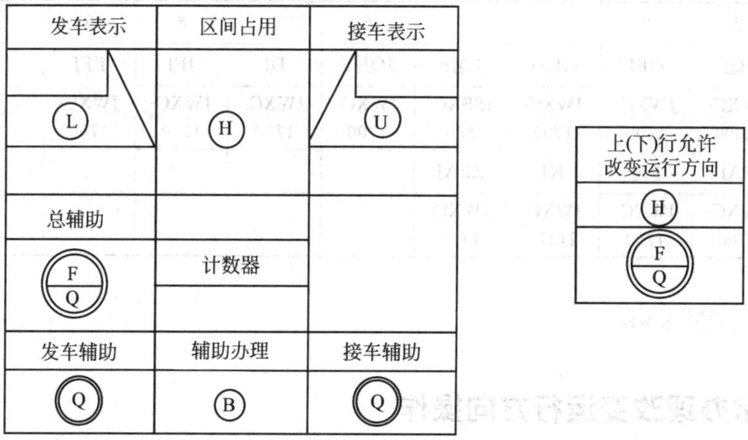

图 4-1-1　为改变运行方向设的按钮和表示灯

1. 按钮

① 允许改变运行方向按钮 YGFA：非自复式，带铅封按钮。允许改变运行方向按钮的作用是为了防止车站误办造成错误改变运行方向，只有登记、破封按下本咽喉的允许改变运行方向按钮 YGFA，该咽喉才能办理改变运行方向。

② 总辅助办理按钮 ZFA：非自复式，带铅封按钮。

③ 接车辅助办理按钮 JFA：二位自复式，带铅封按钮。

④ 发车辅助办理按钮 FFA：二位自复式，带铅封按钮。

2. 表示灯

允许改变运行方向表示灯 YGFD：平时灭灯。正常改变运行方向时，按下允许改变运行方向按钮，YGFD 点亮红灯。

接车方向表示灯 JD：黄色，点亮表示本站该方向为接车站。

发车方向表示灯 FD：绿色，点亮表示本站该方向为发车站。

监督区间表示灯 JQD：红色，点亮表示对方站已建立发车进路或列车正在区间运行。区间空闲且未办理发车进路时，JQD 灭灯。

辅助办理表示灯 FZD，白色，点亮表示正在辅助办理改变运行方向。

3. 计数器

用来记录辅助办理改变运行方向的次数。

二、改变运行方向的继电器组合

对应于车站的每一个接车方向设一套改变运行方向电路，相邻两站间该方向的改变运行方向电路由 4 根外线联系组成完整的改变运行方向电路。对于单线区段，一般车站每端需设一套改变运行方向电路。对于双线双向运行区段，一般车站每端需设两套改变运行方向电路。每一端的改变运行方向电路由 15 个继电器组成，分为两个组合，称为改变运行方向主组合 FZ 和辅助组合 FF。组合内继电器排列及类型如表 4-1-1 所示。

表 4-1-1 改变运行方向继电器组合

	1	2	3	4	5	6	7	8	9	10
FZ	FJ_1	JQJ	GFJ	GFFJ	JQJF	JQJ_2F	DJ	JFJ	FFJ	FGFJ
	JYXC-270	JWXC-H600	JWXC-1700	JWXC-1700	JSBXC-850	JWXC-1700	JWXC-1700	JWXC-1700	JWXC-1700	JPXC-1000
FF	FJ_2	FAJ	FSJ	KJ	ZFAJ					FZG
	JYXC-270	JWXC-1700	JWXC-1700	JWXC-H340	JWXC-1700					ZG1-220/0.1 100/0.1

操作办理 ▶▶▶

一、正常办理改变运行方向操作

正常办理是改变运行方向电路处于正常状态时的办理方法。正常办理改变运行方向的流程如图 4-1-2 所示。

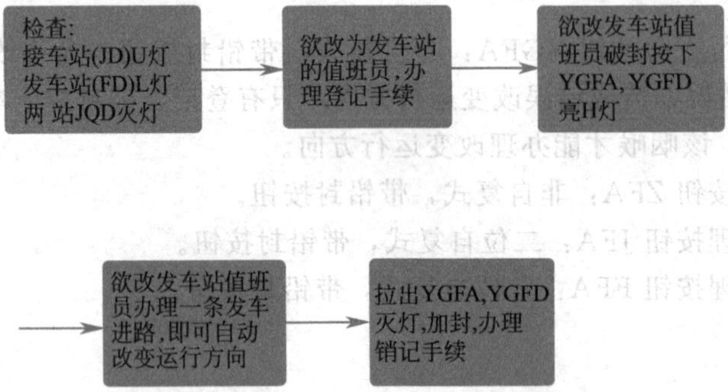

图 4-1-2 正常办理改变运行方向流程图

1. 办理条件

正常办理是改变运行方向电路处于正常状态时的办理方法，办理条件是：设甲站处于接车站状态，其接车方向表示灯 JD 黄灯亮，乙站处于发车站状态，其发车方向表示灯 FD 绿灯亮，且区间空闲，区间占用表示灯 JQD 灭灯。

2. 办理步骤

① 现甲站欲发车，在 JQD 灭灯的情况下，先登记破封。

② 按下本咽喉的允许改变运行方向按钮 YFGA，允许改变运行方向表示灯 YGFD 红灯点亮。

③ 此时即可正常办理改变运行方向。甲站值班员只要办理一条发车进路就可使改变运行方向电路自动改变运行方向。

乙站从接车站改为发车站，办理手续同上。

二、辅助办理

辅助办理是监督区间电路故障或因故“双接”时的办理方法。辅助办理改变运行方向的流程如图 4-1-3 所示。

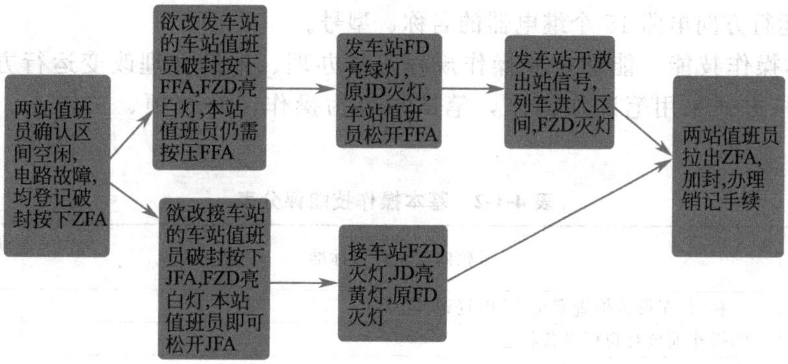

图 4-1-3　辅助办理改变运行方向流程图

1. 办理条件

辅助办理是当办理改变运行方向的过程中出现故障时，使方向电路恢复正常的一种办理方式。当监督区间电路发生故障，或因故出现“双接”时，两站 JQD 同时点亮，这时就必须用辅助办理才能改变运行方向。

2. 办理步骤

(1) 监督区间电路发生故障，方向电路正常时的办理步骤　若监督区间继电器因故落下，使控制台上的监督区间表示灯 JQD 亮红灯，此时空间虽空闲，但通过正常办理手续无法改变运行方向，只能借助于辅助办理。

两站值班员确认监督区间电路故障且区间空闲后。

① 两站均破封按下总辅助按钮 ZFA。

② 由欲改成发车站的车站值班员登记破封按下发车辅助按钮 FFA，其辅助办理表示灯 FZD 亮白灯，表示本站正在进行辅助办理。但本站值班员仍需继续按压 FFA。

③ 与此同时或稍晚，原发车站值班员也登记破封按下接车辅助按钮 JFA，当辅助办理表示灯 FZD 亮白灯，表示本站开始辅助办理。此时本站值班员可松开 JFA。其 JD 黄灯点亮，FD 绿灯灭灯。

④ 此后原接车站 FD 绿灯点亮，JD 黄灯灭灯，表示本站已改为发车站，辅助办理改变运行方向已完成，车站值班员可松开 FFA。当列车出发进入区间后，两站才能拉出 ZFA，然后加封，FZD 灭灯。这样，可防止当区间有车时，因一方单按接车辅助按钮后出现的误动。

若办理辅助改变运行方向未能成功需再次办理时，两次办理的时间间隔不得少于 13s。

(2) 因故出现“双接”，两站均为接车状态时的办理步骤　两站值班员应确认区间空闲、设备故障，经双方商定，如乙站改为发车站，则乙站先登记破封按下总辅助按钮 ZFA 和 FFA，然后甲站再登记破封按下总辅助 ZFA 和 JFA。乙站 FD 亮绿灯，甲站 JD 亮黄灯，表明改变运行方向已完毕，发车权已属乙站，乙站即可开放出站信号机。

考核标准

(1) 应知应会知识　采用闭卷方式考核，考试内容为：

① 改变运行方向电路的作用、技术要求；

② 改变运行方向操纵和表示设备的作用、状态；

③ 改变运行方向电路 15 个继电器的名称、型号。

(2) 基本操作技能　能够按照操作规程正常办理、辅助办理改变运行方向，考核时限 5min。考核方式采用笔试加操作，笔试内容为操作注意事项、关键点。评分标准见表 4-1-2。

表 4-1-2　基本操作技能评分表

项目及配分		考核内容及评分标准	扣分因素及扣分	得分
操作技能(8 分)	操作程序(3 分)	①在“行车设备检查登记簿”中登记、联系		
		②操作前核对观察设备状态		
		③按照程序操作办理		
		④操作完毕观察设备状态		
		⑤销记		
		程序不对扣 3 分，每漏一项扣 2 分，扣完 3 分为止		
	质量(5 分)	①操作错误，每次扣 2 分		
		②操作过程中，出现异常情况无法排除的扣 2 分		
		③操作在 5min 内完成。每超 30s 扣 1 分，超时 2min 停止考核		
		④每个操作过程结束，继电器状态应清晰明了，口试回答错误，每次扣 2 分		
		质量共计 5 分，上述内容按规定扣分，扣完 5 分为止		
安全及其他(2 分)		①操作错误，造成故障升级，扣 1 分		
		②未按规定着装，扣 1 分		
		安全及其他共计 2 分，上述内容按规定扣分，扣完 2 分为止		
合计				

任务二 ●●● 改变运行方向电路识读

学习目标

① 能跑通局部电路，会推导继电器间逻辑关系；

② 能跑通区间监督继电器电路；

③ 能跑通正常改变运行方向和辅助改变运行方向时方向继电器电路，会推导继电器间逻辑关系；

④ 能跑通辅助办理电路，会推导继电器间逻辑关系；

⑤ 能跑通表示灯电路；

⑥ 能跑通结合电路。

电路识读 ▶▶▶

一、局部电路识读

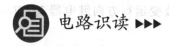

局部电路的作用是当方向电路改变运行方向时，控制方向继电器的电流极性以及控制辅助办理电路以实现运行方向的改变。它由改变运行方向继电器 GFJ、改变运行方向辅助继电器 GFFJ、监督区间复示继电器 JQJF 及监督区间第二复示继电器 JQJ_2F 组成。

1. 局部电路识读

（1）改变运行方向继电器电路　改变运行方向继电器的作用是记录发车按钮继电器的动作，从而改变运行方向。电路如图 4-2-1 所示。

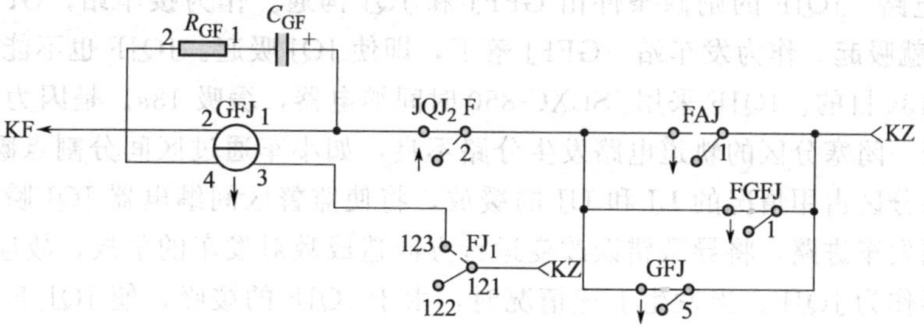

图 4-2-1　GFJ 电路

① GFJ 的 1-2 线圈励磁自闭电路。正常办理改变运行方向时，在原接车站办理发车进路使 FAJ 吸起后，接通 GFJ 的 1-2 线圈励磁电路，GFJ 吸起，并经其本身第五组前接点自闭。

辅助办理改变运行方向时，原接车站辅助改变方向继电器 FGFJ 吸起后，接通 GFJ 的 1-2 线圈励磁电路，完成改变运行方向的任务。

GFJ 的 1-2 线圈上并联有 C_{GF} 和 R_{GF}，构成缓放电路。其作用是在原发车站改为接车站时，利用 GFJ 的缓放，使原发车站的方向继电器可靠转极。

② GFJ 的 3-4 线圈励磁电路。方向继电器 FJ_1 转极后，接通 GFJ 的 3-4 线圈励磁电路。对于原发车站，GFJ 平时吸起，改变运行方向时 FJ_1 转极后，GFJ 落下。

（2）改变运行方向辅助继电器电路　改变运行方向辅助继电器 GFFJ 的作用是当改变运行方向时，使两站的方向电源短时间正向串联，使方向继电器可靠转极。其电路如图 4-2-2 所示。

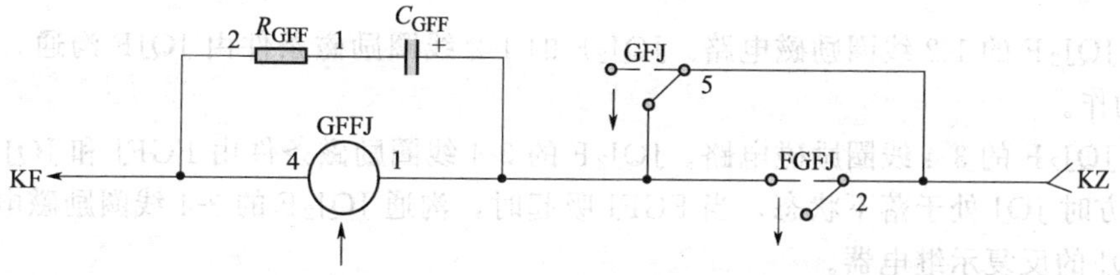

图 4-2-2　GFFJ 电路

① 正常办理改方时励磁电路。GFFJ 励磁电路由 GFJ 后接点接通。原发车站 GFJ 吸起，GFFJ 落下。原接车站 GFJ 落下，GFFJ 吸起。改变运行方向后，原接车站改为发车站，GFJ 吸起，GFFJ 落下。原发车站改为接车站，GFJ 落下，GFFJ 吸起。

② 辅助办理改方时励磁电路。辅助改变运行方向时，辅助改变运行方向继电器 FGFJ 吸起后，使 GFFJ 吸起，参与运行方向的改变。

③ 由 C_{GFF} 和 R_{GFF} 组成 GFFJ 的缓放电路，其作用是使两站方向电源串接，使得方向继电器可靠转极。

(3) 监督区间复示继电器电路　监督区间复示继电器 JQJF 的作用是，复示接车站 JQJ 的动作。其电路如图 4-2-3 所示。

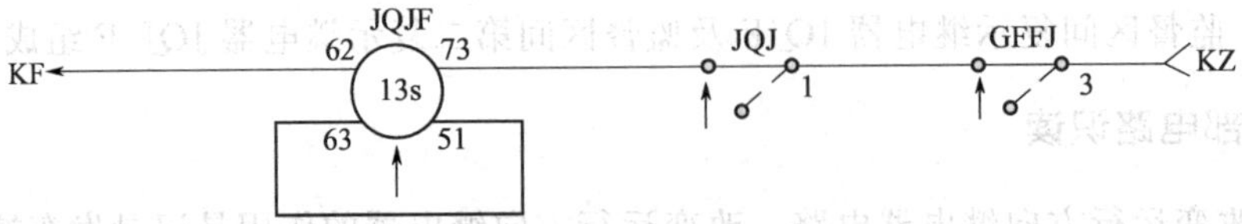

图 4-2-3　JQJF 电路

① 励磁电路。JQJF 的励磁条件由 GFFJ 和 JQJ 沟通。作为接车站，GFFJ 吸起，JQJ 吸起时 JQJF 就吸起。作为发车站，GFFJ 落下，即使 JQJ 吸起。JQJF 也不能吸起。

② 缓吸 13s 目的。JQJF 采用 JSBXC-850 时间继电器，缓吸 13s。是因为当列车在区间行驶时，若任一闭塞分区的轨道电路发生分路不良，如小车通过区间分割点瞬间失去分路，因反映各闭塞分区占用情况的 LJ 和 UJ 的缓放，将使监督区间继电器 JQJ 瞬间吸起，若此时接车站排列发车进路，将导致错误改变运行方向造成敌对发车的事故，故应采用缓吸 13s 的时间继电器作为 JQJF。当发生上述情况时，由于 JQJF 的缓吸，使 JQJ_2F 不吸起，进而使 GFJ 仍处于落下状态，可防止错误改变运行方向。

(4) 监督区间第二复示继电器电路　监督区间占用第二复示继电器 JQJ_2F 是复示 JQJF 的动作的，另外在辅助办理改变运行方向时，作为 JQJ 的反复示继电器，FGFJ 吸起，JQJ 落下，使 JQJ_2F 吸起。其电路如图 4-2-4 所示。

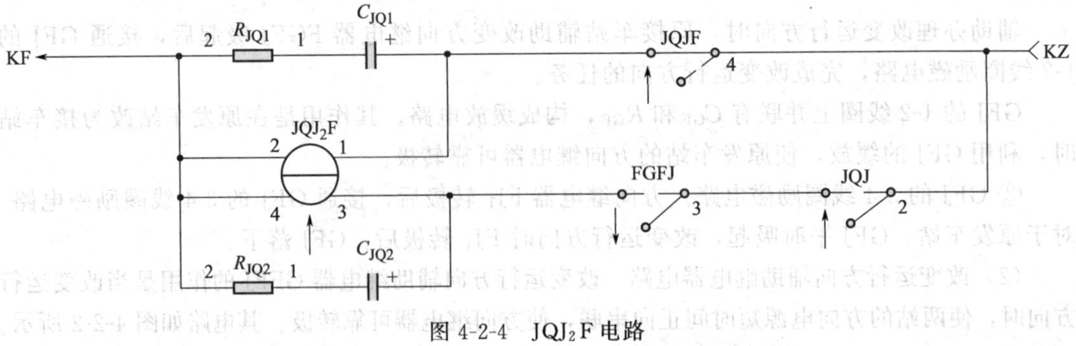

图 4-2-4　JQJ_2F 电路

① JQJ_2F 的 1-2 线圈励磁电路。JQJ_2F 的 1-2 线圈励磁条件由 JQJF 沟通，相当于复示 JQJF 动作。

② JQJ_2F 的 3-4 线圈励磁电路。JQJ_2F 的 3-4 线圈励磁条件由 FGFJ 和 JQJ 沟通。辅助办理改方时 JQJ 处于落下状态，当 FGFJ 吸起时，沟通 JQJ_2F 的 3-4 线圈励磁电路，此时相当于 JQJ 的反复示继电器。

③ 缓放电路。在 JQJ_2F 的 1-2 线圈上并联有 C_{JQ1} 和 R_{JQ1}，3-4 线圈上并联有 C_{JQ2} 和 R_{JQ2}，构成缓放电路。这样在 JQJ_2F 落下之前，FJ_1 的线圈有瞬间被 JQJ_2F 的第一组前接点和 GFFJ 的第二组后接点所短路，这是为了防止当区间外线混线时，由于反电势使 FJ_1 错误转极造成双向发车的危险。加短路线后反电势被短路线所短路，待反电势消失后再接通电路，FJ_1 就不会错误动作。

2. 局部电路继电器逻辑关系

在正常情况下，发车站和接车站的继电器状态是不同的，根据局部电路继电器间的逻辑关系，可以推导出发车站和接车站继电器的状态。推导顺序如下。

首先需要记住方向继电器 FJ 的状态（FJ 包含 FJ_1 和 FJ_2，两者状态一致），发车站 FJ 落下（反位），接车站 FJ 吸起（定位）。

① GFJ 状态与 FJ 状态相反，即 FJ 吸起（定位）时 GFJ 落下，FJ 落下（反位）时 GFJ 吸起。

② GFFJ 状态与 GFJ 状态相反，即 GFJ 吸起时 GFFJ 落下，GFJ 落下时 GFFJ 吸起。

③ JQJF 状态由 GFFJ 和 JQJ 共同确定，类似“与门”的关系，即 GFFJ 和 JQJ 均吸起时 JQJF 吸起，其中任何一个落下时 JQJF 落下。

④ JQJ_2F 是 JQJF 的复示继电器，两者状态一致。

按照上述顺序来推导发车站和接车站的继电器状态，如图 4-2-5 所示。

	FJ	GFJ	GFFJ	JQJ	JQJF	JQJ_2F
发车站	↓	↑	↓	↑	↓	↓
接车站	↑	↓	↑	↑	↑	↑

	1	2	3	4	5	6	7	8	9	10
FZ	FJ_1	JQJ	GFJ	GFFJ	JQJF	JQJ_2F	DJ	JFJ	FFJ	FGFJ
	JWXC-270	JWXC-H600	JWXC-1700	JWXC-1700	JSBXC-850	JWXC-1700	JWXC-H340	JWXC-1700	JWXC-1700	JPXC-1000
FF	FJ_2	FAJ	FSJ	KJ	ZFAJ					FZG
	JYXC-270	JWXC-1700	JWXC-1700	JWXC-H340	JWXC-1700					ZG_1-220/0.1 100/0.1

图 4-2-5　发车站和接车站继电器状态

除此之外，其他继电器两站状态一致，只有 FSJ 平时处于吸起状态，其他全部处于落下状态。

二、方向继电器识读

方向继电器电路的作用是改变列车的运行方向。它由方向继电器 FJ 和辅助改变运行方向继电器 FGFJ 组成，方向继电器电路如图 4-2-6 所示。

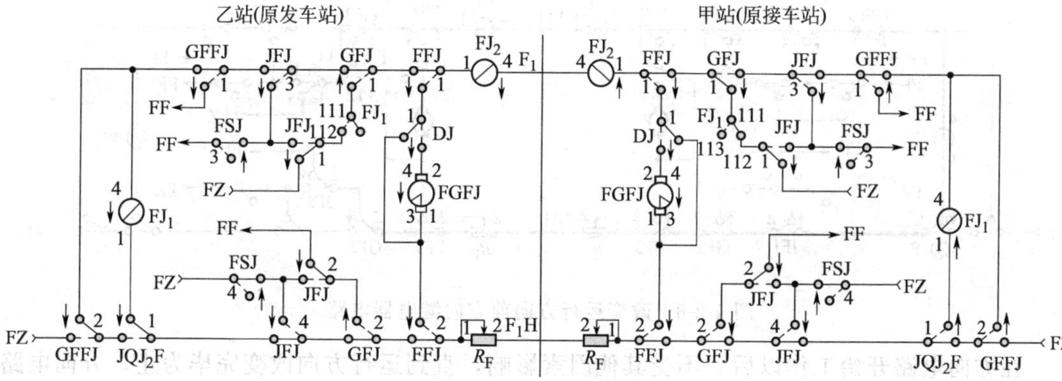

图 4-2-6　方向继电器电路

对于集中设置的自动闭塞，在连接区间两端的车站分别设置了两个方向继电器，它们通过电缆串联在一起。方向继电器采用JYXC-270型有极继电器。用它来确定列车的运行方向，转换发送和接收设备及决定通过信号机是否点灯。

辅助改变运行方向继电器FGFJ的作用是，当监督电路故障而方向电路正常或发生其他意外故障时，采用辅助办理的方法使FGFJ吸起来改变运行方向，提高了整个改变运行方向电路的效率。

1. 正常办理时改变运行方向电路

（1）正常办理时继电器逻辑关系分析　甲站办理正常改变运行方向手续使甲站FAJ吸起，FAJ吸起后甲站GFJ吸起、GFFJ缓放落下，GFFJ落下后JQJF落下、JQJ_2F缓放落下。继电器逻辑关系和时间特性分析如图4-2-7所示。

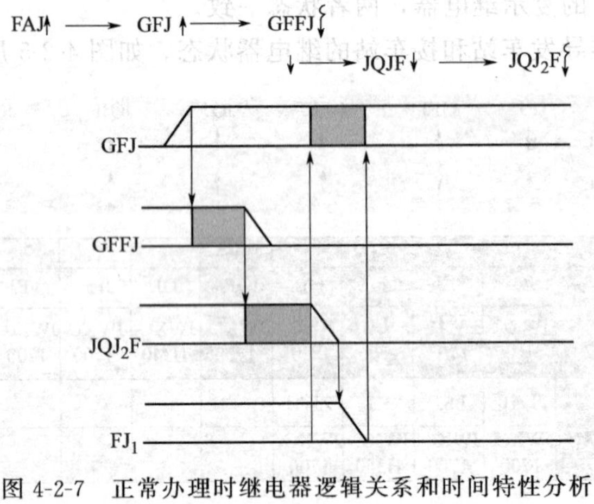

图4-2-7　正常办理时继电器逻辑关系和时间特性分析

（2）正常改变运行方向时FJ电路

① 改变运行方向前继电器状态。方向继电器电路平时由接车站方向电源（或称线路电源）向发车站送电，这样，当方向电路的外线短路时可以导向安全。接车站的方向继电器FJ_1平时在线路上断开，是为了防止因雷击或其他外界干扰等产生误动。为了保证行车安全，在电路动作上先取消原发车站的发车权，再建立原接车站的发车权。改变运行方向前方向继电器电路如图4-2-8中粗线所示。

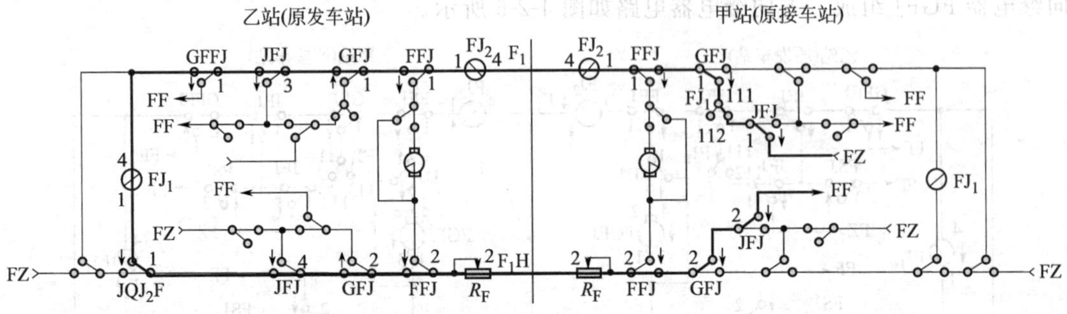

图4-2-8　改变运行方向前方向继电器电路

在方向电路开始工作以后，不受其他因素影响，直到运行方向改变完毕为止。方向电路与区间各闭塞分区的状态无关，并且经常通有一定极性的电流，所以电路工作稳定。

② 甲站送反极性方向电源，使方向继电器转极。正常办理改变运行方向时，原接车站（甲站）的 GFJ 吸起，切断原方向电源，GFFJ 缓放尚未落下时，向方向电路发送反极性电流，使方向继电器 FJ 转极。甲站送反极性电源电路如图 4-2-9 中粗线所示，继电器时间特性分析如图 4-2-10 所示。

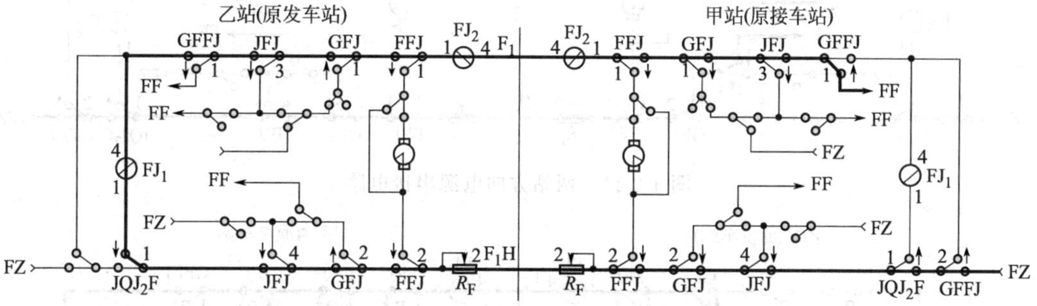

图 4-2-9　甲站送反极性电源电路

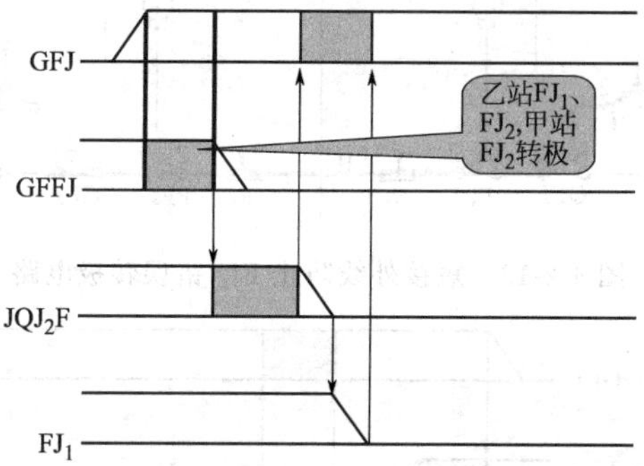

图 4-2-10　甲站送反极性电源继电器时间特性分析

其供电电路如下：

甲站 FZ—GFFJ$_{22\text{-}21}$—JQJ$_2$F$_{12\text{-}11}$—JFJ$_{43\text{-}41}$—GFJ$_{22\text{-}21}$—FFJ$_{23\text{-}21}$—RF$_{1\text{-}2}$—外线 F$_1$H—乙站 RF$_{2\text{-}1}$—FFJ$_{21\text{-}23}$—GFJ$_{21\text{-}22}$—JFJ$_{41\text{-}43}$—JQJ$_2$F$_{11\text{-}13}$—FJ$_{1\ 1\text{-}4}$—GFFJ$_{13\text{-}11}$—JFJ$_{33\text{-}31}$—GFJ$_{12\text{-}11}$—FFJ$_{13\text{-}11}$—FJ$_{2\ 1\text{-}4}$—外线 F$_{2\ 1\text{-}4}$—甲站 FJ$_{2\ 4\text{-}1}$—FFJ$_{11\text{-}13}$—GFJ$_{11\text{-}12}$—JFJ$_{31\text{-}33}$—GFFJ$_{11\text{-}12}$—FF

③ 两站方向电源串接，使方向继电器 FJ 可靠转极。乙站 FJ$_1$ 转极后，使其 GFJ 落下，利用甲站 GFFJ 的缓放，使乙站的方向电源与甲站的方向电源短时间地正向串联，形成两倍的线路供电电压，使方向电路中的所有方向继电器可靠转极。两站方向电源串接电路如图 4-2-11 中粗线所示。

其供电电路如下：

乙站 FZ—JFJ$_{13\text{-}11}$—FJ$_{1\ 112\text{-}111}$—GFJ$_{13\text{-}11}$—FFJ$_{13\text{-}11}$—FJ$_{2\ 1\text{-}4}$—外线 F$_1$—甲站 FJ$_{2\ 4\text{-}1}$—FFJ$_{11\text{-}13}$—GFJ$_{11\text{-}12}$—JFJ$_{31\text{-}33}$—GFFJ$_{11\text{-}12}$—FF 以及 FZ—GFFJ$_{22\text{-}21}$—JQJ$_2$F$_{12\text{-}11}$—JFJ$_{43\text{-}41}$—GFJ$_{22\text{-}21}$—FFJ$_{23\text{-}21}$—RF$_{1\text{-}2}$—外线 F$_1$H—乙站 RF$_{2\text{-}1}$—FFJ$_{21\text{-}23}$—GFJ$_{21\text{-}23}$—JFJ$_{21\text{-}23}$—FF

④ 短接外线，防止 FJ$_1$ 错误转极。当甲站 GFFJ 经缓放落下，断开甲站的方向电源，由乙站一方供电。甲站 GFFJ 落下后使 JQJF 落下，JQJ$_2$F 经短时间缓放后落下。在 JQJ$_2$F 的缓放时间内，由乙站送往甲站的转极电源被 GFFJ 的 23-21 接点所短路，以防止由外线混线或因其他原因而产生的感应电势使 FJ 错误转极。短接外线防止 FJ$_1$ 错误转极电路如图 4-2-12 中粗线所示，继电器时间特性分析如图 4-2-13 所示。

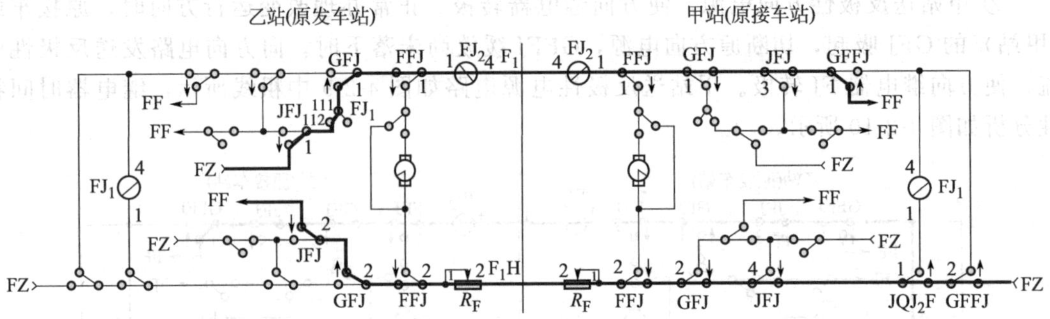

图 4-2-11　两站方向电源串接电路

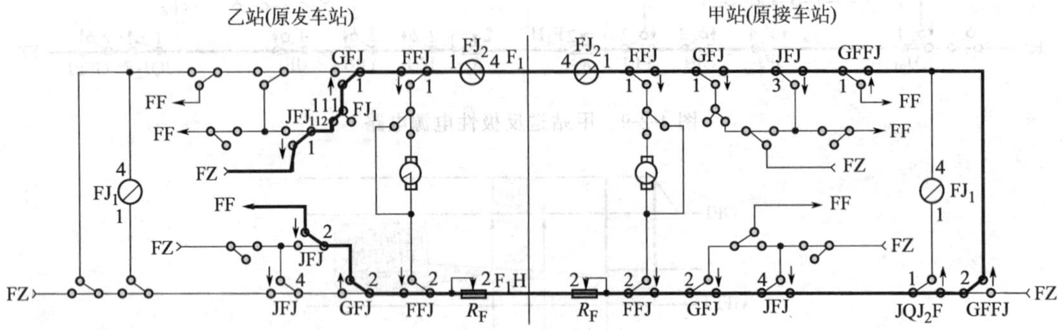

图 4-2-12　短接外线防止 FJ_1 错误转极电路

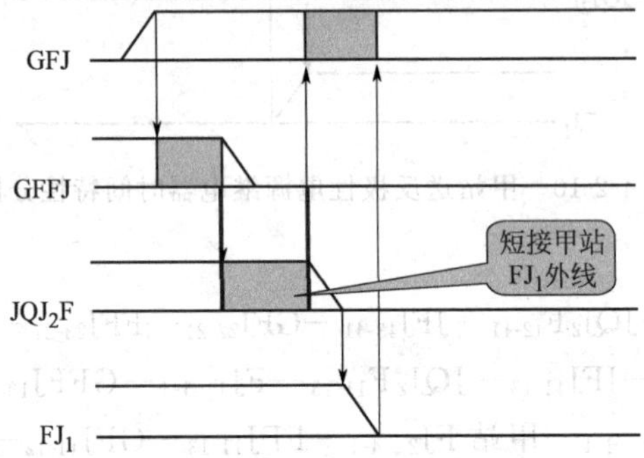

图 4-2-13　短接外线防止 FJ_1 错误转极继电器时间特性分析

⑤ 甲站 FJ_1 转极。当 JQJ_2F 落下后接通甲站 FJ_1 线圈与外线的联系，FJ_1 开始转极，其动作电路是：

乙站 FZ-$JFJ_{13\text{-}11}$—FJ_1 $_{112\text{-}111}$—$GFJ_{13\text{-}11}$—$FFJ_{13\text{-}11}$—FJ_2 $_{1\text{-}4}$—外线 F_1—甲站 FJ_2 $_{4\text{-}1}$—$FFJ_{11\text{-}13}$—$GFJ_{11\text{-}12}$—$JFJ_{31\text{-}33}$—$GFFJ_{11\text{-}13}$—FJ_1 $_{4\text{-}1}$—$JQJ_2F_{11\text{-}13}$—$JFJ_{43\text{-}41}$—$GFJ_{22\text{-}21}$—$FFJ_{23\text{-}21}$—$RF_{1\text{-}2}$—外线 F_1H—乙站 $RF_{2\text{-}1}$-$FFJ_{21\text{-}23}$—$GFJ_{21\text{-}23}$—$JFJ_{21\text{-}23}$—FF

甲站 FJ_1 转极电路如图 4-2-14 中粗线所示，继电器时间特性分析如图 4-2-15 所示。

当 JQJ_2F 落下，FJ_1 正在转极时，甲站 GFJ 靠缓放保持吸起；当 FJ_1 转极后，沟通 GFJ3-4 线圈励磁电路。FJ_1 转极后甲站改为发车站，乙站被改为接车站，两站电路已经完成了改变运行方向的任务，分别达到稳定状态。

2. 辅助办理时改变运行方向电路

(1) FGFJ 电路

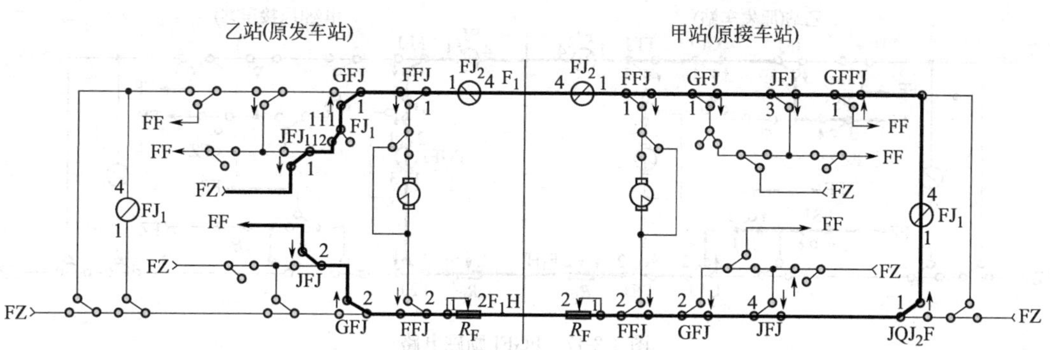

图 4-2-14　甲站 FJ_1 转极电路

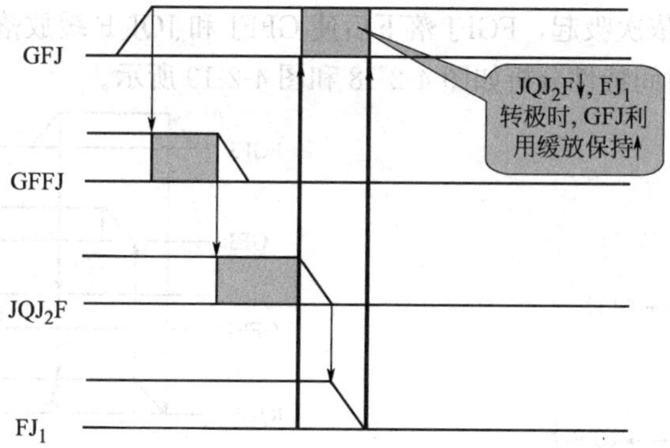

图 4-2-15　甲站 FJ_1 转极继电器时间特性分析

① 利用 DJ 缓吸时间短路方向电路外线，使外线储电消失。辅助办理改变运行方向时，原接车站（甲站）FFJ 吸起，切断了甲站向乙站的供电电路，并使短路继电器 DJ 经 0.3～0.35s 的缓吸时间后吸起。在 FFJ 吸起 DJ 缓吸的时间内，利用 DJ 的第一组后接点短路方向电路外线，使外线所储电能通过短路线而消失。

利用 DJ 缓吸短路方向电路外线如图 4-2-16 中粗线所示。

② FGFJ 励磁电路。当原发车站（乙站）JFJ 吸起，乙站通过 JFJ 的第三、四组前接点接通方向电源，向甲站送电，使甲站的 FGFJ 吸起，其电路为：

乙站 FZ—$FSJ_{41\text{-}42}$—$JFJ_{42\text{-}41}$—$GFJ_{22\text{-}21}$—$FFJ_{23\text{-}21}$—$RF_{1\text{-}2}$—外线 F_1H—甲站 $RF_{2\text{-}1}$—$FFJ_{21\text{-}22}$—$FGFJ_{1、3\text{-}2、4}$—$DJ_{12\text{-}11}$—$FFJ_{12\text{-}11}$—$FJ_{2\ 1\text{-}4}$—外线 F_1—乙站 $FJ_{2\ 4\text{-}1}$—$FFJ_{11\text{-}13}$—$GFJ_{11\text{-}12}$—$JFJ_{31\text{-}32}$—$FSJ_{32\text{-}31}$—FF

FGFJ 励磁电路如图 4-2-17 所示。

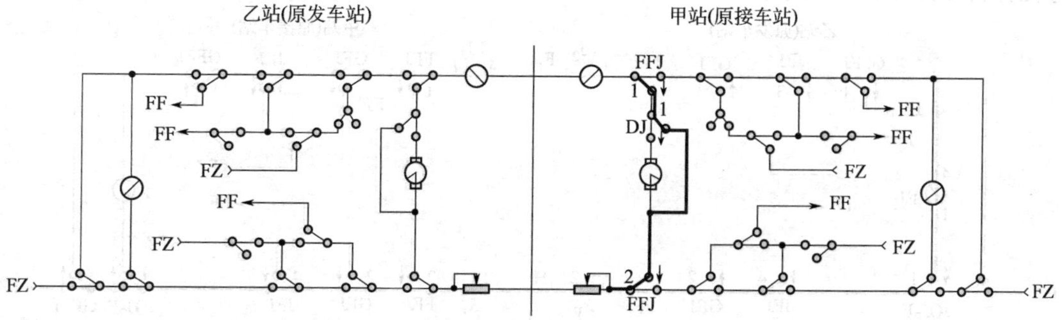

图 4-2-16　利用 DJ 缓吸短路方向电路外线

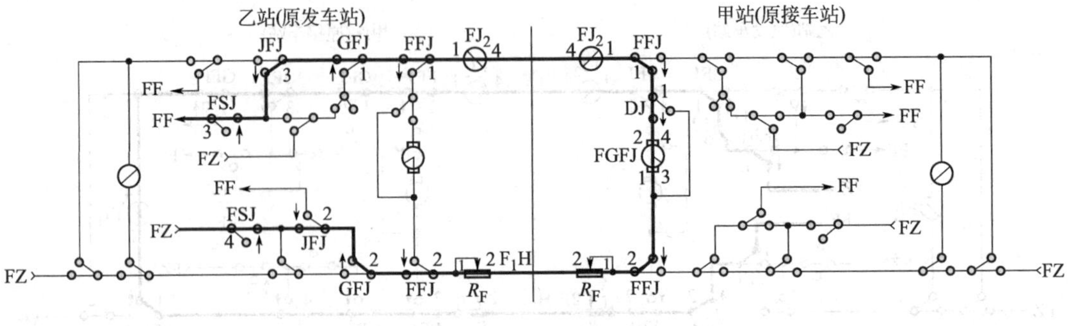

图 4-2-17 FGFJ 励磁电路

(2) 辅助办理改变运行方向时继电器逻辑关系分析 甲乙两站办理辅助改变运行方向手续，使 FGFJ、JQJ_2F 和 GFJ 依次吸起，FGFJ 落下后使 GFFJ 和 JQJ_2F 缓放落下。辅助改变运行方向时的继电器逻辑分析和时间特性分析如图 4-2-18 和图 4-2-19 所示。

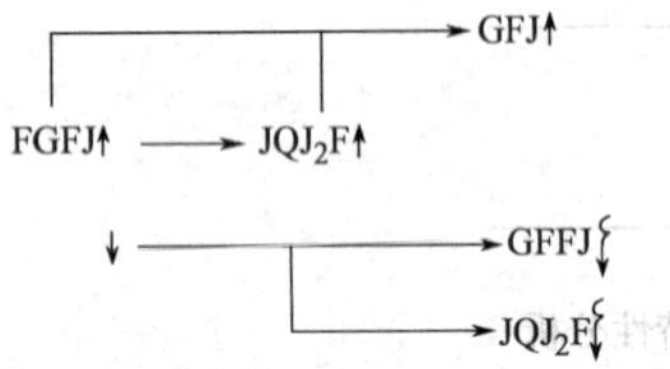

图 4-2-18 辅助改变运行方向时的继电器逻辑分析

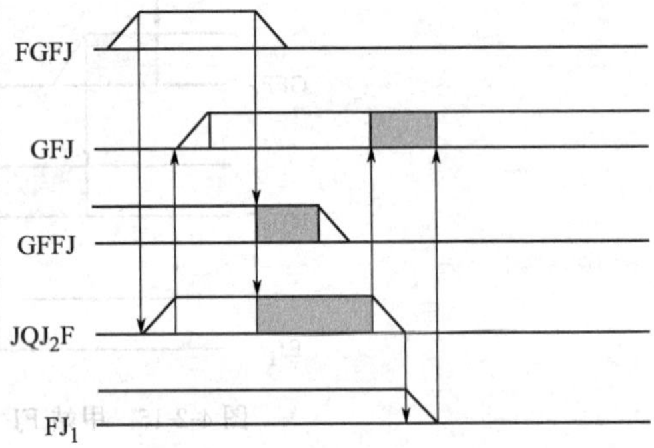

图 4-2-19 辅助改变运行方向时的时间特性分析

(3) 辅助办理时改变动行方向电路

① 甲站送反极性方向电源，使方向继电器转极。甲站 FGFJ 吸起后，使 JQJ_2F、GFJ 相继吸起。在乙站，电容器 C_{JF} 放电结束使 JFJ 落下，切断了乙站对甲站 FGFJ 的供电电路。由于甲站的 FGFJ 落下，切断了 FFJ 的励磁电路，使其落下。此时由甲站向乙站发送转极电流，使乙站的 FJ 转极，其电路为：

甲站 FZ—$GFFJ_{22-21}$—JQJ_2F_{12-11}—JFJ_{43-41}—GFJ_{22-21}—FFJ_{23-21}—RF_{1-2}—外线 F_1H—乙站 RF_{2-1}—FFJ_{21-23}—GFJ_{21-22}—JFJ_{41-43}—JQJ_2F_{11-13}—$FJ_{1\,1-4}$—$GFFJ_{13-11}$—JFJ_{33-31}—GFJ_{12-11}—FFJ_{13-11}—$FJ_{2\,1-4}$—外线 F_1—甲站 $FJ_{2\,4-1}$—FFJ_{11-13}—GFJ_{11-12}—JFJ_{31-33}—$GFFJ_{11-12}$—FF

辅助改变运行方向时甲站送反极性方向电源电路如图 4-2-20 中粗线所示，继电器时间特性分析如图 4-2-21 所示。

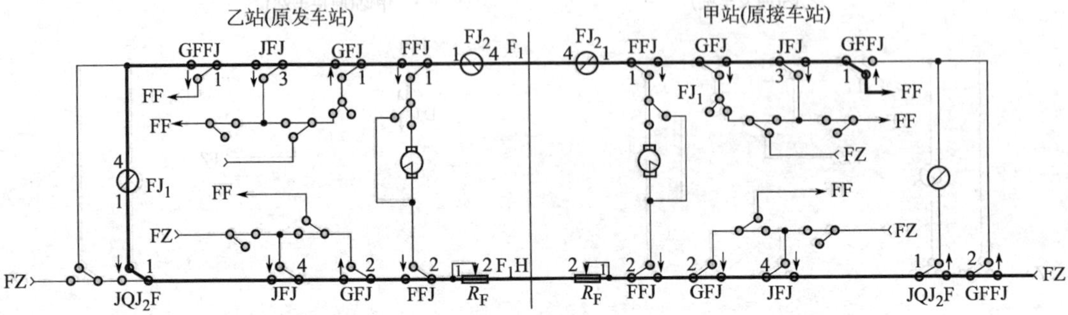

图 4-2-20 辅助改变运行方向时甲站送反极性方向电源电路

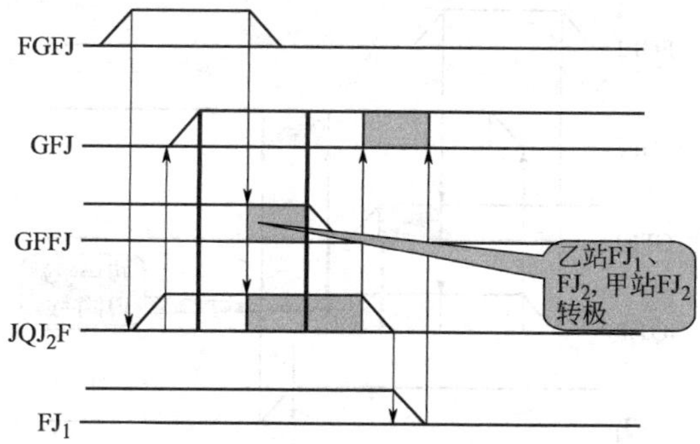

图 4-2-21　辅助改变运行方向时甲站送反极性方向电源继电器时间特性分析

② 两站方向电源串接，使方向继电器可靠转极。在乙站，由于 FJ_1 的转极，使 GFJ 落下，构成了甲、乙两站方向电源的串接，确保方向继电器可靠转极，其电路如下：

乙站 FZ—$JFJ_{13\text{-}11}$—$FJ_{1\,112\text{-}111}$—$GFJ_{13\text{-}11}$—$FFJ_{13\text{-}11}$—$FJ_{2\,1\text{-}4}$—外线 F_1—甲站 $FJ_{2\,4\text{-}1}$—$FFJ_{11\text{-}13}$—$GFJ_{11\text{-}12}$—$JFJ_{31\text{-}33}$—$GFFJ_{11\text{-}12}$—FF 以及 FZ—$GFFJ_{22\text{-}21}$—$JQJ_2F_{12\text{-}11}$—$JFJ_{43\text{-}41}$—$GFJ_{22\text{-}21}$—$FFJ_{23\text{-}21}$—$RF_{1\text{-}2}$—外线 F_1H—乙站 $RF_{2\text{-}1}$—$FFJ_{21\text{-}23}$—$GFJ_{21\text{-}23}$—$JFJ_{21\text{-}23}$—FF

辅助改变运行方向时两站方向电源串接如图 4-2-22 中粗线所示。

③ 短接外线，防止 FJ_1 错误转极。在甲站，当 GFJ 吸起后，FGFJ 已落下时，GFFJ、JQJF、JQJ_2F 先后断电缓放。GFFJ 缓放落下后，JQJ_2F 仍在吸起时，转极电源被 GFFJ 的 21-23 接点所短路，从而防止外线混线或其他原因而产生的感应电势使 FJ_1 错误转极。

辅助改变运行方向时短接外线防止 FJ_1 错误转极电路如图 4-2-23 中粗线所示，继电器时间特性分析如图 4-2-24 所示。

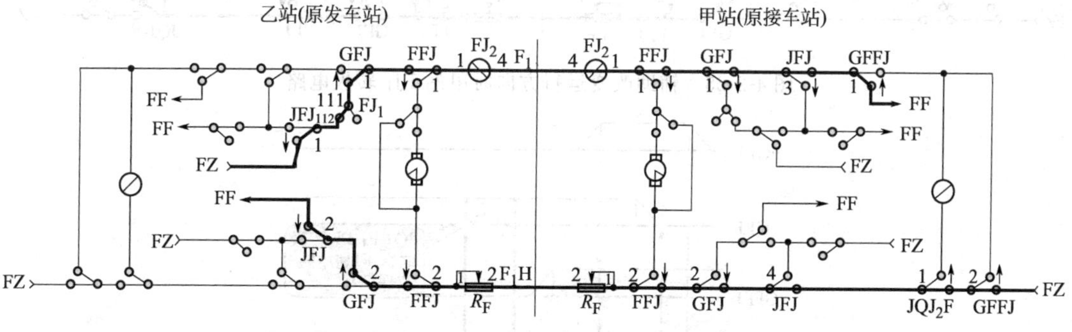

图 4-2-22　辅助改变运行方向时两站方向电源串接

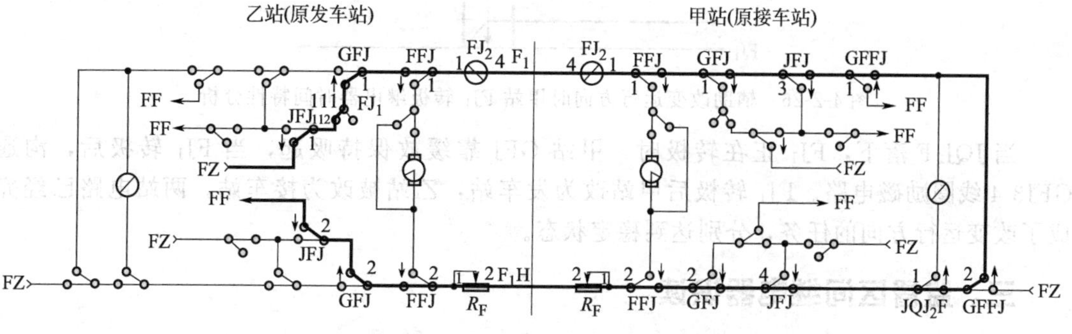

图 4-2-23　辅助改变运行方向时短接外线防止 FJ_1 错误转极电路

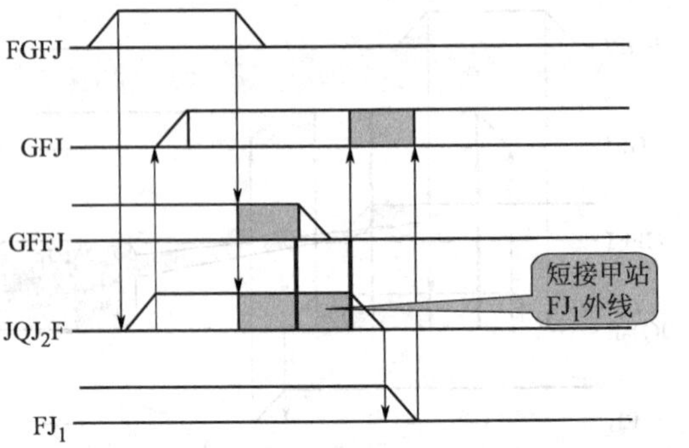

图 4-2-24　辅助改变运行方向时短接外线防止 FJ_1 错误转极继电器时间特性分析

④ 甲站 FJ_1 转极。当 JQJ_2F 经缓放落下后，FJ_1 接入供电电路，使其转极，其电路如下：

乙站 FZ—$JFJ_{13\text{-}11}$—$FJ_{1\,112\text{-}111}$—$GFJ_{13\text{-}11}$—$FFJ_{13\text{-}11}$—$FJ_{2\,1\text{-}4}$—外线 F_1—甲站 $FJ_{2\,4\text{-}1}$—$FFJ_{11\text{-}13}$—$GFJ_{11\text{-}12}$—$JFJ_{31\text{-}33}$—$GFFJ_{11\text{-}13}$—$FJ_{1\,4\text{-}1}$—$JQJ_2F_{13\text{-}11}$—$JFJ_{43\text{-}41}$—$GFJ_{22\text{-}21}$—$FFJ_{23\text{-}21}$—$RF_{1\text{-}2}$—外线 F_1H—乙站 $RF_{2\text{-}1}$—$FFJ_{21\text{-}23}$—$GFJ_{21\text{-}23}$—$JFJ_{21\text{-}23}$—FF

辅助改变运行方向时甲站 FJ_1 转极电路如图 4-2-25 中粗线所示，继电器时间特性分析如图 4-2-26 所示。

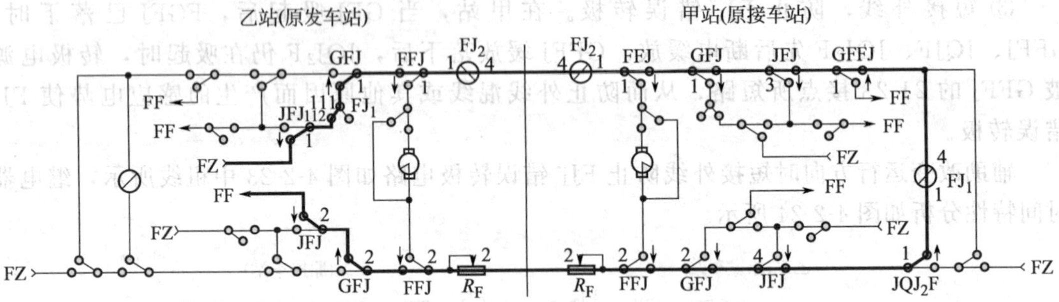

图 4-2-25　辅助改变运行方向时甲站 FJ_1 转极电路

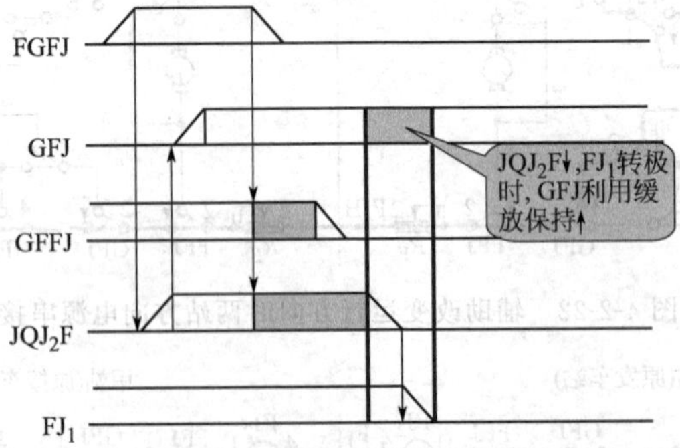

图 4-2-26　辅助改变运行方向时甲站 FJ_1 转极继电器时间特性分析

当 JQJ_2F 落下，FJ_1 正在转极时，甲站 GFJ 靠缓放保持吸起，当 FJ_1 转极后，沟通 GFJ3-4 线圈励磁电路。FJ_1 转极后甲站改为发车站，乙站被改为接车站，两站电路已经完成了改变运行方向的任务，分别达到稳定状态。

三、监督区间继电器识读

监督区间继电器电路的作用是监督区间是否空闲，保证只有在区间空闲时才能改变运行方向。它由站内的监督区间继电器 JQJ 和区间各信号点处的轨道继电器 GJ 的接点串联而成。JQJ 电路如图 4-2-27 所示。

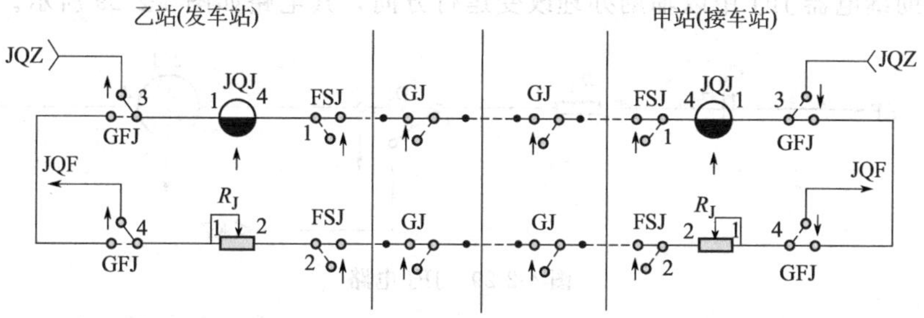

图 4-2-27　JQJ 电路

由发车站的 GFJ 第三、四组前接点向 JQJ 电路送电。当发车进路未锁闭时，FSJ 吸起，各闭塞分区空闲，QGJ 吸起，沟通 JQJ 电路，两站的 JQJ 均吸起。办理发车进路时 FSJ 落下，或区间被占用，其 QGJ 落下，断开 JQJ 电路，使两站 JQJ 落下。

由于 JQJ 采用无极继电器，故无论通过何种极性的电流均可吸起。转换电源极性时，由于其缓放而不致落下，只有在断开线路电源时才落下。

区间是否空闲的检查只在改变运行方向以前进行，方向电路本身无故障，就动作到运行方向改变完毕为止。然后不断地监督区间空闲，为发车站开放出站信号机准备条件。

四、辅助办理电路识读

辅助办理电路的作用是，当监督电路发生故障或改变方向电路瞬间突然停电或方向电路瞬间故障，不能正常改变运行方向时，借助于辅助办理电路，实现运行方向的改变。它由发车辅助继电器 FFJ、接车辅助继电器 JFJ 和短路继电器 DJ 组成。

1. 发车辅助继电器电路

发车辅助继电器 FFJ 用以辅助办理改变运行方向，其电路如图 4-2-28 所示。

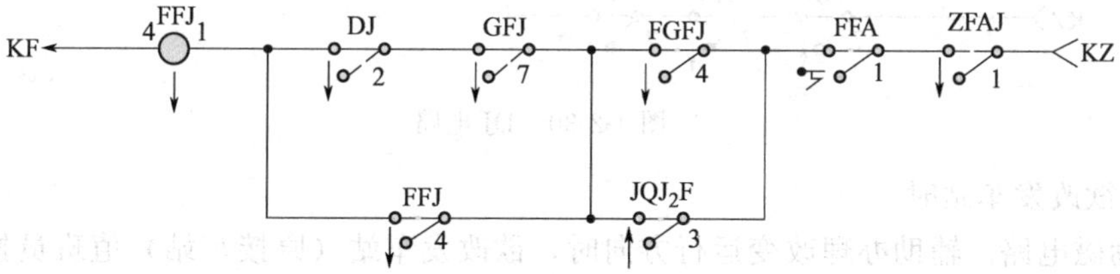

图 4-2-28　FFJ 电路

（1）励磁电路　当 JQJ 因故落下时，JQJF、JQJ_2F 均落下，此时区间虽空闲，但只能用辅助办理方式改变运行方向，原接车站按下总辅助按钮 ZFA 和发车辅助按钮 FFA，FFJ 经 JQJ_2F 第三组后接点、GFJ 第七组后接点、DJ 第二组后接点吸起。

（2）自闭电路　FFJ 吸起后，切断原接车站向原发车站的供电电路，使用 FFJ41-42 沟通 FFJ 自闭电路。FGFJ 吸起后，继续接通 FFJ 自闭电路。

DJ 吸起后自闭，辅助办理改变运行方向正在进行，本站值班员仍需按压 FFA。要待 FJ_1 转极后，控制台上发车方向表示灯 FD 点亮绿灯时，才表示辅助办理改变运行方向已完成，可松开 FFA。

2. 接车辅助继电器电路

接车辅助继电器 JFJ 用以辅助办理改变运行方向，其电路如图 4-2-29 所示。

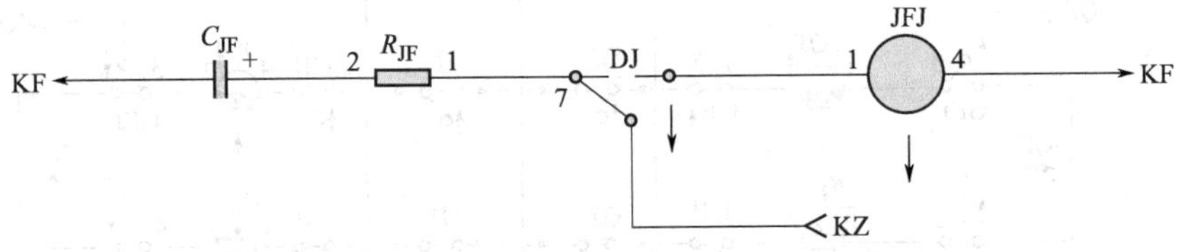

图 4-2-29　JFJ 电路

(1) 平时给电容器 C_{JF}的充电电路　平时 DJ 落下，接通电容器 C_{JF}的充电电路。

(2) 励磁电路　辅助办理改变运行方向时，原发车站值班员按下总辅助按钮 ZFA 和接车辅助按钮 JFA，使 DJ 吸起，接通 JFJ 电路，C_{JF}向 JFJ 放电，JFJ 吸起。JFJ 吸起后接通方向电源，向对方站送电，使它的 FGFJ 吸起。C_{JF}放电结束使 JFJ 落下，断开对方站 FGFJ 的供电电路。

3. 短路继电器电路

短路继电器 DJ 的作用是正常办理改变运行方向时，用以短路辅助改变运行方向继电器 FGFJ。平时两站 DJ 落下，将它们的 FGFJ 短路，即在正常办理改变运行方向时，FGFJ 不动作。辅助办理改变运行方向时 DJ 才吸起。其电路如图 4-2-30 所示。

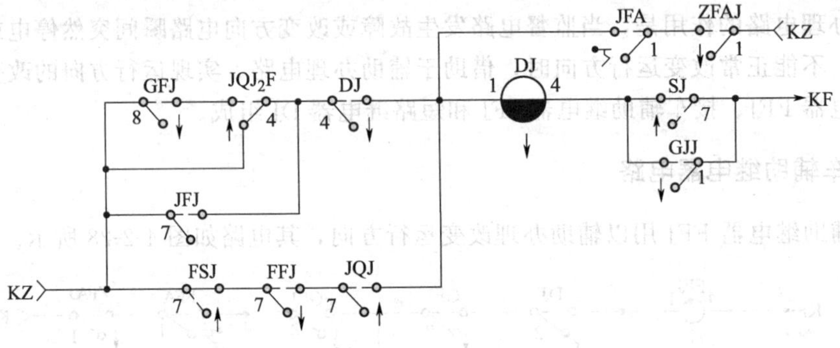

图 4-2-30　DJ 电路

(1) 欲改发车站时

① 励磁电路。辅助办理改变运行方向时，欲改发车站（原接车站）值班员按下 ZFA 和 FFA 后，FFJ 吸起，DJ 经 FSJ 第七组前接点、FFJ 第七组前接点和 JQJ 第七组后接点励磁。

② 自闭电路。DJ 吸起后用其第一组前接点将方向电路接至 FDGJ 电路。FJ_1 转极后使 GFJ 吸起，无论 JQJ_2F 在什么状态，均沟通 DJ 的自闭电路。只有在本站办理发车进路时，进路最末一个道岔区段的 SJ 落下以及列车出发 GJJ 落下，才断开 DJ 自闭电路，使 DJ 落下。

(2) 欲改接车站时

① 励磁电路。对于原发车站，值班员按下 ZFA 和 JFA 后，使 DJ 吸起。

② 自闭电路。DJ 吸起后使 JFJ 靠 C_{JF}通过 DJ 第七组前接点放电而吸起。JFJ 吸起后接通 DJ 的自闭电路。C_{JF}放电结束后，JFJ 落下，该电路断开。DJ 主要靠 JQJ_2F 后接

点、GFJ 前接点自闭。辅助改变运行方向后，FJ_1 转极，GFJ 落下，断开 DJ 自闭电路，使之落下。

五、表示灯电路识读

表示灯电路用来表示两站间区间闭塞的状态，及改变运行方向电路的动作情况。它包括发车方向表示灯 FD（绿色）、接车方向表示灯 JD（黄色）、监督区间占用表示灯 JQD（红色）和辅助办理表示灯 FZD（白色），其电路如图 4-2-31 所示。

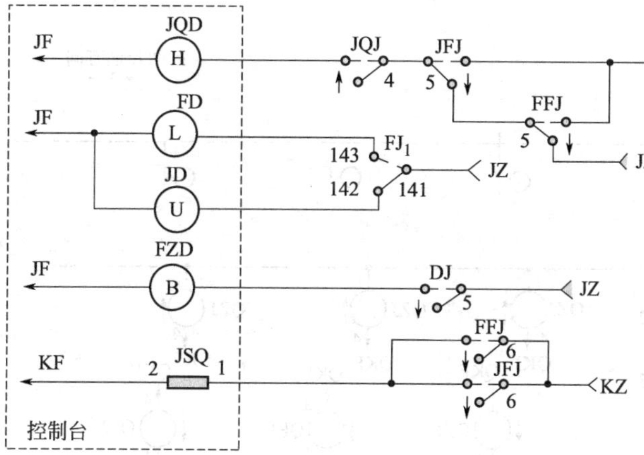

图 4-2-31　表示灯电路

1. FD 和 JD 表示灯

FD 和 JD 由 FJ_1 接点接通。FJ_1 在定位，其 141-142 接通，点亮 JD，表示本站为接车站。FJ_1 在反位，其 141-143 接通，点亮 FD，表示本站为发车站。

2. FZD 表示灯和计数器

（1）FZD 表示灯　FZD 由 DJ 前接点接通。辅助办理改变运行方向时，DJ 吸起，FZD 点亮白灯，表示正在辅助改变运行方向。DJ 由吸起转为落下，FZD 灭灯，表示辅助改变运行方向完毕。

（2）计数器　每当进行一次辅助办理运行方向，FFJ 或 JFJ 吸起一次，计数器 JSQ 即动作一次，记录辅助办理改变运行方向的次数。

3. JQD 表示灯

（1）区间空闲　JQD 平时灭灯，表示区间空闲。

（2）列车占用区间　列车占用区间，JQJ 落下，JQD 亮红灯。

（3）辅助办理改变运行方向时　在辅助改变运行方向时，按规定手续按压 JFA 或 FFA，JFJ 或 FFJ 吸起后，经 FSJ 前接点点亮 JQD。

（4）FSJ 落下时　如果该站的 FSJ 落下，辅助办理改变运行方向时 JQD 闪红灯。相邻两站中有一站 FSJ 落下，即发车进路已锁闭，就不能辅助办理改变运行方向。

六、结合电路识读

改变运行方向电路的结合电路包括与自动闭塞区间运行方向转换电路的结合、与电气集中电路的结合及与计算机联锁的结合。

1. 与自动闭塞区间运行方向转换电路的结合

区间每一信号点设区间正方向继电器 QZJ（或 ZXJ）和区间反方向继电器 QFJ（或 FXJ），设在区间组合架上。它们由 FJ_2 接点控制。FJ_2 在定位，各信号点的 QZJ 吸起；FJ_2 在反位，各信号点的 QFJ 吸起，电路如图 4-2-32 所示。

通过 QZJ 和 QFJ 接点改变移频轨道电路的发送端和接收端，改变低频编码条件，以及决定通过信号机是否点灯。

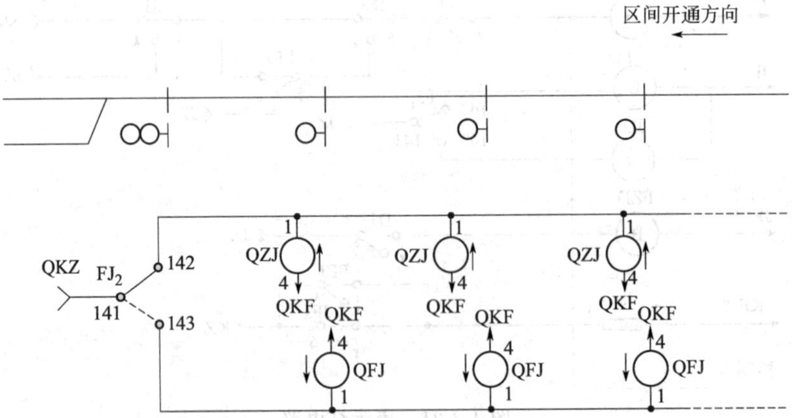

图 4-2-32　与自动闭塞区间运行方向转换电路的结合

2. 与电气集中电路的结合

为反映电气集中办理发车进路的情况，改变运行方向电路设发车按钮继电器 FAJ 和发车锁闭继电器 FSJ。为控制出站信号机，改变运行方向电路设控制继电器 KJ。

（1）发车按钮继电器电路　发车按钮继电器 FAJ 用来记录发车进路的建立，其电路如图 4-2-33 所示。在按下本咽喉的允许改变运行方向按钮 YGFA 情况下，当办理了发车进路，电气集中的列车发车继电器 LFJ 和发车口处的进路选择继电器 JXJ 吸起后，FAJ 吸起，沟通 GFJ 电路。选路完成后，LFJ 和 JXJ 落下，FAJ 失磁。

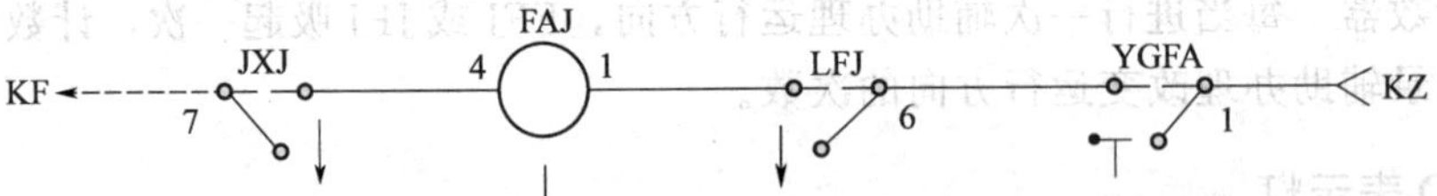

图 4-2-33　FAJ 电路

（2）发车锁闭继电器电路　发车锁闭继电器 FSJ 用来反映发车进路的锁闭情况，其电路如图 4-2-34 所示。

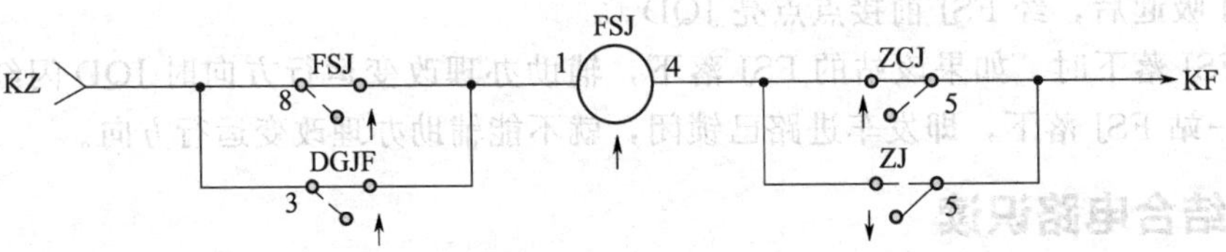

图 4-2-34　FSJ 电路

① 发车进路空闲 FSJ↑：FSJ 平时处于吸起状态，表示发车进路空闲。用发车进路最末一个轨道区段 GJ 吸起证明进路空闲，当未办理发车进路时，发车口处的照查继电器 ZCJ 吸起，FSJ 吸起并自闭。

② 发车进路锁闭 FSJ↓：当建立了发车进路，发车口处的照查继电器 ZCJ 落下，使 FSJ 落下，表示发车进路锁闭。

③ 调车时 FSJ↑：当向发车口建立调车进路时，FSJ 不应落下，于是 ZCJ 第五组前接点上并联 ZJ 的第五组前接点。建立调车进路时，虽然 ZCJ 落下，但 ZJ 吸起，FSJ 不落下。

列车出发，出清发车进路最末一个轨道电路区段时，DGJF 吸起，进路解锁，ZCJ 吸起，使 FSJ 吸起并自闭。FSJ 前接点用在 JQJ 电路和 DJ 电路中，FSJ 吸起时，沟通 JQJ 和 DJ 电路。

(3) 控制继电器电路　控制继电器 KJ 在辅助办理改变运行方向时接通出站信号机的列车信号继电器 LXJ 电路，其电路如图 4-2-35 所示。

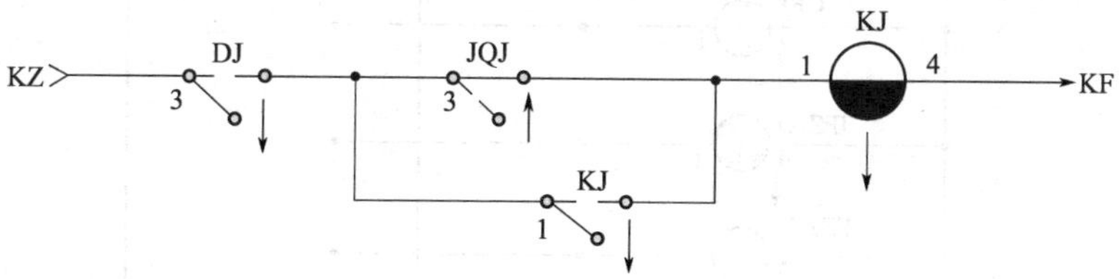

图 4-2-35　KJ 电路

① 区间空闲 JQJ↑：办理辅助改变运行方向手续后 DJ 吸起，使 KJ 吸起并自闭。出站信号开放后，列车出发 DJ 落下，KJ 落下。

② 监督电路故障 JQJ↓：办理辅助改变运行方向手续后 DJ 吸起，但是 JQJ 落下使 KJ 无法吸起并自闭，因此出站信号不能开放。

(4) 11 线列车信号继电器 LXJ 电路　出站信号机的列车信号继电器 LXJ 电路中接入开通运行方向的条件予以控制，即在 11 线网络端部接入 FJ_1 和 FJ_2 的反位接点，证明运行方向已改变，本站已改为发车站时，方可接通出站信号机的 LXJ 电路，如图 4-2-36 所示。

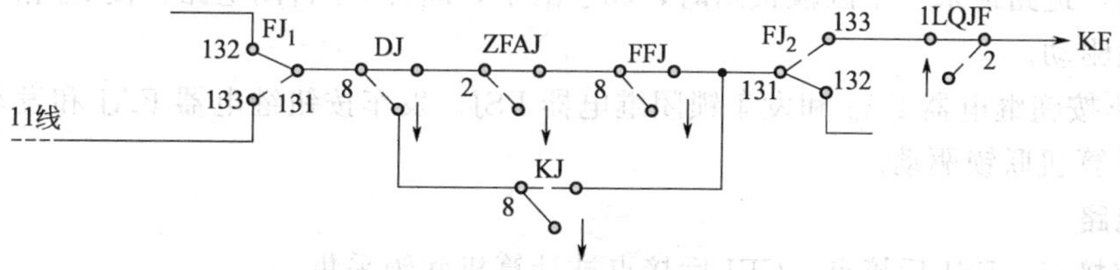

图 4-2-36　出站信号机控制电路

在 LXJ 电路中，用 1LQJF（反方向按自动站间闭塞运行时，用区间总轨道继电器 QGJ）前接点检查运行前方闭塞分区空闲。正常办理改变运行方向时，用 FFJ、ZFAJ 和 DJ 后接点接通 LXJ 电路。接入总辅助按钮继电器 ZFAJ 后接点，是为了防止因 DJ 断线或单方面错误办理时可能产生的不检查区间空闲而错误开放信号的问题。辅助办理改变运行方向时，用 KJ 和 DJ 前接点接通 LXJ 电路。

3. 与计算机联锁的结合

(1) 驱动和采集电路　驱动和采集电路如图 4-2-37 所示。

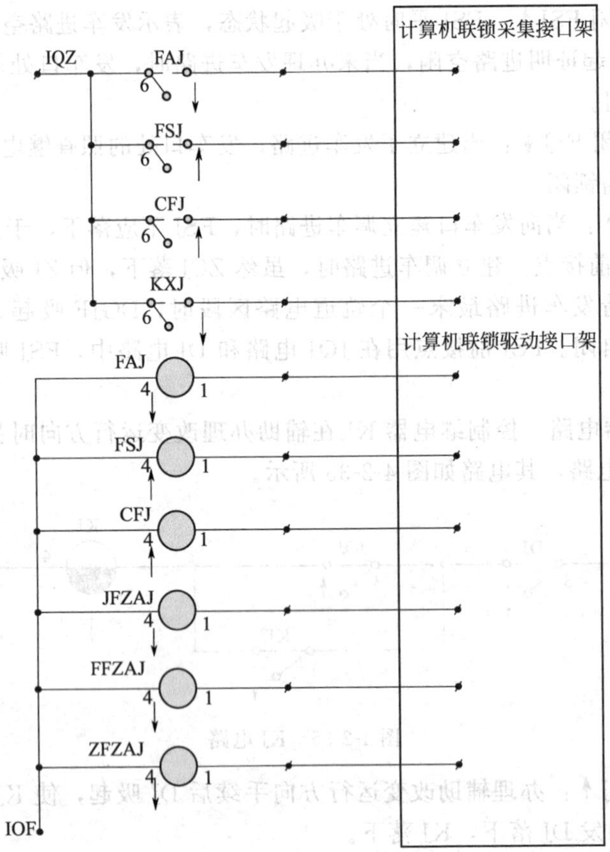

图 4-2-37 驱动和采集电路

驱动电路

① 按钮。计算机联锁的人机界面不同于 6502 电气集中控制台，JFA、FFA、ZFA 由 JFZAJ、FFZAJ、ZFZAJ 接点代替，按钮继电器 JFZAJ、FFZAJ、ZFZAJ 由计算机联锁驱动。

② 出发继电器 CFJ。增加出发继电器 CFJ，以取代 DJ 电路中的 SJ、GJJ 前接点，当办理发车进路，进路最末一个区段锁闭时，CFJ 落下，断开 DJ 自闭电路，使 DJ 落下。CFJ 由计算机联锁驱动。

③ 发车按钮继电器 FAJ 和发车锁闭继电器 FSJ。发车按钮继电器 FAJ 和发车锁闭继电器 FSJ 由计算机联锁驱动。

采集电路

FAJ 前接点、FSJ 后接点、CFJ 后接点被计算机联锁采集。

（2）空闲继电器电路　增设空闲继电器 KXJ，其电路如图 4-2-38 所示。

无论是正常办理还是辅助办理改变运行方向时，只要 FJ_1 和 FJ_2 的反位接点接通，证明运行方向已改变，本站已改为发车站，而且 1LQJ 吸起（自动站间闭塞时为 QGJ），KXJ 即吸起。将它的前接点采集到计算机联锁中去，作为控制出站信号机开放的条件。

（3）表示灯采集电路　计算机联锁的控制台显示不同于 6502 电气集中，采集有关继电器接点，构成表示条件，如图 4-2-39 所示。

采集 FJ_1 接点，构成发车方向表示灯 FD 和接车方向表示灯 JD 条件。采集 DJ 接点，构成辅助办理表示灯 FZD 条件。采集 JQJ、JFJ、FFJ、FSJ 接点，构成监督区间占用表示灯 JQD 亮红灯的 JZ 条件和 JQD 闪红灯的 SJZ 条件，以在显示器上显示。

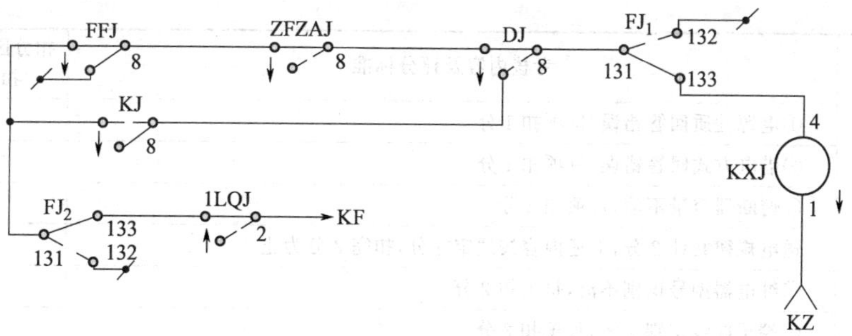

图 4-2-38 KXJ 电路

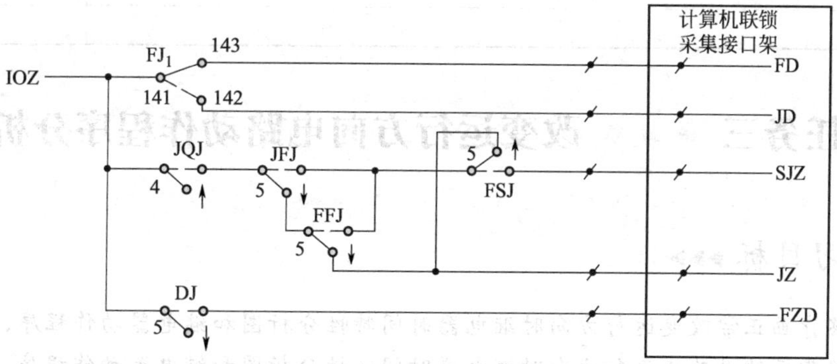

图 4-2-39 表示灯采集电路

考核标准 ▶▶▶

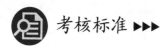

(1) 应知应会知识 采用闭卷方式考核，考试内容为：

① 继电器的作用状态；

② 继电器的励磁时机和复原时机。

(2) 电路识读技能 熟练识读改变运行方向电路，考核时限 5min。考核方式采用口试加笔试，笔试内容为继电器励磁时机、复原时机、动作程序分析、送电规律等。评分标准如表 4-2-1。

表 4-2-1 图纸识读技能评分表

项目及配分	考核内容及评分标准	扣分因素及扣分	得分
电路识读（4 分）	①继电器励磁电路跑不通，每项扣 2 分		
	②继电器自闭电路跑不通，每项扣 2 分		
	③控制台表示灯、电铃状态识别不清，每项扣 2 分		
	④结合电路识别不清，每项扣 2 分 电路识读共计 4 分，上述内容按规定扣分，扣完 4 分为止		
动作程序分析（5 分）	①继电器间逻辑关系不清楚，每项扣 3 分		
	②继电器励磁时机回答错误，每项扣 2 分		
	③继电器复原时机回答错误，每项扣 2 分		
	④继电器状态识别不清，每项扣 2 分		
	动作程序分析共计 5 分，上述内容按规定扣分，扣完 5 分为止		

续表

项目及配分	考核内容及评分标准	扣分因素及扣分	得分
送电规律（2分）	①电源性质回答错误，每项扣1分		
	②借电方式回答错误，每项扣1分		
	③熔断器容量不清，每项扣2分		
	送电规律共计2分，上述内容按规定扣分，扣完2分为止		
图物对照（4分）	①继电器型号识别不清，每项扣2分		
	②端子配线识别不清，每项扣2分		
	③设备位置不清楚，每项扣2分		
	图物对照共计4分，上述内容按规定扣分，扣完4分为止		
合计			

任务三 ●●● 改变运行方向电路动作程序分析

学习目标 ▶▶▶

① 能够背画正常改变运行方向时继电器时间特性分析图和继电器动作程序；

② 能够背画辅助改变运行方向时继电器时间特性分析图和继电器动作程序。

动作程序分析 ▶▶▶

一、正常办理改变运行方向的动作程序

设甲站为接车站，乙站为发车站，区间空闲，双方均未办理发车。此时甲站吸起的继电器有FSJ、JQJ、JQJF、JQJF、JQJ_2F、GFFJ，FJ_1在定位，JD亮黄灯。乙站吸起的继电器有FSJ、JQJ、GFJ，FJ_1在反位，FD亮绿灯。若此时甲站要求向乙站发车，首先必须改变运行万向，出站信号机才能开放。

甲站值班员根据控制台上的JQD红灯灭灯，可以确认区间处于空闲状态，先按下本咽喉的YGFA，然后排列发车进路，当LFJ和JXJ吸起后，使FAJ吸起，继而使GFJ吸起，接通甲站的方向电源FZ、FF，由甲站改变送电极性，向乙站发送反极性电流，使本站的FJ_2和对方站的FJ_1和FJ_2转极，乙站的JD亮黄灯，FD绿灯灭。

乙站的FJ_1转极后，使GFJ落下，GFFJ、JQJF、JQJ_2F相继吸起。甲站的GFJ吸起后使GFFJ落下。在甲站GFFJ缓放期间，使两站方向电源正向串联，形成两倍供电电压，使各方向继电器可靠转极。

甲站GFFJ落下后断开本站方向电源，由乙站一方供电。甲站GFFJ落下使JQJF、JQJ_2F相继落下。在JQJ_2F缓放期间，由乙站送往甲站转极电源被短路，以消除由外线混线等原因产生的感应电势。JQJ_2F落下后，接通甲站FJ_1线圈与外线的电路，使FJ_1转极，甲站的JD黄灯灭，FD绿灯亮。至此，已按要求将甲站改为发车站，乙站改为接车站。

出站信号机开放或列车占用区间，JQJ落下，两站JQD亮红灯。

甲站正常办理改变运行方向的电路动作程序如图4-3-1所示。

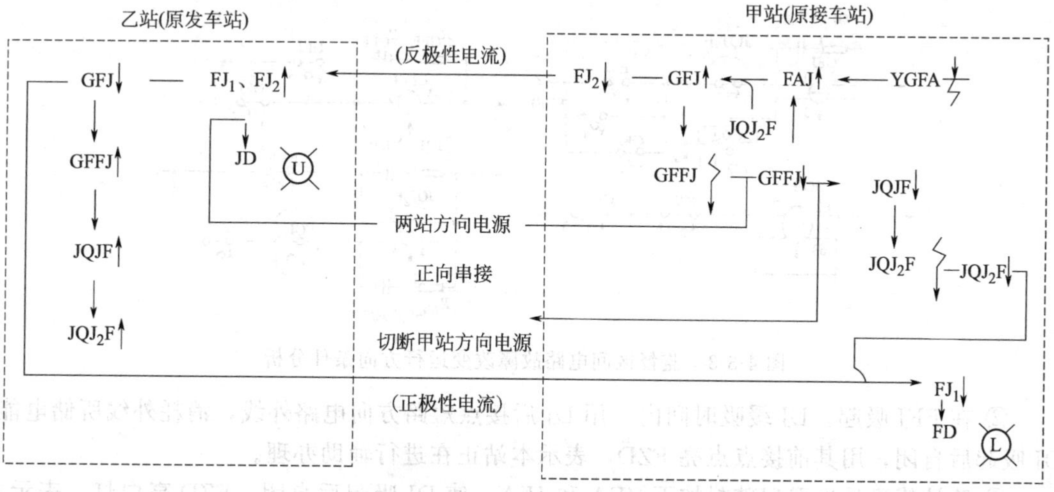

图 4-3-1　甲站正常办理改变运行方向电路动作程序

反之，乙站为接车站时，欲办理发车，其办理改变运行方向的程序及电路动作过程和上述情况相仿。

二、辅助办理改变运行方向的电路动作程序

1. 监督电路发生故障，方向电路正常时的动作程序

（1）监督区间电路故障辅助改变运动方向分析

① 改变运动方向前继电器状态。若甲站为接车站，乙站为发车站时，其监督电路的 JQJ 因故障而落下，将 JQJF、JQJ_2F 相继落下，控制台上的 JQD 亮红灯。

监督区间电路故障，辅助改变运行方向前继电器状态如图 4-3-2 所示。

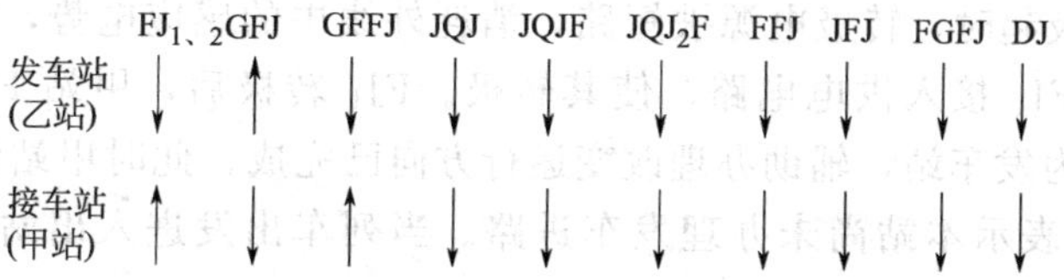

图 4-3-2　监督区间电路故障，辅助改变运行方向前继电器状态

② 改变运行方向条件分析。此时区间虽处于空闲状态，但通过正常办理手续改变运行方向已无法使甲站的 GFJ 吸起，如要改变运行方向，则必须借助于辅助办理。

- 要想改变运行方向，必须使 GFJ 吸起；
- GFJ 要想吸起，必须使 JQJ_2F 吸起；
- JQJ_2F 要想吸起，必须使 FGFJ 吸起。

监督区间电路故障改变运行方向条件分析如图 4-3-3 所示。

（2）监督区间电路故障辅助改变运行方向动作程序

① 两站值班员确认区间空闲及故障后，如甲站要改为发车站，经乙站同意，两站共同进行辅助办理改变运行方向。甲站值班员登记破封按下 ZFA 和 FFA，使 FFJ 吸起并自闭。FFJ 吸起后断开甲站向乙站的供电电路。此时，因 FFJ 吸起，JQJ 落下，FSJ 吸起，使 DJ 经 0.3～0.35s 后吸起。

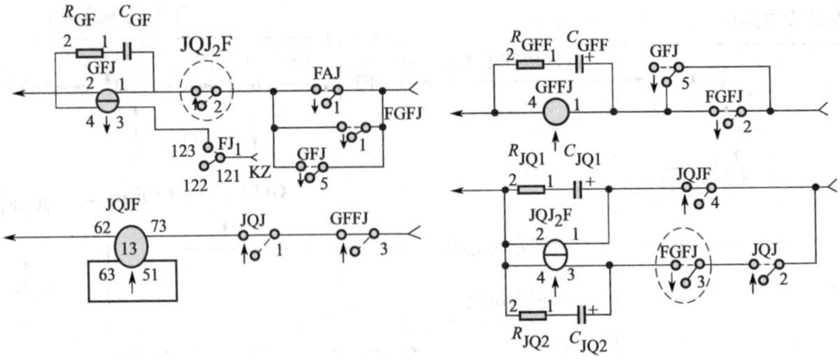

图 4-3-3　监督区间电路故障改变运行方向条件分析

② 在 FFJ 吸起，DJ 缓吸时间内，用 DJ 后接点短路方向电路外线，消耗外线所储电能。DJ 吸起后自闭，用其前接点点亮 FZD，表示本站正在进行辅助办理。

③ 乙站值班员也登记破封按下 ZFA 和 JFA，使 DJ 吸起后自闭，FZD 亮白灯，表示本站开始辅助办理。乙站值班员松开 JFA，JFJ 靠 C_{JF}通过 DJ 前接点放电而吸起。乙站通过 JFJ 前接点接通方向电源，向甲站送电，使甲站的 FGFJ 吸起。

④ FGFJ 吸起后，通过其前接点及 JQJ 后接点给 JQJ_2F 的 3-4 线圈供电，使之吸起。GFJ 经 FGFJ 前接点及 JQJ_2F 前接点吸起后自闭。C_{JF}放电结束后，使 JFJ 落下，断开乙站对甲站的供电电路。

⑤ 由于甲站 FGFJ 落下，断开 FFJ 励磁电路，使其落下。此时接通甲站向乙站供电电路，因是反极性电流，使乙站的 FJ_1 和两站的 FJ_2 转极。

⑥ 在乙站，由于 FJ_1 转极，使 JD 黄灯亮，FD 绿灯灭。同时使 GFJ 落下，断开 DJ 自闭电路，使之落下，FZD 灭灯，表示本站辅助办理已完毕，改为接车站。因 GFJ 落下，FJ_1 转极，使两站方向电源串接，使各方向继电器可靠转极。

⑦ 在甲站，GFJ 吸起后，FGFJ 已落下，GFFJ、JQJF、JQJ_2F 先后断电缓放。GFFJ 落下后，JQJ_2F 仍吸起时，转极电源被短路，消耗外线中的感应电势，防止 FJ_1 错误转极。JQJ_2F 落下后，将 FJ_1 接入供电电路，使其转极。FJ_1 转极后，甲站 FD 亮绿灯，JD 黄灯灭，表示本站已成为发车站，辅助办理改变运行方向已完成，此时甲站值班员可松开 FFA，但 FZD 仍亮白灯，表示本站尚未办理发车进路。当列车出发进入出站信号机内方，DJ 落下，FZD 灭灯。

监督电路故障时，辅助办理电路动作程序如图 4-3-4 所示。改变运行方向后继电器状态如图 4-3-5 所示。

同理，若乙站原为接车站要改为发车站时，其电路动作过程与上述相同。

2. 因故出现“双接”，甲乙两站均为接车状态时的动作程序

(1) 因故“双接”，改变运行方向前继电器状态　因故出现“双接”，甲、乙两站均为接车状态时，GFJ 处于落下状态，无法送出监督区间电源，JQJ 落下，JQD 点红灯。

因故“双接”，改变运行方向前继电器状态如图 4-3-6 所示。

(2) 因故出现“双接”，甲乙两站均为接车站辅助改变运行方向程序　因故出现“双接”，甲、乙两站均为接车状态时，其电路动作过程与上述辅助办理大体相同。由于监督区间电路正常，辅助改变运行方向后 JQJ 吸起，继电器状态如图 4-3-7 所示。

上述两种故障采用辅助办理时，均需检查两站的发车锁闭继电器 FSJ 是否处于吸起状

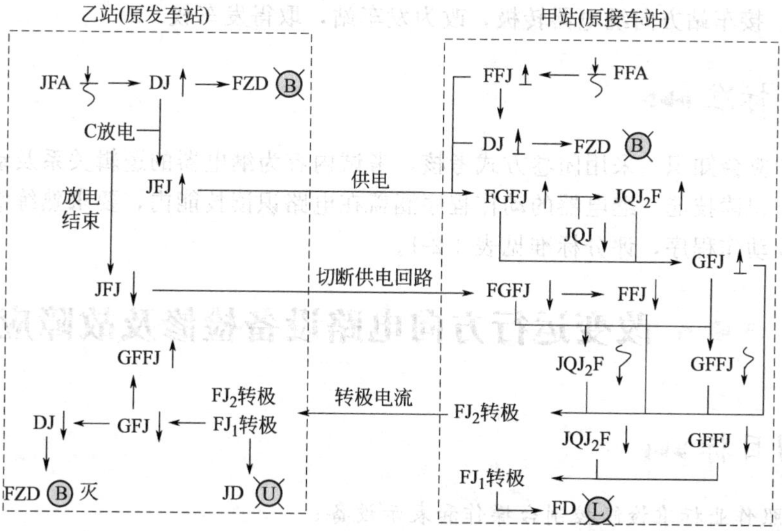

图 4-3-4　甲站办理改变运行方向电路动作程序

	$FJ_{1、2}$	GFJ	GFFJ	JQJ	JQJF	JQJ_2F	FFJ	JFJ	FGFJ	DJ
接车站(乙站)	↑	↓	↑	↓	↓	↓	↓	↓	↓	↓
发车站(甲站)	↓	↑	↓	↓	↓	↓	↓	↓	↓	↑

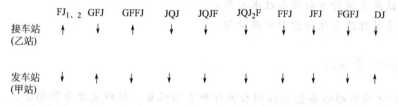

图 4-3-5　监督区间电路故障，辅助改变运行方向后继电器状态

	FJ_{12}	GFJ	GFFJ	JQJ	JQJF	JQJ_2F	FFJ	JFJ	FGFJ	DJ
接车站(乙站)	↑	↓	↑	↓	↓	↓	↓	↓	↓	↓
接车站(甲站)	↑	↓	↑	↓	↓	↓	↓	↓	↓	↓

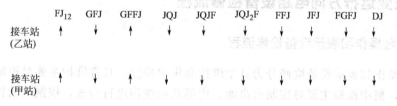

图 4-3-6　因故“双接”，改变运行方向前继电器状态

	FJ_{12}	GFJ	GFFJ	JQJ	JQJF	JQJ_2F	FFJ	JFJ	FGFJ	DJ
接车站(乙站)	↑	↓	↑	↑	↑	↑	↓	↓	↓	↓
发车站(甲站)	↓	↑	↓	↑	↓	↓	↓	↓	↓	↑

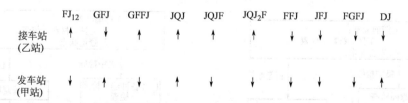

图 4-3-7　因故“双接”，改变运行方向后继电器状态

态。为了确认本站 FSJ 的状态，首先需将原已办理的发车进路（不能开放出站信号机是由于运行方向未能改变，即发车表示灯绿灯未能点亮）取消，然后进行辅助办理。按规定办理手续按压 JFA 或 FFA 后 JQD 亮稳定红灯，证明 FSJ 处于吸起状态，可以进行辅助办理改变运行方向。如果 JQD 闪红光，说明该站的 FSJ 落下，只要其中有一站的 FSJ 落下，就不能辅助办理改变运行方向，需要值班员通知对方站待本站的 FSJ 落下故障处理完毕，FSJ 恢复吸起后才能继续办理。

由上述的正常办理和辅助办理可知，改变运行方向时，一般有三个步骤：

① 原发车站方向继电器先转极，转为接车站，取消发车权；

② 两站电源串接使区间的方向继电器可靠转极；

③ 最后，接车站方向继电器转极，改为发车站，取得发车权。

考核标准 ▶▶▶

（1）应知应会知识　采用闭卷方式考核，考试内容为继电器的逻辑关系及动作程序。

（2）电路识读技能　继电器的动作程序涵盖在电路识读技能内，要求熟练掌握继电器间的逻辑关系及动作程序，评分标准见表 4-2-1。

任务四 ●●● 改变运行方向电路设备检修及故障应急处理

学习目标 ▶▶▶

① 会按照作业标准检修控制台操作和表示设备；

② 会按照作业标准检修改变运行方向组合，并牢记继电器位置；

③ 会测试改变运行方向设备技术参数；

④ 会应急处理改变运行方向电路故障。

设备检修 ▶▶▶

改变运行方向电路设备包括控制台操作和表示设备、机械室继电器组合。

一、改变运行方向电路设备检修流程

1. 控制台操作和表示设备检修流程

控制台操作和表示设备检修分为日常维护和集中检修。日常维护主要对控制台外观和盘面进行检查，集中检修主要对控制台盘面、内部及电缆沟进行检查，控制台的检修流程如图 4-4-1 所示。

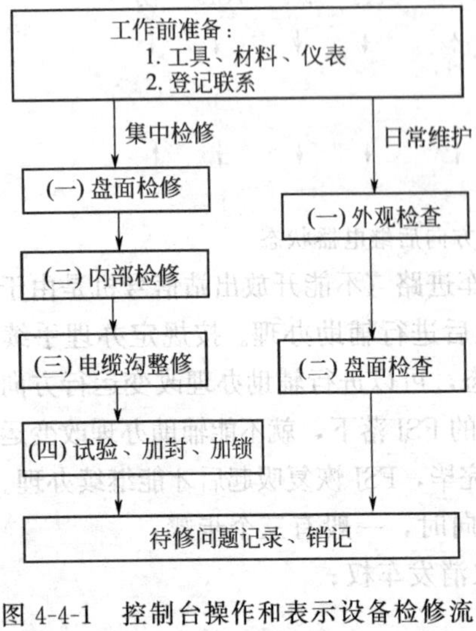

图 4-4-1　控制台操作和表示设备检修流程

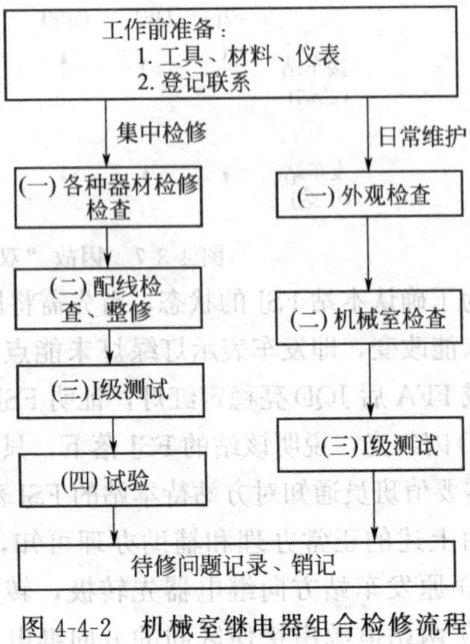

图 4-4-2　机械室继电器组合检修流程

2. 机械室继电器组合检修流程

机械室继电器组合检修分为日常维护和集中检修。日常维护主要对继电器组合外观检查、机械室图纸检查和防尘防鼠检查，集中检修主要对机械室器材、配线进行检查以及I级测试，机械室继电器组合的检修流程如图 4-4-2 所示。

二、改变运行方向电路设备检修内容

1. 控制台操作和表示设备的检修

（1）日常维护

① 外观检查。

• 外部无灰尘，无杂物。

• 安装牢固、不倾斜，表面平整、不脱漆，加封加锁完好。

• 电缆沟无异状，盖板完好。

• 访问车站值班人员，了解使用情况，观察外界施工或其他可能对信号设备造成的妨害。

② 盘面检查。

• 盘面清洁，无灰尘。

• 各种文字标识齐全、正确、字迹清楚。

• 铅封良好，计数器号码无变化，检查破封登记情况，及时补封。

• 表示灯泡及按钮帽完好。

• 盘面仪表正常

（2）集中检修

① 盘面检修。

• 盘面平整清洁，单元块安装牢固，单元块间疏密均匀，前后不透光，防尘良好。

• 按钮使用灵活，灯光表示颜色正确。

• 计数器正确计数，不跳码、不漏码。

② 内部检修。

• 按压拉出各种按钮试验，按钮动作灵活，其接点不松动、不氧化。

• 各种按钮应安装牢固，无松动及旋转，按钮在受到振动时，接点不得错接或错断。各种按钮接点的接通和断开与按钮的按压、停留、复位的关系正确。自复式按钮按压后能自动恢复到定位，非自复式按钮按压后应可靠地保持。

• 表示灯泡、发光二极管安装正确、牢固，接触可靠。

• 配线整齐清洁，无破皮，无接地，焊接良好。

• 各部螺钉紧固，螺帽、垫片齐全。

• 铭牌齐全、正确、字迹清楚。

• 引入电缆固定良好，地线整治检查。

• 防尘、防鼠良好。

③ 电缆沟整修。

• 电缆沟盖板齐全，地沟清洁，防火、防鼠设施完善。

• 电缆沟内电缆、配线整齐，无破皮，放置妥善，防护良好。

④ 试验，加封加锁。

• 对检修的设备进行有针对性的试验工作。

• 加封加锁。带铅封按钮的加封线采用 3～5A 铅丝保险，并加装 ϕ3mm×15mm 的套管。

• 销记。

2. 机械室继电器组合的检修

（1） 日常维护

① 外观检查。

• 各种器材安装牢固，插接良好，防脱措施作用良好。

• 继电器、整流器、熔断器、阻容元件、防雷元件等各种器材无过热及其他异常现象。

• 配线干净、整齐、绑扎良好。

• 铭牌齐全、正确、字迹清楚。

② 机械室检查。

• 图纸完好，摆放整齐。

• 电缆沟、走线架无异状、盖板完好。

• 机械室卫生清洁，防尘、防鼠良好，照明、各种报警设施齐全良好。

③ Ⅰ级测试。查看微机监测设备测试数据符合标准。

（2） 集中检修

① 各种器材检查、整修。

• 逐台检查继电器类型正确，不超期，插接良好，安装牢固，内部无异物，接点状态良好。

• 熔断器容量与图纸相符，有试验标记，不超期，并接触良好。

② 配线检查、整修。

• 走线架整理、清扫，引线口防护良好。

• 配线整齐、清洁、无破皮、无接地，焊接良好，套管不脱落。

• 各部螺钉紧固，螺帽、垫片齐全。

③ Ⅰ级测试。进行Ⅰ级测试并记录。

④ 试验。对检修的设备进行有针对性的试验工作。

三、改变运行方向电路故障应急处理

改变运行方向电路的逻辑关系复杂，一些继电器的动作是利用缓放时间来完成的。一旦电路出现故障，在短时间内很难及时排除。另外在施工验收中，一般注重正常运行方向的试验，反方向试验不太彻底，容易留下隐患，设备开通交付使用后又很少使用反方向运行，致使这些隐患长期存在很难发现。一旦遇到特殊情况需要反方向运行时，造成无法改变运行方向影响行车。因此，在熟练掌握电路原理、明确设备状态的情况下，采用一些应急处理办法可以及时排除故障，保证行车安全。

1. 熟悉设备位置，明确设备状态

每个自动闭塞线路的发车口都有一套改变运行方向设备，一般以进站信号机名称来命名运行方向，如 XF 口平时是上行的发车正方向，FJ 处于反位（落下）。当下行列车反方向运

行时，办理改变运行方向手续后，XF 口改为接车方向，FJ 处于定位（吸起）。

改变运行方向设备位置和状态如图 4-4-3 所示。

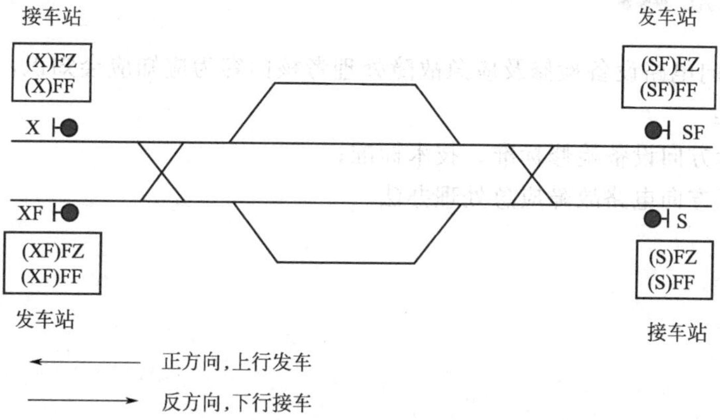

图 4-4-3　改变运行方向设备位置和状态

2. 应急处理前检查确认

① 两站值班员确认区间空闲，没有列车运行。

② 使用正常改变运行方向、辅助改变运行方向均无效。

③ 两站找到并核实需要改变运行方向的设备，检查继电器状态，特别是 DJ 应处于落下位置。

3. 应急处理办法

① 两站处于“双接”，均为接车站情况。欲改发车站将 FZ 组合内 FJ_1 拔掉，使用外力使 FJ_1 落下，将 FJ_1 插回原位，该站 GFJ 自动吸起，GFFJ 缓放落下，如果 JQJ 电路正常，JQJ 吸起。

对方站已经处于接车站，不需要进行任何操作。

② 两站分别为接车站和发车站，但是正常改变运行方向和辅助改变运行方向均无效。欲改发车站将 FZ 组合内 FJ_1 拔掉，使用外力使 FJ_1 落下，将 FJ_1 插回原位，该站 GFJ 吸起，GFFJ 缓放落下，如果 JQJ 电路正常，JQJ 吸起。

• 如果 FJ 电路正常，发车站 FJ_2 和接车站 FJ_1、FJ_2 将自动转极，接车站不需要进行任何操作。

• 如果 FJ 电路故障，发车站 FJ_2 和接车站 FJ_1、FJ_2 无法自动转极，发车站应将 FJ_2 拔掉，接车站应将 FJ_1、FJ_2 拔掉，使用外力使发车站 FJ_2 落下，接车站 FJ_1、FJ_2 吸起，再将继电器插回原位。

4. 注意事项

① 两站一定要确认区间没有列车运行，电务值班员要熟悉继电器状态，确保应急改变运行方向后继电器状态正确。

② 改变运行方向电路故障进行应急处理时，一定要核对设备，不要误拔正常方向的设备造成故障升级。

③ 该应急处理办法一般在信号施工试验时使用，开通运行后设备故障时使用一定要慎

重，以免由于盲动造成故障升级，甚至行车事故。

考核标准

改变运行方向电路设备检修及应急故障处理考核内容为应知应会知识，采用闭卷方式考核。考试内容为：

① 改变运行方向设备检修标准、技术标准；

② 改变运行方向电路故障应急处理办法。

参 考 文 献

[1] 林瑜筠. 区间信号自动控制. 北京：中国铁道出版社，2007.

[2] 铁道部劳动和卫生司，铁道部运输局. 高速铁路现场信号设备维修岗位. 北京：中国铁道出版社，2012.

[3] 中华人民共和国铁道部. 铁路信号维护规则技术标准. 北京：中国铁道出版社，2006.

[4] 冯琳玲、刘湘国. 高速铁路轨道电路. 北京：中国铁道出版社，2011.